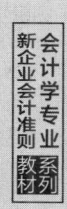

Corporate Financial Analysis

企业财务分析 第4版

主编 袁天荣　副主编 杜海波 李君 邹晶

机械工业出版社
China Machine Press

图书在版编目（CIP）数据

企业财务分析 / 袁天荣主编 . —4 版 . —北京：机械工业出版社，2022.8（2023.11 重印）
会计学专业新企业会计准则系列教材
ISBN 978-7-111-71604-4

I. ①企… II. ①袁… III. ①企业管理 – 会计分析 – 高等学校 – 教材 IV. ① F275.2

中国版本图书馆 CIP 数据核字（2022）第 169656 号

  本书在内容安排上，考虑到企业外部利益相关者和企业内部管理者对财务分析的需要，顺应大数据、信息技术、智能化对财务分析产生的影响，按照大数据财务分析理论、大数据财务分析方法、战略分析、会计分析、财务分析、前景展望来界定企业财务分析的框架。主要内容包括大数据财务分析理论、大数据财务分析方法、数据可视化分析技术、可视化分析技术在财务分析中的应用、企业竞争战略分析、会计分析、企业营运能力分析、企业盈利能力分析、企业偿债能力分析、企业发展能力分析、财务综合分析、财务预警分析、企业价值评估、综合案例分析，全面、系统地阐述了大数据财务分析内容和方法的具体应用，便于读者掌握大数据财务分析的方法与技巧。

  本书适合作为高等院校财会专业本科及专科教学用书。

出版发行：机械工业出版社（北京市西城区百万庄大街 22 号　邮政编码：100037）
责任编辑：李晓敏　杨少彤　　　　　　　　　责任校对：梁　静　刘雅娜
印　　刷：河北宝昌佳彩印刷有限公司　　　　版　　次：2023 年 11 月第 4 版第 4 次印刷
开　　本：185mm×260mm　1/16　　　　　　印　　张：24.25
书　　号：ISBN 978-7-111-71604-4　　　　　定　　价：59.00 元

客服电话：（010）88361066　68326294

版权所有·侵权必究
封底无防伪标均为盗版

前 言

21世纪以来，大数据、信息技术、物联网、智能化的迅速发展，极大地改变了财务分析的外部环境和内在条件，使得财务分析的数据来源更加广泛、内容更加丰富，财务分析数据可以快速传递、多维展示，财务分析工具更加丰富多样；财务分析实现实时可交互，财务分析结果可视化，财务分析作用更加凸显。在这一时代背景下，财务分析教材必须进行更新与修订，以保持与时代同步。

本书是在机械工业出版社2018年出版的《企业财务分析》第3版的基础上，结合财务分析领域的理论和实务变化修订的。本书按照大数据财务分析理论与方法、战略分析、会计分析、财务分析、前景展望来界定财务分析的框架，这会使得学生学习财务分析时的思路清晰。财务分析不仅要考虑企业本身，还要考虑企业所面临的外部环境和行业竞争；财务分析不仅要考虑企业的现在，还要立足于企业的未来；财务分析不仅要考虑财务层面，还要考虑业务层面，从业务层面洞察财务问题的成因；企业不仅要进行财务分析，更要从财务分析拓展到全面的经营分析，这会使得财务分析的结论更加准确、全面和有预见性。

党的二十大报告提出"两个相结合"，这意味着财务分析工作需要与企业实际相结合，与中国特色社会主义市场经济的实际情况相结合。本次修订，在保留上一版主要内容的基础上，增加了大数据对财务分析的影响、数据可视化分析技术、可视化分析技术在财务分析中的应用，在大数据财务分析方法部分增加了标杆分析法，在企业竞争战略分析部分增加了华为重要的战略规划方法——业务领先模型（BLM模型）、企业战略与财务特征，在会计分析部分增加了康美药业财务造假案例，在企业盈利能力分析部分增加了毛利分析，在综合案例分析部分增加了小米集团财务分析案例。此外，为了使读者能较好地掌握和运用所学知识，本书适量增加了思考题、练习题与案例分析题。

本书共14章，由袁天荣教授任主编，杜海波副教授、李君副教授、邹晶教授任副主编。第1章、第5章、第6章、第7章、第8章、第9章、第14章由袁天荣教授执笔；第3章、第4章由杜海波副教授执笔；第2章由曾浩博士、罗勤艳老师执笔；第11章、第13章由焦跃华教授执笔；第10章由许汝俊博士、李君副教授执笔；第12章由邱奇彦博士、邹晶教授执笔。全书由袁天荣教授总纂定稿。

由于学识水平有限，书中难免有疏漏之处，恳请读者指正。

目 录

前 言

第1章 大数据财务分析理论 ··· 1
1.1 财务分析的产生与发展 ··· 1
1.2 大数据财务分析概述 ··· 3
1.2.1 大数据与大数据技术 ··· 3
1.2.2 大数据财务分析的特征 ··· 4
1.2.3 大数据财务分析的实现路径 ··· 5
1.2.4 大数据财务分析的层次 ··· 5
1.2.5 大数据财务分析阶段 ··· 6
1.3 大数据财务分析的作用与主体及目的 ····································· 9
1.3.1 大数据财务分析的作用 ··· 9
1.3.2 大数据财务分析的主体及目的 ······································· 10
1.4 大数据财务分析框架 ··· 11
1.4.1 企业经营活动与财务报表的关系 ····································· 11
1.4.2 大数据财务分析基本框架 ··· 13
1.5 大数据财务分析的信息来源 ··· 16
1.5.1 企业公开信息资料 ··· 16
1.5.2 企业内部信息资料 ··· 19
1.5.3 行业信息与产业政策 ··· 20
1.5.4 宏观经济政策与信息 ··· 20
1.6 大数据财务分析的评价标准 ··· 21
1.6.1 财务分析评价标准的种类 ··· 21
1.6.2 财务分析评价标准的选择 ··· 23

第 2 章　大数据财务分析方法 25

2.1　比较分析法 25
2.1.1　比较分析法的含义 25
2.1.2　比较分析法的类型 26
2.1.3　比较标准 32
2.1.4　运用比较分析法应注意的问题 32

2.2　比率分析法 33
2.2.1　比率分析法的含义 33
2.2.2　比率分析法的类型 33
2.2.3　运用比率分析法应注意的问题 34

2.3　趋势分析法 35
2.3.1　趋势分析法的含义 35
2.3.2　运用方式 35
2.3.3　趋势分析法的类型 36
2.3.4　运用趋势分析法应注意的问题 36
2.3.5　趋势分析法的优点 37

2.4　因素分析法 37
2.4.1　因素分析法的含义 37
2.4.2　连环替代法 38
2.4.3　差额计算法：连环替代法的变形 41

2.5　标杆分析法 43
2.5.1　标杆分析法的概念 43
2.5.2　如何选择标杆 43
2.5.3　标杆分析的步骤 44

第 3 章　数据可视化分析技术 46

3.1　大数据处理基础 46
3.1.1　大数据的概念 46
3.1.2　大数据特性 47
3.1.3　大数据类型 48
3.1.4　大数据处理技术 48

3.2　数据可视化分析 50
3.2.1　数据可视化的定义 50
3.2.2　数据可视化基础：视觉编码 50

  3.2.3 数据可视化的目标 ··· 51
  3.2.4 数据可视化的作用 ··· 52
  3.2.5 数据可视化常用软件 ··· 52
 3.3 Power BI 概述 ·· 53
  3.3.1 BI 简介 ··· 53
  3.3.2 Excel 与 Power BI ·· 54
  3.3.3 Power BI 软件构成 ·· 55
  3.3.4 Power BI 桌面版的界面 ··· 55
 3.4 Power BI 数据获取与整理 ··· 56
  3.4.1 数据质量的概念 ·· 56
  3.4.2 Power BI 数据获取 ·· 57
  3.4.3 Power BI 数据整理 ·· 60
 3.5 Power BI 数据建模与 DAX 函数 ·· 62
  3.5.1 数据建模的含义 ·· 62
  3.5.2 创建表关联关系 ·· 62
  3.5.3 创建计算列与度量值 ··· 65
  3.5.4 DAX 函数简介 ·· 66
 3.6 Power BI 数据可视化 ·· 70
  3.6.1 Power BI 中的可视化对象分类 ·· 70
  3.6.2 切片器 ·· 73
  3.6.3 可视化视图对象设置与美化 ·· 74

第 4 章 可视化分析技术在财务分析中的应用 ·· 76

 4.1 财务分析可视化概述 ··· 76
  4.1.1 财务分析可视化的相关概念 ·· 76
  4.1.2 财务分析可视化的优点 ··· 77
  4.1.3 财务分析可视化步骤 ··· 77
 4.2 常用财务分析数据源 ··· 78
  4.2.1 企业内部数据 ·· 78
  4.2.2 企业外部数据 ·· 81
 4.3 财务数据可视化建模 ··· 81
  4.3.1 会计报表建模 ·· 81
  4.3.2 表关联关系建模 ·· 82
  4.3.3 度量值建模 ·· 83

4.4	财务分析中可视化对象的运用	84
	4.4.1 结构分析中运用可视化对象	84
	4.4.2 趋势分析中运用可视化对象	84
	4.4.3 比率分析中运用可视化对象	84
	4.4.4 比较分析中运用可视化对象	85
4.5	实例：利润表的可视化分析	85
	4.5.1 数据的获取与整理	85
	4.5.2 数据建模	92
	4.5.3 可视化设计	95

第5章 企业竞争战略分析 102

5.1	行业分析	102
	5.1.1 行业经济特征分析	102
	5.1.2 行业生命周期分析	103
	5.1.3 行业盈利能力分析	105
5.2	竞争战略分析	109
	5.2.1 成本领先战略	110
	5.2.2 差异化战略	112
5.3	业务领先模型	114
	5.3.1 业务领先模型的内容与作用	114
	5.3.2 差距分析	115
	5.3.3 战略制定	115
	5.3.4 战略执行	117
	5.3.5 战略解码	118
5.4	企业战略与财务特征	119
	5.4.1 行业选择与财务特征	119
	5.4.2 竞争战略与财务特征	120
5.5	国美电器低成本战略分析	122

第6章 会计分析 128

6.1	资产负债表分析	128
	6.1.1 资产负债表基本分析	128
	6.1.2 资产负债表结构分析	131
	6.1.3 资产负债表重要项目分析	136

6.1.4　资产质量分析 ·· 144
　　6.1.5　资产与负债分析的难点 ·· 146
6.2　利润表分析 ··· 149
　　6.2.1　利润表基本分析 ·· 149
　　6.2.2　利润表结构分析 ·· 150
　　6.2.3　利润表重点项目分析 ·· 152
6.3　现金流量表分析 ··· 154
　　6.3.1　现金流量表基本分析 ·· 154
　　6.3.2　现金流量表结构分析 ·· 156
　　6.3.3　现金流量与财务弹性分析 ·· 158
　　6.3.4　现金流量与盈利质量分析 ·· 161
　　6.3.5　现金流量与产品寿命周期分析 ·· 163
6.4　财务报表的粉饰与识别 ·· 164
　　6.4.1　财务报表粉饰动机 ··· 164
　　6.4.2　财务报表粉饰手法 ··· 165
　　6.4.3　财务报表粉饰识别 ··· 168
6.5　万福生科财务造假分析 ·· 171
　　6.5.1　万福生科财务造假手法 ··· 171
　　6.5.2　万福生科财务造假的原因 ·· 173
6.6　康美药业财务造假分析 ·· 174
　　6.6.1　公司简介 ··· 174
　　6.6.2　证监会立案调查的依据和处罚结果 ·· 175
　　6.6.3　康美药业财务造假原因 ··· 176
　　6.6.4　康美药业财务造假手法 ··· 177
　　6.6.5　康美药业财务造假后果 ··· 178

第7章　企业营运能力分析 ·· 183

7.1　企业营运能力分析的目的与内容 ·· 183
　　7.1.1　企业营运能力分析的目的 ·· 183
　　7.1.2　企业营运能力分析的内容 ·· 183
7.2　流动资产营运能力分析 ·· 184
　　7.2.1　应收账款周转率的计算与分析 ·· 184
　　7.2.2　存货周转率的计算与分析 ·· 186
　　7.2.3　流动资产周转率的计算与分析 ·· 188

7.2.4 流动资产周转效果分析 191
 7.2.5 营业周期 192
7.3 非流动资产营运能力分析 193
 7.3.1 固定资产周转率的计算与分析 193
 7.3.2 非流动资产周转率的计算与分析 195
7.4 总资产营运能力分析 195
 7.4.1 总资产营运能力的影响因素分析 195
 7.4.2 总资产周转率的计算与分析 196
 7.4.3 总资产营运能力综合对比分析 197

第8章 企业盈利能力分析 203

8.1 企业盈利能力分析的目的与内容 203
 8.1.1 企业盈利能力分析的目的 203
 8.1.2 企业盈利能力分析的内容 204
8.2 资产盈利能力分析 204
 8.2.1 总资产报酬率的计算与分析 204
 8.2.2 总资产净利率的计算与分析 206
 8.2.3 净资产收益率的计算与分析 207
8.3 生产经营盈利能力分析 210
 8.3.1 收入利润率的计算与分析 210
 8.3.2 成本利润率的计算与分析 214
 8.3.3 毛利的影响因素分析 215
8.4 上市公司盈利能力分析 218
 8.4.1 每股收益的计算与分析 218
 8.4.2 每股净资产的计算与分析 224
 8.4.3 股利支付率的计算与分析 224
 8.4.4 市盈率的计算与分析 226
 8.4.5 市净率的计算与分析 226
8.5 企业盈利质量分析 227
 8.5.1 盈利质量的影响因素 227
 8.5.2 盈利质量结构分析 227
 8.5.3 盈利质量指标分析 228
 8.5.4 盈利质量综合分析 231
8.6 会计政策对盈利能力的影响分析 231

8.6.1　影响盈利能力的会计政策 ·· 231
　　　8.6.2　会计政策的选择和变动对盈利能力的影响 ·· 232

第9章　企业偿债能力分析 ·· 239

9.1　企业偿债能力分析的目的与内容 ··· 239
　　　9.1.1　企业偿债能力分析的目的 ·· 239
　　　9.1.2　企业偿债能力分析的内容 ·· 240
9.2　企业短期偿债能力分析 ··· 240
　　　9.2.1　影响企业短期偿债能力的因素 ··· 240
　　　9.2.2　企业短期偿债能力指标的计算与分析 ·· 241
　　　9.2.3　企业短期偿债能力的辅助分析 ··· 248
　　　9.2.4　影响企业变现能力的表外因素 ··· 249
9.3　企业长期偿债能力分析 ··· 250
　　　9.3.1　影响长期偿债能力的因素 ·· 250
　　　9.3.2　长期偿债能力指标的计算与分析 ··· 251
　　　9.3.3　影响企业长期偿债能力的表外因素 ··· 258

第10章　企业发展能力分析 ·· 263

10.1　企业发展能力分析的目的与内容 ··· 263
　　　10.1.1　企业发展能力分析的目的 ·· 263
　　　10.1.2　企业发展能力分析的内容 ·· 264
10.2　企业发展能力指标分析 ··· 264
　　　10.2.1　营业收入增长率的计算与分析 ·· 264
　　　10.2.2　净利润增长率的计算与分析 ··· 266
　　　10.2.3　股东权益增长率的计算与分析 ·· 267
　　　10.2.4　总资产增长率的计算与分析 ··· 268
10.3　持续增长策略分析 ··· 269
　　　10.3.1　可持续增长率的内涵 ·· 269
　　　10.3.2　可持续增长率的影响因素 ·· 269
　　　10.3.3　持续增长策略 ·· 270

第11章　财务综合分析 ·· 275

11.1　财务综合分析的特点与方法 ·· 275
11.2　杜邦分析法 ·· 276

	11.2.1　杜邦分析法的基本原理	276
	11.2.2　改进的杜邦分析法	279
11.3	综合评分法	281
	11.3.1　选择业绩评价指标	281
	11.3.2　确定各项指标的标准值及标准系数	282
	11.3.3　确定各项指标的权重	283
	11.3.4　计算各类指标得分	284
	11.3.5　计算综合评价得分	286
	11.3.6　确定综合评价结果等级	286
11.4	经济增加值法	286
	11.4.1　经济增加值的含义	286
	11.4.2　经济增加值的计算	287
	11.4.3　报表项目的调整	288
	11.4.4　经济增加值的优势	291

第12章　财务预警分析 … 294

12.1	财务危机与财务预警分析	294
	12.1.1　企业财务危机与财务预警	294
	12.1.2　财务预警分析的意义	294
12.2	定性的财务预警分析法	295
	12.2.1　专家调查法	296
	12.2.2　四阶段症状分析法	296
	12.2.3　管理评分法	296
	12.2.4　对传统定性财务预警分析法的评析	297
12.3	定量的财务预警分析法	298
	12.3.1　单变量财务预警分析法	298
	12.3.2　多变量财务预警分析（MDA）法	298
	12.3.3　对传统定量财务预警分析法的评析	301

第13章　企业价值评估 … 303

13.1	企业价值评估的目的、对象与方法	303
	13.1.1　企业价值评估的含义及目的	303
	13.1.2　企业价值评估的对象	305
	13.1.3　企业价值评估的方法	308

13.2 现金流量折现法 ... 309
13.2.1 企业自由现金流量折现法 ... 309
13.2.2 股权自由现金流量折现法 ... 312

13.3 经济利润法 ... 313
13.3.1 经济利润的含义 ... 313
13.3.2 经济利润的计算 ... 315

13.4 相对价值法 ... 315
13.4.1 市盈率估价法原理 ... 316
13.4.2 市盈率估价法的特点 ... 318

13.5 企业价值评估案例 ... 319
13.5.1 案例背景资料 ... 319
13.5.2 J企业价值评估 ... 319

第14章 综合案例分析 ... 324

14.1 四川长虹财务分析 ... 324
14.1.1 战略分析 ... 324
14.1.2 会计分析 ... 328
14.1.3 财务分析 ... 336
14.1.4 前景展望 ... 343

14.2 贵州茅台酒股份有限公司财务分析 ... 345
14.2.1 公司简介 ... 345
14.2.2 战略分析 ... 345
14.2.3 会计分析 ... 347
14.2.4 财务分析 ... 353
14.2.5 前景展望 ... 360

14.3 小米集团财务分析 ... 360
14.3.1 公司简介 ... 360
14.3.2 战略分析 ... 361
14.3.3 会计分析 ... 363
14.3.4 财务分析 ... 367
14.3.5 前景展望 ... 373

参考文献 ... 374

第 1 章

大数据财务分析理论

1.1　财务分析的产生与发展

　　财务分析是以财务报表和其他资料为依据，采用一系列专门的分析技术和方法，对企业财务状况、经营成果及未来发展趋势所做的分析与评价。财务分析的基础资料是财务报表及其他相关资料，分析的目的是判断企业的财务运行状况和发展趋势，为企业的利益相关者做出决策提供依据。

　　财务分析起源于 19 世纪末 20 世纪初，至今已有 100 多年的历史。经济环境和信息技术的发展推动了财务分析应用和方法的发展。在不同的经济发展时期，财务分析的侧重点有所不同。财务分析经历了信用分析、投资分析、内部管理分析、资本市场财务分析、全面财务分析、大数据财务分析等不同发展阶段。

1. 信用分析

　　财务分析起源于美国银行家对企业进行的信用分析。19 世纪末 20 世纪初，随着美国经济的快速发展，企业规模不断扩大，银行贷款在企业融资中的比重迅速增加，银行为了防范贷款的违约风险，需要借助财务报表对贷款人进行信用调查与分析，据此判断客户的偿债能力，由此形成了偿债能力分析等内容。起初，银行只是根据企业资产和负债的数量对比来判断企业对借款的偿还能力和还款保障程度。随后，银行将分析范围扩展到对企业资产结构、负债结构和还款能力的分析，初步形成了一系列财务分析方法和分析指标。

2. 投资分析

　　20 世纪 20 年代，资本市场不断发展，规模不断扩大，投资者面临的投资机会和投资风险也随之增加。为了提高投资收益，规避投资风险，投资者纷纷借助财务分析对不同企业的投资风险和盈利能力做出判断，财务分析随之进入投资分析阶段。这一阶段的重点是分析企业的盈利能力与财务风险。随着社会筹资范围的扩大，非银行的贷款人和股权投资人增加，公众进入证券市场，投资者要求的信息更为广泛，对企业的盈利能力、筹资能力、利润分配、财务风险等信息的需求尤为迫切。为满足这些需求，产生了一系列财务分析方法，逐步形成了较为完备的外部财务分析体系。外部财务分析所用的资料主要来源于公开的财务报表，一般被理解为财务报表分析。这也是传统财务分析的核心内容。

3. 内部管理分析

随着公司规模的扩大和业务的复杂化，为了加强管理，提高经营活动效率，改善盈利能力和提高偿债能力，公司管理层开始利用财务报表数据对企业进行全面分析，找出管理行为和报表数据的关系，通过管理来改善未来的财务状况和经营业绩。传统财务分析的重点在于解析财务报表，服务对象为外部投资者与债权人。将传统财务分析方法直接应用于企业内部管理存在一定局限性，所以企业出于加强内部管理的目的，在传统财务分析的基础上，结合内部管理的需要，充分利用内部数据与资料，对企业的财务运行情况与未来发展趋势进行更为全面细致的分析，由此形成了企业内部管理分析。内部管理分析不仅可以使用公开的报表数据，还可以充分利用内部资料，如预算数据、成本数据、业务活动资料等，使得分析所用的资料来源更加丰富，分析的内容更为全面。

4. 资本市场财务分析

20世纪70年代之后，伴随着经济全球化，国际投资迅速增加，国际融资规模不断扩大，财务分析揭示财务信息的广度和深度在很大程度上影响着投资者对投资期望报酬的评估和对风险程度的预测，影响着投资者的投资决策。例如，通过揭示财务信息，可以吸引投资者购买公司的债券和股票，增强投资者对公司长远发展的信心。财务分析的功能在不断扩大，不仅能对企业的偿债能力、业绩评价、成本费用、现金流量、盈利能力、营运能力、发展能力等进行全面的分析，而且能对企业存在的问题做更深入的分析，并寻求解决问题的办法。财务分析内容广度和深度的拓展，使财务分析的应用范围日益广泛，其重要性日益提高。

随着财务报表体系和内容的不断完善，使用的概念越来越专业化，提供的信息越来越多，分析技术日趋复杂，普通报表使用者感到对财务报表提供的信息进行分析越来越困难，社会对专业财务分析人士的需求量越来越大，由此促成了财务分析师职业的发展。专业财务分析师的出现，推动了财务分析技术和内容不断向纵深发展。财务分析师进行财务分析时，不仅注重企业内部的财务状况、发展前景，也注重外部环境、行业特点等，使财务分析逐步扩展为包括战略分析、会计分析、财务分析、前景分析等在内的更为完善的现代财务分析体系。

5. 全面财务分析

进入20世纪90年代以后，随着信息技术的飞速发展，财务分析所需数据的采集、分类、传递、存储更为便捷，各种分析工具、分析软件层出不穷。信息技术的发展，使企业财务分析呈现出许多新的特点。这些特点主要表现在以下三个方面：财务分析日益深入到业务层面和经营层面；财务分析与业务分析、经营活动分析开始不断融合；财务分析的决策支持功能进一步强化。

6. 大数据财务分析

进入 21 世纪，大数据、信息技术、物联网、智能化的迅速发展，改变了财务分析的外部环境和内在条件，企业对信息的需求量，以及财务人员收集、处理信息的方式方法也发生了巨大变化。此时，传统财务分析的弊端日益凸显，主要体现在：一是只关注企业的财务信息数据，忽视了企业的业务数据；二是只有短期分析，没有长远规划；三是只关注企业本身的数据信息，而不关注外部环境变化对企业的影响。大数据时代，技术发展日新月异，使财务分析在依据、方法、结论、作用等方面呈现出新的发展趋势。

（1）财务分析依据更加丰富。大数据、智能化时代，财务分析的依据不再局限于静态的报表信息，获取信息的速度更加快捷、方便、全面、准确，能够实现对海量数据的处理。非财务指标所占的比重越来越大，非量化指标、交互式指标可以被广泛用于财务分析。

（2）财务分析方法更加智能化。构建智能化的财务分析体系，通过人工智能实现对海量数据的收集、整理，并按照一定的逻辑进行对比、计算、分析，根据不同的使用者形成多维度、个性化、交互式的财务分析报告。

（3）财务分析结论更加精细化。一方面是财务分析依据的来源精细化，数据更准确，业务更具体；另一方面是财务分析指导意见的精细化，可以根据不同的业务明细、具体流程环节进行分析，形成的意见更有针对性。

（4）财务分析作用更加凸显。财务分析依据的指标更及时、准确、全面，数据处理更快捷、科学，财务分析报告更客观、更有针对性，对使用者的指导作用更强。

1.2 大数据财务分析概述

1.2.1 大数据与大数据技术

财务分析具有完整的理论体系和专门的技术方法。信息化、互联网、物联网的发展推动了大数据时代的到来。大数据时代信息技术的快速发展深刻影响着社会生活的各个方面，势必也会对财务分析产生巨大影响，对财务分析人员提出新的要求和挑战。

1. 大数据

大数据（Big Data）是指采用新的处理方法和工具来高效收集、处理、存储和分析的信息资产，具有"5V"特性。5V 是指规模性（Volume）、多样性（Variety）、高速性（Velocity）、价值性（Value）、真实性（Veracity），具体将在第 3 章中详细介绍。

2. 大数据技术

大数据技术是指使用非传统工具对大量的结构化、半结构化和非结构化数据进行处理，从而获得分析和预测结果的一系列数据处理和分析技术。大数据技术主要有数据采集、数据预处理（如缺失值处理等）、分布式存储、数据库、数据仓库、机器学习、并行计算、数据可视化等技术。Python 语言的 Pandas（数据结构与处理）、NumPy（高性能计算）、TensorFlow

（深度学习、规律寻找）、PyTorch（深度学习、人工智能）、Matplotlib（绘图）等库是非常实用的工具。

1.2.2 大数据财务分析的特征

根据大数据具有数据容量大、数据类型多样、产生迅速、价值高但密度低的特征，大数据对财务分析的影响主要体现在数据来源、分析内容、分析方法和工具、分析结果等方面。大数据财务分析具有以下特征。

1. 数据来源广种类多

数据是财务分析的基础，决定了财务分析的质量。传统的财务分析数据主要来源于以货币反映的内部财务报表等结构化数据，数据来源和种类单一。大数据时代，企业获取数据更加快速、便捷，获取成本更低。财务分析数据的来源除了内部财务报表等结构化数据外，还有各类非结构化数据、业务数据等，也可以使用越来越多的外部数据，包括客户、供应商、竞争对手等利益相关者的各项数据。数据的充分、多样极大地提高了企业财务分析的全面性和准确性。

2. 分析内容更加实时高效

传统的财务分析主要是根据实际财务报表等资料分析说明企业过去的经营成果和财务状况，具有一定的滞后性。大数据时代的财务分析是实时的和事前的，利用大数据挖掘、人工智能可以快速地获取数据，数据的处理和分析速度大大提升，能迅速地将初始数据加工成有价值的数据，及时发现和解决问题，及时地调整企业战略，规避和防范风险，为企业管理层提供决策支持。同时，因为数据的流转速度快，数据被篡改的可能性低，降低了财务分析中舞弊的可能性。

3. 分析方法和工具更加丰富

财务分析方法主要有比较分析法、趋势分析法、比率分析法、因素分析法等。在传统财务分析中，企业内部数据对比分析（纵向对比分析）被广泛采用，横向对比分析由于可获取的外部数据受限而较少被采用。大数据时代，数据的开放和共享程度加深，通过 API（应用程序接口）、爬虫等技术，外部数据容易获取，财务分析的环节往前延伸，侧重于事前、事中分析，横向对比分析、相关分析被广泛采用。在财务分析工具方面，除 Excel 外，Python、BI、SQL、SPSS、SAS 等分析软件都广泛用于数据的处理与分析，财务分析方法和工具更加多样，大大提高了财务分析的效率。

4. 分析结果可视化

在财务分析中，由于财务数据的专业性强、数据多、分析方法多样等原因，财务数据可读性差，数据使用者难以把握重点。应用数据可视化处理技术，通过对企业收入、成本、利润、偿债能力、营运能力、发展能力等各个方面进行多个维度的深度分析，并通过柱状图、折线图、气泡图、雷达图等颜色丰富的图形、表格、线条的形式直观呈现，让枯燥的数据变得生动。通过财务数据可视化的实时呈现，企业能够精准捕捉到目前存在的问题点、风险点，并及时快速反应，从而降低风险，提高效益。

1.2.3 大数据财务分析的实现路径

1. 业财深度融合

业财融合不仅仅是业务数据与财务数据的融合，还包括业务人员与财务人员、业务部门与财务部门的融合。企业财务人员需深入业务一线，亲自从事业务工作，积累业务经验。同时，业务人员也需要学习财务知识。财务分析团队中需要引入业务人员，以优化财务团队的人员结构和知识结构，提高业务数据在财务分析中的应用效果。财务人员融入业务的具体路径是：①参与经营分析，经营分析是财务分析的升华，是 CEO 工程，经营分析要透过财务分析发现的异常数据，挖掘背后的业务原因；②参与预算，通过预算编制与预算管理，了解公司的产品、市场和盈利模式等；③参与项目管理，完整地经历一个项目可以在最短的时间内了解公司业务运营的全貌。

2. 建立智能化财务分析体系

大量的低价值密度数据，依靠人工收集、处理、分析非常困难。因此，财务分析人员可以通过创新型数据处理技术和方法，建立起自动收集、处理、分析数据的智能化财务分析体系。该体系应具有以下特点：①构建全面的财务分析体系；②能够采用数据挖掘、爬虫技术等自动收集、整理、处理和存储数据；③自动分析触发数据变化的深层次原因，提出解决办法；④自动生成各种直观的、准确的分析报告；⑤能够对各种财务风险进行自动预警，帮助决策者做出正确决策。

3. 提高财务分析人员数据处理能力

大数据时代，财务分析人员将面临数据容量大、类型多、价值密度低等问题，依靠传统方法进行分析越来越困难。这迫切需要财务分析人员不断学习最新的大数据处理技术和方法，提高数据分析和优化能力，成为懂财务、懂业务、懂管理、懂技术的人才。同时，企业应重新构建考核激励机制，将大数据应用能力和业务能力纳入财务分析人员的激励考核机制中，以机制来带动财务分析人员主动学习大数据技术和业务知识，促进业务能力和素质的提升。

1.2.4 大数据财务分析的层次

大数据财务分析分为数据分析与业务分析。

1. 数据分析

财务人员要有足够的数据思维和数据敏感性，能快速根据数据分析出可能的驱动因素及其后果。

财务人员要能联想到触发数据变动的原因，如看到坏账准备时，应联想到：公司长期应收账款可能收不回来；公司信用政策可能存在问题，客户信用管理可能过于宽松；产品可能存在质量问题，客户拒绝付款。

财务人员要能够通过一个指标数据马上联想到其关联指标数据，如一看到坏账损失，马上就能想到公司利润减少、净资产减少、资产负债率提高、融资困难、资金链断裂、不能偿还到期债务公司破产风险加大等。

对数据敏感是财务人员的基本职业素养。培养数据敏感性，需要财务人员掌握会计、财务基础知识，熟悉业务运行规则，了解数据背后的故事，只有把数据背后的因果弄清楚了，数据才会变得生动，进而引发对数据的敏感性。

2. 业务分析

业务分析是基于数据分析结果进行更深入的分析。业务分析步骤是：①财务人员结合业务分析导致数据异常的可能原因；②财务人员与业务人员一起排查问题，找出问题的症结所在。例如，2021年第四季度A公司手机销售收入下滑了37%，是销售人员工作不力还是其他原因？手机销售收入下降的原因分析如图1-1所示。

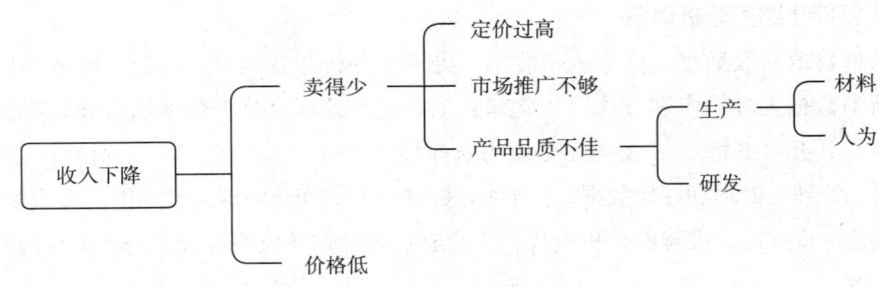

图1-1　手机销售收入下降原因分析

由图1-1可看出，导致销售收入下降的原因很多，销售人员工作不力只是导致销售收入下降的一种可能。做业务分析，就是要深入到数据背后，一层一层地挖掘，用排他法把真正的原因找出来，从而采取有针对性的措施。因此，只有结合业务进行财务分析，分析结论才是真实的、可靠的、有助于决策的。

2020年五粮液计提了较高的存货跌价准备，难道是五粮液白酒发生了贬值？仔细分析财务报表附注（如表1-1所示），发现贬值的是库存商品和委托加工物资。

仔细分析"库存商品"构成，发现五粮液的库存商品不只包括酒类，还有塑料制品、印刷品、玻璃瓶等商品，而发生贬值的正是这些非白酒类商品，如表1-2所示。

1.2.5　大数据财务分析阶段

人们对事物的认知过程是从点—线—面—体，到多维的广阔空间。大数据财务分析也应经过基础分析—可视化展现—业财融合—决策优化，与此对应的是数据表分析—图表制作—数据库使用—多维建模，如图1-2所示。

表 1-1 2020 年五粮液存货明细

(单位：元)

项目	期末余额			期初余额		
	账面余额	存货跌价准备	账面价值	账面余额	存货跌价准备	账面价值
原材料	1 006 752 368.41	5 500 972.51	1 001 251 395.90	820 802 958.97	5 470 868.60	815 332 090.37
在产品	964 076 320.20		964 076 320.20	920 929 926.83		920 929 926.83
库存商品	1 715 227 321.75	28 068 948.50	1 687 158 373.25	2 641 768 788.26	23 606 759.68	2 618 162 028.58
周转材料	4 509 057.31	436 409.41	4 072 647.90	2 443 599.07		2 443 559.07
发出商品	217 544 735.96	2 339 349.95	215 205 386.01	91 743 317.06	917 805.65	90 825 511.40
在途物资	2 121 297.94		2 121 297.94			
自制半成品	9 290 022 881.61	151 805.88	9 289 871 075.73	9 185 653 882.86		9 185 653 882.86
包装物	35 637 606.57	15 916 796.10	19 720 810.47	16 350 413.67	15 916 796.10	433 617.57
委托加工物资	44 796 324.05		44 796 324.05	45 838 998.73		45 838 998.73
合计	13 280 687 913.80	52 414 282.35	13 228 273 631.45	13 725 531 885.45	45 912 230.03	13 679 619 615.41

表 1-2 2020 年五粮液库存商品分类

(单位：元)

项目	期末余额			期初余额		
	账面余额	存货跌价准备	账面价值	账面余额	存货跌价准备	账面价值
酒类	1 107 242 109.83		1 107 242 109.83	1 981 292 442.44		1 981 292 442.44
塑料制品	407 641 508.37	2 376 198.91	405 265 309.46	374 726 965.18	2 401 978.20	372 321 986.98
印刷品	87 914 622.34	13 613 249.08	74 301 373.26	77 827 912.75	13 613 249.08	64 214 663.67
玻璃瓶	95 200 289.49	6 459 504.39	88 740 785.10	154 797 421.71	76 683.01	154 720 738.70
其他	17 228 791.72	5 619 955.12	11 608 795.60	53 124 016.18	7 511 819.39	45 612 196.79
合计	1 715 227 321.75	28 068 907.50	1 687 158 373.25	2 641 768 758.26	23 603 729.68	2 618 162 028.58

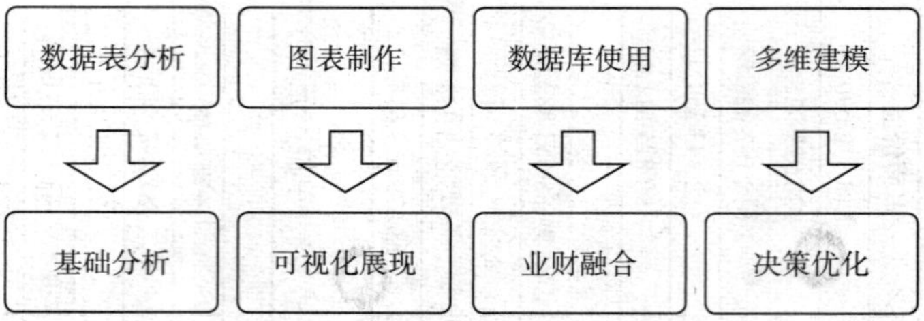

```
数据表分析    图表制作    数据库使用    多维建模
   ↓           ↓           ↓           ↓
  基础分析    可视化展现    业财融合    决策优化
```

图1-2 大数据财务分析阶段

1. 基础分析

基础分析阶段主要是处理各种数据表，包含财务报表、余额表、总账、明细账等的分析，使用的工具一般为Excel。财务分析人员在这个阶段要掌握Excel技巧及办公自动化，如一键生成报表、文档自动排版、批量发送邮件、批量数据采集、批量文件整理等。由于Excel是非常成熟的软件，如果数据量不大，且数据以数值为主，Excel基本就够用了。如果需要一些更强大的功能，如分组、聚合、索引、排序、使用各种函数、复杂的财务模型等，则可使用Python的Pandas库进行更高阶的表格处理。

2. 可视化展现

数据可视化是发现数据和展示结果的重要一环。采用数据图表可视化，直观展现分析结果，能帮助管理者抓住数据本质和问题的关键，激发管理者深入分析的兴趣。可视化展现可以使用Power BI或Tableau等现成的商业智能分析软件。BI软件由于有着图形化的操作界面，比较容易掌握。

BI软件可以满足大部分的可视化需求，但有时也会受一些场景的限制。Python语言在数据可视化方面也有功能强大的库，比如Matplotlib、PyEcharts等。使用编程语言的好处是更灵活，可以更好地适应特殊的需求。

3. 业财融合

从业务活动过程中产生的大量而实时的业务数据，到按月汇总的财务账簿，各种非财务信息、驱动因素、环境变量等，经过层层汇总筛选处理，已经遗失了大量信息，仅仅从财务角度进行数据分析就如雾里看花，很难对业务决策起到支持作用。此时需要将财务数据与业务数据、业务活动结合起来分析，通过对业务数据的分析找到财务指标变动的原因，通过财务数据发现业务活动中存在的问题，根据问题原因找到解决对策。

进行业财融合分析的数据量会大大增加，Excel已经无法满足需求，需要使用数据库。数据库就像数据的海洋，财务分析人员需要了解数据库和数据存储结构，掌握数据库的操作，或通过Python读取数据库的庞大数据，进行高阶的数据处理、加工和分析，这样就可以大大提升财务分析工作的效率和效果。

4. 决策优化

在数据海洋里遨游，面对无数的数据表，如何设计更有效的数据结构，让数据表之间的排列井然有序，让财务数据分析更简单、更灵活，让决策迅速而优化？这需要通过多维建模来完成。多维使分析人员能够迅速、全面、交互地从各个方面观察信息，了解数据，理解数据。通过数据仓库，可以根据不同的数据需求建立起各类多维模型。在财务决策时，通过维度组合及条件过滤，很容易抽丝剥茧，验证各自的想法，从而有效解决财务工作中遇到的大部分复杂工作，如从业务计划到财务预算、多家公司的财务报表合并等，使财务分析能快速支持及优化业务决策。

1.3 大数据财务分析的作用与主体及目的

1.3.1 大数据财务分析的作用

财务分析的基本功能是评价与决策支持。财务分析要对企业的财务运行状况及其发展趋势做出评价，要有助于决策者做出正确的决策。财务分析的作用主要表现在以下四个方面。

1. 评价财务状况，揭示财务风险

财务分析全面分析了企业的资产、负债与股东权益状况，揭示了企业的财务状况是否稳健，资本结构是否合理，资产利用是否有效，债务偿还是否有保障，从而可以进一步揭示企业面临的财务风险程度。企业的财务状况不佳、资本结构不合理、资产利用效率低下、盈利能力欠佳等，都是引发企业财务风险的原因，通过财务分析可以找出这些原因，并根据这些原因评估企业财务风险的大小。

2. 衡量经营业绩，判断发展趋势

财务分析多角度、全方位地分析了企业的收入、成本、利润情况，揭示了企业经营战略的实现情况、销售目标的完成情况、成本费用的控制情况和盈利情况。通过财务分析，企业可以评估自身的经营管理水平、成本控制水平、盈利水平和盈利质量。据此，企业的利益相关者可以衡量企业的经营业绩，判断企业未来的盈利趋势和可持续发展趋势。

3. 发现管理问题，寻求改善途径

财务分析全面揭示了企业的偿债能力、营运能力、盈利能力、发展能力和获取现金流量的能力等，综合反映了企业管理的所有方面。对企业财务报表的内部使用者而言，借助财务分析可以进一步揭示影响企业财务状况、经营成果、现金流量的主观因素和客观因素，评估管理者对企业资源的运用和管理情况，揭示企业管理中存在的问题，找出与目标的差距，分析问题与差距形成的原因，寻求改善途径，提高财务运行效率，进而提升企业经营业绩。

4. 实时分析预测，促进决策优化

大数据时代，万物互通互联，企业获取信息的途径和数量大幅增加，数据处理技术和能力大幅提升。在海量原始数据基础上，运用数据挖掘技术找到数据之间的关系，构建有效的财务分析模型，及时分析、发现和解决问题，及时进行预测和决策，为管理层提供决策支持，实现各个方面的持续改善和优化。

1.3.2 大数据财务分析的主体及目的

财务分析的内容非常宽泛，在具体的财务分析中，分析的侧重点、揭示的具体内容根据财务分析主体的不同而有所不同。分析的主体不同，财务分析的目的与内容也就不相同。财务分析主体是为达到特定目的而对企业财务状况进行分析的单位和个人，主要包括企业投资者、企业债权人、企业经营者、供应商与客户、企业雇员、竞争对手、国家行政管理与监督部门等。财务分析的目的受财务分析主体的制约，不同的财务分析主体进行财务分析的目的是不同的。

1. 企业投资者

企业投资者包括企业的所有者和潜在投资者，他们的投资决策往往在于是否继续持有对某企业的投资或是否向某企业进行投资。为此，他们需要了解企业的盈利能力、财务状况及现金流量，对企业的投资回报和投资风险做出估计与判断，他们主要关注的是企业未来的盈利能力和风险水平。

由于投资者的持股比例不同，他们对企业的控制力和影响力有着较大的不同，利益点存在差异。这种对企业控制力和影响力的不同直接导致他们对企业财务状况关注重点的差异。对于控股股东和大股东而言，由于他们可以通过自己的努力直接或间接地影响被持股企业管理层的人事安排、发展战略、投资决策、经营决策、利润分配等，这类股东往往关心与企业发展战略相关的财务信息，如企业的资产结构和资产质量、资本结构、长期获利能力等。而中小股东则更关心企业的短期经营业绩、股利分配等信息。

2. 企业债权人

企业债权人包括短期债权人和长期债权人。一般地，短期债权人提供的贷款期限在一年以内，他们更关心企业资产的流动性和企业偿还短期债务的能力，对企业长期获利能力并不十分关心。长期债权人提供的贷款期限通常在一年以上，他们关心贷款的本金和利息能否按时收回，而企业能否按时偿还借款的本息是以企业未来的盈利能力和良好的现金流为基础的。因此，长期债权人不仅关心企业的偿债能力，而且关心企业的盈利能力，会将偿债能力与盈利能力结合起来分析判断企业偿债能力的强弱。同时，由于长期债权人提供的贷款期限较长，企业的经营风险和财务风险将直接影响到贷款是否可以收回以及是否可以按期收回，所以他们也非常关心企业的经营风险和财务风险。

3. 企业经营者

企业经营者受托进行经营管理，应对受托财产的保值增值承担责任。他们负责企业的管理决策与日常的经营活动，进行资源的合理配置并努力提高资源的利用效率，目的是提高企业效益。

企业经营者进行财务分析的目的是综合的和多方面的，他们关心企业的盈利能力、营运能力和持续发展能力等各方面的财务信息，他们会进行盈利结果与原因的分析、资本结构分析、营运状况与效率分析、经营风险与财务风险分析、支付能力与偿债能力分析等。进行这些分析的目的是及时发现生产经营中存在的问题与不足，并采取有效措施加以解决，使企业不仅利用现有资源获得更多利润，而且使企业盈利能力保持持续稳定的增长。

4. 供应商与客户

供应商是企业商品或劳务的提供者，在赊购过程中，企业与供应商形成了商业信用关系，他们需要分析受信企业的信用状况、偿债能力与风险水平，因此，供应商和债权人类似，他们对企业的偿债能力和信用状况较为关注。

客户是企业商品的消费者，客户关心的是企业持续提供商品或劳务的能力、产品质量与后续服务能力等，因此，客户希望通过财务信息了解企业的销售能力和持续发展能力。

5. 企业雇员

企业雇员与企业存在长期、稳定的关系，他们主要关心工作岗位的稳定性、获取劳动报酬的持续性与增长性、工作环境的安全性。因此，他们关注企业的盈利能力与发展前景。

6. 竞争对手

竞争对手希望获取关于企业的市场份额、盈利水平、成本费用等信息，以便于进行产品定价、产品结构调整、市场规划等决策。因此，他们对企业盈利能力、竞争战略等各方面的信息均感兴趣。

7. 国家行政管理与监督部门

国家行政管理与监督部门主要指工商、物价、财政、税务及审计等部门。它们对企业进行财务分析的目的，一方面是监督检查党和国家的各项经济政策、法规、制度在企业的执行情况，另一方面是保证企业财务会计信息和财务分析报告的真实性、准确性，为宏观决策提供可靠依据。

1.4 大数据财务分析框架

1.4.1 企业经营活动与财务报表的关系

企业经营活动受经营环境和经营战略的影响，经营环境包括企业所处的行业、经济发展水平、经济周期、产品市场、资本市场、劳动力市场等，经营战略决定了企业未来的发展方向以及竞争优势的获取。企业的经营活动是企业按照其发展战略与其外部环境之间所进行的资金、物资、信息的交流活动，企业的经营战略和经营环境直接影响企业经营活动的结果，财务分析不能脱离企业的经营活动和经营环境。企业经营活动纷繁复杂，包罗万象，难以一一向外报告，而且，详细解释企业的某些活动可能会泄露企业的商业秘密，从而损害企业的竞争地位。企业的会计系统提供了对经营活动加以挑选、计量并汇总为财务报表数据的机制。这种机制可以对企业的经营活动进行确认、计量，并以财务报表的形式对外报告。

企业的财务报表不仅受企业经营活动的影响，还受会计系统的影响，而会计系统又受会计环境和会计策略的影响。会计环境包括资本市场结构、会计惯例和法规、税收和财务会计的关系、独立审计等，会计策略包括会计政策的选择、会计估计的选择、报表格式的选择和报表附注的选择等。图1-3反映了企业经营活动与财务报表的关系。

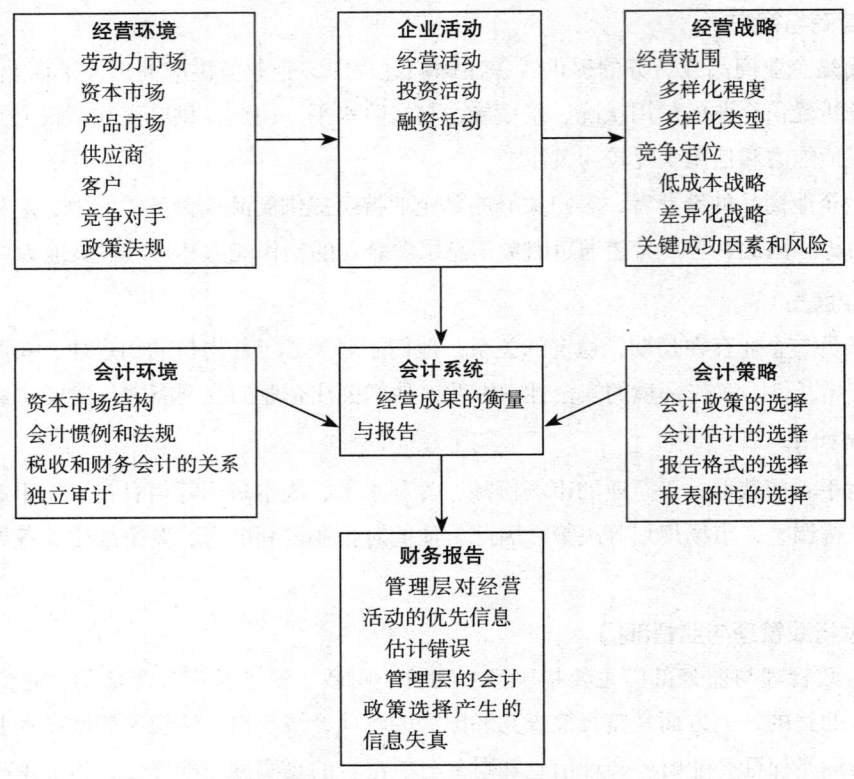

图 1-3　企业经营活动与财务报表的关系

资料来源：PALEPU K G，BERNARD V L，HEALY P M. Business analysis and valuation: using financial statement, text & cases[M]. Cincinnati: South-Western College Publishing，2003.

图1-3描述了企业基于特定经营环境和经营战略所从事的经营活动，经过会计环境、会计策略和会计系统的影响、加工，最终表现为企业财务报告的过程。从图中可以看出，会计系统的制度特征是影响财务报表质量的重要因素。在企业从经营活动到财务报表的转化过程中，由于存在许多噪声，企业的财务报表难以真实、准确地反映企业经营活动。

（1）权责发生制能够提供公司经营业绩的全面信息，但由于财务会计中的许多主要事项存在多种可供选择的方法，其模糊性导致在实际应用时具有较强的主观性。由于这一缺陷，受利益动机的驱动，人们会通过实施会计斟酌处理权实现自己的私人目标，这增加了财务报表中的噪声。

（2）会计准则严格规范了企业经济业务的会计处理，会计准则的"硬约束"增强了财务报表的可靠性和可比性，但会计准则无法确保会计信息完全真实、可靠。由于现实中大量的经济业务往往涉及许多判断，这赋予公司管理层一定的会计政策选择权，会计准则无法完全排除管理层的会计政策选择。此外，会计准则通常只规定了企业会计信息披露的最低要求，但没有限制管理层自愿信息披露，而自愿信息披露也是影响报表质量的重要因素。

（3）通过聘请独立的审计机构或人员对企业财务报表进行审计，在一定程度上减少了会计信息的使用风险，提高了会计信息质量，但是也可能强化了财务报表本身的内在缺陷。因为它认可了长期延续下来的会计规则和常规，而这些会计规则和常规本身存在缺陷。审计准则以及审计行为使得本身存在缺陷的会计准则得以继续执行。这样，审计准则以及审计行为就有可能放大会计准则的内在缺陷。㊀

由于会计系统的制度特征并不完美，财务报表中仍然存在许多缺陷和不足，进行财务分析时需要通过一定的会计分析过程对其进行必要的调整。

1.4.2 大数据财务分析基本框架

从企业经营活动与财务报表的关系可以看出，企业财务报表的质量受企业经营环境、经营战略、会计环境、会计策略等因素的影响，如果企业财务分析时不了解企业所面临的经营环境、经营战略、会计环境和会计策略，就难以把握和理解企业经营活动的实质。因此，有效的企业财务分析，必须首先了解企业所处的经营环境和施行的经营战略，分析企业经营范围和竞争优势，识别机会和风险，对企业获取超额收益能力的可持续性做出合理的判断。通过会计分析，评估财务报表对企业经营活动反映的真实程度，是保证财务分析质量的前提。通过财务分析揭示企业的偿债能力、盈利能力、营运能力和发展能力等，可以评估公司当前的业绩以及业绩的可持续性。在财务分析的基础上，利用财务分析的结果可以对企业未来的风险与价值做出判断，从而预测企业未来的发展前景。因此，财务分析的基本顺序应当是企业战略分析—会计分析—财务分析—前景预测。企业财务分析的基本框架如图1-4所示。

1. 企业战略分析

企业财务分析以企业战略分析作为出发点，通过企业战略分析了解企业经营所面临的环境因素，为会计分析和财务分析奠定基础。同时，企业战略分析还可以确定影响公司盈利的主要因素及主要风险，从而评估公司当前业绩的可持续性并预测未来的业绩。

企业价值取决于企业运用其资本获取超额收益的能力。而这种能力受到行业选择、竞争定位和企业战略的影响。只有充分了解行业的竞争态势、竞争优势的持久性和企业战略的适应性，才能对企业获取超额收益能力的可持续性做出合理的判断，这正是企业战略分析的关键所在。

超额收益是企业运用其资本获得的收益超过其资本成本的差额。尽管企业的资本成本由资本市场决定，但其盈利能力却取决于自身的战略选择：① 企业打算在哪一个或哪几个行业从事经营活动（行业选择）？② 企业打算采取何种方式与同行业中的其他企业竞争（竞争定位）？③ 企业期望通过何种方式在各经营部门间创造并利用协同效应（企业战略）？因此，企业战略分析包括行业分析、竞争战略分析和经营战略分析。

㊀ 胡玉明.财务报表分析[M].大连：东北财经大学出版社，2008.

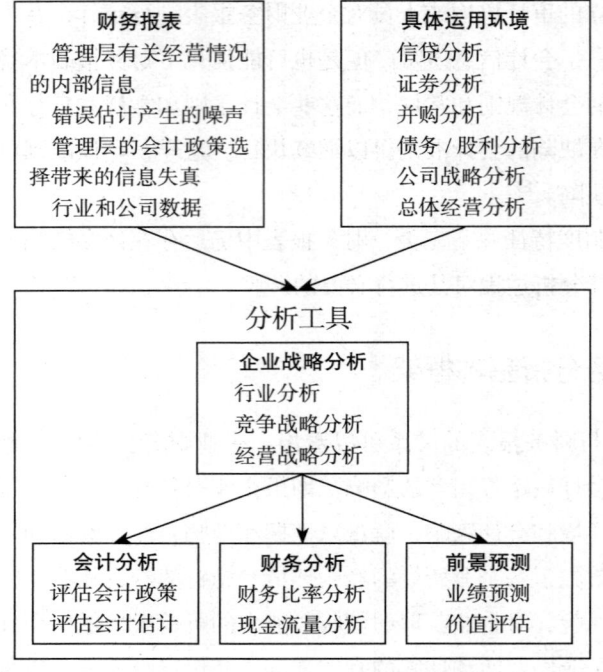

图 1-4 企业财务分析的基本框架

资料来源：PALEPU K G, BERNARD V L, HEALY P M. Business analysis and valuation: using financial statement, text & cases[M]. Cincinnati: South-Western College Publishing, 2003.

2. 会计分析

财务分析的基础数据来自财务报表，而财务报表中的数据受到会计政策、会计估计等诸多因素的影响。会计准则给管理层留下了会计政策选择空间。管理层对外提供的财务报表信息总体上反映了企业的经营活动情况，但有些指标会受到管理层主观判断的影响，在极端情况下可能含有管理者有意操纵的信息。会计分析的目的是评估财务报表对企业经营活动反映的真实程度。会计分析通过评估会计政策的弹性、会计政策与会计估计的恰当性，评估会计信息的扭曲程度，从而去伪存真，调整财务报表数据，消除会计信息失真，使会计信息能够反映企业经营活动的实际。因此，有效的会计分析有助于提高财务分析结论的可靠性。会计分析包括以下步骤。

（1）确认关键的会计政策。企业的行业特征及自身的竞争战略选择决定了企业关键成功因素和风险因素，如银行业关键成功因素是利息和信贷风险管理。会计分析的目的之一是评估企业如何处理这些关键成功因素和风险因素。进行会计分析时，首先需要辨认企业用于反映这些关键成功因素和风险因素的会计政策，通过分析这些会计政策、会计估计及由此产生的会计信息，从而评估这些会计政策是否与企业的行业特征及竞争战略选择相符合。

（2）评估会计政策的弹性。企业不同，其关键会计政策不同，会计政策的弹性也不同。一些企业的会计政策选择会受到会计准则和会计惯例的严格限制。例如，研究开发能力对高科技企业来说是关键成功因素，但是，企业管理者对研发费用的会计处理没有任何选择余地。有些企业的关键会计政策可能受企业管理层的权利影响较大，具有一定的弹性，如银行的管理层对信贷资产的质量和贷款损失准备的计提具有较大的弹性。当然，还有些会计政策如资产折旧、存货计价、商誉摊销等的弹性较大。会计政策的弹性越大，这些政策对企业业绩的影响就越大，为管理层控制报表中的数字提供了机会。因此，会计政策的弹性越大，财务分析者就越需要谨慎。

（3）评价会计策略。会计策略是指企业管理层具有在不同会计政策之间进行选择的权利，即在提供会计信息方面所具有的灵活性。会计政策的选择、会计估计的选择、报告格式的选择、报表附注的选择等都属于会计策略的范畴。

当管理层拥有较大的会计政策选择权时，他们可以根据需要加以运用。不同的会计策略能够产生不同的经营成果和财务状况。在目前将会计准则作为企业会计政策规范的模式下，对某一经济事项的会计处理往往有多种备选会计处理方法，这时企业往往借助会计政策选择来实现期望的经济结果。如在经济状况和经营业绩较好时，企业可能会采用更为稳健的会计政策；而在经营业绩欠佳时，可能会通过会计政策的选择，设法使账面的经营业绩变得好看一些。因此，会计分析应就企业会计策略选择的适当性做出评价，进而明确管理者选择会计政策的意图。

（4）评价会计信息披露质量。企业会计信息披露载体除了会计报表外，还有报表附注、管理层讨论与分析、董事会报告、监事会报告、临时报告等。尽管会计准则规定了最低限度的披露要求，这种最低限度的披露要求构成了信息的"强制性披露"，但在信息的"自愿披露"方面，管理层拥有较大的选择权。因此，管理层信息披露的广度和深度反映了会计信息披露的质量。披露质量是衡量企业会计报表质量的重要尺度。

（5）识别潜在的危险信号。由于财务报表各项目之间内在的钩稽关系，企业的财务舞弊行为或潜在危险信号都可能在报表上留下痕迹。识别潜在危险信号有助于帮助财务分析人员更好地查证某些项目或对某些项目收集更充分的信息，进行更细致的考察和分析。常见的危险信号主要有应收账款的异常增长、未加解释的政策变化、其他应收账款和存货等异常增加、频繁的关联交易、巨额资产冲销或转回、报告利润与经营现金流的缺口扩大、无缘由更换会计师事务所等。

（6）消除会计信息失真。如果会计分析表明企业对外报告的会计数据失真，财务分析人员可以利用现金流量表、会计报表附注和其他信息来调整会计数据，尽量还原企业经营活动的本来面貌。

3. 财务分析

财务分析是整个分析工作的主要环节，前期各项工作都是为这一环节的工作服务的。在这一环节，需要根据报表数据进行大量的计算、对比，来揭示企业的偿债能力、盈利能力、营运能力和发展能力等，以评估公司当前的业绩以及业绩的可持续性。财务分析常用的方法有比率分析法、现金流量分析法、因素分析法和标杆分析法等。比率分析法的重点是分析企业的利润表和资产负债表，它着重评估公司的产品市场业绩和财务政策。现金流量分析的结果表明企业利润表和资产负债表信息的质量，着重分析公司的流动性、财务弹性及收益质量。因素分析法的重点是围绕某一财务指标的主要影响因素，具体分析每一因素单独变动对财务指标的影响程度，据此找出管理工作中存在的主要问题，并提出改进措施。标杆分析法是将本企业各项活动与从事该项活动最佳者进行比较，找出存在的差距，提出解决方法，达到弥补自身不足、提升自身经营业绩的目的。

4. 前景预测

前景预测是在财务分析的基础上，对公司未来的风险与价值所做的判断。前景预测常用的方法是财务报表预测和企业估价。这两种分析方法可以把企业战略分析、会计分析和财务分析中得出的结论加以综合，从而对企业未来的风险及其价值变化做出预测性判断。企业战略分析有助于评估企业竞争优势的可能变化及其对企业未来净资产收益率和增长率的影响；会计分析提供了企业当前账面价值和净资产收益率的无偏估计值；财务分析则有助于深入了解企业当前净资产收益率的影响因素。根据企业当前所有者权益的账面价值、未来净资产收益率和增长率、风险因素等，财务分析人员对未来企业价值的变化做出估计。企业战略分析、会计分析和财务分析为预测企业价值奠定了坚实的基础。

1.5 大数据财务分析的信息来源

财务分析的信息来源就是进行财务分析所依赖的资料及其取得的途径。取得财务分析所需的资料是财务分析的基础和不可缺少的环节，它对于保证财务分析工作的顺利进行、提高财务分析的质量和效果具有重要的作用。

进行财务分析的信息来源很多，财务分析的目的与分析内容不同，使用的信息资料来源可能是不同的。财务分析的信息资料来源可以分为企业公开信息资料，企业内部信息资料，行业信息与产业政策，宏观经济政策与信息。其中，企业信息资料可以进一步分为企业公开信息资料和企业内部信息资料，企业公开信息资料可供企业内部和外部分析人员使用，企业内部信息资料主要供企业内部分析使用。

1.5.1 企业公开信息资料

企业公开信息资料是企业公开对外发布的企业信息资料，主要包括企业对外公开披露的财务报告、管理层讨论与分析、审计报告、股东大会和董事会发布的各项公告（如招股说明书、配股说明书、会议公告等）。

1. 企业财务报告

财务报告是企业对外提供的反映企业某一特定日期的财务状况和某一会计期间的经营成果、现金流量等会计信息的文件。企业财务报告包括财务报表和其他应当在财务报告中披露的相关信息和资料。

企业财务报表是对企业财务状况、经营成果和现金流量的结构性表述。财务报表至少应包括资产负债表、利润表、现金流量表、所有者权益变动表等主要报表，同时还有会计报表附注。财务报表提供的信息既是对企业经营过程及结果的综合反映，也是进行财务分析最重要的信息来源。

分析人员在财务分析过程中，要高度重视报表附注揭示的内容。会计报表附注是为便于会计报表使用者了解会计报表的内容而对会计报表的编制基础、编制依据、编制原则和方法及主要项目等所做的解释和进一步说明，以及对未能在报表中列示项目所做的补充说明。报表附注主要披露下列内容：① 企业基本情况；② 财务报表的编制基础；③ 遵循企业会计准则的声明；④ 重要会计政策和会计估计，说明会计政策时还需要披露财务报表项目的计量基础与会计政策的确定依据；⑤ 重要会计政策和会计估计变更以及重大会计差错更正的说明；⑥ 重要报表项目的说明；⑦ 其他需要说明的重要事项，主要包括或有事项和承诺事项、资产负债表日后非调整事项、关联方关系及其交易等。

报表附注对补充说明或解释表内信息具有直接意义，进行财务分析必须重视财务报表附注提供的信息。报表附注能够满足信息使用者更全面的信息需求。报表附注由于不受众多会计原则的制约，既可以用文字、图表等来定性分析表内的项目，也可以用数字来补充说明表内项目的计量结果。通过报表附注，信息使用者不仅可以获得更全面的会计信息，而且也能获得特定项目的会计信息，从而增强对表内信息的理解，提高会计信息的价值。

2. 管理层讨论与分析

管理层讨论与分析（Management's Discussion and Analysis，MD&A）是证券市场信息披露制度变迁的产物，在招股说明书和定期报告中占有重要位置。管理层讨论与分析是向信息使用者传递企业信息的有效渠道，体现了管理层对企业现状及其发展前景的基本判断，有助于信息使用者更好地理解企业经营成果、财务状况和现金流量信息，了解企业经营管理水平以及可能存在的风险和不确定因素，把握企业未来的发展方向。管理层讨论与分析是对财务报告的一个必要和有益的补充，提供了传统财务报表及其附注所无法提供的信息，赋予信息使用者通过管理层的眼睛透视企业经济实质的机会，满足了信息使用者对信息的相关性和前瞻性的更高要求。

管理层讨论与分析要求披露的内容主要包括报告期内企业经营情况的回顾和对企业未来发展的展望。

（1）报告期内企业经营情况的回顾，是以外部环境和企业所处行业的现状为背景，阐述企业报告期内的以下情况：

1）总体经营情况。它主要阐述企业营业收入、营业利润、净利润的同比变动情况，说明引起变动的主要影响因素。

2）分析企业的主营业务及经营状况。它按行业、产品或地区说明报告期内企业主营业务收入、主营业务利润的构成情况，从而分析引起变化的主要影响因素。

3）现金流量分析。这部分说明企业经营活动、投资活动和筹资活动产生的现金流量的构成情况。

4）企业经营相关的重要信息讨论分析。它是对企业设备利用情况、订单的获取情况、产品的销售或积压情况、主要技术人员变动情况等进行的讨论与分析。

5）主要控股和参股公司的经营情况。这部分详细介绍主要控股子公司的业务性质、主要产品或服务、注册资本、资产规模、净利润等。

（2）对公司未来发展的展望，包括：

1）分析所处行业的发展趋势及企业面临的市场竞争格局。若分析表明相关变化趋势已经、正在或将要对企业的财务状况和经营成果产生重大影响，企业应提供管理层对相关变化的基本判断，详细分析对企业可能的影响程度。

2）企业发展战略与经营计划。这部分主要披露企业发展战略，以及拟开展的新业务、拟开发的新产品、拟投资的新项目等。

3）资金需求及使用计划。这部分主要说明维持企业当前业务并完成在建投资项目的资金需求，未来重大的资本支出计划以及资金来源安排等。

4）企业面临的风险因素。这部分遵循重要性原则披露可能对企业未来发展战略和经营目标的实现产生不利影响的所有风险因素以及对策。

3. 企业公布的其他信息资料

企业公开披露的其他信息资料较多，但与信息披露制度相关的资料，如审计报告、招股说明书、上市公告书、临时报告等，则是在财务分析过程中应该予以关注的。

（1）审计报告。审计报告是注册会计师根据审计准则的规定，在实施审计工作的基础上对被审计单位财务报表发表审计意见的书面文件。审计报告分为标准审计报告和非标准审计报告。标准审计报告是注册会计师出具的无保留意见的审计报告，不附加说明段、强调事项段或任何修饰性用语。非标准审计报告是指标准审计报告以外的其他审计报告，包括带强调事项段的无保留意见的审计报告和非无保留意见的审计报告。非无保留意见的审计报告包括保留意见、否定意见和无法表示意见的审计报告。

由于注册会计师能够接触到企业的原始凭证、记账凭证、账簿、经济合同等第一手资料，站在独立的角度对财务报表的合法性、公允性发表意见，因此，注册会计师出具的审计报告对报表信息使用者而言具有很大的价值，特别是当审计报告为非标准审计报告时，财务分析人员要给予高度重视。

（2）招股说明书和上市公告书。招股说明书是股票发行人向证监会申请公开发行股票时申报材料的必备部分，是向公众发布的旨在公开募集股份的规范性文件。它是社会公众了解发起人和将要设立公司的情况，做出购买公司股份决策的重要依据。公司首次公开发行股票，必须制作招股说明书。招股说明书通常载明本次发行概况、风险因素、发行人基本情况、业务和技术、同业竞争与关联交易、公司董监高人员[⊖]与公司治理结构、财务会计信息、业务发展目

⊖ 公司董事、监事和高级管理人员。

标、募股资金运用、发行定价及股利分配政策等事项。招股说明书经政府授权部门批准后，即具有法律效力，由发起人通过新闻媒介予以公告，以便社会公众知晓。

上市公告书是发行人于股票上市前，向公众发行的与上市有关事项的信息披露文件。公司股票获准在证券交易所交易之后，需公布上市公告书。上市公告书除包括招股说明书的主要内容外，还包括以下内容：发行人对公告内容的承诺；股票上市情况；发行人、股东和实际控制人情况；股票上市前已发行股票的情况；招股说明书刊登日至公告书刊登日发生的重要事项；上市保荐人及其意见。

招股说明书和上市公告书对企业各主要方面的情况披露比较充分，是进行财务分析特别是企业外部人士进行财务分析可供参考的重要资料。

（3）临时报告。临时报告是指上市公司在发生法定重大事件时对有关情况的报告。在证券交易所的交易中，有关上市公司的信息特别是一些重要事项的信息，会对股票价格产生重大影响。为了使投资者能够平等地了解上市公司的有关信息，防止造成证券交易中的不公平，《中华人民共和国证券法》规定，上市公司在发生法定的重大事件时应当进行临时报告。所谓法定的重大事件，是指可能对上市公司股票交易价格产生较大影响而投资者尚未得知的事件，具体包括：公司经营方针和经营范围的重大变化；公司重大投资行为和重大购置财产的决定；公司订立重要合同；公司发生重大债务和未能清偿到期重大债务的违约情况；公司生产经营的外部条件发生的重大变化；公司的董事、1/3以上监事或者经理发生变动；公司减资、合并、分立、解散及申请破产的决定，或者依法进入破产程序、被责令关闭等。

临时报告披露的内容，由于其突发性特点，往往不反映在已经公布的财务报告中。但这些事项有可能对企业未来的经营活动与财务状况产生重大影响，财务分析过程中，分析人员需要给予高度重视。

1.5.2　企业内部信息资料

企业内部信息资料是指企业未对外公开披露的各种生产经营活动资料，如会计核算明细资料、成本费用资料、统计资料、业务活动资料、计划与预算资料等。企业财务活动受业务活动的影响与制约，财务报表提供的信息只是对企业生产经营活动的综合概括的说明。仅仅只依赖企业对外公开的信息进行分析，无法满足企业改善管理的需要。例如，会计报表反映出的存货量过大、存货周转速度慢这一现象，其原因可能是销售不畅，也可能是生产技术出现问题且企业质量管理水平不高导致存货积压，还可能是仓储管理不善导致产品毁损，或者是企业采购缺乏计划性导致采购量过多，等等。不论是何种情况，仅仅依靠财务报表的信息，无法对原因做出说明。外部分析者由于无法取得内部信息，因此无法做出准确判断。企业管理者或企业内部分析人士，可以通过查看存货及其相关信息，做出准确判断。

现代信息技术的发展和企业流程的再造，使得企业生产经营活动的各类信息能够迅速进入企业的信息系统，并能够方便、快捷地在各部门、各系统之间传递、提取。存货的进出、材料的收发、生产进度、款项的收付、资产资料等各种详细资料，在企业内部非常容易生成。这不仅使得企业内部信息资料数量庞大且容易获得，也使得企业的财务分析更多地与业务分析相结合，大大拓展了企业财务分析的内容。

1.5.3 行业信息与产业政策

企业的财务特点受制于企业的行业特点，分析人员对企业财务状况优劣的评价，要结合行业特点和横向类比进行。分析人员对企业进行财务分析，要熟悉行业特点，要掌握行业的一般财务指标特征。如房地产开发企业，其资产负债率可能比一般行业高，商业企业的存货周转速度要远远高于制造业企业等。收集行业信息时，要更多地收集行业标准、行业经验值、行业典型企业的财务值等。分析人员对于不熟悉的行业，应从理解行业的特点、业务流程、行业环境、发展动态等环节入手进行分析。

产业政策是政府为了合理调配经济资源、实现特定经济和社会目标而对特定产业实施干预的政策和措施。特定的产业政策面向特定产业，对产业内的企业发挥作用。产业政策按照其作用方向可分为产业扶植政策、产业规范政策和产业抑制政策。产业扶植政策是指运用财政、金融、价格、贸易、政府购买和行政等手段，扶植和保护幼稚产业、主导产业等特定产业发展的政策，它的功能在于倾斜性地为特定产业提供资源并扩大市场。产业规范政策是指为了环保、安全、保护战略资源等经济社会发展需要，规范产业发展方式和发展方向的产业政策。产业抑制政策是指为了供求平衡、环保、安全等原因短期性或长期性地抑制甚至禁止一定产业发展的政策。

产业政策改变社会经济资源在产业之间和产业内的分配，对企业发展和生产经营活动产生重要影响，从而改变企业的财务状况和经营成果。国家实行固定资产投资项目资本金制度，对不同行业固定资产投资资本金比例的改变，会影响到相关行业的资本结构、资产负债率，会改变企业的财务风险。国家对特定行业实行淘汰落后产能的政策，会压缩行业内的中小企业的生存空间，提高产业的集中度，对产业内的大企业和技术先进企业而言，则意味着扩大了市场空间。财务分析人员进行财务分析，必须关注产业政策的变化与调整，以及其对产业内不同企业的影响。

1.5.4 宏观经济政策与信息

宏观经济政策是指政府调节宏观经济运行的政策与措施。宏观经济政策主要着眼于经济增长、稳定物价、促进就业等目标。它包括财政政策、金融政策和收入分配政策等。宏观经济政策的变化，最终会改变企业的财务运行过程和结果。

（1）财政政策是指政府运用支出和收入来调节总需求、控制失业和通货膨胀、实现经济稳定增长和国际收支平衡的政策。财政政策工具包括财政支出（政府购买和政府转移支付）、政府税收、国债等。在财政政策中，税收政策对企业的影响最直接。政府会根据经济运行情况和财政政策的特点不断调整国家财政政策。国家财政政策的调整，会直接或间接地影响到企业。国家实行积极财政政策时，财政支出会扩大，社会消费能力会增强，经济增长速度会加快（或经济下降速度会减缓），物价会回升。而国家实行紧缩财政政策时，则会出现相反的效应。财政政策的变化，对不同企业会造成不同的影响。

（2）金融政策是指中央银行为实现宏观经济调控目标而采用各种方式调节货币、利率和汇率水平，进而影响宏观经济的各种方针和措施的总称。金融政策的目标一般是稳定货币供应、维护金融秩序，进而实现经济增长、物价稳定、充分就业和国际收支平衡。它主要包括货币政策、利率政策和汇率政策。

1）货币政策是指中央银行为实现特定的经济目标而采用的各种控制和调节货币、信用及利率的方针和措施的总称。货币政策工具分为一般性货币政策工具和选择性货币政策工具。前者包括法定存款准备金制度、再贷款业务、再贴现业务和公开市场操作，后者主要有消费者信用控制、证券市场信用控制、不动产信用控制、信贷配给直接信用控制等。

2）利率政策是中央银行调整社会资本流通的手段。利率的变化会改变居民的储蓄与消费水平、社会资本的流量与流向、企业的融资与投资策略，可以在一定程度上调节产品结构、产业结构和整个经济结构。

3）汇率政策对于国际贸易和国际资本流动具有重要的影响，汇率变化对出口型企业和依赖进口的企业会产生不同的影响。

（3）收入分配政策是指国家为实现宏观调控总目标和总任务，针对居民收入水平高低、收入差距大小在分配方面制定的原则和方针。

宏观经济信息是国民经济运行情况的信息。宏观经济信息反映了经济运行的一般状况。物价指数、社会商品零售总额、固定资产投资规模、货币供应量、贷款总额、工业品出厂价格、生产用电量、就业人数等指标，都属于宏观经济信息。宏观经济信息的主要来源为宏观经济统计报告。由于财务分析的对象是单个企业的财务状况和经营情况，分析人士往往容易忽视宏观经济信息，忽视宏观经济数据变化对企业可能产生的影响。宏观经济数据的变化，预示着经济发展趋势的变化，如物价指数的下降或增幅的降低，有可能预示着存在经济下行的可能，对于资本结构不合理的企业，有可能在未来存在较大的财务风险。财务分析人员在财务分析过程中，只有结合宏观经济信息才能对企业未来发展前景、财务风险的大小等做出正确的判断。

1.6　大数据财务分析的评价标准

1.6.1　财务分析评价标准的种类

财务分析评价标准按照不同的分类标准可分为不同的类别，按照标准制定级别的不同，分为国家制定的标准、企业制定的标准和社会公认的标准；按照分析比较的目标不同，分为行业标准、历史标准和预算标准；按照分析者的不同，分为内部使用者使用的标准和外部使用者使用的标准。进行财务分析常用的标准主要有经验标准、历史标准、行业标准、预算标准、标杆对比等。

1. 经验标准

经验标准是根据大量的实践经验形成的并经过实践检验的标准。它是财务比率分析中经常采用的标准。例如，在制造业，流动比率的经验标准为 2∶1，速动比率的经验标准为 1∶1，当流动负债对有形净资产的比率超过 80% 时，企业通常会面临较大的财务风险等。需要注意的是，行业不同，经验标准不同，制造企业的流动比率通常高于商业企业。而且随着科技的发展，新型交易结算工具的出现，经验标准会出现较大变化，如现在大量使用的网上银行、手机银行、支付宝、微信支付等大大缩短了支付时间，使得流动比率、速动比率大幅降低。

2. 历史标准

历史标准是企业过去某一时期的实际业绩水平。它可以选择本企业历史最高水平，也可以选择正常经营条件下的业绩水平或以往连续多年的平均水平，还可以选择与上年实际业绩做比较。

由于各企业的实际情况千差万别，影响企业财务状况和经营成果的因素很多，因此用发展的眼光看待企业，将其实际数据与历史上的数据进行比较，可以判断企业财务状况和经营成果的发展趋向。历史标准有助于评价企业自身经营和财务的改善情况。历史标准是企业曾经达到的水平，具有较高的可靠性和可比性。但历史标准往往比较保守，只适合评价本企业的发展变化，而不能评价企业在行业中的地位与水平；当企业主体发生重大变化（如企业合并）时，历史标准就会失去意义或不便直接使用。

3. 行业标准

行业标准是按行业制定的、反映行业一定时期内财务状况和经营成果的平均水平。行业标准也可指同行业某一比较先进企业的业绩水平。行业标准反映的是行业平均水平或先进水平，将本企业的实际数据与行业标准进行比较，可以了解本企业与行业水平的差异，从而判断本企业在行业中所处的地位和水平，为管理者决策提供依据。

行业标准的应用受到下列条件的制约：① 同一行业内的两个公司不一定具有可比性，如电力生产企业与电力销售企业，这两个企业经营的可比性不强；② 很多大公司往往跨行业经营，公司不同的经营业务可能有着不同的盈利水平和风险水平，采用行业标准进行比较就不太合适；③ 行业标准的运用还会受到会计政策的限制，同行业的各企业采用的会计政策不同，也会影响评价结论的准确性。

在行业范围内，以行业标准为依据，对同行业企业进行财务分析比较是目前财务分析广泛使用的方法。该方法可以增强财务分析数据的可比性，提高分析的准确度，直观地显示出被分析企业在所属行业中的地位和水平。行业标准的获取主要涉及两方面的内容，即行业分类方法和行业标准的计算方法。行业分类是计算行业标准的基础，采用科学的行业分类方法得出的行业标准才具有可靠性。

在应用行业标准对公司进行财务分析时，首先必须确定公司应属的行业，才能获得相应的行业标准，所属各行业公司才能对照相应的标准进行比较分析。在美国，财务分析中对行业的分类一般都以美国《标准行业分类》（SIC）作为基本依据。由于越来越多的企业采用多元化经营，因此给行业分类带来了困难。为解决这一问题，美国证券交易委员会（SEC）已要求那些必须向 SEC 报送报表的公司提供企业经营项目方面的报告，这些报告是向公众公开的。了解企业经营项目便于确认企业所属的行业。行业标准通常有三种获取方法：算术平均法、综合报表法和中位数法。在美国，行业标准一般采用算术平均法，即将行业内所有公司对应的财务指标数据进行算术平均，以此作为行业标准。

我国财务分析工作起步较晚，不仅没有较权威的行业标准，而且行业分类方法也较为混乱，目前对公司财务分析的行业分类仅限于上市公司，但在对上市公司的行业分类方法上，还没有一个公认的标准。我国目前尚没有一个公认的行业比较标准，这直接影响了财务分析结果的可靠性。我国财务分析的当务之急应是建立财务分析的一套参考基准。

4. 预算标准

预算标准是指企业根据自身经营条件或经营状况所制定的目标标准。这一标准主要应用于新型行业、新建企业以及垄断企业。预算标准的制定，可同时考虑本企业的业绩水平和行业先进水平，具有先进性，可促使企业各级、各部门努力提高工作业绩。因此，预算标准主要适用于企业内部财务分析。

5. 标杆对比

标杆分析法是一种将本企业各项活动与标杆企业进行比较，以寻求不断改善企业活动、提高经营业绩的分析方法。其目标是持续分析和改善，最终成为标杆甚至超越标杆。标杆分析通常分为内部标杆分析、竞争标杆分析和通用标杆分析。不同类型的标杆分析各有利弊，企业在选择使用时，应该综合权衡后确定标杆分析类型。比较理想的是使用竞争标杆来确认竞争中最佳实践者，以此作为奋斗的目标。

1.6.2 财务分析评价标准的选择

以上财务分析评价标准实际上是从不同的侧面进行比较，在进行财务分析时，可以根据不同企业的实际情况和分析的目的，选择恰当的财务分析评价标准。如果需要分析企业的发展趋势，就选择历史标准；如果要和行业先进水平对比，则要选择行业标杆；如果需要分析企业预算执行情况，就使用预算标准；如果外部分析者对企业进行独立的分析，就使用行业标准；如果企业债权人分析企业短期偿债能力，一般就采用经验标准。在实际进行财务分析时，分析评价标准的选择是比较灵活的，通常不仅仅选择一种标准，而是综合运用多种分析标准，从不同的角度进行评价，有利于得出正确的结论。

▶ 思考题

1. 大数据有哪些特性？其对财务分析产生了哪些影响？
2. 大数据财务分析的实现路径是什么？
3. 什么是大数据财务分析？大数据财务分析有哪些作用？
4. 大数据财务分析的主体有哪些？各主体进行财务分析的目的是什么？
5. 请阐述大数据财务分析的基本框架。
6. 进行大数据财务分析的信息资料来源有哪些？
7. 在进行大数据财务分析时，可以利用企业哪些公开的信息资料？
8. 什么是管理层讨论与分析？具体包括哪些内容？
9. 会计报表附注能为企业财务分析提供哪些信息？
10. 请阐述大数据财务分析各种评价标准的特点。

第 2 章

大数据财务分析方法

财务分析是一项技术性很强的工作，财务分析的目的不同，其分析方法不同，得出的结论也就不同。在实际进行财务分析时必须采用多种多样的分析方法，本章主要介绍比较分析法、比率分析法、趋势分析法、因素分析法、标杆分析法等常用的财务分析方法。

2.1 比较分析法

2.1.1 比较分析法的含义

比较分析法是财务分析中最常用的一种方法，也是一种基本的方法。比较分析法是指将实际达到的数据同特定的各种标准相比较，从数量上确定其差异，并进行差异分析或趋势分析的一种方法。所谓差异分析是指通过差异揭示成绩或者差距，做出评价，并找出产生差异的原因及其对差异的影响程度，为今后改进企业的经营管理指引方向的一种分析方法。所谓趋势分析是指将实际达到的结果与不同时期的财务报表中同类指标的历史数据进行比较，从而确定财务状况、经营成果、现金流量的变化趋势和变化规律的一种分析方法。这里的比较分析法主要指的是差异分析，趋势分析将在后文中详细介绍。

比较分析法有绝对数比较和相对数比较两种形式。绝对数比较，即利用财务报表中两个或两个以上的绝对数进行比较，以揭示其数量差异。例如，某企业 2020 年年末的资产总额为 2 300 万元，2021 年年末的资产总额为 3 200 万元，则 2021 年与 2020 年的差异额为 900 万元。相对数比较，即利用财务报表中有相关关系数据的相对数进行对比，如将绝对数换算成百分比、结构比重、比率等进行对比，以揭示相对数之间的差异。例如，某企业 2020 年年末的资产负债率为 54%，2021 年年末的资产负债率为 63%，则 2021 年与 2020 年的差异为 9%，即资产负债率上升了 9 个百分点，这就是利用百分比进行比较分析。将财务报表中存在一定关系的项目数据换算成比率进行对比,以揭示企业在某一方面的能力,如偿债能力、盈利能力等,就是利用比率进行比较分析。

2.1.2 比较分析法的类型

比较分析法有横向比较分析法和纵向比较分析法两种。

1. 横向比较分析法

横向比较分析法又称水平分析法,是将企业实际达到的结果与某一标准进行比较,研究企业财务状况和经营成果变动情况的一种分析方法。水平分析法所进行的对比,不是单一指标对比,而是对反映某方面情况的全面、综合的对比,尤其在会计分析中应用较多。

横向比较分析法的基本要点是将报表资料中不同时期的相同项目数据进行对比,可以用绝对数比较,也可以用相对数比较。

一是绝对值增减变动,其计算公式为

$$绝对值变动数量 = 分析期某项指标实际值 - 基期同项指标实际值$$

二是增减变动率,其计算公式为

$$增减变动率(\%) = \frac{变动绝对值}{基期实际值} \times 100\%$$

三是变动比率值,其计算公式为

$$变动比率值 = \frac{分析期实际数值}{基期实际数值}$$

横向比较分析经常采用的一种形式是编制比较财务报表。这种比较财务报表可以选取最近两期的数据并列编制,也可以选取数期的数据并列编制。

【例 2-1】现以万科公司 2016 年和 2015 年两年资产负债表为例,列示其比较资产负债表,如表 2-1 所示;以该公司相同两年利润表的数据为例,列示其比较利润表,如表 2-2 所示。

表 2-1 万科公司资产负债表水平比较分析 (金额单位:百万元)

项目	2016 年	2015 年	增减额	增减
货币资金	87 032.12	53 180.38	33 851.74	63.65%
交易性金融资产	—	—		
衍生金融资产	458.67	122.20	336.47	275.34%
应收票据净额	—	—		
应收账款净额	2 075.26	2 510.65	-435.39	-17.34%
预付款项净额	50 262.54	39 646.97	10 615.57	26.78%
其他应收净额	105 435.00	75 485.64	29 949.36	39.68%
存货净额	467 361.34	368 121.93	99 239.41	26.96%
一年内到期的非流动资产				
其他流动资产	8 670.50	7 956.60	713.90	8.97%
流动资产合计	721 295.43	547 024.38	174 271.05	31.86%
可供出售金融资产净额	1 328.01	1 138.81	189.20	16.61%

(续)

项　　目	2016年	2015年	增减额	增减
长期股权投资净额	61 701.99	33 503.42	28 198.57	84.17%
投资性房地产净额	21 874.42	10 765.05	11 109.37	103.20%
固定资产净额	6 810.79	4 917.48	1 893.31	38.50%
在建工程净额	765.31	598.36	166.95	27.90%
工程物资	—	—		
固定资产清理	—	—		
无形资产净额	1 260.36	1 044.99	215.37	20.61%
商誉净额	201.69	201.69	0.00	0.00%
长期待摊费用	960.23	447.88	512.35	114.39%
递延所得税资产	7 198.53	5 166.54	2 031.99	39.33%
其他非流动资产	7 277.44	6 486.96	790.48	12.19%
非流动资产合计	109 378.79	64 271.19	45 107.60	70.18%
资产总计	830 674.21	611 295.57	219 378.64	35.89%
短期借款	16 576.59	1 900.09	14 676.50	772.41%
应付票据	3 603.84	16 744.73	-13 140.89	-78.48%
应付账款	138 047.56	91 446.46	46 601.10	50.96%
预收款项	274 645.56	212 625.71	62 019.85	29.17%
应付职工薪酬	3 839.93	2 642.66	1 197.27	45.31%
应交税费	9 553.08	7 373.98	2 179.10	29.55%
应付利息	378.37	231.58	146.79	63.39%
应付股利	—	—		
其他应付款	106 580.26	62 350.22	44 230.04	70.94%
一年内到期的非流动负债	26 773.30	24 746.40	2 026.90	8.19%
其他流动负债	—	—		
流动负债合计	579 998.49	420 061.83	159 936.66	38.07%
长期借款	56 406.06	33 828.58	22 577.48	66.74%
应付债券	29 108.38	19 015.81	10 092.57	53.07%
预计负债	118.67	143.22	-24.55	-17.14%
递延所得税负债	504.05	558.43	-54.38	-9.74%
其他非流动负债	2 862.00	1 378.08	1 483.92	107.68%
递延收益——非流动负债	0.00	—		
非流动负债合计	88 999.16	54 924.12	34 075.04	62.04%
负债合计	668 997.64	474 985.95	194 011.69	40.85%
实收资本（或股本）	11 039.15	11 051.61	-12.46	-0.11%
资本公积	8 268.27	8 174.81	93.46	1.14%
其中：库存股	0.00	160.16	-160.16	-100.00%
其他综合收益	396.31	450.64	-54.33	-12.06%
盈余公积	32 540.77	28 068.77	4 472.00	15.93%
未分配利润	61 200.27	52 597.85	8 602.42	16.36%
归属于母公司所有者权益合计	113 444.77	100 183.52	13 261.25	13.24%
少数股东权益	48 231.81	36 126.10	12 105.71	33.51%
所有者权益合计	161 676.57	136 309.62	25 366.95	18.61%
负债与所有者权益总计	830 674.21	611 295.57	219 378.64	35.89%

注：由于四舍五入，合计数据与表中列示数据略有出入。

从表 2-1 可以看出，2016 年与 2015 年相比，万科公司资产总额增加 219 378.64 百万元[⊖]，增长 35.89%。其中，负债总额增加 194 011.69 百万元，增长 40.85%，所有者权益总额增加 25 366.95 百万元，增长 18.61%。万科公司资产总额的增加主要来自负债增加，这在一定程度上增加了公司的财务风险。

从万科公司资产总额的变动来看，流动资产总额增加 174 271.05 百万元，增长 31.86%；非流动资产总额增加 45 107.60 百万元，增长 70.18%。流动资产项目变动较大的有：货币资金增加 33 851.74 百万元，增长 63.65%；应收账款净额减少 435.39 百万元，下降 17.34%；预付款项净额增加 10 615.57 百万元，增长 26.78%；其他应收款净额增加 29 949.36 百万元，增长 39.68%；存货净额增加 99 239.41 百万元，增长 26.96%。非流动资产项目变动较大的有：长期股权投资净额增加 28 198.57 百万元，增长 84.17%；投资性房地产净额增加 11 109.37 百万元，增长 103.20%；固定资产净额增加 1 893.31 百万元，增长 38.50%；在建工程净额增加 166.95 百万元，增长 27.90%；长期待摊费用增加 512.35 百万元，增长 114.39%；递延所得税资产增加 2 031.99 百万元，增长 39.33%。

从万科公司负债总额的变动来看，负债总额增加 194 011.69 百万元，增长 40.85%。其中，流动负债总额增加 159 936.66 百万元，增长 38.07%；非流动负债总额增加 34 075.04 百万元，增长 62.04%。流动负债项目变动较大的是：短期借款总额增加 14 676.50 百万元，增长 772.41%；应付票据总额减少 13 140.89 百万元，下降 78.48%；应付账款总额增加 46 601.10 百万元，增长 50.96%；预收款项总额增加 62 019.85 百万元，增长 29.17%；应付职工薪酬总额增加 1 197.27 百万元，增长 45.31%；应交税费总额增加 2 179.10 百万元，增长 29.55%；其他应付款总额增加 44 230.04 百万元，增长 70.94%。非流动负债项目变动较大的是：长期借款总额增加 22 577.48 百万元，增长 66.74%；应付债券总额增加 10 092.57 百万元，增长 53.07%；其他非流动负债总额增加 1 483.92 百万元，增长 107.68%。

从万科公司所有者权益总额的变动来看，所有者权益总额增加 25 366.95 百万元，增长 18.61%。其中，盈余公积增加 4 472 百万元，增长 15.93%；未分配利润增加 8 602.42 百万元，增长 16.36%。万科公司所有者权益的增加主要来自所实现的净利润。

以万科公司 2015 年和 2016 年的利润表数据为例，列示其比较利润表如表 2-2 所示。

从表 2-2 可以看出：① 万科公司 2016 年实现净利润 28 350.25 百万元，比 2015 年增长 2 400.82 百万元，增长率为 9.25%。公司净利润增长是由于利润总额比 2015 年增长 5 451 百万元，所得税费用比 2015 年增加 3 050.18 百万元，两者共同作用的结果。② 万科公司 2016 年的利润总额为 39 253.61 百万元，比 2015 年增加 5 451 百万元，增长 16.13%，主要原因是营业利润增加 5 901.01 百万元，增长率为 17.82%；营业外收入减少 457.12 百万元，下降 53.44%；营业外支出减少 7.11 百万元，下降 4.05%。

[⊖] 为了计算方便，此单位在本书中不进行换算。

表 2-2　万科公司利润表水平比较分析　　　　　（金额单位：百万元）

项目	2016 年	2015 年	增减额	增减
营业收入	240 477.24	195 549.13	44 928.11	22.98%
营业成本	169 742.40	138 150.63	31 591.77	22.87%
营业税金及附加①	21 978.76	17 980.43	3 998.33	22.24%
销售费用	5 160.72	4 138.27	1 022.45	24.71%
管理费用	6 800.56	4 745.25	2 055.31	43.31%
财务费用	1 592.07	477.74	1 114.33	233.25%
资产减值损失	1 192.79	495.95	696.84	140.51%
投资收益	5 013.84	3 561.91	1 451.93	40.76%
其中：对联营企业和合营企业的投资收益	4 930.72	2 393.09	2 537.63	106.04%
汇兑收益	0.00	—	—	—
营业利润	39 023.78	33 122.77	5 901.01	17.82%
营业外收入	398.31	855.43	−457.12	−53.44%
营业外支出	168.48	175.59	−7.11	−4.05%
其中：非流动资产处置净损益	−1.99	0	—	—
利润总额	39 253.61	33 802.61	5 451	16.13%
所得税费用	10 903.36	7 853.18	3 050.18	38.84%
未确认的投资损失	0.00	—	—	—
净利润	28 350.25	25 949.43	2 400.82	9.25%
归属于母公司所有者的净利润	21 022.61	18 119.41	2 903.20	16.02%
少数股东损益	7 327.64	7 830.02	−502.38	−6.42%
基本每股收益（元/股）	1.90	1.64	0.26	15.85%

① 根据财会〔2016〕22 号文规定，全面试行"营业税改征增值税"后，"营业税金及附加"科目名称调整为"税金及附加"科目。

应当指出，横向比较分析法通过将企业报告期的财务会计资料与基期对比，揭示了各方面存在的问题，为全面深入分析企业的财务状况奠定了基础，从这个角度来看，它是财务分析的基本方法。横向比较分析法在同一企业的不同时期、不同企业之间的应用中，一定要注意其可比性，且同时进行绝对数和变动率两种形式的对比分析，仅以某种形式对比，可能会得出不可靠的结论。

2. 纵向比较分析法

纵向比较分析法又称为垂直分析法，是通过计算财务报表中各项目占总体的比重或结构，以反映报表中的项目与总体关系及其变动情况的一种分析方法。财务报表通过纵向比较分析处理后，通常称为共同比报表，它是纵向比较分析法的一种重要形式。资产负债表的共同比报表通常以资产总额为基数，利润表的共同比报表通常以营业收入总额为基数。纵向比较分析法的一般步骤是：

第一，确定报表中各项目占总额的比重或百分比，其计算公式为

$$某项目的比重 = \frac{该项目金额}{该项目总金额} \times 100\%$$

第二,通过各项目的比重,分析各项目在企业经营中的重要性。在企业的资产结构、资本结构得到优化的前提下,一般而言,某个项目比重越大,说明其重要程度越高,对总体的影响越大。

第三,将分析期各项目的比重与前期同项目比重对比,研究各项目比重的变动情况,也可将本企业报告期项目比重与同类企业的可比项目比重进行对比,研究本企业与同类企业的差异,分析其中的原因。

【例 2-2】下面以例 2-1 中万科公司的资产负债表为例,编制共同比资产负债表,如表 2-3 所示。

表 2-3 万科公司资产负债表纵向比较分析 （金额单位：百万元）

项 目	2016 年	2015 年	比重（2016 年）	比重（2015 年）
货币资金	87 032.12	53 180.38	10.48%	8.70%
衍生金融资产	458.67	122.20	0.06%	0.02%
应收账款净额	2 075.26	2 510.65	0.25%	0.41%
预付款项净额	50 262.54	39 646.97	6.05%	6.49%
其他应收款净额	105 435.00	75 485.64	12.69%	12.35%
存货净额	467 361.34	368 121.93	56.26%	60.22%
其他流动资产	8 670.50	7 956.60	1.04%	1.30%
流动资产合计	721 295.43	547 024.38	86.83%	89.49%
可供出售金融资产净额	1 328.01	1 138.81	0.16%	0.19%
长期股权投资净额	61 701.99	33 503.42	7.43%	5.48%
投资性房地产净额	21 874.42	10 765.05	2.63%	1.76%
固定资产净额	6 810.79	4 917.48	0.82%	0.80%
在建工程净额	765.31	598.36	0.09%	0.10%
工程物资	—	—	—	—
固定资产清理	—	—	—	—
无形资产净额	1 260.36	1 044.99	0.15%	0.17%
商誉净额	201.69	201.69	0.02%	0.03%
长期待摊费用	960.23	447.88	0.12%	0.07%
递延所得税资产	7 198.53	5 166.54	0.87%	0.85%
其他非流动资产	7 277.44	6 486.96	0.88%	1.06%
非流动资产合计	109 378.79	64 271.19	13.17%	10.51%
资产总计	830 674.21	611 295.57	100.00%	100.00%
短期借款	16 576.59	1 900.09	2.00%	0.31%
交易性金融负债	—	—	—	—
应付票据	3 603.84	16 744.73	0.43%	2.74%
应付账款	138 047.56	91 446.46	16.62%	14.96%
预收款项	274 645.55	212 625.71	33.06%	34.78%
应付职工薪酬	3 839.93	2 642.66	0.46%	0.43%
应交税费	9 553.08	7 373.98	1.15%	1.21%
应付利息	378.38	231.58	0.05%	0.04%
应付股利	—	—	—	—

（续）

项目	2016年	2015年	比重（2016年）	比重（2015年）
其他应付款	106 580.26	62 350.22	12.83%	10.20%
一年内到期的非流动负债	26 773.30	24 746.40	3.22%	4.05%
其他流动负债	—	—	—	—
流动负债合计	579 998.49	420 061.83	69.82%	68.72%
长期借款	56 406.06	33 828.58	6.79%	5.53%
应付债券	29 108.38	19 015.81	3.50%	3.11%
预计负债	118.67	143.22	0.01%	0.02%
递延所得税负债	504.05	558.43	0.06%	0.09%
其他非流动负债	2 862.00	1 378.08	0.34%	0.23%
非流动负债合计	88 999.16	54 924.12	10.71%	8.98%
负债合计	668 997.64	474 985.95	80.54%	77.70%
实收资本（或股本）	11 039.15	11 051.61	1.33%	1.81%
资本公积	8 268.27	8 174.81	1.00%	1.34%
其中：库存股	0	160.16	0.00%	0.03%
其他综合收益	396.31	450.64	0.05%	0.07%
盈余公积	32 540.77	28 068.77	3.92%	4.59%
未分配利润	61 200.27	52 597.85	7.37%	8.60%
归属于母公司所有者权益合计	113 444.77	100 183.52	13.66%	16.39%
少数股东权益	48 231.81	36 126.10	5.81%	5.91%
所有者权益合计	161 676.57	136 309.62	19.46%	22.30%
负债与所有者权益总计	830 674.21	611 295.57	100.00%	100.00%

从表2-3可以看出，万科公司资产、负债与所有者权益的构成情况。在总资产中，流动资产占绝大部分，2016年与2015年的流动资产占比分别为86.83%和89.49%。而在流动资产的构成中，存货占比较高，2016年与2015年存货占流动资产的比重分别为56.26%和60.22%；其次是其他应收款，其占流动资产的比重分别为12.69%和12.35%，货币资金所占的比重分别为10.48%和8.70%。2016年与2015年非流动资产占比分别为13.17%和10.51%。其中，长期股权投资占比较高，2016年与2015年的占比分别为7.43%和5.48%。在万科公司资本结构中，2016年与2015年资产负债率分别是80.54%和77.70%，所有者权益占总资产的比重分别是19.46%和22.30%。在负债构成中，2016年与2015年流动负债占比分别为69.82%和68.72%，非流动负债占比分别为10.71%和8.98%。在流动负债构成中，占比较高的是应付账款、预收款项和其他应付款，2016年与2015年应付账款的占比分别是16.62%和14.96%，预收款项的占比分别是33.06%和34.78%，其他应付款的占比分别是12.83%和10.20%。在所有者权益构成中，占比较大的是未分配利润，其2016年与2015年的占比分别为7.37%和8.60%。

总体而言，万科公司2016年、2015年的资产结构与资本结构变动不是太大，公司的发展比较稳健均衡。

运用比较分析法应注意相关指标的可比性，包括指标内容、范围和计算方法的一致性；会计计量标准、会计政策和会计处理方法的一致性；时间单位和长度的一致性；企业类型、经营规模的大体一致性。

2.1.3 比较标准

在财务分析中经常使用的比较标准有以下几种。

（1）本期实际与预定目标、计划或定额比较。这种比较可以揭示问题的原因，究竟是目标、计划或定额本身缺乏科学性，还是实际中存在问题，如果是前者，有助于今后提高目标、计划或定额的预测工作；如果是后者，则有利于改进企业的经营管理工作。

（2）本期实际与上年同期实际、本年实际与上年实际或历史最高水平比较，以及与若干期的历史资料比较。这种比较有两方面的作用：一是揭示差异，进行差异分析，查明产生差异的原因，为改进企业经营管理提供依据；二是通过本期实际与若干期的历史资料比较，进行趋势分析，从而了解和掌握经济活动的变化趋势及其规律，为预测提供依据。

（3）本企业实际与国内外先进水平比较。这种比较有利于找出本企业同国内先进水平、国外先进水平之间的差距，明确今后的努力方向。

（4）本企业实际与评价标准值比较。评价标准值一般是指企业所在行业的标准值，它是权威机构根据大量数据资料进行测算而得出的，具有客观、公正、科学的价值，是一个比较理想的评价标尺。本企业实际与评价标准值比较，比同一个或几个国内外先进水平比较更能得出准确、客观的评价结论。

（5）本企业实际与竞争对手比较。企业可以选择自己的竞争对手进行比较，分析自己的强项和不足之处。当一个企业因从事的行业太多而无法做出准确判断时，应寻找一个与其规模和其他特征相似的竞争对手进行比较。

2.1.4 运用比较分析法应注意的问题

在运用比较分析法时应注意相关指标的可比性。具体来说应注意以下几点。

（1）指标内容、范围和计算方法的一致性。比如在运用比较分析法时，必须大量运用资产负债表、利润表、现金流量表等财务报表中的数据，必须注意这些项目的内容、范围以及使用这些项目数据计算出来的经济指标的内容、范围和计算方法的一致性，只有一致才具有可比性。

（2）会计计量标准、会计政策和会计处理方法的一致性。财务报表中的数据来自账簿记录，而在会计核算中，会计计量标准、会计政策和会计处理方法都有变动的可能，若有变动，则必然会影响数据的可比性。因此，在运用比较分析方法时，对由于会计计量标准、会计政策和会计处理方法的变动而不具有可比性的会计数据，就必须进行调整，使之具有可比性才可以进行比较。

（3）时间单位和长度的一致性。在采用比较分析法时，不管是实际与实际的对比、实际与预定目标（或计划目标）的对比还是本企业与先进企业的对比，都必须注意使用数据的时间及其长度的一致性，包括月、季度、年度的对比，不同年度的同期对比，特别是本企业的数期对比或本企业与先进企业的对比，选择的时间长度和选择的年份都必须具有可比性，这样可以保证通过比较分析所做出的判断和评价具有可靠性和准确性。

（4）企业类型、经营规模和财务规模以及目标大体一致。这主要是指本企业与其他企业对比时应当注意之处，只有大体一致，企业之间的数据才具有可比性，比较的结果才具有实用性。

2.2 比率分析法

2.2.1 比率分析法的含义

比率是两个数值相比所得的值。要使比率具有意义，计算比率的两个数字必须相互联系。例如，企业的产品产量和原材料的消耗量有联系，通过计算原材料的消耗量和产品产量之间的比率，就可以说明单位产量的原材料消耗量或者单位原材料的产出比。在财务报表中的这种具有重要联系的相关数字比比皆是，可以计算出一系列有意义的比率。这种比率通常叫作财务比率。利用财务比率，包括一个单独的比率或者一组比率，以表明某一方面的业绩、状况或能力的分析，就称为比率分析法。

比率分析法是财务报表分析中的一个重要方法。它之所以重要，主要体现在比率分析的作用之中。由于比率是由密切联系的两个或者两个以上的相关数字计算出来的，因此通过比率分析，利用一个或几个比率就可以独立地揭示和说明企业某一方面的财务状况和经营业绩，或者说明某一方面的能力。例如，总资产报酬率可以揭示企业的总资产所取得的利润水平和能力。它和比较分析法一样，只适用于某一方面，揭示信息的范围也有一定的局限。更为重要的是，在实际运用比率分析法时，还必须以比率所揭示的信息为起点，结合其他有关资料和实际情况做更深层次的探究，才能做出正确的判断和评价，更好地为决策服务。因此，在财务分析中既要重视比率分析法的利用，又要和其他分析方法密切配合，合理运用，才能提高财务分析的效果。

2.2.2 比率分析法的类型

在比率分析法中应用的财务比率很多，为了有效应用，一般要对财务比率进行科学的分类。但目前还没有公认的、权威的分类标准。比如美国早期的会计著作中，对同一年份财务报表中的比率分类，是将财务比率分为五类：获利能力比率、资本结构比率、流动资产比率、周转比率和资产流转比率。我国目前一般将财务比率分为三类，即盈利能力比率、偿债能力比率和营运能力比率。盈利能力比率主要有营业利润率、成本费用利润率、总资产报酬率、净资产收益率、总资产净利率等。偿债能力比率有流动比率、速动比率、现金比率、资产负债率、产权比率、利息保障倍数等。营运能力比率包括存货周转率、应收账款周转率、流动资产周转率、固定资产周转率、总资产周转率等。

2.2.3 运用比率分析法应注意的问题

1. 正确计算比率

由于财务报表的期间不同，因此采用比率指标来对比资产负债表和利润表数据存在一些不可比因素。这是因为利润表是期间会计报表，反映整个会计年度的经营成果，而资产负债表只是反映某个时点的财务状况，反映不出各项目的全年平均余额。例如，用利润表中的主营业务收入与资产负债表中的应收账款相比较，来反映应收账款的周转速度，这需要一种合理的方法计算出主营业务收入所涉及的全年平均应收账款。对于企业外部的分析者来说，不容易甚至不可能获得该企业每月应收账款的余额数字。因此，在这种情况下，外部分析者只好用期初和期末的应收账款余额简单地进行平均。这种方法实际上是假定在会计年度内各月的应收账款余额相等，没有考虑营业的季节性和营业周期的变化，也没有解决在整个会计年度内不均衡变动的问题。如果实际上变化不大，其计算结果是比较准确的；如果变化较大，计算结果会有一定的差距。分析者对此要慎重对待，需要结合其他有关比率指标分析才能得到有说服力的结论。

此外，在比率分析中，经常会遇到带负号的数据，分子或分母带负号所计算的比率是没有意义的。如果要计算，必须附有详细的说明资料。

2. 不同企业的会计政策和经营方针会影响不同企业间财务比率的可比性

因为会计准则中有许多会计处理方法可供选择，不同的会计处理方法会产生不同的资产、负债、所有者权益以及当期损益，进而影响财务比率的数值及可比性。而且，同行业不同企业采用的经营方式不同，也会造成财务比率数值的不同，从而影响可比性。例如，企业固定资产是采用租赁方式还是自己购置方式对财务比率的影响相当大。

3. 行业比较的对象是主要竞争对手

在进行行业比较时，多元化的大公司很难找到一个行业作为标准，最好的比较对象是主要竞争对手。在判断许多财务比率合理性方面，行业平均水平不是理想的标准。例如，盈利能力比率应该以该行业的优秀者作为比较的标准。在同行业水平进行比较时，要注意通货膨胀对行业的影响与对企业的影响程度和影响时间是否一致。

4. 分析比率之间说明问题的一致性

分析人员最重要的是要通过财务比率分析了解企业的全貌，不应该仅仅根据某一个比率来做出判断。比如，高的固定资产周转率可能说明企业固定资产使用率较高，也可能说明企业固定资产利用不足或者固定资产更新太慢。再如，企业的流动性比率可能有些问题，但是获利能力非常强，则流动性问题最终会因为较强的获利能力而得到解决。

2.3 趋势分析法

2.3.1 趋势分析法的含义

趋势分析法，是通过对财务报表中各类相关数字进行分析比较，尤其是将一个时期的财务报表和另一个或几个时期的财务报表相比较，以判断一个公司的财务状况和经营业绩的演变趋势及其在同行业中的地位变化等情况。

应用趋势分析法的目的在于：确定引起公司财务状况和经营成果变动的主要原因；确定公司财务状况和经营成果的发展趋势对投资者是否有利；预测公司未来发展的趋势。这种分析方法属于一种动态分析，它以差额分析法和比率分析法为基础，同时又能有效地弥补其不足。

2.3.2 运用方式

1. 重要财务指标的比较

它是将不同时期财务报告中的相同指标或比率进行比较，直接观察其增减变动情况及变动幅度，考察其发展趋势，预测其发展前景。这种方式在统计学上称为动态分析。它可以利用两种方法来进行。

（1）定基动态比率。它是指用某一时期的数值作为固定的基期指标数值，将其他的各期数值与其对比来分析。其计算公式为

$$定基动态比率 = 分析期数值 \div 固定基期数值$$

【例 2-3】以 2019 年为固定基期，分析 2020 年、2021 年利润增长比率。假设某企业 2019 年的净利润为 1 000 万元，2020 年的净利润为 1 200 万元，2021 年的净利润为 1 500 万元，则

$$2020 \text{ 年的定基动态比率} = 1\ 200 \div 1\ 000 = 120\%$$
$$2021 \text{ 年的定基动态比率} = 1\ 500 \div 1\ 000 = 150\%$$

（2）环比动态比率。它是以每一分析期的前期数值为基期数值计算出来的动态比率，其计算公式为

$$环比动态比率 = 分析期数值 \div 前期数值$$

仍以上例资料为例，则

$$2020 \text{ 年的环比动态比率} = 1\ 200 \div 1\ 000 = 120\%$$
$$2021 \text{ 年的环比动态比率} = 1\ 500 \div 1\ 200 = 125\%$$

2. 会计报表的比较

会计报表的比较是将连续数期的会计报表金额并列起来，比较其相同指标的增减变动金额和幅度，据以判断企业财务状况和经营成果发展变化的一种方法。运用该方法进行比较分析时，最好是既计算有关指标增减变动的绝对值，又计算其增减变动的相对值，这样可以有效地

避免分析结果的片面性。

【例 2-4】某企业利润表中反映 2019 年的净利润为 500 万元，2020 年的净利润为 1 000 万元，2021 年的净利润为 1 600 万元。

通过绝对值分析：2020 年较 2019 年，净利润增长了 1 000−500=500（万元）；2021 年较 2020 年，净利润增长了 1 600−1 000=600（万元），说明 2021 年的效益增长好于 2020 年。

而通过相对值分析：2020 年较 2019 年净利润增长率为：（1 000−500）÷500×100%=100%；2021 年较 2020 年净利润增长率为：（1 600−1 000）÷1 000×100%=60%。这说明 2021 年的效益增长明显不及 2020 年。

3. 会计报表项目构成的比较

这种方式是在会计报表比较的基础上发展而来的，是以会计报表中的某个总体指标为 100%，计算出其各组成项目占该总体指标的百分比，从而比较各个项目百分比的增减变动，以此来判断有关财务活动的变化趋势。这种方式较前两种更能准确地分析企业财务活动的发展趋势。它既可用于同一企业不同时期财务状况的纵向比较，又可用于不同企业之间的横向比较。同时，这种方法还能消除不同时期（不同企业）之间业务规模差异的影响，有利于分析企业的耗费和盈利水平，但计算较为复杂。

2.3.3 趋势分析法的类型

趋势分析法总体上分两大类：横向分析法和纵向分析法。

横向分析法属于动态分析，它提供某时期内财务趋势的信息，将连续两期或两期以上的有关数据，用绝对数和百分比进行对比分析以测定其发展趋势。

纵向分析法属于静态分析，它分析一个会计期间的财务状况，是用于表示财务报表上各单独项目对总体的关系。如果编制利润表，就是将利润表上每个项目表现为对总营业收入的百分比，如需前后两期比较以揭示企业的发展变化，就应编制"共同比利润比较表"。

2.3.4 运用趋势分析法应注意的问题

财务分析人员运用趋势分析法时，应注意以下问题。

（1）用于进行对比的各个时期的指标，在计算口径上必须一致。

（2）剔除偶发性项目的影响，使作为分析的数据能反映正常的经营状况。

（3）应用例外原则，应对某项有显著变动的指标做重点分析，研究其产生的原因，以便采取对策，趋利避害。

（4）分析的项目应有针对性，切合分析目的的需要。

（5）对基年的选择要有代表性，如果基年选择不当，情况异常，则以其为基数而计算出的百分比趋势会造成判断失误或做出不准确的评价。

2.3.5 趋势分析法的优点

趋势分析法的优点是：① 便于统观全貌；② 便于事实的相互比较；③ 变化倾向的表示极为明显；④ 分析数据的解释较为容易；⑤ 计算简单。

【例 2-5】在进行营业收入净额分析时，与营业成本、毛利、管理费用、税前利润等项目结合分析才能显示出其意义。现列表举例如表 2-4 所示。

将 2018 年作为基期（固定基期），通过表 2-4 可比较 2019～2021 年各个项目相对于基期（2018 年）的增减变动情况，并分析其发展趋势。比如 2019 年同 2018 年比较，营业收入净额增加 5%，而营业成本反而减少 2%，所以毛利净增 14%，但由于管理费用增加得更多，达 17%，因此 2019 年的税前利润反而比 2018 年减少 60%。

表 2-4 综合项目分析表

项目	2018 年		2019 年		2020 年		2021 年	
	金额/万元	占比	金额/万元	占比	金额/万元	占比	金额/万元	占比
营业收入净额	350	100%	367	105%	441	126%	485	139%
营业成本	200	100%	196	98%	230	115%	285	143%
毛利	150	100%	171	114%	211	141%	200	133%
管理费用	145	100%	169	117%	200	138%	192	132%
税前利润	5	100%	2	40%	11	220%	8	160%

2020 年的情况最好。营业收入净额比 2018 年增加 26%，而营业成本只增加 15%，因此毛利增加 41%，并且管理费用增加的百分比低于毛利增加的百分比，因而税前利润比 2018 年增加高达 120%。

2021 年的发展趋势不如 2020 年。营业收入净额增加 39%，但营业成本增加得更多，达 43%，因此，毛利增加的百分比低于营业收入增加的百分比，只有 33%，管理费月的增加率 32% 同毛利的增加率 33% 接近，故税前利润只增加了 60%。按发展趋势分析，应认真检查 2021 年营业成本大量增加的原因，制定措施，控制其增加额。

上面的趋势分析是采用固定基期法进行的，读者不妨试用变动基期法或平均基期法做同样的分析。

2.4 因素分析法

2.4.1 因素分析法的含义

应用比较分析法和比率分析法，可以确定分析对象各项经济指标发生变动的差异。至于差异形成的原因，各因素对差异的影响程度，则需要进一步应用因素分析法来进行具体分析。因素分析法是通过分析指标与其影响因素之间的关系，按照一定的程序和方法，确定各因素对分析指标差异影响程度的一种技术方法。从数量上测定各因素的影响程度，可以帮助人们抓住主要矛盾，或者更有说服力地评价企业状况。因素分析法适用于多种因素构成的综合性指标的分析,如利润总额、成本利润率等指标的分析。进行因素分析最常用的方法是连环替代法和差额计算法。

2.4.2 连环替代法

连环替代法是因素分析法的基本形式,有人甚至将连环替代法与因素分析法看成是同一个概念,即连环替代法就是因素分析法,或因素分析法就是连环替代法。连环替代法的名称由其分析程序的特点决定。为了正确理解连环替代法,首先应明确连环替代法的一般程序或步骤。

1. 连环替代法的程序

连环替代法的程序由以下几个步骤组成。

(1) 确定分析指标与其影响因素之间的关系。确定分析指标与其影响因素之间的关系通常采用指标分解法,即将经济指标在计算公式的基础上进行分解或扩展,从而得出各影响因素与分析指标之间的关系式。例如,对于总资产报酬率指标,要确定它与影响因素之间的关系,可分解为

$$总资产报酬率 = \frac{息税前利润}{平均资产总额} \times 100\% = \frac{销售净额}{平均资产总额} \times \frac{息税前利润}{销售净额} \times 100\%$$

$$总资产报酬率 = \frac{总产值}{平均资产总额} \times \frac{销售净额}{总产值} \times \frac{息税前利润}{销售净额} \times 100\%$$

$$总资产报酬率 = 总资产产值率 \times 产值销售率 \times 销售(息税前)利润率 \times 100\%$$

分析指标与影响因素之间的关系式,既要说明哪些因素影响分析指标,又要说明这些因素与分析指标之间的关系及顺序。例如,上式中,影响总资产报酬率的有总资产产值率、产值销售率和销售利润率三个因素;它们都与总资产报酬率呈正比例关系;它们的排列顺序是,总资产产值率在先,其次是产值销售率,最后是销售利润率。

(2) 根据分析指标的报告期数值与基期数值列出两个关系式或指标体系,确定分析对象。例如,对总资产报酬率而言,两个指标体系为

$$基期总资产报酬率 = 基期资产产值率 \times 基期产值销售率 \times 基期销售利润率$$
$$实际总资产报酬率 = 实际资产产值率 \times 实际产值销售率 \times 实际销售利润率$$

(3) 连环顺序替代,计算替代结果。所谓连环顺序替代就是以基期指标体系为计算基础,用实际指标体系中每一个因素的实际数顺序地替代其相应的基期数,每次替代一个因素,替代后的因素被保留下来。计算替代结果,就是在每次替代后,按关系式计算其结果。有几个因素就替代几次,并相应确定计算结果。

(4) 比较各因素的替代结果,确定各因素对分析指标的影响程度。比较替代结果是连环进行的,即将每次替代所计算的结果与这一因素被替代前的结果进行对比,二者的差额就是替代因素对分析对象的影响程度。

（5）检验分析结果。将各因素对分析指标的影响额相加，其代数和应等于分析对象。如果二者相等，说明分析结果可能是正确的；如果二者不相等，则说明分析结果一定是错误的。

为了便于说明问题，我们先用符号来说明这一计算方法的应用。

【例2-6】假设某一经济指标为 P，它受到 A、B、C 三个因素的影响，假定按照这三个因素的逻辑关系，它们与 P 指标之间的关系为

$$P = A \times B \times C$$

当 P 为计划（或基期）指标时，有

$$P_0 = A_0 \times B_0 \times C_0$$

当 P 为实际指标时，有

$$P_1 = A_1 \times B_1 \times C_1$$

按照连环替代法的程序：

（1）计算差异。将 P 指标的实际值与计划值相比较，可以得到 P 指标的总变化量（P_1-P_0），也就是我们要分析的对象。

（2）分析各个因素的影响程度。为了知道每个因素变动对分析对象的影响，就需要顺次地把其中的一个因素视为可变，把其他因素视为不变。按照影响因素的排列顺序，则：

首先，计算 A 因素变动的影响。因素 A_0 变化到 A_1，其他两个因素不变，则该因素变动后的指标 P_A 为

$$P_A = A_1 \times B_0 \times C_0$$

A 因素变动对分析对象的影响为 P_A-P_0。

其次，计算 B 因素变动的影响。在 A 因素已经变化的基础上，因素 B_0 变化到 B_1，第三个因素 C 不变，则 B 因素变动后的指标 P_B 为

$$P_B = A_1 \times B_1 \times C_0$$

B 因素变动对分析对象的影响为 P_B-P_A。

最后，计算 C 因素变动的影响。在 A、B 两个因素已经变动的基础上，因素 C_0 变化到 C_1，则 C 因素变动后的指标 P_C 为

$$P_C = A_1 \times B_1 \times C_1，即 P_1$$

C 因素变动对分析对象的影响为 P_C-P_B，即 P_1-P_B。

（3）检验分析结果。以上计算的各个因素的影响之和应该等于分析对象，即

$$P_1 - P_0 = (P_A - P_0) + (P_B - P_A) + (P_1 - P_B)$$

连环替代法的程序或步骤是紧密相连、缺一不可的，尤其是前四个步骤，其中任何一个步骤出现错误，都会出现错误结果。下面举例说明连环替代法的应用。

【例2-7】某企业2020年和2021年的有关总资产报酬率、总资产产值率、产值销售率和销售利润率的资料如表2-5所示。

表 2-5　企业财务指标表

指　　标	2021 年	2020 年
总资产产值率	80%	82%
产值销售率	98%	94%
销售利润率	30%	22%
总资产报酬率	23.52%	16.96%

要求：分析各因素变动对总资产报酬率的影响程度。

根据连环替代法的程序和上述对总资产报酬率的因素分解式，可得出：

实际指标体系：80%×98%×30%=23.52%

基期指标体系：82%×94%×22%=16.96%

分析对象：23.52%−16.96%=6.56%

在此基础上，按照第三步的做法进行连环顺序替代，并计算每次替代后的结果：

基期指标体系：82%×94%×22%=16.96%

替代第一因素：80%×94%×22%=16.54%

替代第二因素：80%×98%×22%=17.25%

替代第三因素：80%×98%×30%=23.52%（或实际指标体系）

根据第四步，确定各因素对总资产报酬率的影响程度：

总资产产值率的影响：16.54%−16.96%=−0.42%

产值销售率的影响：17.25%−16.54%=0.71%

销售利润率的影响：23.52%−17.25%=6.27%

最后检验分析结果：−0.42%+0.71%+6.27%=6.56%

2. 应用连环替代法应注意的问题

连环替代法，作为因素分析方法的主要形式，在实践中应用比较广泛。但是，应用连环替代法必须注意以下几个问题。

（1）因素分解的相关性。所谓因素分解的相关性，是指分析指标与其影响因素之间必须真正相关，即具有实际经济意义。各影响因素的变动确实能说明分析指标差异产生的原因。这就是说，经济意义上的因素分解与数学上的因素分解不同，不是在数学算式上相等就行，而要看经济意义。例如，将影响材料费用的因素分解为下面两个等式从数学上都是成立的：

$$材料费用 = 产品产量 × 单位产品材料费用$$

$$材料费用 = 工人数量 × 每人消耗材料费用$$

（2）分析前提的假设性。所谓分析前提的假定性，是指分析某一因素对经济指标差异的影响时，必须假定其他因素不变，否则就不能分清各单一因素对分析对象的影响程度。但实际上，有些因素对经济指标的影响是共同作用的结果，如果共同影响的因素越多，那么这种假定的准确性就越差，分析结果的准确性也就会降低。因此，在因素分解时，并非分解的因素越多越好，而应根据实际情况，具体问题具体分析，尽量减少对相互影响较大的因素再分解，使之与分析前提的假设基本相符。否则,因素分解过细,从表面上看有利于分清原因和责任,但是在共同影响因素较多时,反而影响了分析结果的正确性。

(3)因素替代的顺序性。前面谈到,因素分解不仅要求因素确定准确,而且因素排列顺序也不能交换,这里特别要强调的是不存在乘法交换律的问题。因为分析前提假设性的原因,按不同顺序计算的结果是不同的。那么,如何确定正确的替代顺序呢?这是一个在理论上和实际中都没有很好地解决的问题。传统的方法是根据数量指标在前、质量指标在后的原则进行排列;现在也有人提出依据重要性原则排列,即主要的影响因素排列在前,次要因素排在后面。但是无论何种排列方法,都缺少坚实的理论基础。一般来说,替代顺序在前的因素对经济指标的影响程度不受其他因素影响或影响较小,排列在后的因素中含有其他因素共同作用的成分,从这个角度看问题,为了分清责任,将对分析指标影响较大并能明确责任的因素放在前面可能更好一些。

(4)顺序替代的连环性。连环性是指在确定各因素变动对分析对象的影响时,都是将某些因素替代后的结果与该因素替代前的结果对比,一环套一环,这样才既能保证各因素对分析对象影响结果的可分性,又便于检验分析结果的准确性。因为只有连环替代并确定各因素的影响额,才能保证各因素对经济指标的影响之和与分析对象相等。

2.4.3 差额计算法:连环替代法的变形

差额计算法是连环替代法的一种简化形式,当然也是因素分析法的一种形式。差额计算法作为连环替代法的简化形式,其因素分析的原理与连环替代法是相同的。区别只在于程序上,差额计算法比连环替代法简单,即它可以直接利用各影响因素的实际数与基期数的差额,在其他因素不变的假定条件下,计算各因素对分析指标的影响程度。或者说差额计算法是将连环替代法的第三步和第四步合并为一个步骤进行。

这个步骤的基本点就是:确定各因素实际数与基期数之间的差额,并在此基础上乘以排列在该因素前面各因素的实际数和排列在该因素后面各因素的基期数,所得出的结果就是该因素变动对分析指标的影响数。

【例 2-8】仍以例 2-6 来说,各因素的影响分析如下。

首先,计算 A 因素变动的影响。因素 A_0 变化到 A_1,其他两个因素不变,则该因素变动对分析对象的影响为

$$P_A - P_0 = (A_1 - A_0) \times B_0 \times C_0$$

其次,计算 B 因素变动的影响。在 A 因素已经变化的基础上,因素 B_0 变化到 B_1,第三个因素 C 不变,则 B 因素变动对分析对象的影响为

$$P_B - P_A = A_1 \times (B_1 - B_0) \times C_0$$

最后,计算 C 因素变动的影响。在 A、B 两个因素已经变动的基础上,因素 C_0 变化到 C_1,则 C 因素变动对分析对象的影响为

$$P_C - P_B, \text{即 } P_1 - P_B = A_1 \times B_1 \times (C_1 - C_0)$$

差额计算法的过程比连环替代法的计算过程要简单，所以在实践中应用得较广。需要指出的是，应用连环替代法应注意的问题，在应用差额计算法时同样需要注意。此外，并非所有连环替代法都可以按照上述差额计算法的方式进行简化处理，在各影响因素之间不是连乘，即有加减的情况下，应用差额计算法需慎重。

【例 2-9】下面根据前面表 2-5 提供的数据，运用差额计算法分析各因素对总资产报酬率的影响程度。

分析对象：23.52%−16.96%=6.56%

因素分析：

（1）总资产产值率的影响：（80%−82%）×94%×22%=−0.42%

（2）产值销售率的影响：80%×（98%−94%）×22%≈0.71%

（3）销售利润率的影响：80%×98%×（30%−22%）=6.27%

最后检验分析结果：−0.42%+0.71%+6.27%=6.56%

【例 2-10】某企业有关成本的资料如表 2-6 所示。

表 2-6　企业成本资料表

项目	年份		项目	年份	
	2021	2020		2021	2020
产品产量	1 200	1 000	固定总成本	10 000	9 000
单位变动成本	11	12	产品总成本	23 200	21 000

要求：确定各因素变动对产品总成本的影响程度。

产品总成本与其影响因素之间的关系式是

　　　　　　产品总成本＝产品产量×单位变动成本＋固定总成本

运用连环替代法进行分析如下。

分析对象：23 200−21 000=2 200

因素分析：

2020 年：1 000×12+9 000=21 000

替代第一因素：1 200×12+9 000=23 400

替代第二因素：1 200×11+9 000=22 200

2021 年：1 200×11+10 000=23 200

产品产量变动的影响：23 400−21 000=2 400

单位变动成本的影响：22 200−23 400=−1 200

固定总成本的影响：23 200−22 200=1 000

各因素影响之和为 2 400−1 200+1 000=2 200，与分析对象相同。

如果直接运用差额计算法，则分析如下。

产品产量变动的影响：（1 200−1 000）×12+9 000=11 400

单位变动成本的影响：1 200×（11−12）+9 000=7 800

固定总成本变动的影响：1 200×11+（10 000−9 000）=14 200

各因素影响之和为 11 400+7 800+14 200=33 400

可见运用差额计算法的各因素分析结果之和不等于分析对象 2 200，显然是错误的。错误的原因在于，产品总成本的因素分解式中各因素之间不是纯粹相乘的关系，而存在相加的关系。这时运用差额计算法对连环替代法进行简化，应为

产品产量变动的影响：（1 200−1 000）×12=2 400

单位变动成本的影响：1 200×（11−12）=−1 200

固定总成本变动的影响：10 000−9 000=1 000

在因素分解式中存在加、减、除法的情况下，一定要注意这个问题，否则将得出错误的结果。

2.5 标杆分析法

2.5.1 标杆分析法的概念

标杆分析法是一种将本企业各项活动与标杆企业进行比较，以寻求不断改善企业活动、提高经营业绩的分析方法。它通过寻找最佳实践者，以此为目标，持续分析和改善，最终达到标杆水平甚至超越标杆。它是实现管理创新并获得竞争优势的最佳工具。

2.5.2 如何选择标杆

标杆通常分为三类：内部标杆、竞争对手标杆和通用标杆。

（1）内部标杆分析：对企业内不同部门、不同单位的各项活动进行对标分析。其优点是可以迅速获得所需资料和信息，相互之间沟通交流比较顺畅，缺点是视野狭窄，难以带来重大突破。

（2）竞争对手标杆分析：以行业内最佳企业的各项活动为标杆，找出自身不足，进行效仿改进。其优点是通过与竞争对手对比，揭示自身的问题与努力目标；缺点是信息获取比较困难。

（3）通用标杆分析：以行业内各项活动的平均水平进行对标分析。其特点是介于内部标杆分析和竞争对手标杆分析之间。

不同类型的标杆分析各有利弊，企业在选择运用时，应该综合权衡后确定标杆分析类型。比较理想的是使用竞争对手标杆来确认竞争中最佳实践者，判断其取得最佳实践的因素，然后进行对标分析。

2.5.3 标杆分析的步骤

标杆分析法的步骤包括确定标杆分析对象、收集分析资料、分析找出差距、确定改进目标及行动计划、执行改进计划、分析执行结果。下面以体育运动员进行训练常用的冠军模型来说明标杆分析的执行步骤。

2021年8月1日东京奥运会上，苏炳添在男子100米半决赛中，以9秒83的成绩打破亚洲纪录，成为首位闯入此项目决赛的中国运动员，并在决赛中获得第六名。作为"高龄"短跑运动员，苏炳添是如何创造奇迹的？

苏炳添的成功是从2017年开始他与兰迪·亨廷顿教练合作采用冠军模型进行训练的结果。冠军模型是通过高科技仪器和设备对运动员的体能、技术、恢复等各个环节进行全方位监控，据此发现问题，寻找差距，制订个性化的训练方案，进而补短板、强长板，全面提升运动员的竞技能力。下面说明冠军模型的应用步骤。

（1）明确目标，看到差距，如图2-1所示。

（2）用结构化思考法寻找差距产生的原因，如图2-2所示。

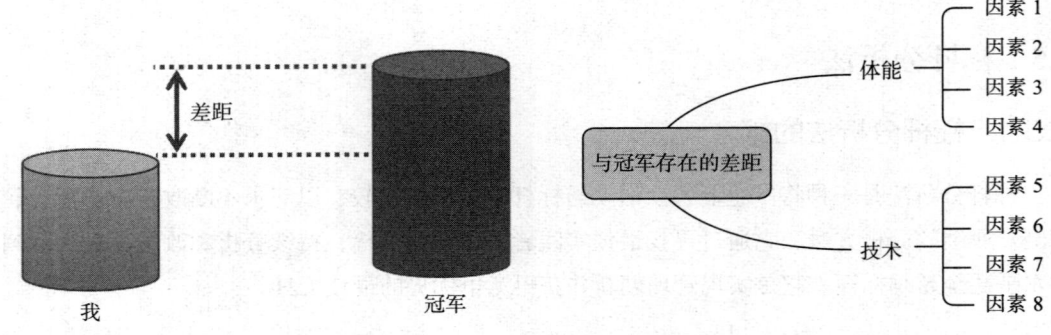

图2-1 明确与冠军的差距　　　　图2-2 寻找差距产生的原因

（3）分析确定具体原因，如图2-3所示。

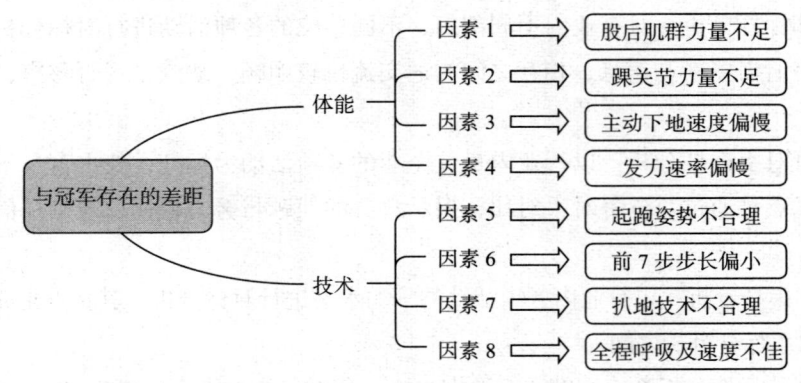

图2-3 分析确定差距产生的具体原因

（4）寻找解决方法，如图2-4所示。

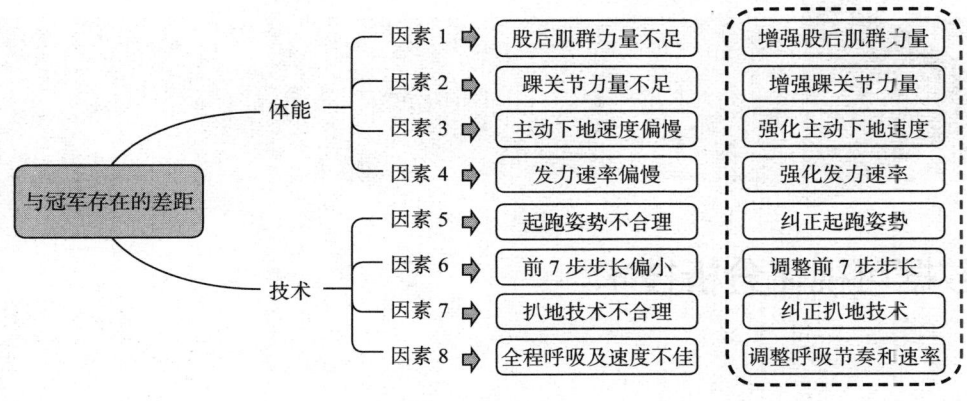

图 2-4 解决方法

（5）复盘。根据执行结果，分析执行的效果和存在的问题，做出下一步行动计划，如此闭环运行。

▶ 思考题

1. 什么是比较分析法？运用比较分析法需注意哪些问题？
2. 比率分析法的类型和注意事项是什么？
3. 请说明趋势分析法运用的主要方式及其优点。
4. 说明因素分析法的操作要点和注意事项。
5. 举例说明冠军模型的应用步骤。

▶ 计算题

1. 某公司产品产量与成本有关资料如表 2-7 所示。

表 2-7 某公司产品产量与成本有关资料

可比产品	产量 / 万件			单位成本 / (元 / 件)		
	上年实际	本年计划	本年实际	上年实际	本年计划	本年实际
甲产品	28	15	25	400	370	350
乙产品	25	20	18	200	190	195

要求：采用差额计算法分析可比产品成本降低计划完成情况。

2. 某企业 2020 年和 2021 年的有关销售净利率、资产周转率、权益乘数和净资产收益率的资料如表 2-8 所示。

表 2-8 某企业财务指标

指标	2021 年	2020 年	指标	2021 年	2020 年
销售净利率	10%	8%	权益乘数	1.1	1.5
资产周转率	3	2.5	净资产收益率	33%	30%

要求：运用连环替代法分析各因素变动对净资产收益率的影响程度。

第3章

数据可视化分析技术

3.1 大数据处理基础

数据是对客观事物的逻辑归纳,是事实或观察的结果。随着科学技术的发展,凡是可以电子化记录的都是数据,如社交网络产生的社交数据,购物网站产生的大量客户及购物数据,物联网技术催生的车联网数据,等等。数据的内涵越来越广泛,不仅包括像GDP、股市指数、人口数量等数值型数据,还包括文本、声音、图像、视频等非数值型数据。

3.1.1 大数据的概念

大数据(Big Data)是以容量大、类型多、存取速度快、应用价值高为主要特征的数据集合。大数据本身是一个比较抽象的概念,单从字面来看,它表示规模庞大的数据。关于大数据,目前存在多种不同的理解和定义。维基百科对"大数据"的解释是:大数据或称巨量数据、海量数据。大数据,是指所涉及的数据量规模巨大到无法通过人工在合理时间内实现截取、管理、处理并整理成为人类所能解读的信息。

要系统地认知大数据,可以从理论、技术和实践3个层面来理解,如图3-1所示。

理论层面,主要研究大数据的定义、特征,探讨大数据对于社会发展的作用和影响,洞悉大数据的发展趋势,探索数据的采集、存储、利用与个人、组织隐私保护之间的平衡。

技术层面,主要探讨大数据的采集、存储、处理、展示中需要使用的关键技术,如数据智能采集、分布式数据库、云计算、可视化等。

实践层面,主要从大数据的利用角度研究大数据的具体使用场景,可以分为对个人大数据、企业大数据、政府大数据、互联网大数据的分析利用,当然也会将这些数据联合起来进行分析,比如疫情之下的健康码、行程卡就是对多个大数据源的综合利用。

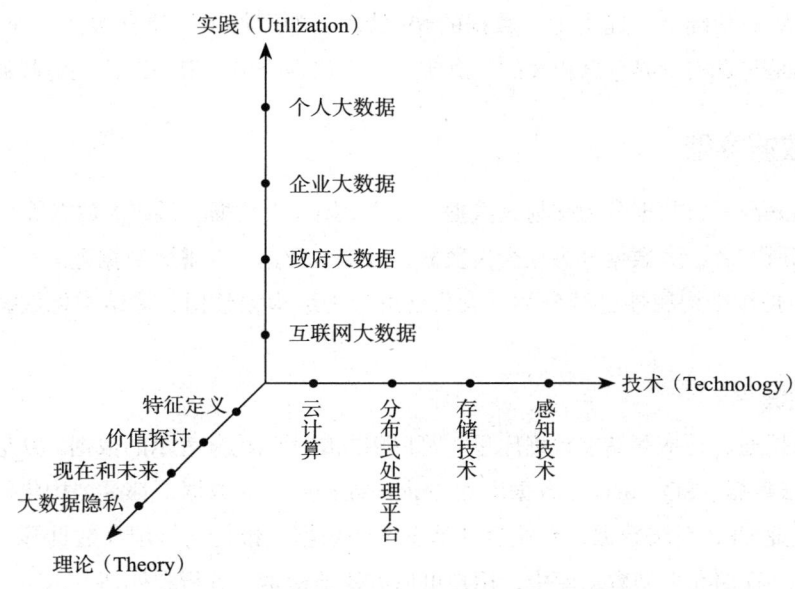

图 3-1 大数据的不同层面

3.1.2 大数据特性

维克托·迈尔–舍恩伯格和肯尼思·库克耶编写的《大数据时代》一书认为，大数据具有 4V 特性，即规模性、高速性、多样性、价值性。

（1）规模性（Volume）。大数据具有相当的规模，其数据量非常大。数据的数量级别可划分为 B、KB、MB、GB、TB、PB、EB、ZB 等，而数据的数量级别为 PB 以上的才能称得上大数据。在 2011 年，全球产生了 1.8ZB 的数据总量。根据 IDC 公司的最新研究，未来 10 年，全球的数据总量将会增长 50 倍。以此推算，数据产生的速度越来越快，而且数据总量将呈现指数型的爆炸式增长。

（2）高速性（Velocity），即处理大数据的速度越来越快，处理时要求具有时效性，因为数据和信息更新速度非常快，信息价值存在的时间非常短，必须要求在极短的时间内从海量规模的大数据中摒除无用的信息来搜集具有价值和能够利用的信息。所以随着大数据时代的到来，搜集、提取具有价值的数据和信息必须要求高效性与短时性。

（3）多样性（Variety），即大数据的数据类型呈现多样性，不仅包括结构化数据，还包括非结构化数据和半结构化数据，其中结构化数据即音频、图片、文本、视频、网络日志、地理位置信息等。传统的数据处理对象基本上都是结构化数据，而在现实中非结构化数据也是大量存在的，所以既要分析结构化数据，又要分析非结构化数据才能满足人们对数据处理的要求。半结构化数据介于结构化数据和非结构化数据之间。

（4）价值性（Value）。大数据的价值即通过对大数据进行分析，得到大数据背后有价值的信息（如事物间错综复杂的联系），理解数据背后所隐藏的现实意义，进而有效地对事件或事物的走向或者趋势进行预测，为管理者做出决策提供支持。

IBM 在 4V 的基础上，提出了大数据的 5V 特性，即增加了一项真实性（Veracity），是指大数据的内容是与真实世界息息相关的，真实不一定代表准确，但一定不是虚假数据。

3.1.3 大数据类型

按照数据来源，大数据分为交易大数据、社交/媒体大数据、科研大数据等。

按照数据所有者，大数据分为社会大数据、政府大数据、企业大数据等。

更常见的是按结构属性进行分类，大数据可分为结构化数据、非结构化数据和半结构化数据。

1. 结构化数据

结构化数据通常是指存储在数据库里，可以用二维表结构来表示的数据。从数据存储角度看，Excel 表格数据、SQL Server 数据库和 Oracle 数据库中的数据，都是结构化数据；从应用的角度看，企业 ERP 系统数据、企业会计信息系统数据、银行交易记录数据等，也是结构化数据，它们大多存储在大型数据库中，用户可以方便地检索、分析和处理。

2. 非结构化数据

非结构化数据通常是指不能直接用二维表结构来表示和存储的数据。相对于结构化数据而言，非结构化数据没有统一的规则，涉及音（视）频、图片、网页、文档等格式。例如，新闻网页、用户评论、监控视频以及目前流行的短视频、有声书等，都需要通过一定的方法，将这些数据转化为结构化数据，才能进行有效的分析。

3. 半结构化数据

半结构化数据介于结构化数据与非结构化数据之间，也需要转化为结构化数据。

3.1.4 大数据处理技术

数据处理是对纷繁复杂的海量数据价值的提炼，而其中最有价值的地方在于预测性分析，即可以通过数据可视化、统计模式识别、数据描述等数据挖掘形式帮助数据科学家更好地理解数据，根据数据挖掘的结果做出预测性决策。其中主要技术包括大数据采集技术、大数据预处理技术、大数据存储及管理技术、大数据分析及挖掘技术。

1. 大数据采集技术

大数据采集是指通过射频识别技术（RFID）、传感器、社交网络交互及移动互联网等方式获得各种类型的结构化、半结构化及非结构化的海量数据，是大数据知识服务模型的根本。如爬虫技术就是从互联网采集数据的一种关键技术。

大数据采集一般分为：

（1）大数据智能感知层。主要包括数据传感体系、网络通信体系、传感适配体系、智能识别体系及软硬件资源接入系统，实现对结构化、半结构化、非结构化的海量数据的智能化识别、定位、跟踪、接入、传输、信号转换、监控、初步处理和管理等。

（2）基础支撑层。提供大数据服务平台所需的虚拟服务器，结构化、半结构化及非结构化数据的数据库及物联网资源等基础支撑环境，重点领域包括分布式存储技术、大数据的网络传输与压缩技术、大数据隐私保护技术等。

2. 大数据预处理技术

大数据预处理需要对已接收数据进行抽取、清洗等操作。

（1）抽取。因获取的数据可能具有多种结构和类型，数据抽取过程可以将这些复杂的数据转化为单一的或者便于处理的构型，以达到快速分析处理的目的。

（2）清洗。对于大数据，并不全是有价值的，有些数据并不是我们所关心的内容，而另一些数据则是完全错误的干扰项，因此要对数据通过过滤"去噪"从而提取出有效数据。

3. 大数据存储及管理技术

大数据存储及管理就是要用存储器把采集到的数据存储起来，建立相应的数据库，并进行管理和调用。关键技术如下：

（1）新型数据库技术。数据库根据存取数据的特点，可分为关系型数据库和非关系型数据库。其中，关系型数据库包含了传统关系数据库系统以及 NewSQL 数据库。非关系型数据库主要是指 NoSQL 数据库，分为键值数据库、列存数据库、图存数据库以及文档数据库等类型。

（2）大数据安全技术。大数据安全技术包括改进数据销毁、透明加解密、分布式访问控制、数据审计等技术，以及突破隐私保护和推理控制、数据真伪识别和取证、数据持有完整性验证等技术。

4. 大数据分析及挖掘技术

大数据分析及挖掘是对杂乱无章的数据，进行萃取、提炼和分析的过程。大数据分析及挖掘技术主要包括可视化分析技术、数据挖掘算法技术、预测性分析技术、语义引擎等。

（1）可视化分析技术。可视化分析，即借助图形化手段，清晰并有效地传达与沟通信息的分析手段。它主要应用于海量数据关联分析，即借助可视化数据分析平台，对分散异构数据进行关联分析，并做出完整分析图表的过程，具有简单明了、清晰直观、易于接受的特点。

（2）数据挖掘算法技术。数据挖掘算法，即通过创建数据挖掘模型，从而对数据进行试探和计算的数据分析手段，它是大数据分析的理论核心。数据挖掘算法多种多样，且不同算法因基于不同的数据类型和格式，会呈现出不同的数据特点。但一般来讲，创建模型的过程却是相似的，即首先分析用户提供的数据，然后针对特定类型的模式和趋势进行查找，用分析结果定义创建挖掘模型的最佳参数，并将这些参数应用于整个数据集，以提取可行模式和详细统计信息。

（3）预测性分析技术。预测性分析，是大数据分析最重要的应用领域之一，通过结合多种高级分析功能（特别统计分析、预测建模、数据挖掘、文本分析、实体分析、优化、实时评分、机器学习等），达到预测不确定事件的目的，从而帮助用户分析结构化和非结构化数据中的趋势、模式和关系，并运用这些指标来预测将来事件，为采取措施提供依据。

（4）语义引擎。语义引擎则是运用人工智能从数据中主动提取信息。它主要包括机器翻译、情感分析、舆情分析、智能输入、问答系统等。

3.2 数据可视化分析

人类从外界获取的信息中，有83%来自视觉，11%来自听觉，6%来自其他。由此可以看出，视觉是获取信息最重要的渠道，人脑超过50%的功能用于视觉的感知，包括解码可视信息、处理高层次可视信息和思考可视符号。

3.2.1 数据可视化的定义

数据可视化离我们并不遥远，我们在对数据进行展示和分析的时候，常常用到一些图形，如柱状图、折线图等，这些图形不仅可以使数据更加立体生动地呈现在我们面前，而且可以帮助我们发现数据中隐藏的信息，更好地分析业务数据的规律和发展趋势。

可视化是一种映射，可以把客观世界的信息映射为易于被人类感知的视觉模式。这里的视觉模式是指能够被感知的图形、符号、颜色、纹理等。

数据可视化就是将工作中处理的各类数据映射为视觉模式，来探索、揭示隐藏在数据背后的信息，在保证信息传递准确、充分的基础上寻求美感，用数据讲"故事"。

大数据可视化与传统的图形显示的不同之处在于，大数据可视化处理的数据数量大、维度高，需要对数据进行分类、聚类等分析，而且往往要求实时生成、交互式展示，这些都是传统的图形化方法难以实现的。

3.2.2 数据可视化基础：视觉编码

1. 视觉编码的含义

视觉编码是一种将数据映射到最终可视化元素上的技术。

仔细观察图3-2，你能得到什么信息？

得益于我们视觉系统的强大，我们几乎不假思索就可以说出，这四个图形的形状不同、大小不同、位置不同等。

图形符号和数据间的映射关系使我们能迅速获取信息。所以可以把图片看成一组图形符号的组合，这些图形符号携带了一些信息，我们称该图片编码了一些信息。而当人们从这些符号中读取信息时，就是对图片中编码的信息进行解码。

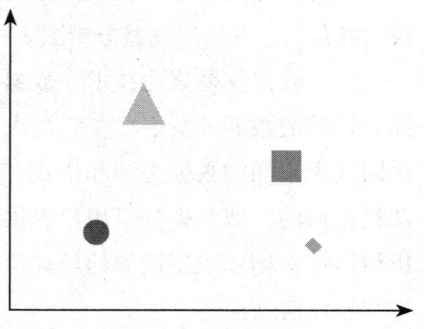

图3-2 视觉编码

人类解码信息靠的是视觉系统。如果说图形符号是编码信息的工具或通道，那么视觉就是解码信息的通道。因此，我们通常把这种将信息传递给视觉系统的图形属性（如形状、大小、位置等）称作视觉通道。

2. 视觉编码中常用的视觉通道

1967年，雅克·贝尔坦（Jacques Bertin)在《图形符号学》（*Semiology of Graphics*）一书中定量地阐述了图形符号与信息之间的对应关系，奠定了可视化编码的理论基础。贝尔坦认为视觉编码由两部分组成，即视觉标记（Visual Marks）和用于控制标记视觉特征的视觉通道（Visual Channels）。视觉标记有点、线、面三种，视觉通道则分为位置变量和视觉变量（Visual Variables）。位置变量即视觉标记在二维平面上的坐标，视觉变量则包括尺寸（Size）、明度（Value）、纹理（Texture）、颜色（Color）、方向（Orientation）和形状（Shape）。

6种视觉变量映射到3种视觉标记后，就有18种视觉编码，后来其他人又补充了一些视觉通道：长度、面积、体积、透明度、动画等，所以可用的视觉通道非常多。但一般一个可视化视图用到视觉通道并不是越多越好，视觉通道堆叠会造成视觉的混乱。因此，一份好的可视化设计需要考虑到人类的感知力和认知力，以确保用户可以准确、有效地理解信息。不同视觉通道的优先级、适用的数据类型等也都是需要考虑的。

3. 视觉通道的性质

（1）定性性质或分类性质，适用于类别型数据。比如形状和颜色，这两个视觉通道非常容易被人眼识别。

（2）定量性质或定序性质，适用于有序型和类别型数据。比如长度、大小，特别适合编码数值/量的大小。

（3）分组性质。具有相同视觉通道的数据，人眼能很快识别出来，将其归为一组。

4. 视觉编码设计的两大原则

（1）表达性。可视化的结果应该充分表达了数据想要表达的信息，且没有多余。

（2）有效性。可视化之后要比之前的方案更加有效，更加容易让人理解。

3.2.3 数据可视化的目标

数据可视化的目标主要有三个：

（1）快速传递信息，多维展示数据。以天气预报为例，将卫星拍摄的图片、地面气象数据以及历史数据经验值结合进行综合分析，将复杂的数据以简单的天气预报图形式呈现，传递信息速度十分快，直观易懂。

（2）挖掘有效信息，表达数据内涵。文本方式展示大量数据是十分低效的；表格方式虽然解决了数据杂乱的问题，但是人脑对数字并不敏感，特别是在数据量较大时，基本上难以从中获取有效信息；而一张恰当的数据可视化图表在传递大量信息的同时，能更加直观地展示数据的内在关联，为浏览者带来更深刻的印象。

（3）处理海量数据，实现实时可交互。在大数据领域，浏览每条数据是不可能做到的，也是没有必要的，因为单条数据的价值很小。因此，数据可视化被用得越来越多，通过可视化方法，不仅能实时展示汇总信息、详细信息，还能通过交互技术层层钻取数据，大大提高了信息的相关性。

3.2.4 数据可视化的作用

数据可视化既是一门科学，又是一门艺术。数据可视化的作用包括数据表达、数据操作和数据分析。

（1）数据表达是数据可视化最原始的作用。数据表达常见的形式有文本、图表、图像、地图等。有些时候，用可视化方式比文字方式表达更直观，更易于理解。借助有效的图形，可以在较小的空间中呈现大规模的数据。

（2）数据操作是以计算机提供的界面、接口等为基础完成人与数据的交互需求。当前基于可视化的人机交互技术发展迅速，包括自然交互可触摸、自适应界面和情景感应等在内的多种新技术极大地丰富了数据操作的方式。

（3）数据分析的任务通常包括定位、识别、分类、聚类、分布、排列、比较关联等。将信息以可视化的方式呈现给用户，可以直接提升用户对信息认知的效率，引导用户从可视化结果中分析、推理出有效信息，帮助人们挖掘数据背后隐藏的信息与客观规律，有助于知识和信息的传播。南丁格尔玫瑰图是经典的数据可视化作品之一。

3.2.5 数据可视化常用软件

数据可视化的历史可以追溯到 20 世纪 50 年代的计算机图形学产生。20 世纪 90 年代，"信息可视化"成为新的研究领域，为数据分析工作提供支持。数据可视化技术的基本思想是将数据映射为图形元素及其属性，从而以可视化的方式观察数据，对数据进行更深入的分析。

1. Microsoft Power BI

Microsoft Power BI 是一套专业的商业分析工具，可以连接到数百个数据源、简化数据准备并提供即时查询功能，用户可以根据自己的需求灵活设置查询条件，系统根据用户的选择生成相应的统计报表。

Microsoft Power BI 整合了 Power Query、Power Pivot、Power View 和 Power Map 等一系列工具，所以使用 Excel 做报表的和 BI 分析的从业人员可以快速使用它，甚至可以直接使用以前创建的模型。此外，Excel 2016 及以上版本也提供了 Power BI 插件。

2. Tableau

Tableau 是桌面系统中简单的商业智能软件，无须用户编写代码，控制台可自定义配置，不仅能够监测数据，还提供了完整的分析功能。Tableau 简单、易用、快速，一方面归功于斯坦福大学的突破性技术，另一方面在于 Tableau 专注于处理简单的结构化数据。

3. FineBI

FineBI 是帆软公司推出的一款商业智能产品，它可以通过最终业务用户自主分析企业已有的信息化数据,帮助企业发现并解决存在的问题,协助企业及时调整策略做出更好的决策。

FineBI 支持丰富的数据源连接,能够可视化管理数据,用户可以方便地以可视化形式来对数据进行管理,简单、易操作。

由于 Power BI 是由 Excel 的 Power Query 和 Power Pivot 等组件发展而来的,因此它与 Excel 同样简单易学,本书也以 Power BI 为例讲解数据的可视化原理与应用。

3.3 Power BI 概述

数据可视化是大数据技术发展较快的领域之一,涌现出许多新技术、新产品,但目前发展较为成熟的还是以 Power BI 为代表的商务智能解决方案。

3.3.1 BI 简介

BI(Business Intelligence),即商务智能,也称为商业智能,它描述了一系列的概念和方法,通过应用基于事实的支持系统来辅助商业决策的制定,涉及计算机科学、管理学、决策科学等多学科知识。商务智能技术提供使企业迅速分析数据的技术和方法,包括数据的收集、管理和分析,并将这些数据转化为有用的信息分发给用户。

1. 商务智能的基础架构

一般来说,商务智能系统由数据源层、数据转换层、数据存储和管理层、数据分析层、数据展示层等 5 个层面自下而上构成,如图 3-3 所示。

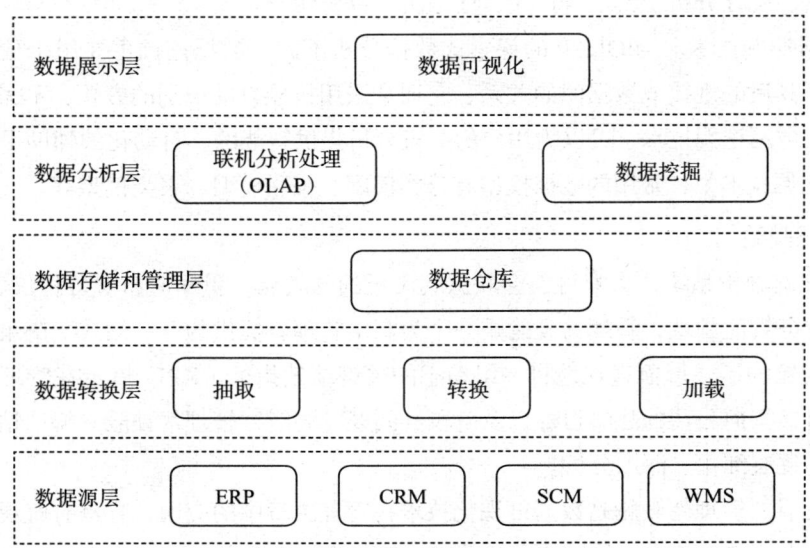

图 3-3 商务智能基础架构

2. 商务智能关键技术

从商业智能系统建立的技术角度来看,构建一个完整的商业智能系统涉及以下几种关键技术:

（1）数据仓库技术。数据仓库创始人之一 W. H. 因蒙认为"数据仓库是一个面向主题的、集成的、稳定的、包含历史数据的数据集合，它用于支持管理中的决策制定过程"。数据仓库与传统数据库存储的最大区别在于数据库用于企业日常事务处理，而数据仓库用于商务分析处理。在数据仓库中，数据按照不同的主题进行组织，数据以增量方式加载到数据仓库，一旦进入数据仓库，数据就不会再改变。数据仓库建立的目的在于在不影响日常操作处理的前提下对业务信息进行分析以辅助企业决策，为决策支持系统提供应用基础。因此数据仓库与数据库是应用于企业营运不同目的的两种数据管理系统。

数据的存储技术是数据仓库技术的核心，在数据仓库中被集成的数据通常以星型模式，即事实表 – 维度表结构来组织数据。事实表也称为主表，包括商务活动的定量或实际的数据，这种数据是可以用数字度量的，由多行和多列组成；而维度表又称为辅助表，一般比较小，反映某个维度的描述性数据。事实表和维度表通过关系进行连接。在扩展的星型模式（雪花模式）中，维度表本身还可以包括维度表，这样组成数据仓库中商务事实的物理存储模式。

（2）联机分析处理（OLAP）技术。OLAP 主要通过多维的方式来对数据进行分析、查询和报表处理。它不同于传统的 OLTP 应用。OLTP 应用主要用来完成用户的事务处理，如民航订票系统、银行储蓄系统等，通常要进行大量的更新操作，同时对响应时间要求比较高。而 OLAP 应用主要是对用户当前及历史数据进行分析，辅助领导决策。其典型的应用有对银行信用卡风险的分析与预测、公司市场营销策略的制定等，主要是进行大量的查询操作，对时间的要求不太严格。

OLAP 的基本多维分析操作有钻取、切片和切块，以及旋转等，同时 OLAP 工具还可以同数据挖掘工具、统计分析工具配合使用，增强决策分析功能。

（3）数据挖掘技术。与 OLAP 的探索式数据分析不同，数据挖掘主要用于从大量的数据中发现隐藏于其后的规律或数据间的关系，它通常采用机器自动识别的方式，不需要过多的人工干预。采用数据挖掘技术，可以为用户的决策分析提供智能的、自动化的辅助手段。

在数据挖掘技术中，常用的数据模型有分类模型、关联模型、聚类模型等。

3. 管理驾驶舱

说起管理驾驶舱系统，大家可能会联想到飞机的驾驶舱，里面遍布着各种仪表盘、指针、数字……在商务智能领域，管理驾驶舱是一个为高层管理者提供的"一站式"决策支持信息中心，它以驾驶舱的形式形象直观地将一组动态的关键绩效指标（KPI）展示在管理大屏上，这些指标通常直接指向公司的战略目标以及阶段性问题。同时，管理驾驶舱支持"钻取式查询"，实现对指标的逐层细化、深入分析。

从本质上看，管理驾驶舱是数据可视化技术在管理决策中的应用，它具有直观性、可配置性、实时性、全面性等特点，能够将企业管理决策能力提升到一个新的高度。

3.3.2 Excel 与 Power BI

Excel 作为具有强大的数据统计、分析功能的办公工具，提供了丰富的函数、工具、控件和 VBA 编程语言，成为办公领域不可或缺的软件。但 VBA 编程的难度阻碍了普通用户将 Excel 应用于会计核算、财务分析等领域。近几年，Excel 的 Power Query、Power Pivot、Power View 和 Power Map 四大组件，可以让 Excel 的使用者不用再费力学习 VBA，大大提升了 Excel 的数据处理和分析效率，实用性大大提高。

但这四大组件相对独立，并不利于实施完整的数据分析全过程。于是微软在 2015 年推出的 Power BI 中，将 Excel 的数据组件集成在一起，用一个软件即可完成完整的商业智能可视化分析。

在财务领域，大多数用户还是习惯于使用 Excel。Power BI 中的 Power Query 和 Power Pivot 虽然在使用方法上和 Excel 是一模一样的，但它的设计更倾向于在用户对数据结构完全了解的前提下进行分析，而 Excel 的编辑更加自由，方便用户对未知数据的探索，是进行数据前期整理的利器。如果把 Excel 和 Power BI 结合起来使用，更能发挥两者的长处。学习 Power BI 并不意味着不再需要 Excel，掌握好基础 Excel 功能对于财务工作仍然是必不可少的。

3.3.3 Power BI 软件构成

目前，Power BI 已经形成 Power BI Desktop 的 Windows 桌面应用，Power BI Online Service 的联机 SaaS 应用（软件即服务），以及适用于移动设备的 Power BI 移动版三大平台。

Power BI Desktop 是安装在 PC 端的桌面应用程序，可在 PC 端进行数据获取、数据整理、数据建模、数据可视化等一系列数据分析工作。

Power BI Online Service 属于在线云服务，不受时间、地点限制提供在线数据分析服务，同时也可将桌面端的可视化分析报表发布到线上，共享给组织内外的相关人员。

Power BI 移动版是可在移动设备上使用的 App，方便相关业务人员或管理人员在移动设备上查看可视化报表。

由于桌面版提供的功能更全面，使用也更方便，本书接下来主要基于桌面版进行介绍。

3.3.4 Power BI 桌面版的界面

Power BI 桌面版的界面与微软 Office 套件类似，主要由五个区域构成，如图 3-4 所示。

（1）功能区。功能区放置了与报表和可视化相关的常见菜单，包括文件、主页、插入、建模、视图、帮助等。

（2）视图区。Power BI 桌面版提供了三种视图：报表视图、数据视图和模型视图。报表视图用于创建报表和视觉对象。数据视图用于查看与报表关联的数据模型中使用的表、度量值和其他数据，并进行数据转换，以便在报表模型中使用。模型视图则用于查看和管理数据模型，设置数据表之间的关系。

（3）页选项区。此区域位于页面下方，用于选择或添加报表页。

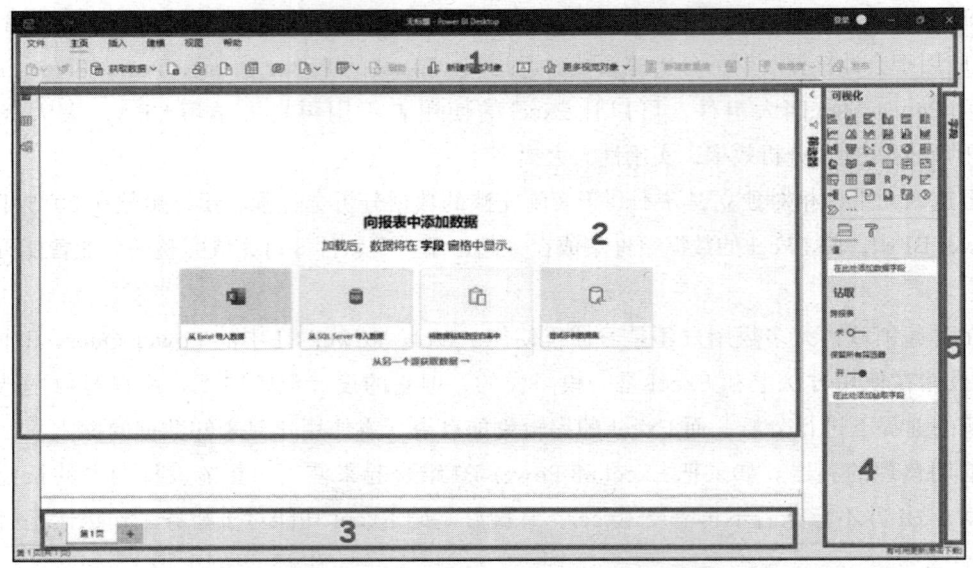

图 3-4　Power BI 界面

（4）可视化区。用于设置可视化效果，选择图表类型，自定义图表属性。

（5）字段区。用于设置与当前报表相关联数据的表、字段和度量值。

3.4　Power BI 数据获取与整理

在学习 Power BI 进行数据获取与整理之前，我们先来了解一下数据质量。

3.4.1　数据质量的概念

数据质量问题已引起广泛的关注。什么是数据质量呢？数据质量问题并不仅仅指数据错误。有的文献把数据质量定义为数据的一致性、正确性、完整性和最小性这四个指标在信息系统中得到满足的程度，有的文献则把"适合使用"作为衡量数据质量的初步标准。

1. 数据质量评价指标

一般来说，评价数据质量有以下几个主要指标。

（1）准确性（Accuracy）：是指数据源中实际数据值与假定正确数据值的一致程度。

（2）完整性（Completeness）：是指数据源中需要数值的字段中无值缺失的程度。

（3）一致性（Consistency）：是指数据源中数据对一组约束的满足程度。

（4）唯一性（Uniqueness）：是指数据源中数据记录以及编码是否唯一。

（5）及时性（Timeliness）：是指在所要求或指定的时间提供一个或多个数据项的程度。

（6）有效性（Validity）：是指维护的数据足够严格以满足分类准则的接受要求。

2. 数据质量可能存在的问题

当建立一个信息系统的时候，即使进行了良好的设计和规划，也不能保证在所有情况下信息系统中数据的质量都能满足用户的要求。用户录入错误、系统整合以及使用环境随着时间的推移而改变，这些都会影响所存放数据的质量。信息系统中可能存在的数据质量问题有很多，总结起来主要有以下几种。

（1）重复的数据。重复的数据是指在一个数据源中存在表示现实世界同一个实体的重复信息，或在多个数据源中存在表示现实世界同一个实体的重复信息。

（2）不完整的数据。由于录入错误等原因，字段值或记录未被记入数据库，造成信息系统数据源中应该有的字段或记录缺失。

（3）不正确的数据。由于录入错误、数据源中的数据未及时更新，或不正确的计算等，数据源中数据过时，或者一些数据与现实实体中字段的值不相符。

（4）无法理解的数据值。无法理解的数据值是指由于某些原因，数据源中的一些数据难以解释或无法解释，如伪值、多用途域、古怪的格式、密码数据等。

（5）不一致的数据。数据不一致包括多种问题，例如，从不同数据源获得的数据很容易不一致；同一数据源的数据也会因位置、单位以及时间不同产生不一致。

在以上问题中，前三种问题在数据源中出现得最多。

3. 数据质量的提升方法

对于存在质量问题的数据，必须要通过数据处理方法改善数据质量。常见的商务智能数据处理方法可分为数据清理、数据规约、数据变换和数据集成。

（1）数据清理。数据清理是对采集的数据中不完整、不规范、不正确的数据进行必要的处理，包括清除冗余、清理空值、修正不规范数据。

（2）数据规约。数据规约是指在尽可能保持数据原貌的基础上，最大限度地精简数据量。数据归约包括维度归约、数量归约和数据压缩。

（3）数据变换。数据变换是指将数据从一种格式或结构转换为另一种格式或结构。数据变换比较常见的是数据格式变换和数据标准化。

（4）数据集成。数据集成是指将来自多个数据源中的数据进行合并处理。

3.4.2 Power BI 数据获取

Power BI 可以连接到多种类型的数据源。选择"主页"→"获取数据"，打开"获取数据"对话框，如图 3-5 所示。可通过工具组中的工具获取数据。

通过"获取数据"对话框可以看到，Power BI 数据获取功能异常丰富，提供了几乎所有常见数据源的获取数据工具，除 Excel 工作簿、XML、文本文件、Web、各厂商的数据库产品这些常见的数据源之外，还能从 PDF 等不常见数据源中获取数据，甚至还可以直接从文件夹中的多个文件中获取数据。

下面演示从 Excel 工作簿中导入数据。选择需要导入的 Excel 工作簿，如图 3-6 所示。

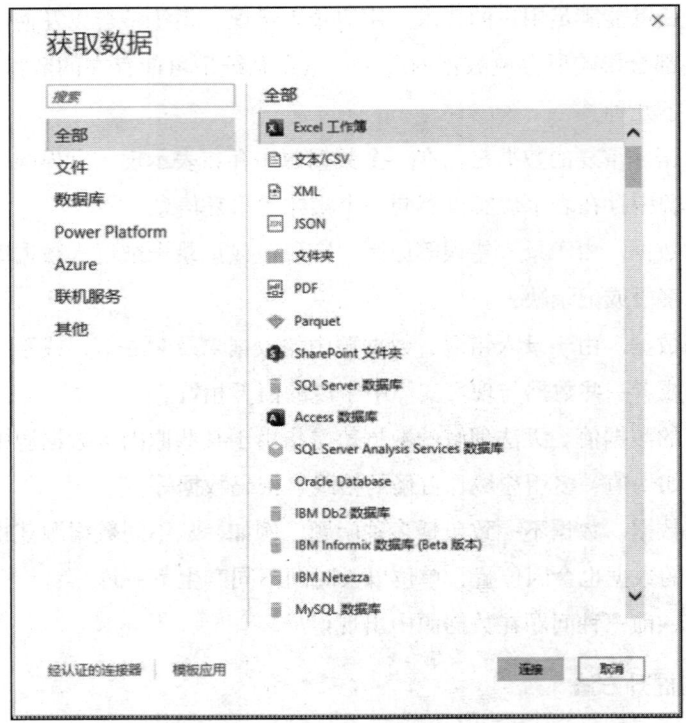

图 3-5 Power BI "获取数据"对话框

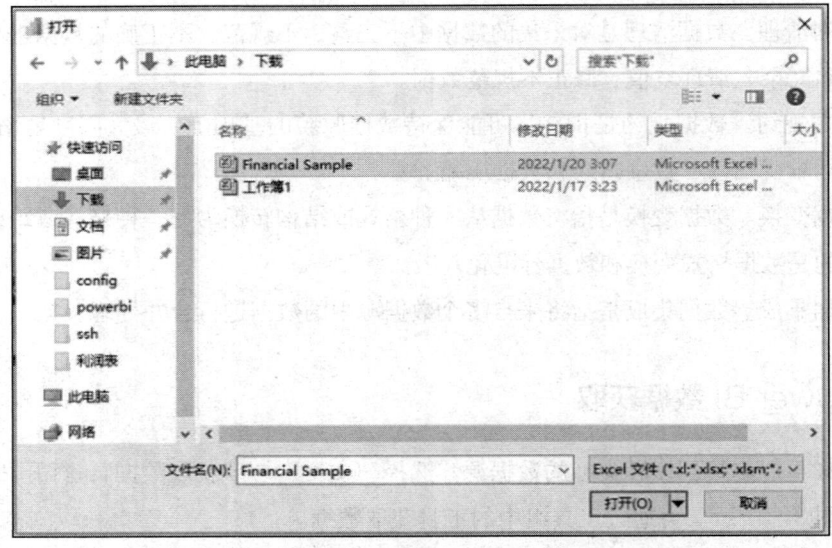

图 3-6 选择需要导入的 Excel 工作簿

在随后弹出的"导航器"对话框中，勾选工作簿中的"financials"工作表，如图 3-7 所示，在对话框的右侧会显示工作表的数据预览，接下来如果单击"转换数据"按钮，将进入 Power Query 界面，有关 Power Query 的内容我们会在后面讲到，这里单击"加载"按钮将数据直接加载到 Power BI 中。

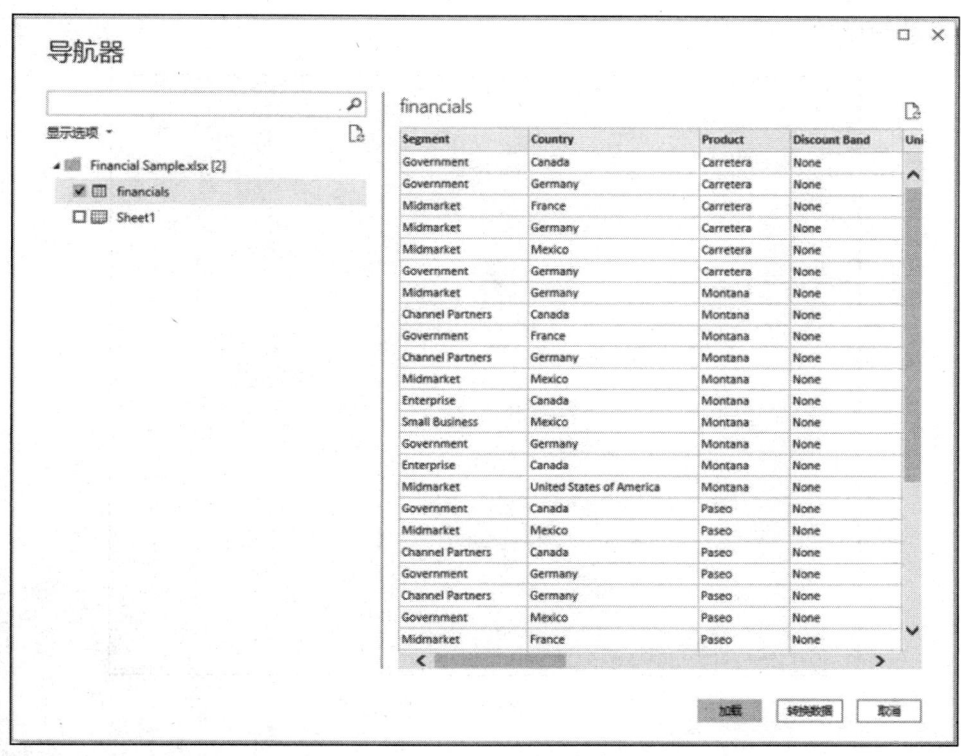

图 3-7 "导航器"对话框

在数据加载完成后,单击视图区的"数据"按钮,可以看到导入的数据,如图 3-8 所示。

图 3-8 导入的数据

单击"模型"按钮,会看到一个简单的数据模型——只有一个表的模型,这是系统自动创建的，如图 3-9 所示。

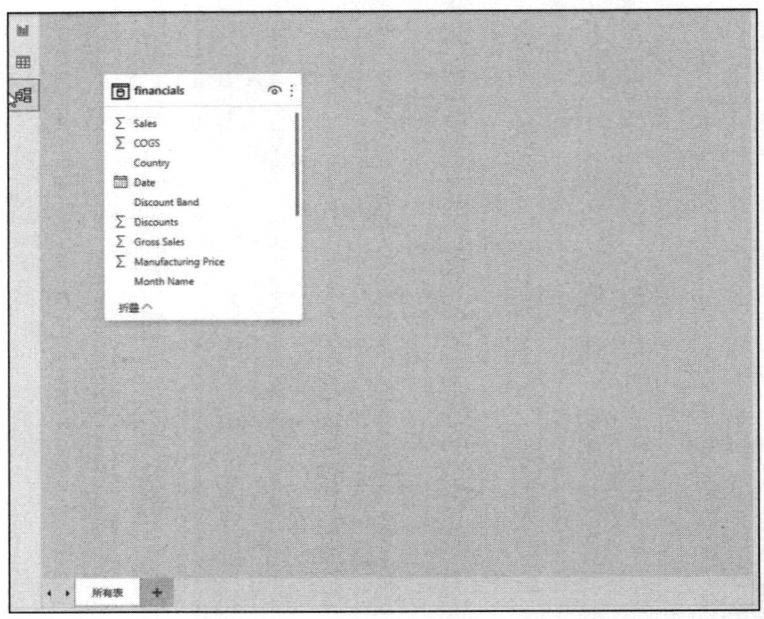

图 3-9 系统自动创建的模型

3.4.3 Power BI 数据整理

1. Power Query 简介

从数据源获取的数据可能并不满足质量要求。如果数据存在质量问题，后续的数据建模、数据可视化的质量就无法保障。因此数据整理是进行数据分析的必要前提。

使用 Power BI 进行数据整理主要是通过 Power Query 组件完成的，选择"主页"→"转换数据"，打开 Power Query 编辑器，如图 3-10 所示。

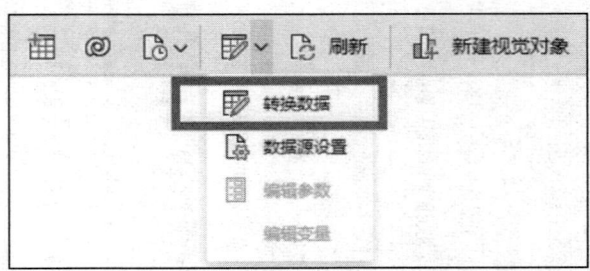

图 3-10 打开 Power Query 编辑器

Power Query 编辑器提供了丰富的数据处理功能，更方便的是，它会记录下每一步操作，可以"回看"每一步操作完成前的数据，可以删除错误的步骤，还可以修改某些步骤中的参数。如果遇到非常困难的数据整理步骤，用 Power Query 无法完成，Power Query 还提供了 R 语言接口和 Python 语言接口，可以对其功能进行扩充。

2. Power Query 数据整理功能

在 Power Query 编辑器工具区，可进行数据整理操作，如图 3-11 所示。

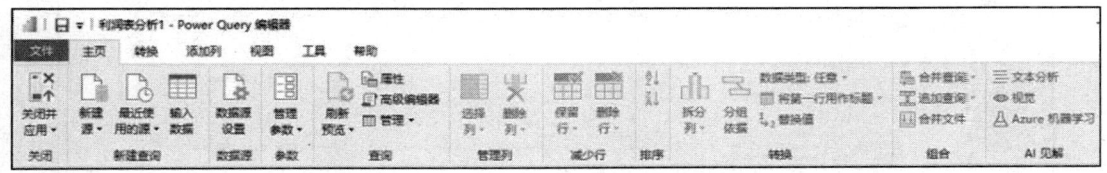

图 3-11　Power Query 编辑器工具区

Power Query 支持的数据整理操作主要包括：

（1）列操作。在 Power Query 中数据是列式存储的，因此对列的处理相对容易，可以添加列、删除列、拆分列、修改列名、列类型转换、替换值、替换错误，还可以移动列顺序，对列进行排序等。

（2）行操作。Power Query 对行操作只能提供有限支持。主要是删除行的操作，如删除空行、删除错误行、删除重复行等，同时也提供了"保留行"这个和"删除行"相对的功能，方便进行删除操作。

（3）追加查询。追加操作会创建一个新查询，其中包含第一个查询的所有行，后面跟着第二个查询的所有行。

（4）合并查询。合并查询基于两个现有查询创建新查询。查询结果包含主表中的所有列，其中一列充当包含与辅助表关系的单个列，相关表中包含基于一个公共列值与主表中每一行匹配的所有行。此操作与 SQL 语言中的"连接"类似。

3. M 语言

Power Query 的背后是 M 语言，在 Power Query 中的每一步操作都会有 M 语言进行记录，类似于 Excel 中的录制宏。如果需要查看某一步骤的 M 语言，可以选择"视图"，勾选"编辑栏"，如图 3-12 所示。

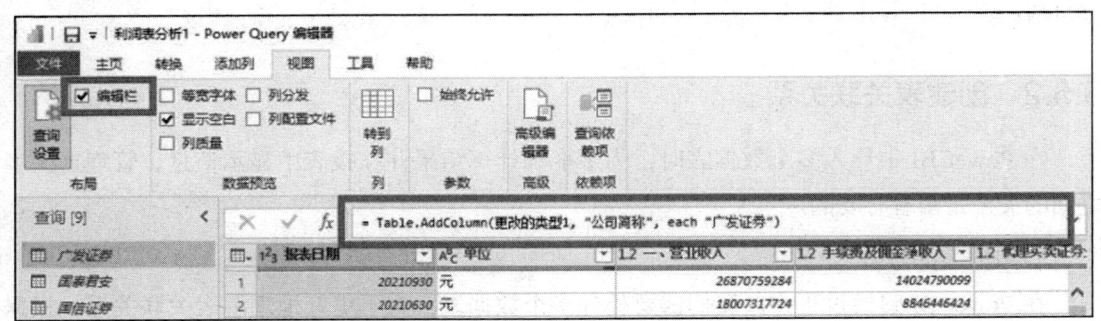

图 3-12　查看 M 语言编辑栏

如果需要直接编辑 Power Query 录制的 M 语言模块，可以选择"主页"→"高级编辑器"，如图 3-13 所示。

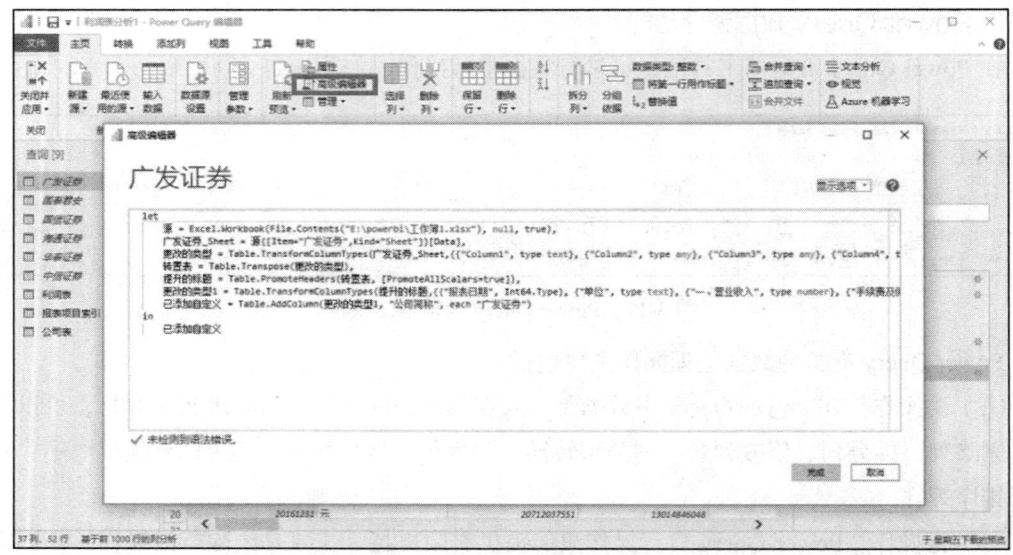

图 3-13　高级编辑器

绝大多数情况下，直接使用 Power Query 的操作界面这种无代码的方式处理数据是非常高效的，并不会直接使用 M 语言。

3.5　Power BI 数据建模与 DAX 函数

3.5.1　数据建模的含义

数据建模是数据分析的基础，它是对现实世界各类数据进行抽象的过程，即对数据以及数据之间的关系进行描述。在不同的应用场景下，数据建模的任务也有所不同。比如数据建模的主要任务是描述数据的结构、数据的类型、数据的约束、数据的操作、表间关系等。在 Power BI 中，数据建模的主要任务有：创建及编辑表关联关系，创建数据层次结构，创建计算列和度量值。

3.5.2　创建表关联关系

在 Power BI 中导入多个数据表时，为了准确计算结果并在报表中显示信息，管理这些表之间的关系是很有必要的。

1. 数据表的分类

在 Power BI 建模过程中，我们需要处理多个数据表，为了更好地理解表关联关系，根据这些表本身的特性，可以将其分为事实表与维度表。

（1）事实表。顾名思义，事实表中存储着"事实"，即企业所发生业务的记录，每一行对应一个业务的数据。由于企业业务在持续不断地发生，因此事实表通常数据量较大，行数也会随着时间的推移而不断增长。

（2）维度表。维度表是用户分析数据的视角（或称为维度），维度表中包含事实表中事实的属性，有些属性提供描述性信息，有些属性指定如何汇总事实表中的数据。例如，包含产品信息的维度表通常将产品分为食品、饮料、非消费品等若干类的层次结构，这些产品中的每一类进一步多次细分，直到各产品达到最低层次。

在建模过程中，我们通常会在事实表与维度表之间建立表关联关系，而不在事实表之间建立关系，更不会在维度表之间建立关系。当然，这不是绝对的，比如雪花模型中，维度表之间就会建立层次关联。

2. 表关联关系的分类

数据建模的关系类型有以下 4 种：

（1）一对一关系（1:1）。一对一关系是指一个表与另一表中的记录是一一对应的。

（2）一对多关系（1:*）。一对多是指一个表中的某一行的某个属性值对应另一个表中具有相同属性值的多个行。例如，会计科目表中的一个科目代码，在会计凭证表中对应多行会计分录。维度表与事实表之间通常都是一对多关系。

（3）多对一关系（*:1）。多对一关系与一对多关系恰好相反。之所以研究它，是因为关系具有方向性。

（4）多对多关系（*:*）。多对多关系是指一个表中某个属性值存在多行，其对应的另一表中拥有相同属性值也存在多行。通常我们不会直接建模多对多关系，而是将多对多关系拆分为两个一对多关系。

3. 关系模型布局

常见关系模型布局有两种：星型模型和雪花模型。

（1）星型模型。星型模型是关系型数据仓库广泛采用的建模布局。它以事实表为中心，维度表通过关键字连接在事实表上，生成星星形状。其特点是模型直观，查询效率高。

（2）雪花模型。雪花模型是星型模型的扩展，其特点是事实表的外侧有多层维度表，即维度表之间也存在关联关系，维度表串在一起，得到类似雪花的形状。

如果没有特殊理由，建模时应尽可能选择星型模型。一方面，是因为星型模型较为简单，不易出错，而雪花模型逻辑复杂，构建查询困难；另一方面，星型模型只需要进行一次数据表连接，查询效率高，而雪花模型要进行多次数据表连接，效率自然会下降。

4. 创建表关联关系

Power BI 支持自动创建关系和手动创建关系两种方式。

（1）自动创建关系。在多数情况下，无须执行任何操作，软件会自动检测并添加表间关系。Power BI 在加载多个数据表时，会自动检测表间是否存在潜在关联关系。若存在关系，则尝试查找并创建关系，自动设置新关系的基数、交叉筛选器方向和活动属性。若无法确定存在的匹配项，则不会自动创建关系，但是仍可以使用"管理关系"对话框来创建或编辑关系。

（2）手动创建关系。用户可以自己手动创建关系，首先在"管理关系"对话框中单击"新建"按钮,如图 3-14 所示。

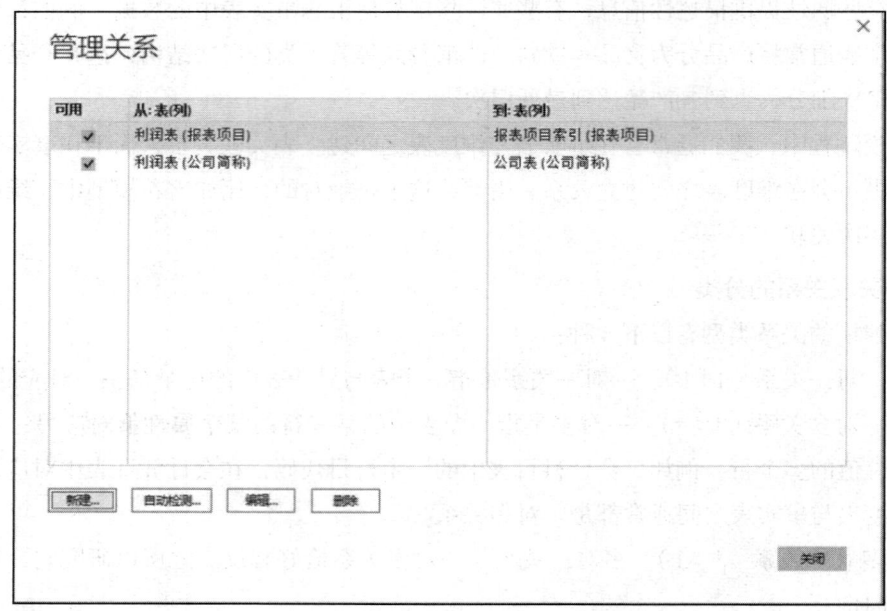

图 3-14 "管理关系"对话框

打开"编辑关系"对话框,如图 3-15 所示。

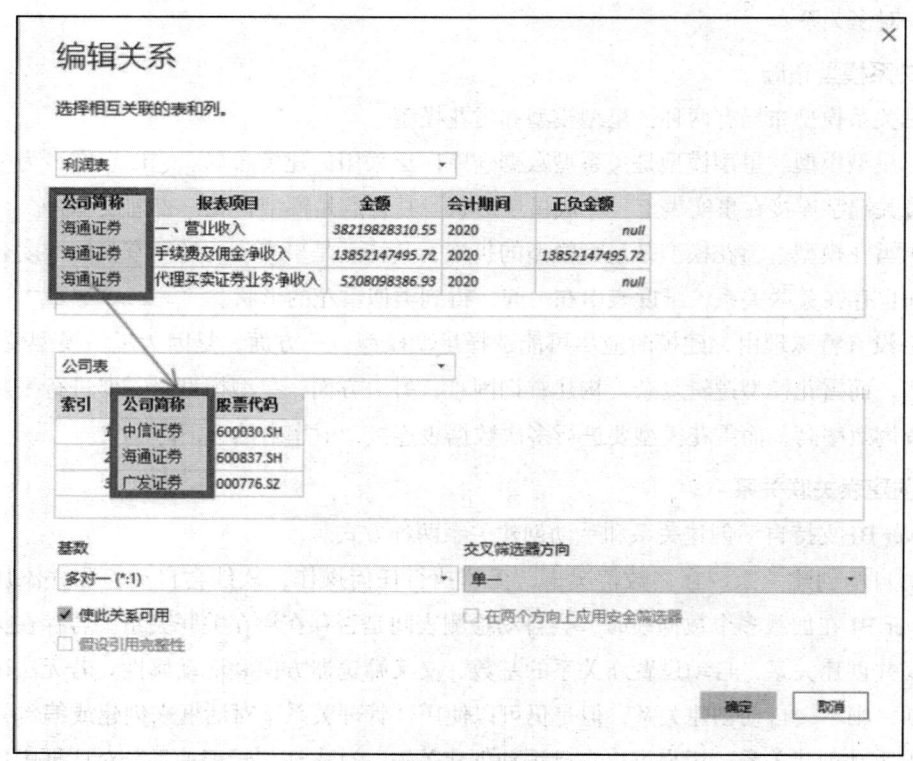

图 3-15 "编辑关系"对话框

Power BI 会自动配置新关系的基数和交叉筛选器方向等。

基数包括以下 4 种：多对一（*:1）、一对一（1:1）、一对多（1:*）、多对多（*:*），其含义已在上文中阐述过。

交叉筛选器方向分为单一和双向：单一意味着连接表中的基数选项是单向的；双向意味着交叉选择是双向的。通常不建议选择双向，因为它会影响数据查询的路径，从而可能影响查询结果。

5. 编辑已创建的关系

对于已经创建的关系，可以进行维护和管理。在"管理关系"对话框中，单击"编辑"按钮，在打开的"编辑关系"对话框中，可以重新设置关系。如果此关系不再需要，可以在"管理关系"对话框中单击"删除"按钮删除。

6. 创建数据层次结构

数据表中经常包含具有层级关系的数据，例如日期表具有年份、季度、月份、日等层次。当数据具备类似的层次结构时，我们有两种建模方式：一种就是采用多层维度表的方式（即前述雪花模型），另一种就是将这些层次数据放在一个表的不同列中，然后在表中创建层次结构，那么在数据分析时就可以进行钻取操作。层次结构实际上是单个表与其自身的一种关系。

3.5.3 创建计算列与度量值

计算列与度量值是 Power BI 中十分重要的概念，它们一般是由 DAX（Data Analysis Expression，数据分析表达式）函数创建的。关于 DAX 函数，我们将在下一小节中介绍。

1. 计算列

计算列是数据表的新建列，其使用与普通的列并没有什么区别。计算列通常是由其他列的数据经过计算得到的，它一定要附属于具体的表，对其他列数据的引用都是返回当前表中某行的具体值。

向数据量较大的表添加计算列时，要注意计算列会占用内存空间，如果添加了较多的计算列，可能内存会不够用。

2. 度量值

度量值是决策者比较关心的有意义的一些数据或指标，也有一些度量值是计算度量值过程中会频繁使用的中间结果。度量值可以是多维数据集的事实表中的一列或多列，也可以是对事实表中某个列或多个列的值的聚合，如求和、求最大值或最小值、求平均值等。

Power BI 中度量值的使用非常广泛，它是 Power BI 智能分析的关键之一。

3. 计算列与度量值的选择

计算列与度量值很多时候可以达到相同的分析效果，如何进行选择？可以从以下几个方面考虑。

（1）如果是要在可视化图表中显示的具体指标，考虑使用度量值；如果是用于"切片器"，则考虑使用计算列。

（2）如果是要存放中间结果，使用度量值；如果确实需要像其他列一样将数据"固定"下来，使用计算列。

（3）如果计算量非常大，建议使用计算列，避免反复计算；如果数据量大，建议使用度量值，避免内存不够的问题。

3.5.4 DAX 函数简介

Power BI 的前身是 Excel 的 Power Query 和 Power Pivot，Power Query 背后是 M 函数，主要用于数据清洗，而 Power Pivot 使用的是 DAX 函数，主要用于数据建模。DAX 可以帮助我们通过已有的数据来创建新的字段，它的表达式是可用于计算并返回一个或多个值的函数、运算符或常量的集合。

DAX 是一门函数语言，主要用于表格处理，因此只有两个主要数据类型：数字和其他，其他包括字符串和二进制对象。DAX 提供的内置函数包括日期和时间、时间智能、信息、逻辑、数学、统计、文本等类别，与 Excel 类似。但是 DAX 具有以下特点：

（1）DAX 函数始终引用完整的列或表。如果用户想要仅使用表或列中的特定值，则可以向公式中添加筛选器。

（2）如果需要逐行自定义计算，则 DAX 会提供可让用户将当前行值或相关值用作一种参数的函数，以便执行因上下文而变的计算。

（3）DAX 包括许多会返回表而非值的函数。表不会显示出来，但可以将其用于提供其他函数的输入。例如，用户可以检索一个表，然后对该表中的非重复值进行计数，或者计算多个已筛选表或列的动态总和。

（4）DAX 包括各种时间智能函数。这些函数可让你定义或选择日期范围，并基于此范围执行动态计算。

1. DAX 语法

语法包括组成公式的各种元素，简单来说就是公式的编写方式。例如，图 3-16 所示是某个度量值的简单 DAX 公式。

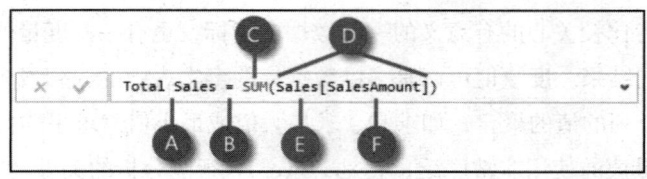

图 3-16　DAX 公式语法

由图 3-16 可知，DAX 公式包含以下语法元素：

A. 度量值名称 Total Sales。

B. 等号运算符（=）表示公式的开头。完成计算后将会返回结果。

C. DAX 函数 SUM 会将 Sales［SalesAmount］列中的所有数字相加。稍后你将了解有关函数的详细信息。

D. 括号( )内包含一个或多个参数的表达式。大多数函数都至少需要一个参数。参数会传递一个值给函数。

E. 引用的表 Sales。

F. Sales 表中的引用列［SalesAmount］。使用此参数，SUM 函数就知道在哪一列上进行聚合求和。

添加到报表后，此度量值会将所包含的其他每个字段的销售额（例如美国的手机）相加，进行计算并返回值。

2. DAX 函数运算符

DAX 函数运算符与 Excel 中的基本一致，主要包括以下几种。

（1）算术运算符：+、-、*、/、^（幂）。

（2）比较运算符：=、==、>、<、>=、<=、<>（不等于）。

（3）文本运算符：&（文本连接符）。

（4）逻辑运算符：&&（逻辑与）、||（逻辑或）。

3. DAX 基础函数

DAX 函数有很多与 Excel 函数是通用的。这里仅介绍部分函数。

（1）聚合函数。

聚合函数计算由表达式定义的列或表中所有行的（标量）值，例如计数、求和、平均值、最小值或最大值，如表 3-1 所示。

表 3-1　聚合函数

函　　数	说　　明
AVERAGE	返回列中所有数字的平均值（算术平均值）
COUNT	统计列中包含数字的单元格的数目
COUNTROWS	统计指定表中或由表达式定义的表中的行数
MAX	返回列中或两个标量表达式之间的最大数字值
MIN	返回列中或两个标量表达式之间的最小数字值
PRODUCT	返回列中的数的乘积
SUM	对某个列中的所有数值求和

（2）日期和时间函数。

日期和时间函数有助于创建基于日期和时间的计算。DAX 中的很多函数都与 Excel 中的日期和时间函数类似，如表 3-2 所示。不过 DAX 函数使用日期/时间数据类型，可以将列中的值用作参数。

（3）逻辑函数。

逻辑函数对表达式有效，用于返回表达式中值或集的信息，如表 3-3 所示。例如，可以使用 IF 函数检查表达式的结果并创建条件结果。

表 3-2 日期和时间函数

函　　数	说　　明
DATE	以日期/时间格式返回指定的日期
DAY	返回一月中的日期，1～31 之间的数字
HOUR	将小时返回为从 0（12:00 A.M.）～23（11:00 P.M.）的数字
MINUTE	给定日期和时间值，以数字形式返回分钟值，0～59 之间的数字
MONTH	以数字形式返回月份值，1（一月）～12（十二月）之间的数字
NOW	以日期/时间格式返回当前日期和时间
QUARTER	将季度返回为从 1～4 的数值
SECOND	以数字形式返回时间值的秒数，0～59 之间的数字
TIME	将以数值形式给定的小时、分钟和秒值转换为日期/时间格式的时间
TODAY	返回当前日期
WEEKDAY	返回指示日期属于星期几的数字，1～7 之间的数字
YEAR	返回日期的年份，1900～9999 之间的四位整数

表 3-3 逻辑函数

函　　数	说　　明
AND	检查两个参数是否均为 TRUE，如果都是 TRUE，则返回 TRUE
FALSE	返回逻辑值 FALSE
IF	检查条件，如果为 TRUE，则返回第一个值，否则返回第二个值
IFERROR	计算表达式，如果表达式返回错误，则返回指定的值
NOT	将 FALSE 更改为 TRUE，或者将 TRUE 更改为 FALSE
OR	检查某一个参数是否为 TRUE，如果是，则返回 TRUE
SWITCH	对值列表计算表达式，并返回多个可能的结果表达式之一
TRUE	返回逻辑值 TRUE

（4）文本函数。

文本函数基于 Excel 中的字符串函数库，但已对其进行了修改以与表格模型中的表和列一起使用，如表 3-4 所示。

表 3-4 文本函数

函　　数	说　　明
CONCATENATE	将两个文本字符串连接成一个文本字符串
EXACT	比较两个文本字符串，如果它们完全相同，则返回 TRUE，否则返回 FALSE
FIND	返回一个文本字符串在另一个文本字符串中的起始位置
FORMAT	根据所指定的格式将值转换为文本
LEFT	从文本字符串开头返回指定数量的字符
LEN	返回文本字符串中的字符数
LOWER	将文本字符串中的所有字母都转换为小写
MID	在提供开始位置和长度的情况下，从文本字符串中间返回字符串
REPLACE	根据指定字符数，将部分文本字符串替换为不同的文本字符串
RIGHT	根据指定字符数返回文本字符串中的最后一个或几个字符
SUBSTITUTE	在文本字符串中将现有文本替换为新文本
TRIM	删除文本中除单词之间的单个空格外的所有空格
UPPER	将文本字符串全部转换为大写字母
VALUE	将表示数值的文本字符串转换为数值

（5）信息函数。

信息函数查看作为参数提供的单元格或行，并告诉用户此值是否与预期类型匹配，如表 3-5 所示。例如，如果引用的值包含错误，则 ISERROR 函数返回 TRUE。

表 3-5 信息函数

函 数	说 明
CONTAINSSTRING	指示一个字符串是否包含另一个字符串，返回 TRUE 或 FALSE
ISBLANK	检查值是否为空白，并返回 TRUE 或 FALSE
ISEMPTY	检查表是否为空
ISERROR	检查值是否错误，并返回 TRUE 或 FALSE
ISLOGICAL	检查值是否为逻辑值（TRUE 或 FALSE），并返回 TRUE 或 FALSE
ISNUMBER	检查值是否为数值，并返回 TRUE 或 FALSE
ISTEXT	检查值是否为文本，并返回 TRUE 或 FALSE

（6）数学函数。

DAX 中同样包含了众多常用数学函数，如三角函数、绝对值函数、四舍五入函数、随机函数等。

（7）关系函数。

关系函数是 Power BI 的高级函数，用于在表关联关系的基础上进行数据查询，如表 3-6 所示。

表 3-6 关系函数

函 数	说 明
CROSSFILTER	指定要用于计算两列之间存在的关系的交叉筛选方向
RELATED	从其他表返回相关值
RELATEDTABLE	在给定筛选器修改的上下文中计算表达式
USERELATIONSHIP	指定要在特定计算中使用的关系，如 columnName1 与 columnName2 之间存在的关系

4. 筛选器函数

筛选器和值函数是最复杂且功能强大的函数，并且与 Excel 函数有很大的不同。查找函数通过使用表和关系进行工作，与数据库类似。这里只介绍最常用的 CALCULATE、SELECTEDVALUE 和 FILTER 函数。

（1）上下文的概念。

上下文是 DAX 函数运行时的环境，它对于筛选器函数的运行非常重要，几乎所有的筛选器函数能"看到"的数据都是经过上下文环境筛选过的。在 Power BI 中主要使用"筛选上下文"和"行上下文"。

筛选上下文：筛选上下文是指对原始数据设置过滤条件，将筛选之后的结果作为环境变量供函数使用。

行上下文：行上下文可理解为"当前行"。行上下文的应用范围不局限于当前表，如果存在表关联关系，行上下文是可以跨表的。

（2）CALCULATE 函数。

CALCULATE 函数在已修改的筛选器上下文中计算表达式，换句话说就是，CALCULATE 函数不受现有上下文环境的影响。其语法如下：

CALCULATE（<expression>［,<filter1>］［,<filter2>［,...］］］）

其中，expression 是要进行求值的表达式，filter1, filter2, ... 定义筛选器。

CALCULATE 函数的原理是先筛选再计算表达式。

（3）SELECTEDVALUE 函数。

SELECTEDVALUE 函数语法如下：

SELECTEDVALUE（<columnName>［,<alternateResult>］）

如果筛选 columnName 的上下文后仅剩下一个非重复值，则返回该值，否则返回 alternateResult。

（4）FILTER 函数。

FILTER 函数的语法如下：

FILTER（<table>,<filter>）

其中，table 表示要筛选的表，filter 是要为表的每一行计算的布尔表达式。

FILTER 函数返回值一定是一个表，可用于进一步的计算。

3.6 Power BI 数据可视化

Power BI 视觉对象是很有吸引力的图表和图形，可以通过它们生动地呈现数据。利用视觉对象，可以高效地共享数据见解，促进理解并提升保持率和吸引力。视觉对象是报表的基本组成部分，因为它们可以帮助报表受众访问信息并与之交互，以便快速做出明智的决策。

Power BI 默认自带的可视化视图主要有条形图、折线图和散点图等，这些可视化对象基本能够满足我们日常工作的需要，如果这些还不够，可以通过 Microsoft AppSource 或 Power BI 获取更多 Power BI 视觉对象，甚至还可以利用 R 语言或 Python 语言自定义可视化对象。

3.6.1 Power BI 中的可视化对象分类

Power BI 中的可视化对象可以分为以下几类：

1. 单值类

单值类对象用于展现单个数据，如卡片图、多行卡片图、KPI、仪表等。卡片图用于展现用户关注的单个指标，背景简单、字体较大，非常醒目，如图 3-17 所示；仪表盘用于展示某个数据的变动及其与目标间的差距；KPI 专门用于衡量绩效目标实现情况。

图 3-17 卡片图和多行卡片图

2. 对比类

对不同对象的值进行对比，可使用柱形图、条形图、表、矩阵等对象，其中柱形图和条形图是最常用的可视化对象，如图 3-18 所示。

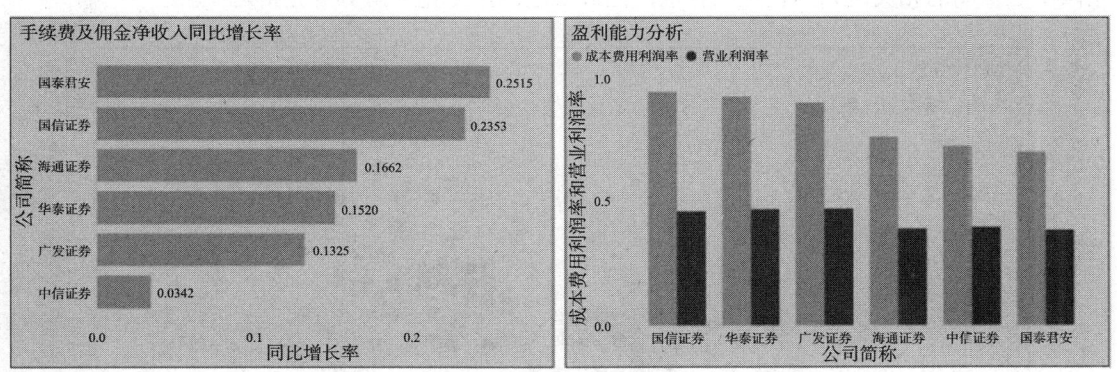

图 3-18 条形图和柱形图

3. 趋势类

展现基于时间的变化趋势，可使用折线图、组合图、面积图等，如图 3-19 所示。

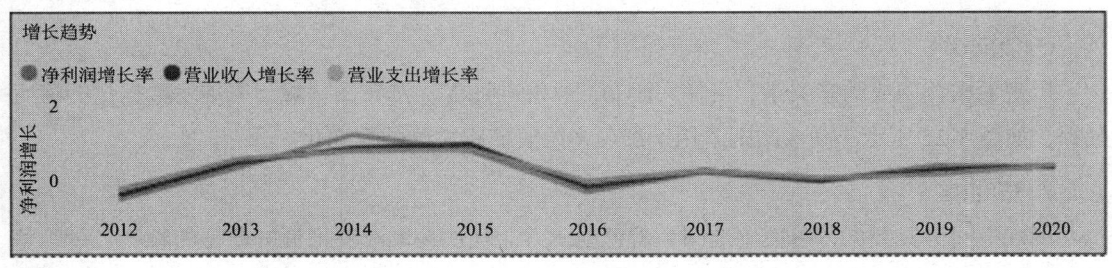

图 3-19 折线图

4. 构成类

展现总体的各个部分之间的对比关系,可使用饼图、环形图、树形图等,如图 3-20 所示。因为它们都暗含"整体"这个概念。

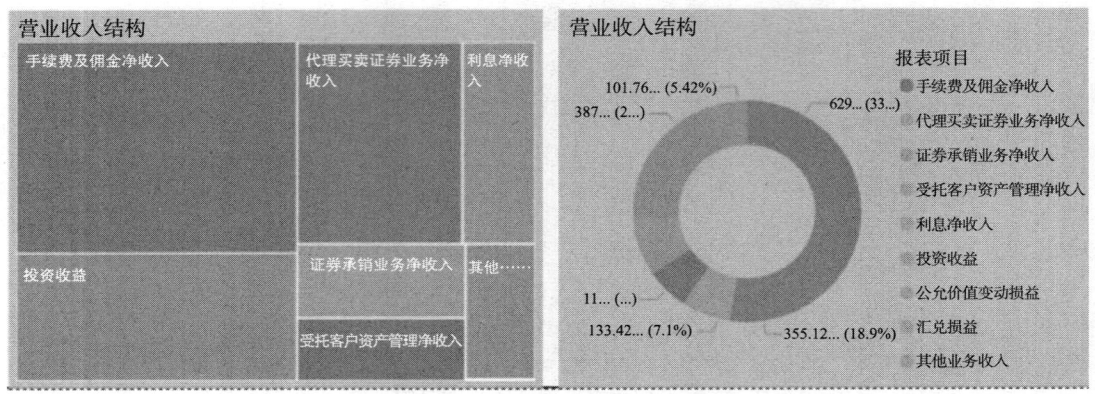

图 3-20　树形图和环形图

5. 相关类

展现数据之间的关系,可使用散点图、气泡图等,如图 3-21 所示。散点图最适合用于探索两个变量间的相关关系。也可以将散点图或气泡图用于竞争态势等分析之中。

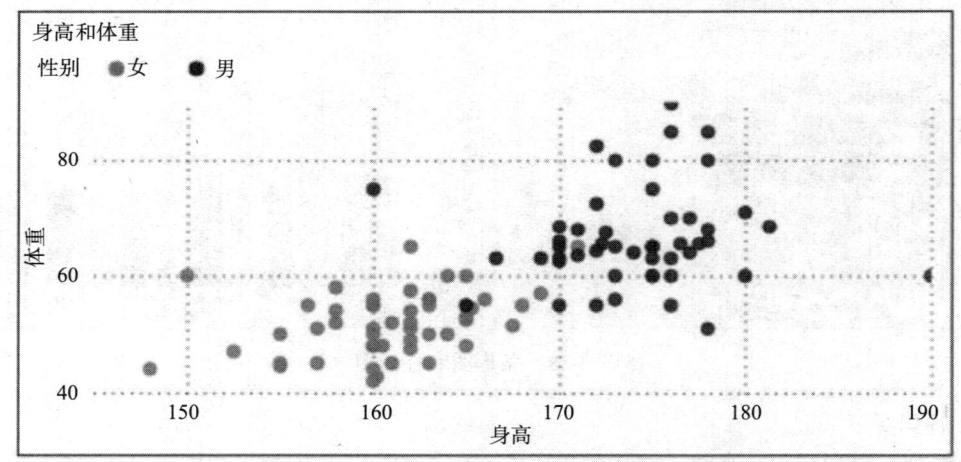

图 3-21　散点图

6. 流向类

展现数据流向或动态关系,可使用瀑布图、漏斗图等。瀑布图一般用来展示数据量的演变过程,如图 3-22 所示。漏斗图则适用于展现多阶段流程中的数据变化。

7. 空间类

展现空间位置数据,可使用地图、着色地图等。使用地图时要把握好数据的粒度,否则整个图表可能会一片混乱。

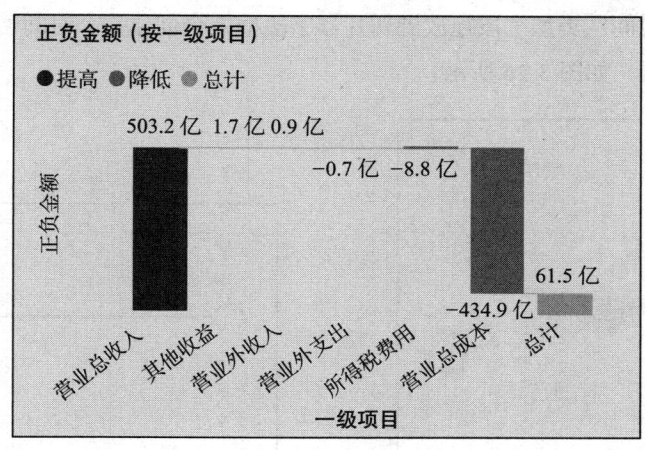

图 3-22 瀑布图

3.6.2 切片器

切片器是一种筛选方法,它们用于限制在其他报表可视化效果中显示的部分数据集,是和报表进行交互的主要途径,如图 3-23 所示。

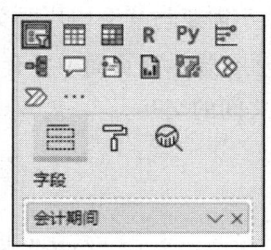 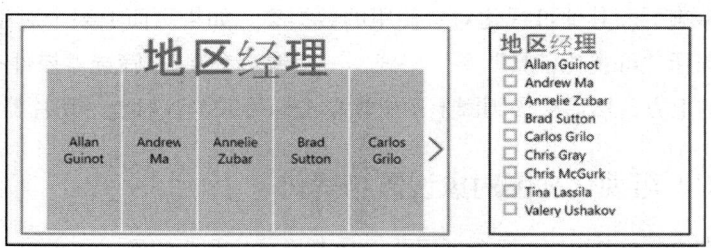

图 3-23 切片器

切片器可以表现为数值范围切片器、相对日期切片器、相对时间切片器、层次结构切片器等。切片器属于哪个类别取决于切片器的"字段"设置。

如果添加到切片器"字段"的列是数值型,切片器就是一个数值范围切片器,可以通过拖动滑块选择数值范围,如图 3-24 所示。

如果选择日期值作为"字段"值,则切片器就是日期切片器,通常我们会将其设置为一个相对日期切片器,如图 3-25 所示。

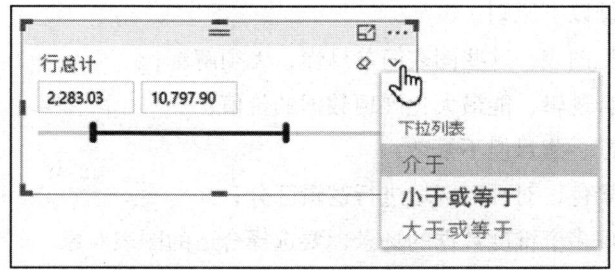

图 3-24 数值范围切片器

同样地，将"时间"类型字段拖放到切片器字段框就会创建一个时间切片器，可以将其设置为相对时间切片器，如图 3-26 所示。

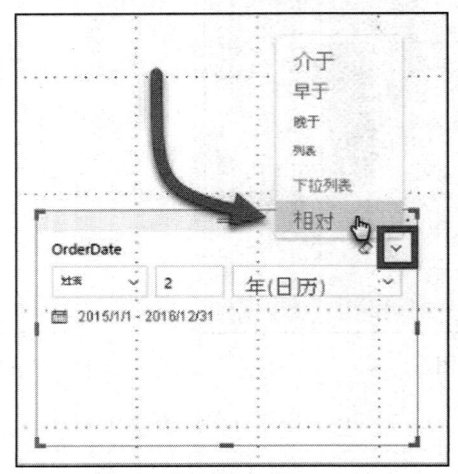

图 3-25 相对日期切片器

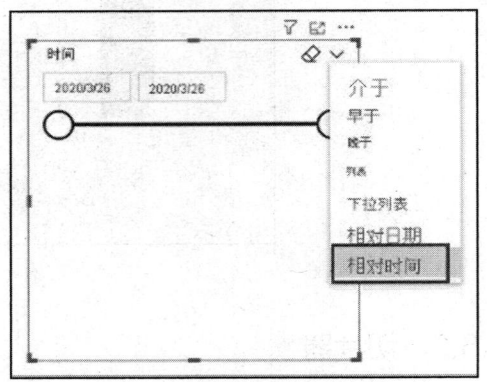

图 3-26 相对时间切片器

默认情况下，报表页上的切片器会影响该页上的所有其他可视化效果，而且多个切片器会共同影响页面其他可视化对象使用的数据集。如果页面上某个对象不需要与某个切片器交互，则可选择"可视化工具"→"格式"→"编辑交互"，筛选器控件会显示在页面中所有视觉对象的上方，然后在该圆圈上用鼠标单击即可取消该对象与切片器之间的交互。

3.6.3 可视化视图对象设置与美化

在 Power BI 中，每个可视化对象都有"字段""格式"设置，部分对象有"分析"设置，每个可视化对象的设置选项都会有所不同，但大多数设置项相同，设置过程也类似，如图 3-27 所示。

（1）"字段"的设置，用来向可视化对象添加列或度量值。

（2）"格式"的设置，用于修改可视化对象的外观，如颜色、形状、标题、背景、边框、字体等。

（3）"分析"的设置，用于对可视化对象添加分析线等，如最小值线、平均值线、中值线等。

可视化设计应遵循以下原则：

（1）尽量使用常见图表，这些图表简单易懂，无须解释；

（2）图表选择符合逻辑，能最大化展现数据的价值；

（3）图表颜色丰富、醒目但不繁杂；

（4）适当使用背景色，对画面区域进行逻辑区分；

（5）对于需要展现多个维度数据的场景，要选择合适的图表对象。

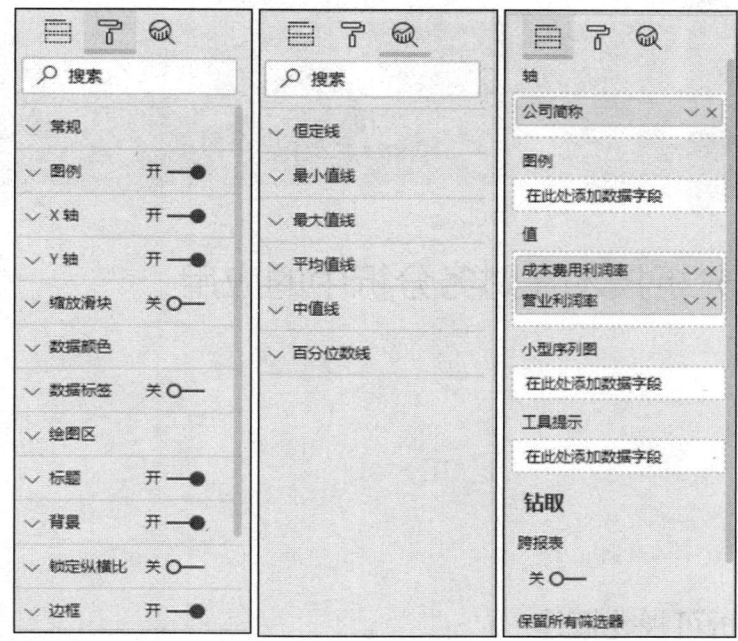

图 3-27　可视化对象设置

▶ 思考题

1. 大数据有哪些类型？大数据处理技术有哪些？
2. 什么是数据可视化？数据可视化的作用有哪些？
3. Power BI 桌面版的界面分为哪几部分？各部分的作用是什么？
4. 数据质量的评价指标有哪些？如何提升数据质量？
5. Power BI 中 Power Query 的作用是什么？Power Query 支持的常见数据处理操作有哪些？
6. Power BI 中数据建模的主要任务有哪些？
7. Power BI 中表关联关系有哪几种？它们分别有什么含义？
8. 计算列与度量值应如何选择？
9. Power BI 默认提供的可视化对象有哪几类？其作用分别是什么？

第4章

可视化分析技术在财务分析中的应用

4.1 财务分析可视化概述

传统会计数据以结构化数据为主导。信息技术的快速发展和硬件设备单位成本的下降，使得来自邮件、网页、社交平台的文字、语音、视频等非结构化数据爆发式增长，这些异构数据源蕴含着大量有价值的信息，可以更好地支持企业财务决策。然而传统的数据分析方法面对海量数据，根本无法及时处理，更不用说从中提取有用信息了。商务智能技术能够有效处理和分析大量来自不同数据源的数据，更全面地参与分析过程，而可视化技术则是大数据财务分析不可或缺的工具。

4.1.1 财务分析可视化的相关概念

1. 智能技术

人工智能是计算机科学的一个分支，它试图了解智能的实质，并发明一种新的能与人类智能相仿的智能机器，对人的意识、思维过程进行模拟。与人工智能相关的技术统称为智能技术，包括机器人、自然语言处理、图像识别、专家系统等。人工智能自诞生以来，理论和技术日益成熟，应用领域不断扩大，其应用于财务领域则产生了智能财务。

2. 财务分析可视化

财务分析可视化是针对传统财务报表分析、报表查询提出的，主要利用商务智能技术实现企业财务分析的实时化和智能化，以更好地支持财务分析目标的实现。当前，会计数据中所包含的高价值信息、知识在传统 Excel 报表中不能得到充分挖掘和展示，无法有效地为决策者提供所需要的相关信息。Power BI 等商务智能工具在多源数据的获取、处理、建模和可视化的过程中，自动化和智能化程度远高于传统 Excel 电子表格分析，不仅能在短时间内实现高质量的可视化效果，还支持多个智能化控件，具有趋势分析、聚类分析、自然语言查询等能力。

4.1.2 财务分析可视化的优点

与传统财务分析相比,财务分析可视化具有以下优点:

(1)提高财务信息传递效率。由于人脑对视觉信息的处理要比文字信息和数字信息容易得多,使用图表来展示复杂的数据,可以确保对数据之间关系的理解比那些混杂的报告或电子表格更快。因此,可视化是一种非常清晰的沟通方式,使信息能够更快地被理解和处理。

(2)可使用交互式方式展示信息。对于静态财务报表和文字报告,信息的取舍是难以抉择的,详细则显得混乱不堪,简略又会损失大量细节,且信息使用者无法即时获得报表和报告中更为详细的信息。使用可视化工具,使用者可以通过交互元素,轻松地获取不同层级、不同维度的数据,不再受信息无法即时获取的困扰。

(3)更好地理解运营过程和业务活动。数据可视化的一个重要优势,是它使用户能够更有效地查看在业务和财务之间发生的连接,通过财务数据真正了解业务数据和业务过程。

4.1.3 财务分析可视化步骤

基于商务智能数据流程,财务分析可视化的基本步骤可分为以下四步:

(1)明确分析目标。明确分析目标是开展任何分析工作的首要前提。在明确分析目标阶段,设计者要具备较强的数据洞察力,明确以下问题:①需要哪些数据源?②分析结果要呈现给谁?③这些数据是否能够满足需求的目标?实际上,数据洞察力就是把未知的、隐藏在数据中的规律或超出预期的现象抽丝剥茧呈现出来,需要对数据内涵和数据形成过程有精准的理解。它不仅包括对数据表之间的关系、数据格式的理解,也包括对数据所蕴含价值的理解。因此,有效的财务分析可视化,要求设计者必须具有扎实的财务知识,只有在理解财务数据表之间钩稽关系的基础上,才能设计出满足用户需求的可视化财务报表。

(2)数据处理。数据处理是任何数据分析过程都不可或缺的步骤,往往会耗费整个数据分析的80%左右的时间和精力。尽管商务智能产品提供了便捷易用的数据处理工具,但数据如何处理是由数据分析需求和应用的方法来决定的。

(3)数据建模。商务智能的数据建模包括两层含义:一是数据表之间的关系建模,二是数据分析模型的构建。商务智能的数据建模与数据库建模具有相似性,主要是指结构化数据表的建模,这需要具备一定数据库建模基础知识。对于数据分析模型的建立,可以理解为数据方法的设计与实现。数据分析一般分成描述性、验证性、挖掘性和预测性数据分析。描述性数据分析是指对过去已经发生业务活动的数据进行高度凝练,是其他分析的基础,也是财务分析可视化的主要方法。

(4)可视化设计。人类大脑处理繁杂信息的能力是有限的,简明扼要的图表设计可以帮助大脑将更多精力集中在对决策有用的信息上。耶鲁大学教授爱德华·塔夫特提出了"数据墨水比"(Data-Ink Ratio)这一概念,其可通俗理解成用来传达信息的核心内容占所有内容的比重。设计目标应该是在合理范围内最大化数据墨水比,突出传达"信息"部分,去除"噪声"。可视化的设计对数据墨水比的把握往往也是根据不同的场景衡量取舍的，过于精确会浪费不必要的精力，过于简略又可能回答不了用户的问题。

理想的数据可视化项目对设计者提出了较高的要求，需要集数据洞察力、图表设计能力和技术工具应用能力于一身。数据洞察力是一份可视化报告的核心，如果缺少数据洞察力，就不能很好地满足用户提出的业务需求。可视化报告中最吸引用户注意的，用来引导用户深入理解数据的是呈现在报告中的图表，图表设计的优劣直接影响用户的理解速度。无论是数据洞察力还是图表设计能力都建立在可实现的基础上，如果缺少技术工具应用能力，数据洞察力和图表设计能力都只是空中楼阁。

4.2 常用财务分析数据源

财务大数据的数据源主要包括企业内部数据和企业外部数据。企业内部与财务相关的大数据主要来自会计信息系统（或 ERP 系统）中的财务和业务数据，例如用友、金蝶、SAP 等 ERP 系统中的数据，或者直接提取存储在 Access、SQL Server、Oracle 等数据库中的数据。企业外部与财务相关的大数据主要包括政策法规文件、行业数据、客户（供应商）数据、国家统计数据，以及外部网站、邮件、社交数据等。

4.2.1 企业内部数据

企业的各类信息系统在日常运行中会产生大量数据，如采购数据、销售数据、生产数据、库存数据、考勤数据、财务数据等。如果企业部署了 ERP 系统，这些数据都会存储在 ERP 系统中，财务分析必然会使用到这些数据。虽然 ERP 系统均可提供数据导出能力，但将数据库中的数据导入智能商务软件则更直接、更快捷，这需要对 ERP 软件所使用的数据库有所了解。

1. 会计相关软件中的数据

会计软件一般都是 ERP 系统的一个组成模块，其发展已经比较成熟，会计数据的逻辑结构多年来未发生太大变化，主要由会计科目表、凭证表、余额表等构成，但不同软件在数据库表的设计上存在较大差异，下面以大家较为熟悉的用友 U8 会计数据表为例进行简要介绍。

在用友 U8 数据库中，会计业务数据存储在名称以"GL"开头的多个数据表中。同时还需要一系列的主数据表，如科目代码表、供应商表、客户表、员工表、部门表等，如表 4-1 所示。

表 4-1 用友 U8 会计数据相关表

表 名	含 义	表 名	含 义
GL_accvouch	凭证表	Vendor	供应商表
GL_accsum	余额表	Person	员工表
GL_accass	辅助余额表	Department	部门表
code	科目代码表	Customer	客户表

上述每一张表均由若干字段（或者叫作列）构成。以凭证表为例，表 4-2 列示了构成凭证表的主要字段。

表 4-2　凭证表（GL_accvouch）的主要字段

序号	字段名	类型	说明
1	iperiod	整型	会计期间，取值范围 1～12
2	csign	字符型	凭证类型
3	isignseq	整型	凭证类型序号
4	ino_id	整型	凭证号
5	in_id	整型	行号
6	dbill_date	日期型	制单日期
7	cbill	字符型	制单人员
8	ccheck	字符型	审核人员
9	cbook	字符型	记账人员
10	ibook	整型	是否记账
11	ccashier	字符型	出纳人员
12	cdigest	字符型	摘要
13	ccode	字符型	科目编码
14	md	数值型	借方发生额
15	mc	数值型	贷方发生额
16	ccode_equal	字符型	对方科目
17	cdept_id	字符型	部门编码
18	cperson_id	字符型	员工编码
19	ccus_id	字符型	客户编码
20	csup_id	字符型	供应商编码
21	citem_id	字符型	项目编码
22	citem_class	字符型	项目大类编码

数据表的实际字段远不止上述表格所列，这里只列出了一些关键字段。了解数据表的字段构成以及数据表之间的逻辑关系，对于企业财务分析是必需的。

2. 会计报表中的数据

会计报表是依据会计准则并按照特定的规范格式编制的，反映会计主体财务状况和经营成果的报表，主要包括资产负债表、利润表、现金流量表。会计报表的使用者通过企业的会计报表获取相关的需求信息，掌握企业的经营情况，发现企业经营中存在的问题，并据以预测企业未来的发展前景和投资价值。会计报表的规范格式可参考财政部发布的相关通知，也可参考上市公司发布的公司年报。

与 ERP 系统中的凭证表等数据表不同，会计报表是半结构化的数据，报表项目之间存在层次关系。以表 4-3"资产负债表"为例，表中"货币资金""交易性金融资产"等项目都属于"流动资产"，而"流动资产"属于"资产"。利润表和现金流量表也都存在类似的结构。在进行数据分析前，这些半结构化的数据需要先转化为结构化数据。

表 4-3 资产负债表

资产	期末余额	上年年末余额	负债和所有者权益	期末余额	上年年末余额
流动资产：			流动负债：		
货币资金			短期借款		
交易性金融资产			交易性金融负债		
应收票据			应付票据		
应收账款			应付账款		
应收款项融资			预收款项		
预付款项			合同负债		
其他应收款			应付职工薪酬		
存货			应交税费		
合同资产			其他应付款		
持有待售资产			持有待售负债		
一年内到期的非流动资产			一年内到期的非流动负债		
其他流动资产			其他流动负债		
流动资产合计			流动负债合计		
非流动资产：			非流动负债：		
债权投资			长期借款		
其他债权投资			应付债券		
长期应收款			租赁负债		
长期股权投资			长期应付款		
其他权益工具投资			预计负债		
其他非流动金融资产			递延收益		
固定资产			递延所得税负债		
在建工程			其他非流动负债		
使用权资产			非流动负债合计		
无形资产			负债合计		
开发支出			所有者权益：		
长期待摊费用			实收资本		
递延所得税资产			资本公积		
其他非流动资产			盈余公积		
非流动资产合计			未分配利润		
			所有者权益合计		
资产总计			负债和所有者权益总计		

　　会计报表中的项目与凭证表存在着紧密的联系，其数据主要来源于凭证表，但这种联系是间接的，会计报表中的数据不能直接从凭证表中得到，比如，货币资金项目的数据需要将库存现金、银行存款、其他货币资金这三个会计科目的借方余额进行加总，固定资产项目的数据是根据固定资产的期末余额减去累计折旧和固定资产减值准备计算得到的，类似情况还有很多。这一限制使得我们在进行数据分析时难以在会计报表和凭证表之间建立直接的关联关系。

4.2.2 企业外部数据

企业外部数据主要来自公开网站。例如，可以通过政府机构的网站获取各种宏观经济数据、金融统计数据、财政数据，通过证券交易所网站获取上市公司公告和定期报告等，还可以通过一些权威的财经类网站，如新浪财经等获取上市公司的财务报告和股票交易数据。此外，数据库服务商，如 Wind 数据库、锐思数据库、CSMAR 数据库等也可以提供各种有价值的数据，这些商业数据库的数据经过整理，更系统、更全面，但是需要付费才可以使用其服务。除了这些结构化的外部数据源，我们还可以通过一些网站获取上市公司公告、行政法规、处罚公告、法律文书、财经新闻、用户评论，或者音频、视频等非结构化数据。

下面列举一些常用的数据源：

（1）国家统计局（http://www.stats.gov.cn/）：国家权威数据发布平台，提供所有国民经济、社会、民生数据，涵盖工业、能源、价格、投资、地产、消费、交通运输、采购、财政、金融等领域，数据包含月度、季度、年度等多个维度，同时发布最新的统计政策、会议、统计标准等信息。

（2）中国人民银行（http://www.pbc.gov.cn/）：提供中国金融市场政策及运行相关数据。

（3）证券交易所网站（上海、深圳、北京）：提供上市公司公告、定期报告等信息。

（4）Wind 数据库。数据内容涵盖股票、基金、债券、外汇、保险、期货、金融衍生品、现货交易、宏观经济、财经新闻等领域。

（5）CSMAR 数据库。CSMAR 数据库参照 CRSP、Compustat 等数据库的分类标准，并结合国内金融市场的实际情况，以及高校、机构的研究习惯，将数据库分为股票、因子研究、公司、人物特征、基金、经济、银行、专题、债券市场、绿色经济、市场信息等系列数据库，是涵盖中国证券、外汇、宏观、行业等经济金融主要领域的高精准研究型数据库，是投资和实证研究的基础资源。

4.3 财务数据可视化建模

4.3.1 会计报表建模

会计报表项目是典型的层次结构。以资产负债表为例，资产负债表由资产、负债、所有者权益三个大的部分构成，资产又由流动资产和非流动资产构成，而流动资产和非流动资产又分别由若干个项目构成，如图 4-1 所示。

对于这样的层次结构，我们需要构造一个能够反映层次关系的维度表，如表 4-4 所示。

将维度表导入 Power BI 之后，需要在此维度表上创建层次结构，以便在进行可视化交互时，更好地使

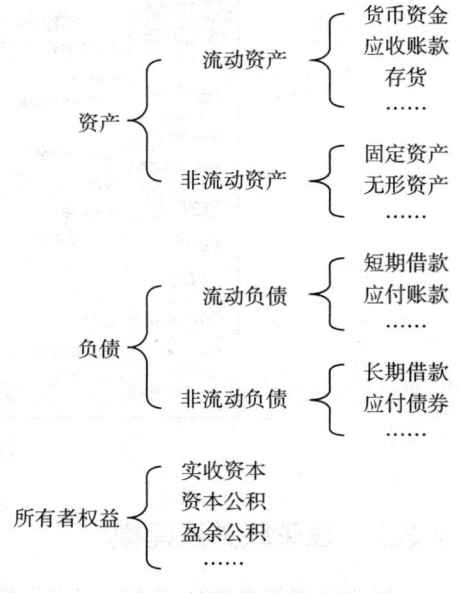

图 4-1　资产负债表结构

用 Power BI 的数据筛选和数据钻取能力进行交互。创建层次结构的操作如图 4-2 所示。

表 4-4 报表项目维度表

一级项目	二级项目	三级项目
资产	流动资产	货币资金
资产	流动资产	应收账款
资产	流动资产	存货
……	……	……
资产	非流动资产	固定资产
资产	非流动资产	无形资产
……	……	……
负债	流动负债	短期借款
负债	流动负债	应付账款
……	……	……
负债	非流动负债	长期借款
负债	非流动负债	应付债券
……	……	……
所有者权益	所有者权益	实收资本
所有者权益	所有者权益	资本公积
所有者权益	所有者权益	盈余公积
……	……	……

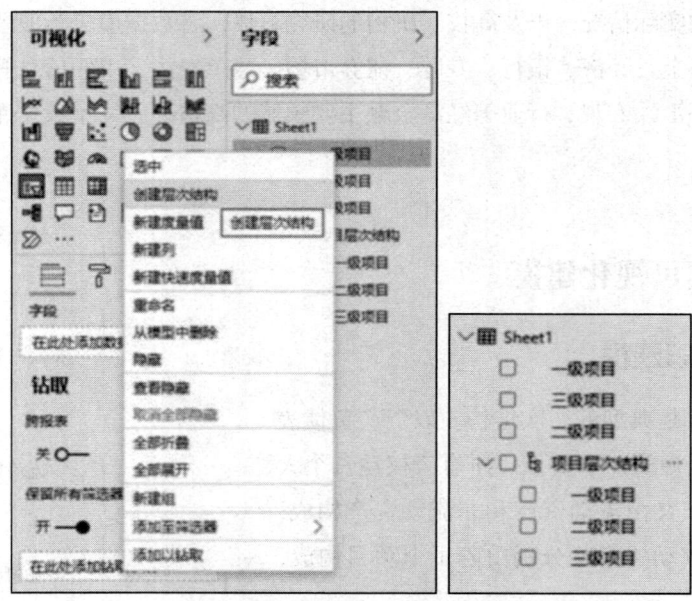

图 4-2 创建层次结构

4.3.2 表关联关系建模

通常，我们获取的多个数据表之间是存在关联关系的。对这些表建立关联关系，可以使可视化分析过程更加流畅。比如，前文我们提到，在 Power BI 中，数据表可分为事实表与维度表。图 4-3 以资产负债表为例，展示了事实表与维度表之间的关联关系。

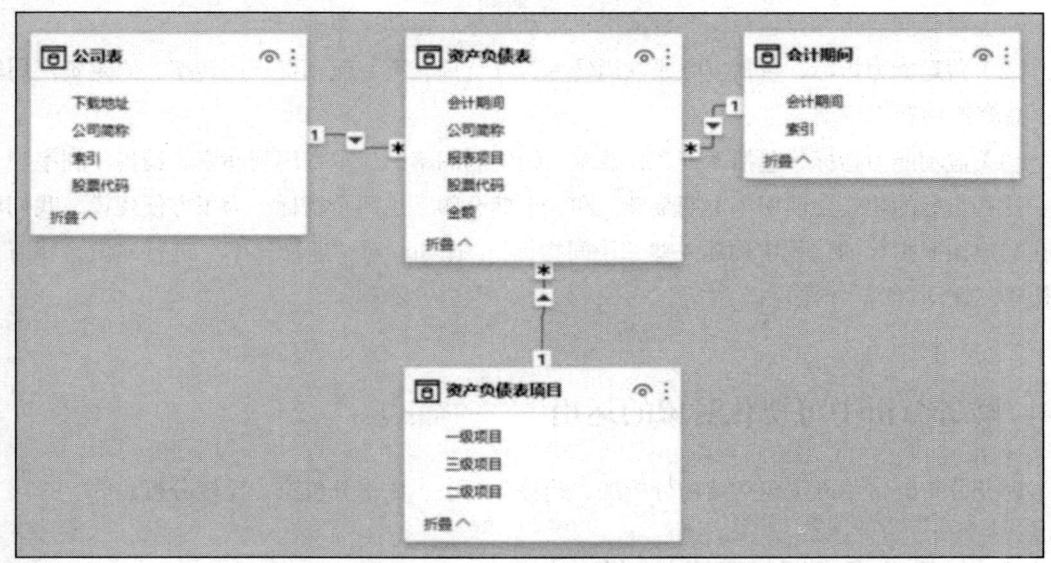

图 4-3　事实表与维度表的关联关系

从图 4-3 中可以看到，几张表以资产负债表为中心，公司表、会计期间、资产负债表项目环绕四周，形成星型结构，对应关系均是多对一。这里要注意，资产负债表与资产负债表项目之间的关联字段是"报表项目"<-->"三级项目"，因为这两列才是对应的。

4.3.3　度量值建模

在财务分析中，我们会用到大量的指标。这些指标包括金额类指标、百分比指标、比率指标等。对这些指标进行建模是财务可视化分析过程中非常重要和关键的步骤。

1. 金额类指标建模

金额类指标主要是指账户或报表项目的金额，主要包括各账户和报表项目的本期金额、上期金额等。

"本期金额"指标是建立其他指标的基础，本指标既可以是单个账户或报表项目的本期金额，也可以是多个账户或报表项目本期金额的加总。因此，在对本期金额指标进行建模的时候，通常会使用 SUM 函数，这一技巧在后面的实例中有展示。

"上期金额"指标建模的难点在于上期如何界定，这要根据具体的场景进行分析。确定了上期的时间，就可以使用 CALCULATED 函数从相应表中查询上期金额。

2. 百分比指标建模

百分比通常是指增长率，如主营业务增长率、利润增长率等。在"本期金额"和"上期金额"已建模的情况下，百分比指标很容易计算，如：

利润增长率 =（本期净利润 − 上期净利润）/ 上期净利润

3. 比率指标建模

比率指标是企业总结和评价财务状况与经营成果的相对指标，通常分为以下几类：

（1）偿债能力指标，包括资产负债率、流动比率、速动比率等。

（2）营运能力指标，包括应收账款周转率、存货周转率、流动资产周转率、固定资产周转率、总资产周转率等。

（3）盈利能力指标，包括净资产收益率、销售利润率、成本费用利润率、销售净利率等。

这些指标的建模会使用"本期金额"和"上期金额"这两个指标。为了方便建模，我们可以在构建比率指标的过程中构建一些"中间指标"。比如，对"速动比率"进行建模，就需要先构建"速动资产"指标。

4.4 财务分析中可视化对象的运用

财务分析的常用方法包括结构分析法、趋势分析法、比率分析法、比较分析法等。

4.4.1 结构分析中运用可视化对象

使用结构分析法，首先计算确定财务报表中各项目占总额的比重或百分比，通过各项目的占比，分析其在企业经营中的重要性。一般项目占比越大，其重要程度越高，对公司总体的影响程度越大。比如，对于资产构成的分析，我们会考虑货币资金、应收账款、存货、固定资产及其他资产占总资产的比重；对主营业务收入结构的分析，我们会研究各主要产品销售收入的占比等。

由于结构分析主要考察的是"整体"与"部分"的关系，因此能够很好地体现这种关系的可视化对象就是结构分析可视化的首选，主要有饼图、环形图、树形图等。

4.4.2 趋势分析中运用可视化对象

趋势分析，是一种长期分析，计算一个或多个项目连续多个报告期数据与基期比较的定基指数，或者与上一期比较的环比指数，形成一个指数时间序列，以此分析这个报表项目历史长期变动趋势，并作为预测未来长期发展趋势的依据之一。如主营业务收入变动趋势分析、货币资金本期与上期对比分析等。

趋势分析着重考察的是事物的发展趋势，可使用折线图、组合图、面积图等"动感"较强的可视化对象。

4.4.3 比率分析中运用可视化对象

比率分析，就是通过将两个财务报表数据相除得出的相对比率，分析两个项目之间的关联关系。比率分析是最基本、最常用也是最重要的财务分析方法。财务比率一般分为四类：盈利能力比率、营运能力比率、偿债能力比率、增长能力比率。

比率分析的结果往往是一个值，所以适合用卡片图、多行卡片图、KPI、仪表盘等可视化对象。如果比率分析有可供参考的标准值或目标值，则仪表盘是较为适合的。如果需要将比率分析与趋势分析结合起来使用，则可以使用折线图、组合图、面积图等可视化对象展示其变动趋势。

4.4.4 比较分析中运用可视化对象

比较分析是将不同的数据进行对比，发现规律性。比较分析可以是本期与上期之间的比较，也可以是和国内外同行业先进水平的比较。

如果是本期与上期之间的比较，可以考虑使用矩阵表等图表，可以同时清晰展示多个项目的数据，当然也可以使用柱形图、条形图工具。如果是多个企业之间的横向比较，则优先采用柱形图、条形图工具。

4.5 实例：利润表的可视化分析

本节以几家上市公司的利润表为例，通过可视化方法，直观、清晰地反映它们的盈利状况，展示财务分析可视化的完整处理流程。

我们确定分析的目标公司包括宁德时代、比亚迪、固德威、中天科技、亿纬锂能、骆驼股份、阳光电源、鹏辉能源、派能科技等 9 家较为典型的储能电池企业。

4.5.1 数据的获取与整理

利润表数据采集自新浪网股票页面，如图 4-4 所示。在接下来的数据采集步骤中，可以看到 Power BI 直接从多个网络数据源采集并整合数据操作的巨大便利性。

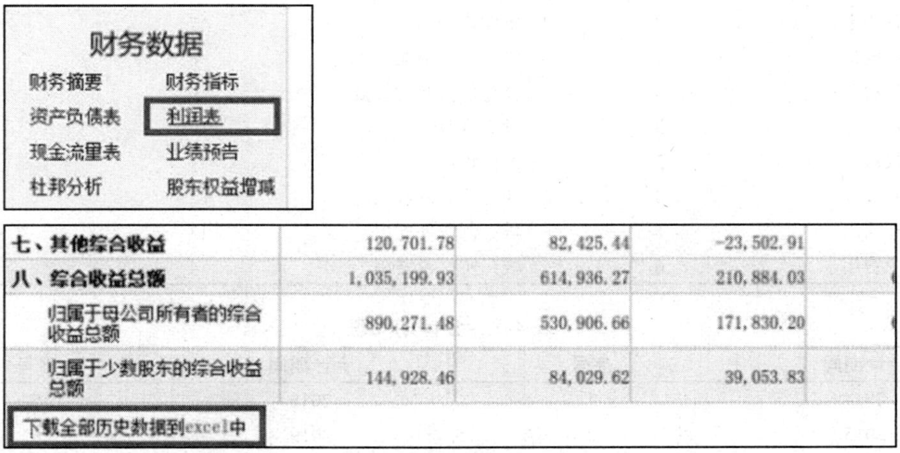

图 4-4 利润表数据来源

1. 新建 Excel 工作簿

新建 Excel 工作簿,其中包含 3 张工作表,如表 4-5～表 4-7 所示。

表 4-5　公司表

序号	股票代码	公司简称	利润表网址
1	300750.SZ	宁德时代	http://money.finance.sina.com.cn/corp/go.php/vDOWN_ProfitStatement/displaytype/4/stockid/300750/ctrl/all.phtml
2	002594.SZ	比亚迪	http://money.finance.sina.com.cn/corp/go.php/vDOWN_ProfitStatement/displaytype/4/stockid/002594/ctrl/all.phtml
3	688390.SH	固德威	http://money.finance.sina.com.cn/corp/go.php/vDOWN_ProfitStatement/displaytype/4/stockid/688390/ctrl/all.phtml
4	600522.SH	中天科技	http://money.finance.sina.com.cn/corp/go.php/vDOWN_ProfitStatement/displaytype/4/stockid/600522/ctrl/all.phtml
5	300014.SZ	亿纬锂能	http://money.finance.sina.com.cn/corp/go.php/vDOWN_ProfitStatement/displaytype/4/stockid/300014/ctrl/all.phtml
6	601311.SH	骆驼股份	http://money.finance.sina.com.cn/corp/go.php/vDOWN_ProfitStatement/displaytype/4/stockid/601311/ctrl/all.phtml
7	300274.SZ	阳光电源	http://money.finance.sina.com.cn/corp/go.php/vDOWN_ProfitStatement/displaytype/4/stockid/300274/ctrl/all.phtml
8	300438.SZ	鹏辉能源	http://money.finance.sina.com.cn/corp/go.php/vDOWN_ProfitStatement/displaytype/4/stockid/300438/ctrl/all.phtml
9	688063.SH	派能科技	http://money.finance.sina.com.cn/corp/go.php/vDOWN_ProfitStatement/displaytype/4/stockid/688063/ctrl/all.phtml

表 4-6　利润表项目层级表

一级项目	一级项目索引	报表项目	报表项目索引	方向
营业总收入	1	营业收入	1	1
营业总成本	2	营业成本	2	−1
营业总成本	2	营业税金及附加	3	−1
营业总成本	2	销售费用	4	−1
营业总成本	2	管理费用	5	−1
营业总成本	2	财务费用	6	−1
营业总成本	2	研发费用	7	−1
营业总成本	2	资产减值损失	8	−1
其他收益	3	公允价值变动收益	9	1
其他收益	3	投资收益	10	1
其他收益	3	汇兑收益	11	1
营业外收入	4	加:营业外收入	12	1
营业外支出	5	减:营业外支出	13	−1
所得税费用	6	减:所得税费用	14	−1

表 4-7　会计期间表

会计期间	序号	会计期间	序号
2014	1	2018	5
2015	2	2019	6
2016	3	2020	7
2017	4		

2. 将 Excel 表格数据导入 Power BI

在 Power BI "主页"中单击"从 Excel 导入数据",在弹出来的对话框中选择上述 3 张工作表,然后单击"转换数据",进入 Power Query 编辑器。

在编辑器左侧,右击"公司表",在右键菜单中选择"引用",生成一个新查询,将此查询重命名为"利润表",然后将"序号"列删除,如图 4-5 所示。

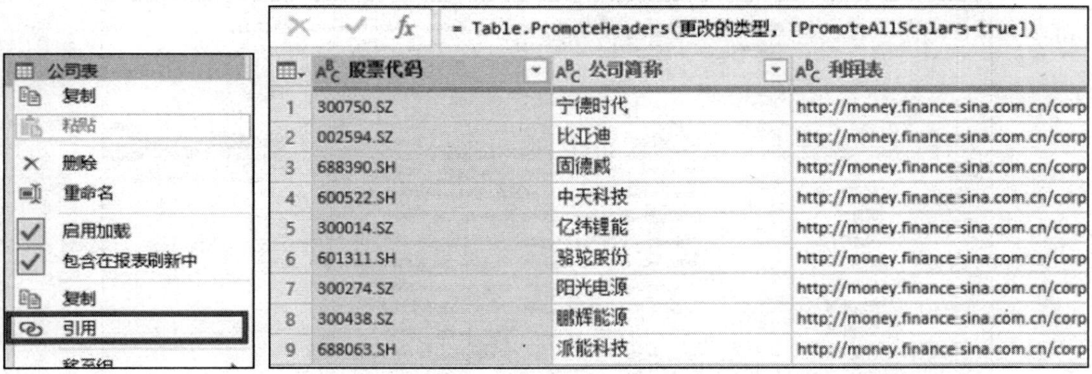

图 4-5 初步整理的利润表

3. 从网络获取利润表数据

在 Power Query 中单击"添加列"→"添加自定义列",在"自定义列"对话框"新列名"文本框中输入"表格数据",在"自定义列公式"框中输入"=Csv.Document(Web.Contents([利润表]),[Delimiter="　　", Encoding=936, QuoteStyle = QuoteStyle.None])",如图 4-6 所示。

图 4-6 "表格数据"公式

公式中用到了 M 语言提供的两个函数,Web.Contents 函数用于读取网址指向的网页内容,这里的网址实际指向了 CSV 文本文件,因此又用到 Csv.Document 函数读取 CSV 文件的内容。该 CSV 文件使用制表符作为列分隔符，使用 Windows 默认字符编码（GB2312），因此 Csv.Document 函数的参数中，"Delimiter ="后面引号中的空白是制表符（不是空格），Encoding=936 则指明字符编码是 Windows 系统默认编码。

添加成功后，单击"表格数据"列中的某一行，就可以预览利润表数据了，如图 4-7 所示。

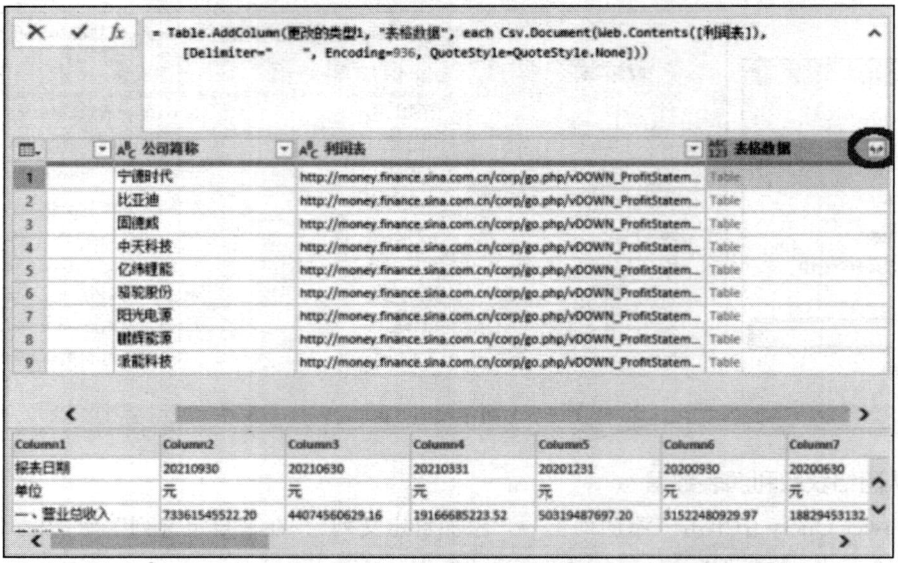

图 4-7 预览利润表数据

单击图 4-7 右上角圈住处的图标，展开报表数据，选择前 23 列，如图 4-8 所示。

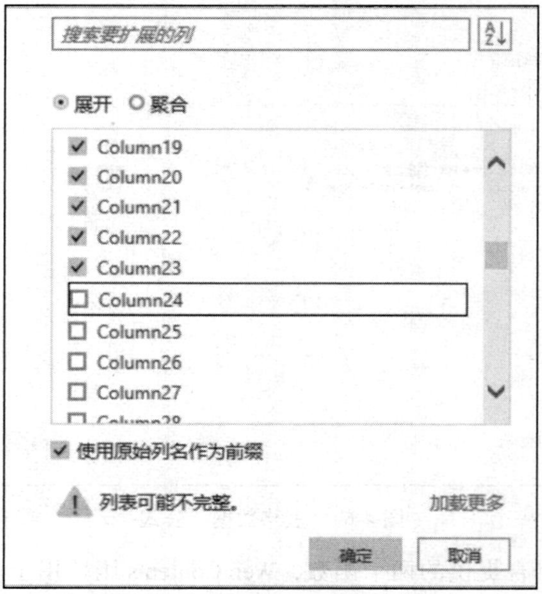

图 4-8 选择报表数据

展开之后的数据如图 4-9 所示。

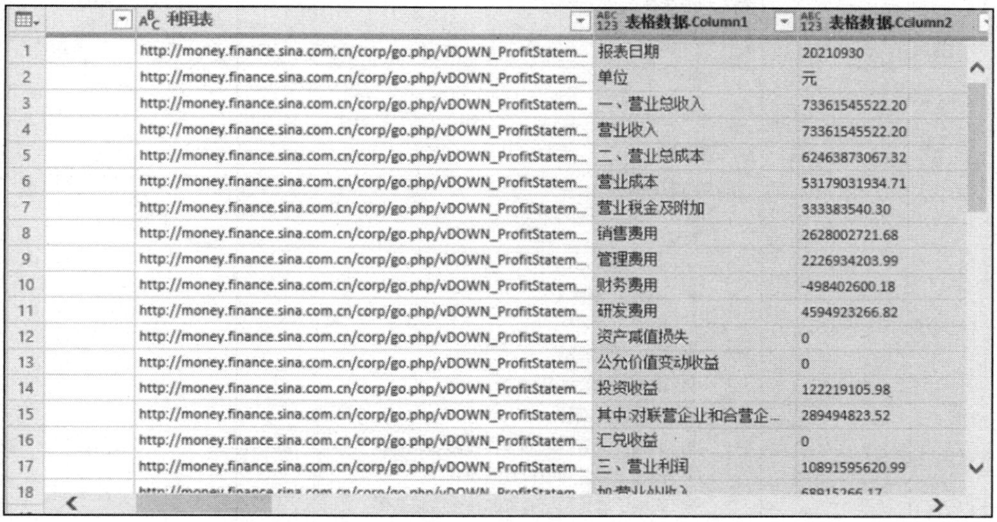

图 4-9　展开后的数据

4. 利润表数据整理

由于下载的表格数据是"横着"放置的，即每一列放置一个季度或年度的数据，所以需要在 Power Query 中进行调整。

单击"主页"→"将第一行用作标题"，然后再将前 3 列的列名改回原来的名称，第 4 列的名称更改为"报表项目"，如图 4-10 所示。

然后单击"报表日期"列右边的箭头按钮，将"报表日期"和"单位"的行筛选出去，如图 4-11 所示。

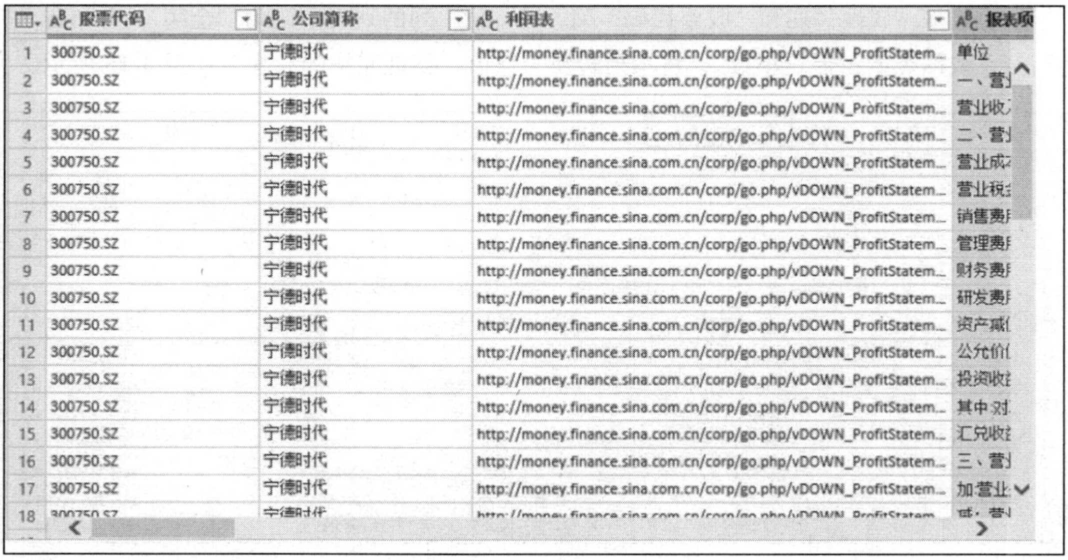

图 4-10　将列名称更改为原有名称

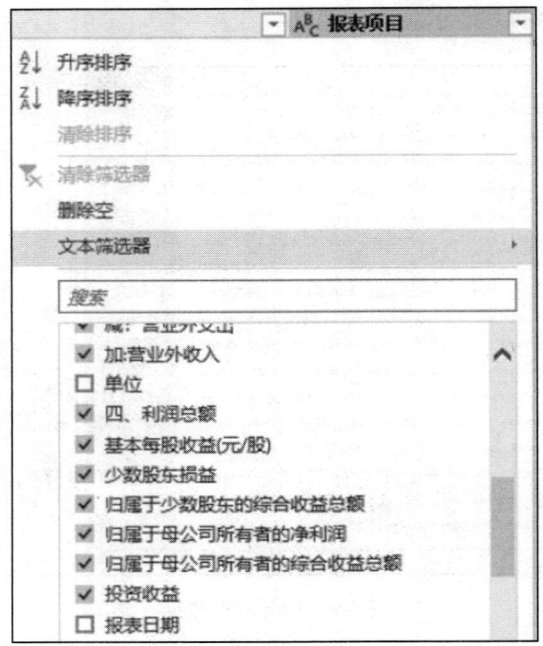

图 4-11 筛选数据

再删除"利润表"列,这一列后面不再使用。

接下来对表格的结构进行调整。选中"股票代码""公司简称""报表项目"3 列,单击"转换"→"逆透视列"→"逆透视其他列",操作结果如图 4-12 所示。

对列"属性"进行过滤,过滤出以"1231"结尾的行,即只需要年报数据,不需要半年报和季报数据,如图 4-13 所示。

添加自定义列"会计期间",公式如图 4-14 所示,目的是提取出年份数据。

最后删除"属性"列和"股票代码"列,将"值"列的列名更改为"金额",并单击"转换"→"数据类型:定点小数",将本列转换为数值。整理完毕的利润表如图 4-15 所示。

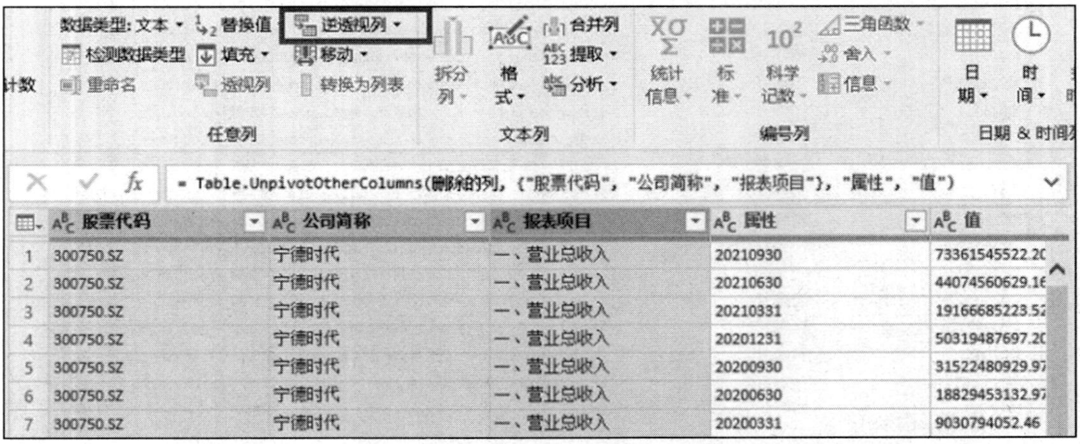

	股票代码	公司简称	报表项目	属性	值
1	300750.SZ	宁德时代	一、营业总收入	20210930	73361545522.20
2	300750.SZ	宁德时代	一、营业总收入	20210630	44074560629.16
3	300750.SZ	宁德时代	一、营业总收入	20210331	19166685223.52
4	300750.SZ	宁德时代	一、营业总收入	20201231	50319487697.20
5	300750.SZ	宁德时代	一、营业总收入	20200930	31522480929.97
6	300750.SZ	宁德时代	一、营业总收入	20200630	18829453132.97
7	300750.SZ	宁德时代	一、营业总收入	20200331	9030794052.46

图 4-12 使用"逆透视列"改变数据形状

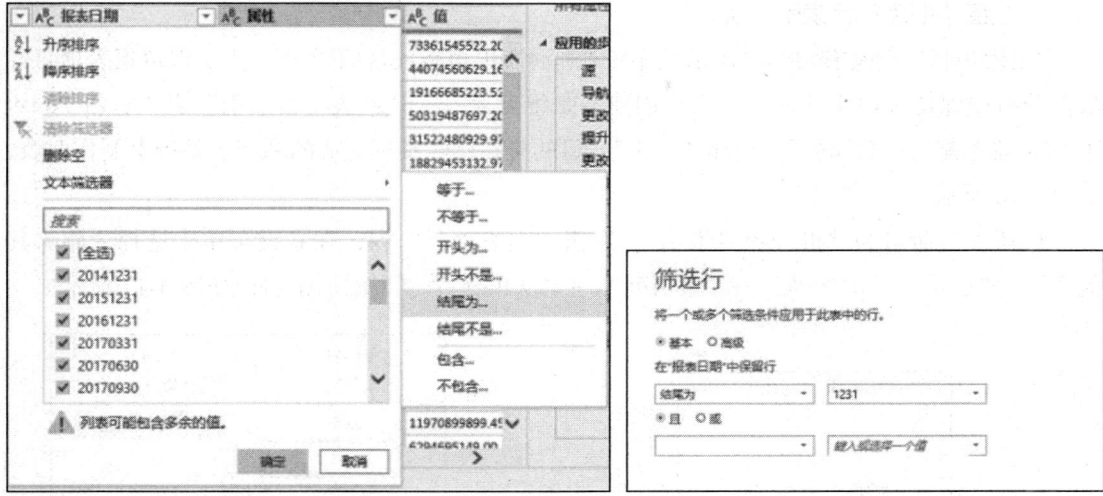

图 4-13　筛选出年报数据

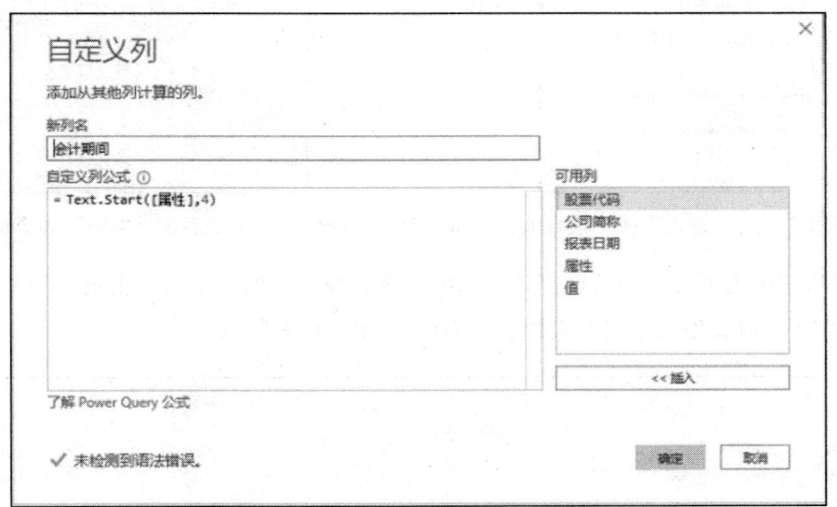

图 4-14　添加"会计期间"列

	公司简称	报表项目	金额	会计期间
1	宁德时代	一、营业总收入	50,319,487,697.20	2020
2	宁德时代	一、营业总收入	45,788,020,642.41	2019
3	宁德时代	一、营业总收入	29,611,265,434.22	2018
4	宁德时代	一、营业总收入	19,996,860,806.33	2017
5	宁德时代	一、营业总收入	14,878,985,098.12	2016
6	宁德时代	一、营业总收入	5,702,884,874.34	2015
7	宁德时代	一、营业总收入	866,786,361.55	2014
8	宁德时代	营业收入	50,319,487,697.20	2020
9	宁德时代	营业收入	45,788,020,642.41	2019
10	宁德时代	营业收入	29,611,265,434.22	2018
11	宁德时代	营业收入	19,996,860,806.33	2017

图 4-15　整理完毕的利润表

5. 创建"报表项目索引"表

"报表项目"列具有习惯的展示顺序（即利润表中报表项目的顺序），为了保持报表项目在数据分析中保持顺序不变，接下来要创建一张维度表——"报表项目索引"表。右击 Power BI 编辑器左侧的"利润表"，选择"引用"，目的是在已经整理完成的利润表基础上制作此表，如图 4-16 所示。

将新表重命名为"报表项目索引"，右击"报表项目"列，在右键菜单中选择"删除其他列"。然后单击"添加列"→"索引列"→"从 1"，为该表添加索引，如图 4-17 所示。

图 4-16 使用"引用"方式生成"报表项目索引"表　　图 4-17 "报表项目索引"表添加"索引列"

然后删除"报表项目"列的重复项：选中"报表项目"列，单击"主页"→"删除行"→"删除重复项"。"报表项目索引"表即制作完成，如图 4-18 所示。

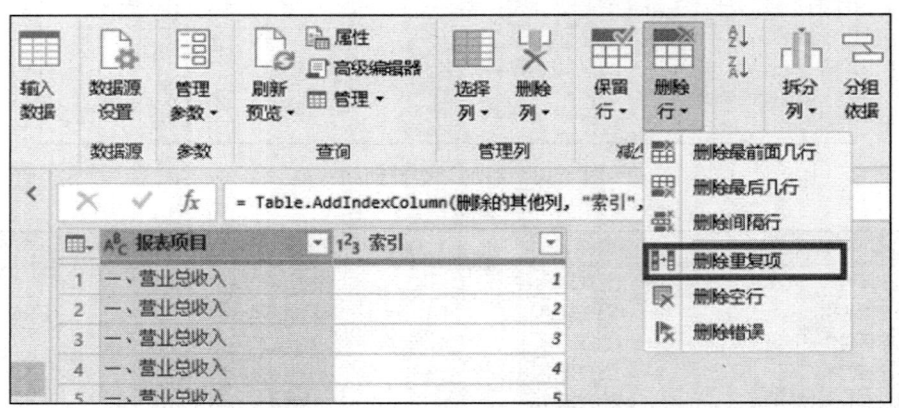

图 4-18 删除"报表项目"列的重复项

4.5.2 数据建模

1. 建立表关联关系

Power BI 具有强大的智能数据建模功能，在将 Power Query 的查询结果导入 Power BI 中时，它会自动识别各表之间的关系，并自动添加表关联关系，但系统自动识别出来的关系并不都是正确的，需要人工调整。调整后的表关联关系如图 4-19 所示。

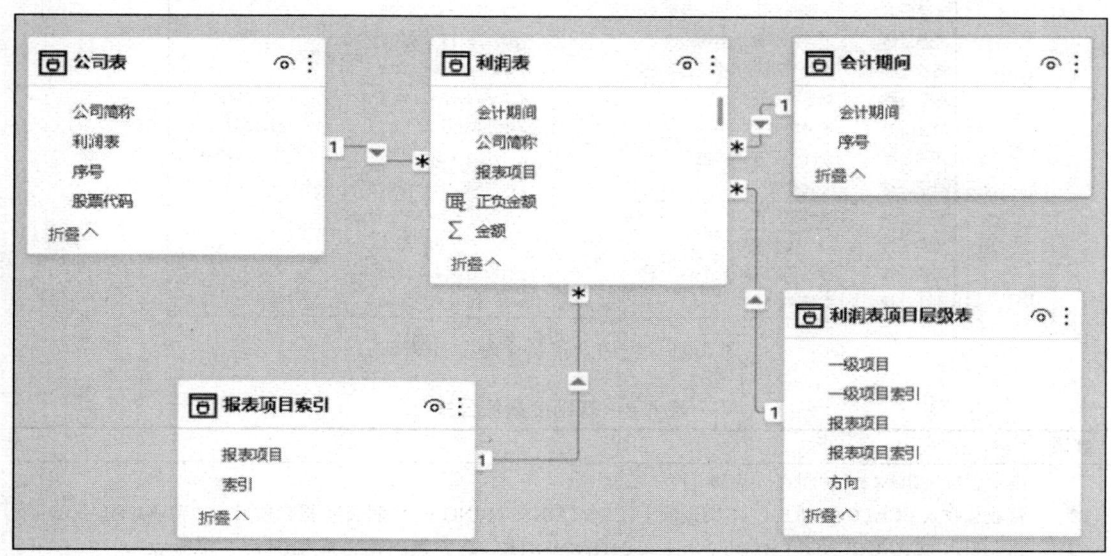

图 4-19　调整后的表关联关系

为了后面进行可视化时项目的排序符合习惯，这里还需要设置列的排序依据。选择"报表项目索引"表中的"报表项目"列，然后单击"列工具"→"高级"→"按列排序"，选择"索引"（见图 4-20），即"报表项目"是按照"索引"的顺序排序的，这也是在本表中建立"索引"字段的意义所在。同样，在"公司表"中设置"公司"列按照"序号"排序，在"会计期间"表中"会计期间"列按照"序号"排序。

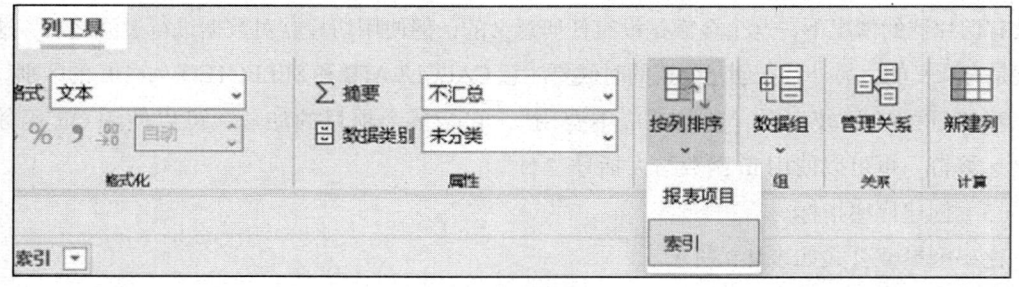

图 4-20　设置列排序顺序

2. 设置度量值

（1）添加计算列。在利润表中添加"正负金额"列（见图 4-21），公式如下：

正负金额 = RELATED（'利润表项目层级表'[方向]）* '利润表'[金额]

由于"方向"列只有"1"和"-1"（null 值可忽略），该值与"利润表"中的"金额"列相乘，就得到可以区分正负的金额列。

（2）创建基础度量值。基础度量值公式如表 4-8 所示。

公司简称	报表项目	金额	会计期间	正负金额
海通证券	一、营业收入	38219828310.55	2020	
海通证券	手续费及佣金净收入	13852147495.72	2020	13852147495.72
海通证券	代理买卖证券业务净收入	5208098386.93	2020	
海通证券	证券承销业务净收入	4938656125.4	2020	
海通证券	受托客户资产管理业务净收入	3371658283.62	2020	
海通证券	利息净收入	4890543950.4	2020	4890543950.4
海通证券	投资收益	10349261060.67	2020	10349261060.67
海通证券	公允价值变动损益	1270741971.15	2020	1270741971.15
海通证券	汇兑损益	211406221.67	2020	211406221.67
海通证券	其他业务收入	7039295900.94	2020	7039295900.94
海通证券	二、营业成本	22358189935.91	2020	
海通证券	营业税金及附加	181776959.47	2020	-181776959.47
海通证券	管理费用	11946755691.92	2020	-11946755691.92

图 4-21 添加"正负金额"计算列

表 4-8 基础度量值公式

序号	公 式
1	本期金额 = SUM('利润表'[金额])
2	营业总收入 =CALCULATE([本期金额],CONTAINSSTRING('利润表'[报表项目],"营业总收入"))
3	营业收入 =CALCULATE([本期金额],CONTAINSSTRING('利润表'[报表项目],"营业收入"))
4	营业总成本 =CALCULATE([本期金额],CONTAINSSTRING('利润表'[报表项目],"营业总成本"))
5	营业成本 =CALCULATE([本期金额],CONTAINSSTRING('利润表'[报表项目],"营业成本"))
6	营业利润 =CALCULATE([本期金额],CONTAINSSTRING('利润表'[报表项目],"营业利润"))
7	利润总额 =CALCULATE([本期金额],CONTAINSSTRING('利润表'[报表项目],"利润总额"))
8	净利润 =CALCULATE([本期金额],CONTAINSSTRING('利润表'[报表项目],"净利润"))
9	成本费用 =CALCULATE([本期金额],'利润表'[报表项目]in{"营业税金及附加","管理费用","研发费用","其他业务成本"})

度量值"本期金额"是其他度量值的基础,是对利润表的"金额"列求和。需要注意的是,在没有切片器的情况下,这个金额是没有任何意义的,但使用切片器对数据进行过滤之后,这个值就是有意义的。另外,在创建公式的时候要注意 CALCULATE 和 SELECTEDVALUE 的区别。

当筛选的项目较多时,比如"成本费用",它是多个项目的加总,可以使用 OR 函数或"||"运算符,也可以使用 in 函数与大括号"{}"。

(3)创建比率指标。

比率度量值公式如表 4-9 所示。

表 4-9 比率度量值公式

序号	公 式
1	销售毛利率 =DIVIDE([营业收入]-[营业成本],[营业收入])
2	营业利润率 =DIVIDE([营业利润],[营业收入])
3	成本费用利润率 =DIVIDE([利润总额],[成本费用])

使用 DIVIDE 函数,可以不用考虑除数为零、空值等情形,函数会自动处理这些异常。

(4)创建同比增长指标。

同比增长度量值公式如表 4-10 所示。

表 4-10　同比增长度量值公式

序号	公　　式
1	上期金额 = var lastyear= SELECTEDVALUE（'利润表'[会计期间]）-1 return CALCULATE（[本期金额]，VALUE（'利润表'[会计期间]）=lastyear）
2	同比增长 = [本期金额] - [上期金额]
3	同比增长率 =DIVIDE（[同比增长]，[上期金额]）
4	净利润增长率 = var lastyear = SELECTEDVALUE（'利润表'[会计期间]）-1 var lastyear_amount = CALCULATE（[净利润]，VALUE（'利润表'[会计期间]）=lastyear） return DIVIDE（[净利润]-lastyear_amount, lastyear_amount）
5	营业成本增长率 = var lastyear = SELECTEDVALUE（'利润表'[会计期间]）-1 var lastyear_amount = CALCULATE（[营业成本]，VALUE（'利润表'[会计期间]）=lastyear） return DIVIDE（[营业成本]-lastyear_amount, lastyear_amount）
6	营业收入增长率 = var lastyear= SELECTEDVALUE（'利润表'[会计期间]）-1 var lastyear_amount = CALCULATE（[营业收入]，VALUE（'利润表'[会计期间]）=lastyear） return DIVIDE（[营业收入]-lastyear_amount, lastyear_amount）

同比增长指标需要计算上一年的数值，注意这里使用的技巧。

（5）设置标题度量值。

对于可视化对象，其标题介绍了可视化对象的展现内容，在可视化对象的交互过程中，其展现内容也应该随着交互而发生变化，从而使标题的呈现更符合逻辑。因此对于标题，也需要创建相应的度量值公式，如表 4-11 所示。

表 4-11　标题度量值公式

序号	公　　式
1	标题_散点图 =SELECTEDVALUE（'利润表'[报表项目]）&"(x)"&SELECTEDVALUE（'利润表'[报表项目]）&"增长率(y)"
2	标题_条形图 =SELECTEDVALUE（'利润表'[报表项目]）&"同比增长率"
3	标题_树状图 =SELECTEDVALUE（'利润表'[报表项目]）&"按公司结构分析"

4.5.3　可视化设计

本案例的可视化设计分为两个界面，一个是单个公司可视化设计，另一个是多公司对比可视化设计。

1. 单个公司可视化设计

单个公司的可视化界面主要由切片器、卡片图、矩阵图、瀑布图、拆线图以及环形图等区域组成，其最终效果如图 4-22 所示。在界面设计的过程中，要对界面进行逻辑上的分区，不要把可视化元素一股脑堆在界面上。

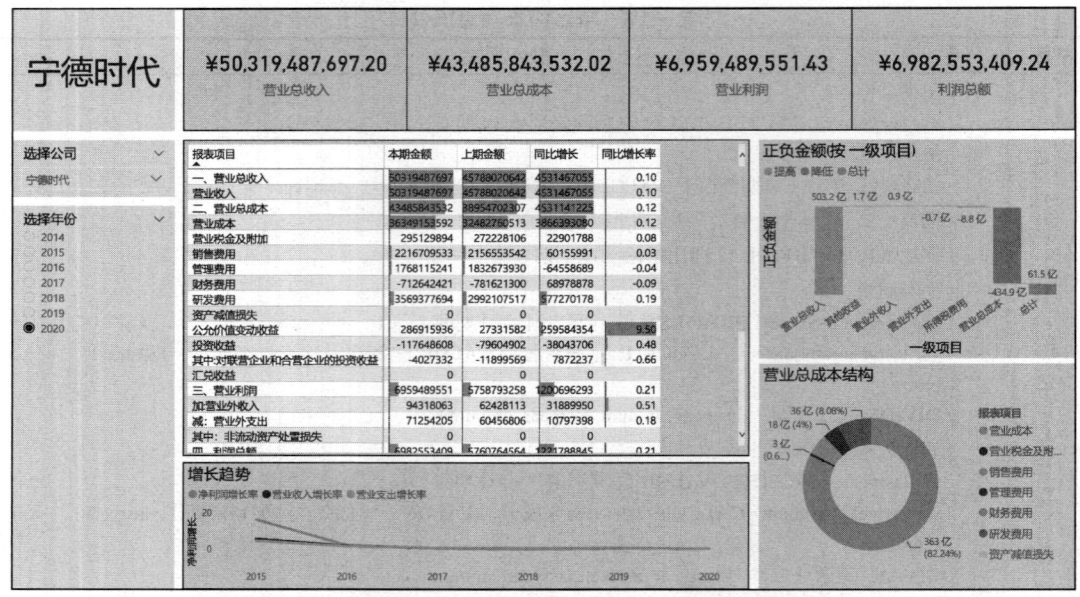

图 4-22 单个公司可视化设计效果

（1）添加切片器。

这里添加两个切片器。将两个切片器添加到页面，分别将公司名称表中的"公司简称"列、利润表中的"会计期间"列设置为切片器字段，然后设置"公司简称"切片器为"下拉"格式，"会计期间"切片器为"列表"格式，如图 4-23 所示。

（2）添加卡片图。

将 5 个"卡片图"添加到页面。将利润表中的"公司简称"用鼠标拖放至第 1 个卡片图的"字段"位置，卡片上就会显示公司简称，将此卡片放置在页面左上角。然后分别将度量值"营业总收入""营业总成本""营业利润""利润总额"添加至剩余 4 个卡片图的"字段"位置，最后根据需要设置卡片图的格式，如图 4-24 所示。

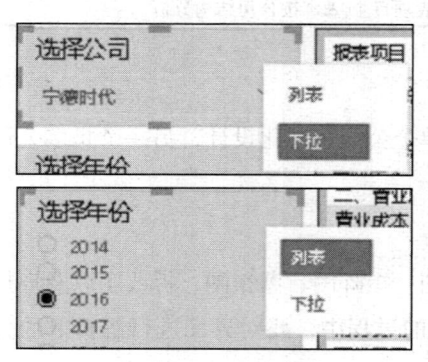

图 4-23 添加切片器

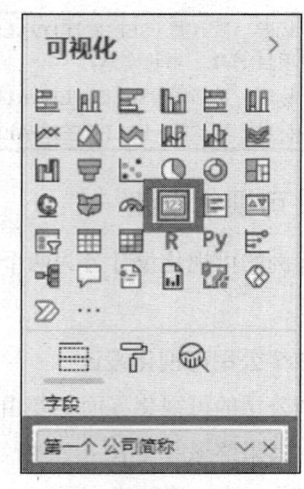

图 4-24 添加卡片图

(3) 添加矩阵图。

将"矩阵"添加到页面,将"报表项目索引"表中的"报表项目"列添加至矩阵的"行",将度量值"本期金额""上期金额""同比增长""同比增长率"添加至"值",然后打开"格式设置",选择条件格式为"本期金额",同时,将"数据条"选项打开,如图 4-25 所示。

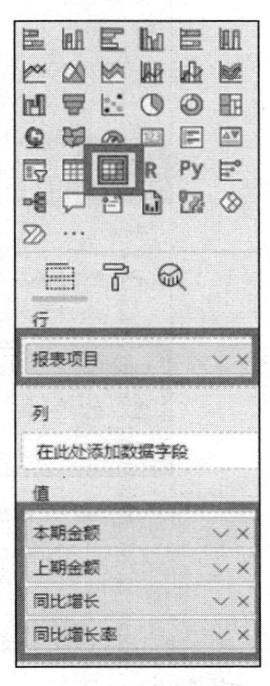 

图 4-25　添加矩阵图

(4) 添加瀑布图。

将"瀑布图"添加到页面,标题更改为"净利润结构"。将利润表项目层级表中的"一级项目"添加至瀑布图的"类别",度量值"正负金额"添加至瀑布图的"值",如图 4-26 所示。

(5) 添加折线图。

将"折线图"添加至页面,标题更改为"增长趋势"。将利润表中的"会计期间"列添加至"轴",度量值"营业收入增长率""营业支出增长率"和"净利润增长率"添加至"值",如图 4-27 所示。

(6) 添加环形图。

将环形图添加至页面,标题更改为"营业总成本结构"。将"报表项目索引"表中的"报表项目"列添加至"图例",度量值"本期金额"添加至"值",然后打开筛选器,筛选报表项目中的"营业成本""营业税金及附加""销售费用""管理费用""财务费用""研发费用""资产减值损失"等项目,如图 4-28 所示。

(7) 编辑交互。

此页面应取消切片器"会计期间"对可视化图表"增长趋势"的交互,否则该可视化图表只能显示 1 年的数据,在图上就是一个点,而不是一条折线。

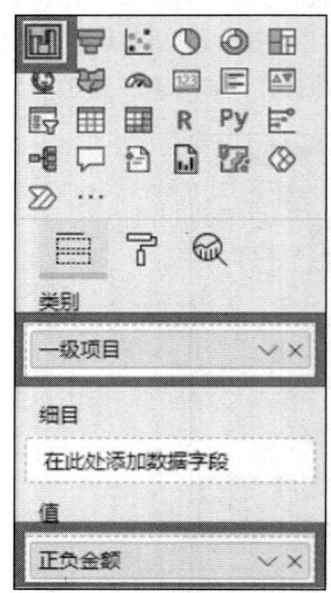

图 4-26　添加瀑布图

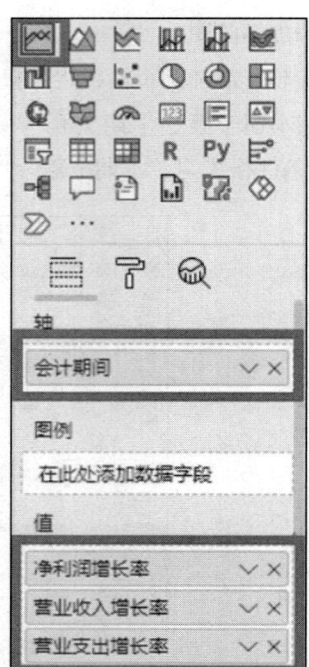

图 4-27　添加折线图

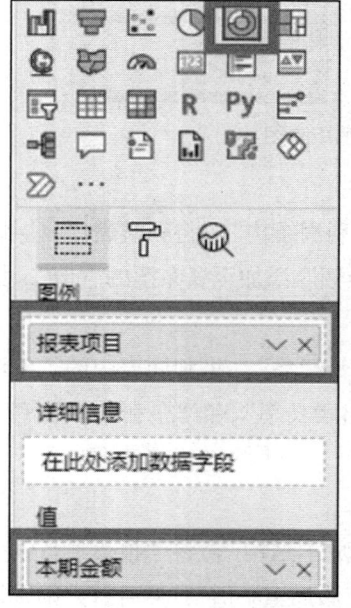

图 4-28　添加环形图

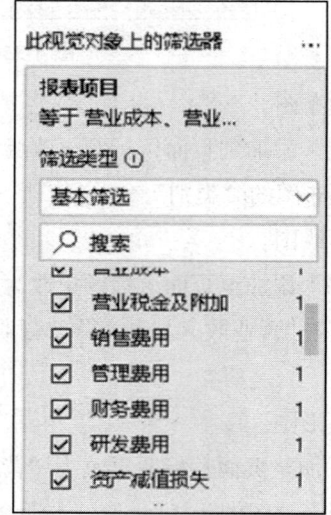

2. 多公司对比可视化设计

多公司对比可视化界面主要由切片器、簇状条形图、簇状柱形图、散点图、树状图等区域构成，设计效果如图 4-29 所示。

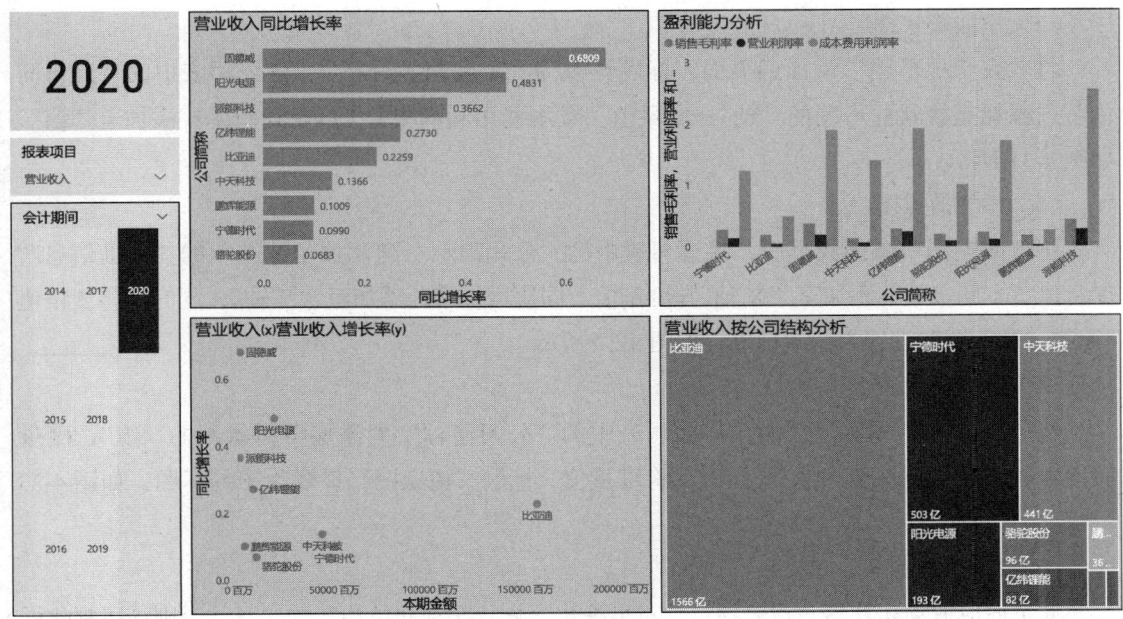

图 4-29　多公司对比可视化设计效果

（1）添加簇状条形图。

将"簇状条形图"添加到页面，将公司表中的"公司简称"列添加至簇状条形图的"轴"，度量值"同比增长率"添加至"值"。选择"格式设置"→"标题"，单击文本框右边的按钮，在弹出的对话框中选择格式模式为"字段值"，依据的字段为度量值"标题_条形图"，如图 4-30 所示。

图 4-30　添加簇状条形图

(2) 添加簇状柱形图。

将 "簇状柱形图" 添加到页面，标题更改为 "盈利能力分析"。将公司表中的 "公司简称" 列添加至簇状柱形图的 "轴"，度量值 "成本费用利润率" "营业利润率" 添加至 "值"，如图 4-31 所示。

(3) 添加散点图。

将 "散点图" 添加到页面，将公司表中的 "公司简称" 列添加至散点图的 "详细信息"，度量值 "本期金额" 添加至 "X 轴"，度量值 "同比增长率" 添加至 "Y 轴"，同时，将度量值 "标题_散点图" 设置为图的标题，如图 4-32 所示。

(4) 添加树状图。

将 "树状图" 添加至页面，将公司表中的 "公司简称" 列添加至树状图的 "组"，度量值 "本期金额" 添加至 "值"，同时，将度量值 "标题_树状图" 设置为图的标题，如图 4-33 所示。

(5) 编辑交互。

此页面应取消切片器 "报表项目" 对可视化图表 "净利润结构" 的交互，否则该可视化图表无法正常显示。

图 4-31 添加簇状柱形图

图 4-32 添加散点图

 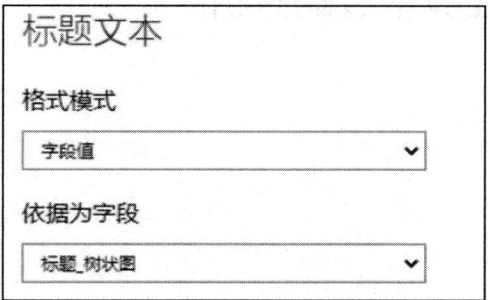

图 4-33　添加树状图

▶ 思考题

1. 与传统财务分析相比，可视化财务分析的优点有哪些？
2. 简述财务分析可视化的步骤。
3. 常用财务分析数据源有哪几类？
4. 财务分析的常用分析方法有哪些？分别适合采用何种可视化对象？

第 5 章

企业竞争战略分析

竞争战略是指企业为了获得竞争优势,在市场上处于有利的竞争地位,争取比竞争对手更大的市场份额和更好的经济效益所做的长远性谋划和方略。

企业在经营活动中经常会遇到两种情况:一是具有优势资源的企业由于选择了一个前景暗淡的行业,从而获利甚微,即使努力改善地位也无济于事;二是在一个非常具有吸引力的行业,企业选择了不利的竞争地位,导致无法得到令人满意的利润。由此,对管理者提出了两个重要的战略决策问题:企业打算在哪一个或哪几个行业从事经营活动,以及企业打算采取何种方式与同行业的其他企业进行竞争。这就是企业战略分析的内容,即通过对企业所在行业或拟进入行业的分析,明确企业自身地位及应采取的竞争策略,了解与掌握企业的发展潜力。

企业竞争战略分析是财务报表分析的基础和起点。通过战略分析,可以辨认影响企业盈利状况的主要因素和风险,从而评估企业当前业绩的可持续性,并对未来业绩做出合理预测。企业战略分析应当围绕企业的价值创造能力展开。企业的价值创造能力取决于企业自身的盈利能力与资本成本之间的差异。资本成本的高低通常由资本市场决定,而企业盈利能力的高低主要取决于企业的战略选择,影响企业战略选择的因素包括企业所处的行业、经营战略的定位以及企业如何在各部门之间创造协同效应。所以,企业战略分析一般包括行业分析、竞争战略分析。

5.1 行业分析

5.1.1 行业经济特征分析

行业经济特征是指特定行业在某一时期的基本属性,反映行业的基本状况和发展趋势。它包括行业的竞争特征、需求特征、技术特征、增长特征、盈利特征等。这些特征都会以各种各样的方式影响财务报表的内在关系以及指标的意义。了解行业的经济特征有助于理解报表数据的经济含义。影响行业经济特征的一般因素如表 5-1 所示。[一]

表 5-1 影响行业经济特征的一般因素

竞争特征	需求特征	技术特征	增长特征	盈利特征
竞争企业数	需求增长率	技术成熟程度	生产能力增长率	平均利润率
竞争企业战略	顾客稳定性	技术复杂性	规模经济	平均贡献率
行业竞争热点	产品生产周期	相关技术的影响	新投资额	
资源的可得性	替代品可接受性	技术的可保护性	多元化速度	
潜在进入者	需求弹性	研发费用		
竞争结构	互补性	增长率		
产品差异化程度		技术进步的影响		

例如，零售商店的产品与其他商场、超市的产品非常相似，进入零售商店这个行业的门槛很低，新进入者只需要有存储商品的空间，并能从食品分销商处进货即可营业。因此，这个行业竞争异常激烈，潜在进入者较多，产品差异化程度不是很高；顾客的需求比较稳定，替代品的威胁较大；不需要专门的技术；该行业的平均利润率较低。

制药企业与零售商店相比，具有较高的进入门槛，制药企业必须投入大量的研究与开发费用才能研制出新产品，新产品上市又要经过漫长的审批过程。虽然制药企业的竞争也很激烈，但其激烈程度低于零售商店，产品差异化程度较高；随着生活水平的提高，产品需求增长率较高，产品具有明显的周期性，替代品的威胁较大；技术的发展与进步直接影响着产品的更新换代，产品对技术的要求较高；生产能力的提高、生产规模的扩大会直接降低生产成本，提高盈利水平；该行业的平均利润率较高。

5.1.2 行业生命周期分析

行业生命周期是指从行业出现直到行业完全退出社会经济活动所经历的时间。行业生命周期的长短主要是由社会对该行业的产品需求状况决定的，一般要经历初创期、成长期、成熟期和衰退期四个发展阶段。随着科学技术的发展，某些行业的生命周期有缩短的趋势。通过对行业生命周期的分析，企业可以决定在某一行业中是进入、维持还是撤退，以及进入某一行业是采用并购的方式还是采取新建的方式。行业生命周期各阶段的特征如表 5-2 所示。

1. 初创期

在这一阶段，新行业刚刚诞生或初建不久，只有为数不多的创业公司投资于这个新兴的行业。在初创阶段，行业投资较大，产品的研究开发费用较高，而产品市场需求狭小，营业收入较低，因此这些创业公司财务上可能不但不赢利，反而普遍亏损，甚至可能导致破产。同时，企业还面临着由较高的产品成本和价格与较小的市场需求导致的投资风险。因而，这类企业更适合投机者而不是投资者。

[一] 黄世忠. 财务报表分析：理论·框架·方法与案例 [M]. 北京：中国财政经济出版社，2007.

表 5-2　行业生命周期各阶段的特征

特　　征	行业生命周期			
	初创期	成长期	成熟期	衰退期
市场结构	凌乱	竞争对手增多	竞争激烈，对手成为寡头	取决于衰退的性质，或形成寡头或出现垄断
市场拓展	进行广告宣传，建立知名度，开拓销售渠道	建立品牌信誉，开拓销售渠道	保护既有市场，渗入其他市场	选择市场区域，维护企业形象
投资需求	很大	大部分利润用于再投资	再投资减少	不投资或收回投资
生产经营	提高生产效率，制定产品标准	改进产品质量，增加花色品种	巩固客户关系，降低成本	削减生产能力，保持价格优势
人力资源	培训员工适应新的生产和市场	培育生产和技术能力	提高生产效率	转向新的增长领域
研究和开发	大量的研发投入、用于产品和生产过程	对产品的研究减少，继续生产过程研究	很少，只有必要时进行	除非生产过程或重要产品有此需求，否则无支出
成功关键因素	扩大市场份额，加大研发投入，改进技术，提高产品质量和赢得消费者信任	争取最大市场份额，建立品牌信誉，开拓销售渠道	巩固市场份额，降低成本，提高生产效率和产品功能	控制成本或退出，转向新的增长领域
利润	亏损或微利	迅速增长	开始下降	下降或亏损
现金流	没有或极少	少量增长	大量增长	大量至衰竭

在初创阶段后期，随着行业生产技术的提高、成本的降低和市场需求的扩大，新行业将逐步由高风险、低收益的初创期转入高风险、高收益的成长期。

在初创期，企业的关键成功因素是扩大市场份额，致力于研究开发和技术改进，增加销售量，提高产品的质量，赢得消费者的信任。

2. 成长期

在这一时期，拥有一定市场营销和财务力量的企业逐渐主导市场，其资本结构比较稳定，因而它们开始定期支付股利并扩大经营。

在成长阶段，新行业的产品通过各种渠道以其自身的特点赢得了大众的认可，市场需求逐渐上升，与此同时，产品的供给方面也发生了一系列变化。由于市场前景看好，投资于新行业的企业大量增加，产品也逐步从单一、低质、高价向多样、优质和低价方向发展，因此新行业出现了生产企业和产品相互竞争的局面，这种状况的持续将使市场需求趋于饱和。在这一阶段，生产企业不能单纯地依靠扩大产量、提高市场份额来增加收入，而必须依靠提高生产技术、降低成本，以及研制和开发新产品来获得竞争优势，从而战胜竞争对手和维持企业的生存与发展。因此，那些财力与技术较弱，经营不善，或新加入的企业（因产品的成本较高或不符合市场的需要）往往被淘汰或被兼并。在成长阶段的后期，由于行业中生产企业与产品竞争优胜劣汰规律的作用，市场上生产企业的数量在大幅度下降以后便开始稳定下来。由于市场需求基本饱和，产品的销售增长减慢，整个行业开始进入稳定期。在这一阶段，由于受不确定因素的影响较小，行业的增长具有可预测性，行业的波动也较小。此时，投资者蒙受经营失败而导致投资损失的可能性大大降低，分享行业增长带来的收益的可能性则会大大提高。

在成长期，企业的关键成功因素是争取最大市场份额，加大市场营销力度，建立品牌信誉，开拓销售渠道。

3. 成熟期

行业的成熟阶段是一个相对较长的时期。这一时期，在竞争中生存下来的少数大企业垄断了整个行业的市场，每个企业都占有一定比例的市场份额。企业与产品之间的竞争手段逐渐从价格手段转向各种非价格手段，如提高质量、改善性能和加强售后服务等。此时，行业的利润由于一定程度的垄断达到了很高的水平，而风险因市场比较稳定、新企业难以进入而降低。其原因是市场已被原有大企业分割，产品的价格比较低，新企业由于创业投资无法很快得到补偿或产品销路不畅，资金周转困难而难以进入。

在行业成熟阶段，行业增长速度降到一个更加适度的水平。在某些情况下，整个行业的增长可能完全停止，其产出甚至下降，因此行业的发展很难较好地与国内生产总值保持同步增长，当国内生产总值减少时，行业甚至蒙受更大的损失。但是，由于技术创新等原因，某些行业或许实际上会有新的增长。

在成熟期，企业的关键成功因素是巩固市场份额，降低成本，提高生产效率和产品功能。

4. 衰退期

行业在经历了较长的稳定阶段后，就进入了衰退阶段。这主要是因为新产品和大量替代品的出现，使得原行业的市场需求减少，产品的销售量开始下降，某些企业开始向其他更有利可图的行业转移资金，从而原行业的企业数目减少，利润下降。至此，整个行业便进入了生命周期的最后阶段。在衰退阶段，市场逐渐萎缩，当正常利润无法维持或现有投资折旧完毕后，整个行业便解体了。

在衰退期，企业的关键成功因素是控制成本或退出，转向新的增长领域。

行业生命周期分析在应用上存在一定的局限，因为生命周期曲线是经过抽象的典型化曲线，各行业按实际销售绘制出来的曲线远不如这样光滑、规则，在某种情况下要确定行业处于哪个阶段是困难的。因此，应将行业生命周期分析法与其他方法结合起来应用，才能确保财务分析的正确性。

5.1.3 行业盈利能力分析

行业分析的目的主要在于对企业所处行业的盈利能力做出评价，因为不同的行业，其盈利能力有很大的不同。这种差别可以通过产业结构进行分析,因为产业结构是决定行业竞争程度的根本因素,它不仅影响着企业的竞争行为,而且决定着行业的盈利能力。哈佛商学院的波特教授在《竞争战略》一书中,从产业组织理论的角度出发,提出了分析产业结构的"五力模型",如图 5-1 所示。波特认为,在每一个产业结构中都存在着五种基本的竞争力量,即现有企业间的竞争程度、新进入企业的威胁、替代产品的威胁、购买方的讨价还价能力和供应商的讨价还价能力。也就是说,这五种竞争力量共同决定着行业的竞争强度和盈利能力。实际和潜在的竞争强度决定了企业在行业中创造超常利润的潜力,而潜在利润能否由行业保持则取决于该行业中的企业与其客户和供应商之间讨价还价的能力。行业盈利能力分析的核心就是通过确定各行业中决定和影响这五种基本竞争力量的因素,使得企业能够较好地防御每种竞争力量。下面将对这五种竞争力量的作用机理进行分析。

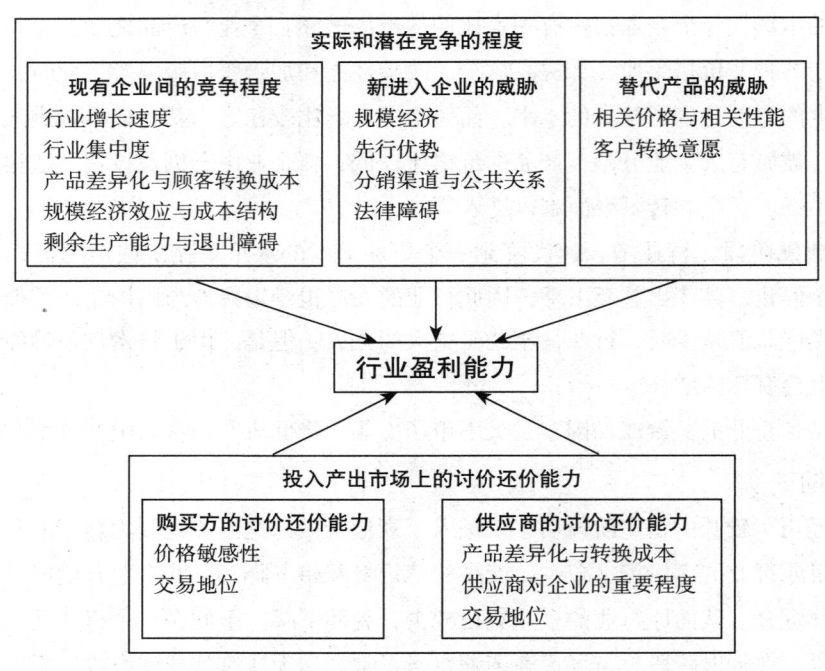

图 5-1 五力模型

1. 现有企业间的竞争程度分析

行业中现有企业之间的竞争是对盈利水平最直接也是最重要的威胁因素。企业间的竞争一般采取价格竞争和非价格竞争两种方式。有些行业,企业之间的竞争异常激烈,企业往往采用降低价格、侵蚀利润的方式,其产品价格接近甚至低于边际成本;而有些行业,价格竞争并不激烈,企业会采用非价格竞争,如通过加快新产品开发、提高产品质量和性能、革新品牌形象等方式获得竞争优势。以下因素决定了行业中现有企业间的竞争强度。

(1)行业增长速度。在一个高速增长的行业中,市场容量很大,现有企业不需要通过从其他企业争夺市场份额来获得增长,它们关注的是如何充分利用自己的资源去满足现有或潜在客户的需求。例如,我国的新能源汽车行业,拥有很多机会,相关企业就有较多的发展机会。但是，在一个成熟的行业中，现有企业获得发展的唯一途径就是从竞争对手那里抢夺市场份额。在这种情况下，该行业的企业间将产生激烈的价格大战。比如，手机行业日趋饱和，需求增速逐年放缓，这种情况导致电信运营商之间、手机生产商之间的竞争更加激烈。

（2）行业集中度。行业中企业的数量及其规模决定了该行业的集中程度。行业集中度影响同行业的各个企业之间协商定价和其他竞争方式。如果某行业只有一个企业，它就可以制定并实施竞争规则，它就是价格的制定者；如果某行业只有两三个规模相当的企业，它们就可以"合作竞争"，避免恶性价格竞争；如果某行业企业数量众多，规模相当且拥有大致相同的资源和能力时，价格竞争就会非常激烈，这时企业只能是价格的接受者。

（3）产品差异化与顾客转换成本。企业之间的竞争程度取决于其产品或服务的差异化程度。产品的差异化越小，企业间的竞争就会越激烈。因为，当行业中的产品很相似时，顾客的选择很多，难以建立品牌忠诚，他们往往只根据价格因素随时准备从一家企业转向另一家企业。

顾客的转换成本也会影响到企业的竞争程度。转换成本是指顾客为了从一种产品转向另一种产品需要重新学习而耗费的时间和精力。当转换成本越低时，越会刺激同行业中各企业进行价格竞争。比如在家电行业，消费者很难分辨出各品牌间的区别，企业为了提高竞争能力，往往通过增加产品的差异化或提供更多的优惠条件来吸引顾客。

（4）规模经济效应与成本结构。当学习曲线很陡或同行业中存在其他类型的规模经济效应时，规模就成为重要因素。这将刺激该行业中的各企业不断扩大规模，进行争夺市场份额的激烈竞争。

一般而言，规模经济效应大的企业，固定成本所占比重相对较高，此时企业会尽力扩大产量以分摊固定成本，这样就会造成供过于求。对于这种情况，企业往往会通过降价、打折方式来消化这些剩余的生产能力。频繁进行价格大战的航空业就属于这种情况。

（5）剩余生产能力与退出障碍。如果行业生产能力超过市场需求，企业就会有强烈的降价动机以充分利用剩余的生产能力。如果资产的专用性越强，那么，企业从某行业中退出就存在重大障碍或退出代价高昂，剩余生产能力的问题会显得更加突出。比如钢铁行业，由于钢铁行业的投资主要在设备上，这些设备不具有通用性，买家有限，企业很难将其变现，此时企业没有退路，必须全力竞争，否则就可能面临破产或被收购的危险。所以，剩余生产能力和退出障碍同样影响竞争的强度。

2. 新进入企业的威胁分析

当一个行业存在超额利润时，新的企业就会不断地被吸引进来。新加入者拥有新的生产能力和某些必需的资源，进入后会带来生产能力的扩大、产品价格的下降；同时新加入者要求获得资源进行生产，使得生产成本提高。这两方面都会导致行业盈利能力下降。新进入企业竞争威胁取决于其进入成本。如果进入一个行业的成本高于可能获得的利润，进入就不会发生；如果进入成本低于预期收益，进入就会发生，直到由进入该行业所带来的利润低于进入成本。规模经济、先行优势、分销渠道与公共关系、法律障碍等因素决定了进入一个行业障碍的大小。

（1）规模经济。规模经济是指某种产品的单位生产成本随着产量的增加而下降的现象。单位生产成本最低点所对应的产量叫作经济规模。当一个行业存在着规模经济时，新加入者就会面临着两种选择：一种是按照经济规模进入，结果是行业生产力过剩，行业中所有企业的利润都下降到正常水平；另一种是按照低于经济规模的水平进入，行业总需求高于总供给，现有企业可盈利，但是新进入企业的生产成本将大大高于现有企业，极有可能陷入亏损。面对这种两难选择，新进入者可以通过采用新的生产技术、使产品差异化的方式来克服规模经济的制约。

（2）先行优势。现有企业由于起步早，在行业中占据一定的竞争地位，从而具备一定的先行优势。例如，现有企业可能制定行业标准，与廉价原材料供应商达成特别协议，获得管制行业经营的政府许可等。从规模经济角度来讲，现有企业也比新加入企业拥有绝对的成本优势。顾客对现有品牌的忠诚度和转换成本高也成了现有企业的先行优势。比如，用户已经习惯了Windows操作系统，许多应用软件也是在该平台上开发的，巨大的转换成本使得其他软件公司很难销售新的操作系统。

（3）分销渠道与公共关系。现有分销渠道的有限容量以及开发新的分销渠道的巨额成本，成为新企业进入该行业的巨大障碍。例如，汽车行业的新加入者可能因难以开发经销商网络而面临难以逾越的障碍，新消费品制造商发现很难使其产品进入超市。企业与客户之间的现有关系也使得新企业很难进入，典型的行业有审计业、银行业、广告业等。

（4）法律障碍。政府颁布的政策、法律法规会在某些产业中限制新的加入者，从而造成进入障碍，如政府往往对关系到国计民生的行业（金融、保险、电信、电力、交通等）实行严格的许可和准入制度。

3. 替代产品的威胁分析

替代产品是指其功能与现有产品相似或相同的产品。替代产品的威胁主要取决于相互竞争的产品或服务的相关价格和性能，以及客户是否愿意替代。

（1）相关价格与相关性能。在产品或服务性能相差不大的情况下，客户会比较替代产品在价格上是否占有优势，比如航空业的竞争主要来自高铁与普通铁路运输商，在短距离旅行时，人们往往会选择高铁和价格便宜的火车而不是飞机，在这种情况下，航空业通常会进行一系列的机票打折活动来吸引乘客。由于技术的进步，有些替代品的性能会超过现有产品，比如微信语音通话代替了传统的手机电话，支付宝和微信支付代替了银行卡支付。

（2）客户转换意愿。客户是否愿意转换产品常常是替代产品能否构成威胁的关键因素。例如，支付宝和微信支付非常方便快捷，使得客户很愿意采用这些新型支付方式。

4. 购买方的讨价还价能力分析

（1）价格敏感性。价格敏感性决定了购买方愿意进行讨价还价的程度。当产品缺乏差异性且转换成本较低时，购买方的价格敏感性就较强。例如，家电行业产品同质化严重，购买者对价格很敏感，销售方不得不采用降价促销的方式来吸引购买者。购买方对价格的敏感性还取决于该产品对其自身成本结构的重要性,当产品在购买方成本总额中所占比重较大时,购买方可能会花费必要的资源寻找成本相对较低的替代品,如在软饮料的生产成本中,包装物的成本要占到一半,饮料生产商为了降低成本,必然会对包装物生产商提出更苛刻的价格要求;相反,汽车零部件占生产成本的比重较小,汽车制造厂没有必要花费资源去寻找低成本的替代品。该产品对提高购买方产品质量的重要性也决定着价格能否成为购买决策的重要因素。

(2)交易地位。交易地位决定了购买方能够成功地使价格下降的程度。它取决于各方不与对方进行交易所需付出的成本。一般而言,购买方的交易地位受购买方数量、单个买方的购买量、买方可选择的产品数量、产品转换成本以及买方后向一体化的威胁等因素。例如,汽车制造商比零部件制造商占有更高的交易地位,因为它们可选择的供应商有很多,并且转移供货渠道的成本也很低,如果它们还拥有了后向一体化的动机和能力,在与零部件企业的讨价还价中会更有优势;大型连锁零售商往往对产品进行批量采购,它们总能获得很高的价格优惠。

5. 供应商的讨价还价能力分析

(1)产品差异化与转换成本。如果供应的产品差异化明显且转换成本很高,则企业对供应商的依赖性就很大,供应商讨价还价的能力就很强。

(2)供应商对企业的重要程度。当供应商提供的产品或服务对企业很重要时,供应商比企业更具有讨价还价的优势。例如,在航空领域,飞行导航器制造商拥有绝对的话语权,航空公司在采购的问题上必须慎之又慎,既要降低经营成本,又要防止受制于供应商。同时,如果企业不是供应商的重要客户,它对供应商的议价能力很弱。

(3)交易地位。与购买方议价能力分析相类似,供应商议价能力也取决于交易地位的高低。当供应商的数量很少且单个供应商的供应量很多时,供应商具有强势地位。比如,由于计算机芯片巨头英特尔公司的竞争对手只有 AMD 等一两家公司,且实力相差悬殊,英特尔几乎垄断了芯片的供应,它依靠高价销售、快速推出换代产品等手段从计算机生产商和用户手中赚取了大量利润。当供应商进行前向一体化时,供应商具有更大的威胁。例如,格兰仕从发展初期为世界著名的微波炉品牌生产产品,到慢慢积累行业经验,创造自主品牌,进行产、供、销一体化管理,并成为全球最大的微波炉制造商。

5.2 竞争战略分析

企业的盈利能力不仅受到行业结构的影响,也受到自身所选择的竞争战略的影响。美国学者迈克尔·波特在《竞争战略》一书中把竞争战略描述为"采取进攻型或防守型行动,在产业中建立起进退有据的地位,成功地对付五种竞争力量,从而为企业赢得超常的投资收益"。为了达到这一目的,各企业会根据所处的环境和自身特征,制定出不同的竞争战略。但竞争战略大体上可分为两类:成本领先战略和差异化战略,如图 5-2 所示。这两类竞争战略都能使企业获得可持续的竞争优势。

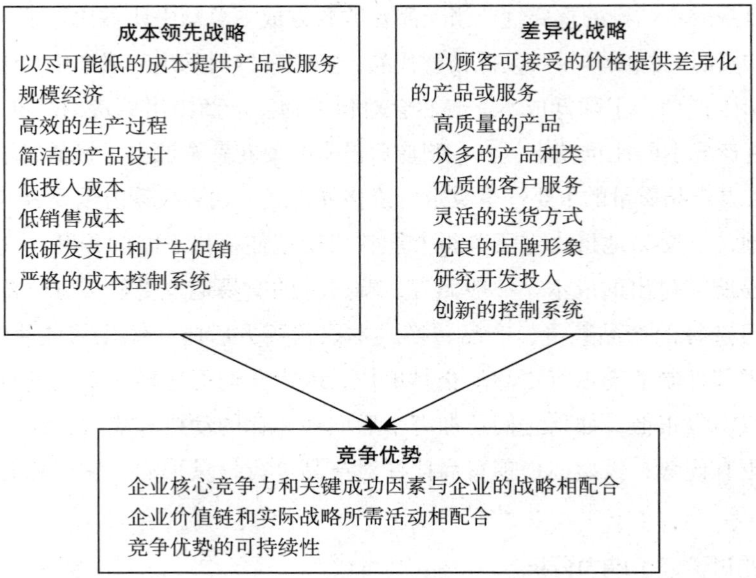

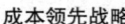

图 5-2　创造竞争优势的战略

5.2.1　成本领先战略

1. 成本领先战略的含义和意义

成本领先战略也称为低成本战略，是指企业通过有效途径降低成本，使企业的全部成本低于竞争对手的成本，甚至是在同行业中最低的成本，从而获取竞争优势的一种战略。

获取成本领先地位的方式很多，包括规模经济、提高生产效率、简洁的产品设计、降低投入成本和营业成本、提高组织效率等。如果企业获得了成本领先优势，它只需制定与竞争对手同样的价格就能够获得高于平均水平的收益。同样，成本领先可以迫使竞争对手降价、接受较低的收益或从行业中退出。成本领先战略并不意味着仅仅获得短期成本优势，而应获得持久的竞争优势。

根据企业获取成本优势的方法不同，成本领先战略分为以下五种主要类型：① 简化产品型成本领先战略，就是使产品简单化，将产品或服务中添加的花样全部取消；② 改进设计型成本领先战略；③ 材料节约型成本领先战略；④ 人工费用降低型成本领先战略；⑤ 生产创新及自动化型成本领先战略。

如果一个企业能够取得并保持全面的成本领先地位，那么它的产品价格与其竞争对手不相上下时，它的低成本地位就会转化为高收益。然而，一个在成本上占领先地位的企业不能忽视使产品别具一格的基础。一旦成本领先企业的产品不如竞争对手的产品时，它就要被迫降低价格，从而使价格低于竞争对手的水平以增加销售额。这就可能抵消它有利的成本地位所带来的好处。德州仪器（Texas Instruments，手表工业）和西北航空公司（Northwest Airlines，航空运输业）就是两家陷于这种困境的低成本企业。前者因无法克服未使其产品别具一格的不利之处，而退出了手表工业；后者则因及时发现了问题，并着手努力改进营销工作、乘客服务和为旅行社提供的服务，而使其产品进一步与其竞争对手的产品并驾齐驱。因此，尽管一个成本领先企业是依赖其成本上的领先地位来取得竞争优势的，但它要成为经济效益高于平均水平的超群者，则必须使其产品别具一格，才能真正将成本优势直接转化为高于竞争对手的收益。

成本领先战略的成功取决于企业日复一日地实施该战略的技能。成本领先是艰苦工作和持之以恒地重视成本工作的结果。企业降低成本的能力有所不同，甚至当它们具有相似的规模、相似的累计产量或由相似的政策指导时也是如此。企业要改善相对成本地位，与其说需要在战略上做出重大转变，还不如说需要管理人员更多的重视。

2. 成本领先战略的实现途径

为了取得成本领先的优势，企业应该对价值链进行优化管理，也就是使企业整个价值链上的累积成本低于竞争对手的累积成本。成本领先战略可以通过以下途径得以实现。

（1）简化产品设计和减少研发支出。具体措施包括：简化产品设计，使产品的生产更具经济性；减少研发支出的投资，规避风险性的研发支出，将研发支出集中投资于能够有效降低生产成本的领域。例如，戴尔的变革主要在于创建能够迅速应变的低成本和高效率的组织，而不是将资金大量投资于计算机零部件和软件的开发。

（2）优化产品生产过程和利用规模经济降低生产成本。企业可以通过对业务流程再造，提高关键活动的效率和企业资产的利用效率。当企业处于规模经济时，增加产品产量可以降低单位产品成本。

（3）降低采购成本。企业可以通过对供应商进行调查和谈判，在质量相差不大的情况下，选择能够以最低价格提供原材料的供应商；采用包销、大订单购货等方式同主要的供应商保持稳定和紧密的合作关系，以取得讨价还价的优势。

（4）降低营业成本。企业可以同分销商或客户保持良好的关系，以寻找降低成本的双赢机会，如提供优质的售后服务；可以采用"直接到达最终用户"的营销策略，如"店铺＋销售代表"的安利式直销和"按订单生产"的戴尔式直销。企业还可以建立高效的物流成本管理，如将设施布置在更靠近供应商和消费者的地方；选择低成本的运输公司；通过对多个零售店的共同配送，提高货车的载重率等。

（5）建立严格的成本控制系统。企业应建立起具有结构化、职责分明的成本控制系统，实行有效的监督和激励制度，改善企业的效益和效率。

3. 成本领先战略的优势和风险

（1）从产业结构"五种竞争力量"的角度，成本领先战略具有以下优势：

1）企业由于处于低成本地位，可以有效抵挡现有竞争对手的对抗，低成本也是企业进行价格战的良好条件。

2）成本领先企业对潜在进入者形成了进入障碍，企业的定价和降价能力是防御潜在进入者的有效壁垒，如格兰仕的频繁降价形成了成本壁垒，使得许多企业在这个行业中消失，也使得很多想进入该行业的企业望而却步。

3）成本领先战略通过降低价格提高现有产品的性价比，可以降低或缓解替代品的威胁。

4）在防御购买者的力量方面，低成本能够为企业提供部分的利润率保护，防御来自强有力的买方的议价能力。

5）在抵御供应商的谈判优势方面，处于低成本地位的企业可以有更多的灵活性来解决由于供应商供给的生产要素涨价所带来的困境。

（2）成本领先战略的具体风险包括：

1）行业的新加入者或追随者通过模仿使得整个行业的盈利能力下降。

2）顾客需求从注重价格转向注重企业的品牌形象，使得企业原有的优势变成劣势。

3）与竞争对手的产品产生了较大的差异。采用成本领先战略降低价格而为消费者提供的消费者剩余，不足以抵消采用差异化战略的竞争对手通过提高顾客认可的价值而为消费者提供的消费者剩余，从而使企业失去竞争优势。

4）为降低成本而采用的大规模生产技术和设备过于专一化，适应性差。

5）技术变化或通货膨胀的影响会导致原有的成本优势丧失。

5.2.2 差异化战略

1. 差异化战略的含义与意义

差异化战略又称别具一格战略，企业向客户提供的产品或服务在特定范围内独具特色，这种特色可以给产品带来额外加价。实行差异化战略的企业试图在客户高度重视的某些方面保持独特性。为使该战略获得成功，企业必须做好三件事情：第一，企业必须确定产品或服务的一种或多种受客户重视的特性；第二，企业必须定位于以独特的方式满足所选定的客户需求；第三，企业必须以低于客户愿意支付的价格实现其独特性。产品差异化可以凭借产品质量、产品多样性、产品捆绑销售等方式实现，也可通过投资于商标、产品外观、信誉等方式实现。

差异化战略的类型包括：① 产品差异化战略，如特征、工作性能、一致性、耐用性、可靠性、易修理性、式样和设计；② 服务差异化战略，如送货、安装、顾客培训、咨询服务等因素；③ 人事差异化战略，训练有素的员工应能体现出胜任、礼貌、可信、可靠、反应敏捷、善于交流六个特征；④ 形象差异化战略，形象就是公众对产品和企业的看法和感觉，塑造形象的工具有名称、颜色、标识等。比如，特步公司别出心裁的 X 标志，与耐克的 ✓ 形成鲜明的对比。

从消费者对差异程度敏感性的角度考虑，如果购买者偏好的多样性很强，标准化的产品难以满足其需要，企业所在行业技术变革较快，购买者对差异程度很敏感，这时差异化战略就成为一个很有吸引力的竞争战略。从产品寿命周期来考虑，在产品处于投入期时，产品的开发成本很高，具有特异优势，产品性能的完善是顾客关注的焦点，此时，采用差异化战略可能会给企业带来更高的收益。当产品进入成长期时，市场需求迅速上升，规模经济效应日渐明显，成本逐渐下降，产品的性能、规格、特性等还在不断完善，在这一阶段，企业仍适宜采用差异化战略。

产品差异化可以为企业带来较高的收益，可以用来应对供应方压力，也可以缓解买方压力，采取差异化战略还能赢得顾客的忠诚，在面对替代品威胁时，其所处地位比其他竞争对手也更为有利。

如果成功实施了差异化战略，它就成为在一个行业中赢得高水平收益的积极战略，因为它建立起防御阵地对付五种竞争力量，虽然其防御的形式与成本领先战略有所不同。但是，推行差异化战略有时会与争取占有更大的市场份额的活动相矛盾。推行差异化战略往往要求企业对于这一战略的排他性有思想准备。这一战略与提高市场份额两者不可兼顾。企业在实施差异化战略时总是需要付出很高的成本代价，有时即便全行业范围的顾客都了解企业的独特优点，也并不是所有顾客都将愿意或有能力支付企业要求的高价格。

2. 差异化战略的实现途径

企业经营的差别性来源于其价值链，价值链上的任何一项作业以及价值链上各作业之间的内部联系都是企业产品差异化的实现途径。

（1）增强产品设计能力和投入大量的研发支出。企业应设计出符合客户特定需求的产品。企业应当投入大量的研发支出，这时的研发更强调产品创新和基础研究，投资于能使企业生产出高差异化产品的技术。

（2）生产众多的产品种类和建立灵活的生产方式。企业应增加产品的种类，生产具有吸引力的产品，实现产品的多元化和差异性；应对不断变化的客户差异化需求做出迅速反应。

（3）采购高质量的原材料。差异化战略通过提高产品的性能来增强产品的竞争性，因此，产品质量尤为重要。为了保证产品质量，企业在采购过程中就要严格把关，选择能够提供高质量原材料的供应商。

（4）树立良好的品牌形象和提供优质的售后服务。例如，通过与分销商或客户建立广泛的个人关系，可以树立企业良好的品牌形象，提高顾客的品牌忠诚度；培训专业的售后服务人员，储备齐全的维修设备和替换部件，可以确保高质量的产品安装或服务，提高顾客对企业的满意度。

（5）采用灵活的送货方式。例如，可以选择采用自营配送、集中配送、连锁配送等不同方式。

（6）采用创新的控制系统。例如，企业可以利用灵活的管理风格以促进企业家的创新精神；为吸引更有技术的工人而付出高于平均工资的报酬。

3. 差异化战略的优势和风险

（1）从产业结构"五种竞争力量"的角度，差异化战略具有以下优势：

1）实施差异化战略，可以提高客户对品牌的忠诚度，降低客户对价格的敏感性，从而为企业防御现有竞争对手设置了屏障。

2）采用差异化战略的企业，由于产品独具特色，顾客的忠诚度很高，从而使潜在进入者必须克服这种独特性才能与企业竞争。

3）差异化战略通过提高产品的性能来提高产品的性价比，以抵御替代品的威胁。例如，我国铁路运输系统通过改善服务质量，提高运行速度，从航空运输业中争得相当一部分客流量。

4）企业产品的差异性削弱了购买方讨价还价的能力。

5）差异化战略可以为企业产生更高的边际效益，增强了企业应对供应者讨价还价的主动性和灵活性。

（2）差异化战略的具体风险包括：

1）企业形成产品差异化的成本过高，从而与实施成本领先战略的竞争对手的产品价格差距过大，购买者不愿意为具有差异化的产品支付较高的价格。

2）市场需求发生变化，购买者需要的产品差异化程度下降，使企业失去竞争优势。

3）过度差异化会导致产品的价格过高或差异化的属性远远超过购买者的需求。

5.3 业务领先模型

5.3.1 业务领先模型的内容与作用

业务领先模型（Business Leadership Model，BLM）是一套端到端循环迭代的战略规划工具，以差距分析为起点，进行顶层设计，最终落地执行。该模型由 IBM 公司创建，后来华为于 2006 年引进该模型。BLM 模型具有很强的包容性，可以把很多战略规划工具融入其中。经过十多年的持续应用，BLM 模型已成为华为重要的战略规划方法。BLM 模型主要内容如图 5-3 所示。

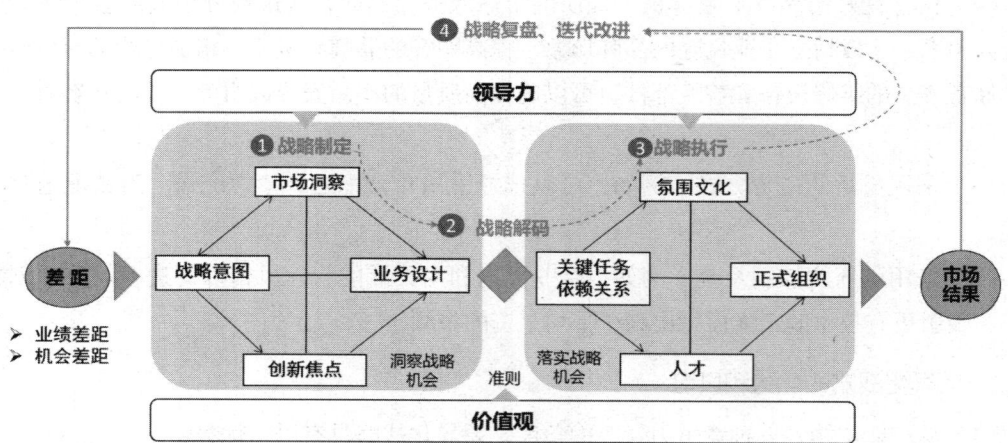

图 5-3 BLM 模型图

BLM 的作用是通过一套战略制定与执行的方法论，在企业从上到下形成了共同战略、共同目标、共同的文化语言、共同的业绩承诺、共同的市场结果和共同价值观，凝聚了人心，形成了强大的领导力和执行力。

BLM 在使用中应遵循的基本原则是：战略不可以被授权，最高领导者必须亲自领导，亲自监督战略的制定和执行；以差距为指导方向，着重解决关键问题；战略需要得到执行，注重执行结果；战略是一种持续的、循环的组织行为。

5.3.2 差距分析

BLM 的起点是差距，终点是关闭差距，差距就是企业前进的动力。差距是市场结果与期望目标之间的差异。差距分为业绩差距和机会差距。差距分析是将企业实际取得的结果与其预期目标进行比较，分析产生差距的原因并制定措施以减少或消除差距。差距产生的原因在于：①制定的战略不能适应市场的发展变化；②战略执行力不足，组织能力薄弱，无法承接新的战略；③企业在战略制定和执行的过程中缺乏必要的领导力和价值观。

业绩差距是企业实际业务运营层面的差距，是由执行不足导致的，可以通过改进企业的战略执行体系来弥补。业绩差距的分析方法是：识别业绩差距，分析差距产生的根本原因，制订行动计划并落实到关键任务上。

机会差距是企业的战略层面的差距，需要通过市场洞察来修正，重点是分析细分行业、洞察市场和竞争对手，调度资源以匹配机会。机会差距分析的方法是：识别机会差距，回顾业务设计的现实状况，根据机会差距和业务设计的现状，着手开展新的业务设计，并将其落实到关键任务上。

5.3.3 战略制定

BLM 模型中的战略制定包括市场洞察、战略意图、创新焦点、业务设计等相互影响、相互作用的方面。

1. 市场洞察

市场洞察需要企业挖掘顾客需要，了解竞争对手动态、当前科技发展趋势和整体市场情况，从而发现机会与风险，分析机会与风险对本企业产生的影响。市场洞察分为五看：看行业、看客户、看对手、看自己、看机会。

看行业：分析国家政治、经济、文化等对行业的影响；行业未来的发展趋势；整体市场的空间；本公司参与的空间。

看客户：应该根据哪些标准对客户进行分类？客户的战略重点、需求偏好和痛点是什么？客户在发展过程中面临哪些压力和挑战？

看对手：主要分析竞争对手采用的战略、价值主张、主要竞争策略，本企业能从竞争对手身上学到什么？其目的是学习并超越竞争对手。

看自己：对自身的洞察需要以对客户和竞争对手的洞察为基础，挖掘自身优势，弥补自身不足，对面临的挑战与机遇要有清楚的认知。

看机会：看机会就是寻找市场红海中的蓝海，也就是在主航道里找细分领域，在细分领域里找更细分的领域，即寻找市场上没有被充分满足的客户需求。这也是战略规划的目的。

2. 战略意图

战略意图指明了后续战略活动的大致方向和路径，可以采用倒逼思维，即从企业未来的理想出发，构建相应的能力。确定战略意图的思路是：第一，以企业愿景为基础，愿景是指企业未来整体业务发展的一种设想和蓝图；第二，必须基于机会，企业确定的细分市场要是蓝海，机会空间要足够大；第三，基于对竞争对手和相关环境的判断；第四，战略意图需要体现在战略目标上，如收入、利润、市场份额、产品质量、新产品、客户关系、价格和成本以及增长策略等方面；第五，必须明确战略发展路线，包括不同阶段战略制定重点、开发思路和阶段性里程碑等。

3. 创新焦点

创新应该聚焦于核心业务、未来新业务的培育、未来业务组合、企业创新模式、资源利用等。需要根据公司的战略定位，确定创新的重点。创新包括产品创新、服务创新、业务流程创新、业务模式创新和文化创新等。需要结合自身优势，匹配目前机会，把公司资源投资在关键创新点上，形成自身差异化的竞争优势，力争抓住战略机会点，成为行业领先者。

4. 业务设计

战略制定的立足点在于业务设计，它包括客户选择、价值主张、价值获取、活动范围、战略控制点、风险管理。业务设计的目标是根据市场洞察和需要解决的关键差距，在业务设计方面初步达成一致意见。

（1）客户选择。客户选择是战略上的取舍。企业一旦锁定了细分市场，就意味着选择了客户，选择了客户就决定了未来的投向和投入，明确了应该做和不应该做的事情。选择了客户之后，要根据价值高低对客户进行分级分类。例如，华为内部就把客户分为五类，价格最高、采购最多、带来收益最大的客户肯定是一类客户；经常不回款、项目周期长的客户肯定被列入"黑名单"。"以客户为中心"绝不是对任何客户都一视同仁，而是优质资源向高价值客户倾斜，把优质客户服务好，建立稳固的客户关系，形成战略伙伴关系。

（2）价值主张。价值主张就是要明确：客户为什么选择本企业？本企业产品或者服务能给客户带来哪些独特价值？根据对客户需求的洞察确定我们的价值主张。价值主张体现在：第一，企业能否击中客户痛点，满足客户需求？第二，所提供的产品或服务是否具有独特的价值属性让客户真正认可？第三，是否能帮客户实现价值增值？

（3）价值获取。价值获取是要明确：企业怎样把产品卖出去赚到钱？有哪些盈利模式？这需要精细设计。价值获取要坚持双赢的价值取向。

（4）活动范围。确定经营活动中本企业的角色和范围，并且基于角色和范围进一步确定企业"做什么"和"不做什么"，清楚企业自身在价值链中的位置以及与合作伙伴的关系。

（5）战略控制点。战略控制点是在企业现在和未来都能够挣到钱的机会点上构建战略控制力，形成企业的护城河。构建战略控制力的逻辑包括成本优势、品质领先、技术和研发领先、分销或渠道控制力、市场份额等方面。

（6）风险管理。企业所有业务都要考虑风险及应对策略。应对风险的策略包括规避、承受、减小、分担、利用等。其中利用风险是最佳策略。只要企业做足了战略准备，危机就可能变成机会。

5.3.4 战略执行

在图 5-3 中，BLM 左边是战略体系，是确定"方向大致正确"；BLM 右边是执行体系，解决的是"组织充满活力"。BLM 右边分别是关键任务和依赖关系、正式组织、人才、氛围文化。这里的关键是要通过关键任务的识别找到战略落地的焦点，让正式组织、人才、氛围文化能够与战略落地的焦点保持高度一致，支撑起关键任务的实施。

1. 关键任务和依赖关系

关键任务是企业完成其业务设计和价值主张所实施的必要行动。对关键任务的界定是：关键任务贯穿战略从制定到执行的全部过程，支持业务设计和价值主张、包括重要的业务流程的设计与实施，是具体的、年度性的、可衡量的行动。

关键任务要承接业务设计，为价值主张而生。企业选择了哪个方向作为价值主张，关键任务就要构建起支撑这个价值主张的能力。如成本最低要求企业具有较强的运营管理能力，产品领先要求创新能力强，全面的客户解决方案要求企业的客户管理能力强。

2. 正式组织

正式组织是支持企业关键任务落地实施的关键要素，包括组织架构、业务作业流程、营运管理机制、组织效能评估等方面。①组织架构。需要确定应设置的部门、各部门的定位和使命、职能分工和授权、管理层级设置、人员配置组合等。②业务作业流程。主要包括流程设计、赋能、授权、IT 系统等。③营运管理机制。包括管理决策、经营分析、风险分析授权等。④组织效能评估。包括绩效考核和评价等。

正式组织要重点聚焦在：检查正式组织和关键任务的一致性；通过对资源的调整和配套相应的驱动机制，更好地支撑关键任务的落地。

3. 人才

人才是战略能够有效执行的人力资源特质、能力和素质。人才管理的核心点分别是关键岗位识别、人才队伍盘点和人才战略制定。①关键岗位识别。识别关键岗位，一是回顾年度的关键任务，明确所对应的价值创造流程；二是根据关键工作流程，梳理出每个流程所必须有的关键岗位。②人才队伍盘点。从岗位的工作需求出发，根据员工的知识、技能和态度来制定人才管理的目标和行动。③人才战略制定。帮助企业聚焦于中长期业务目标，关注人力资源的能力建设，提升人员的综合素质。

4. 氛围文化

有效的氛围文化有助于提升关键任务执行的有效性。在 BLM 模型中，通常会用四个杠杆来撬动企业的氛围文化。①参与。提升员工与团队的参与度，加速氛围文化的调整。②领导力。通过激发中高层管理者的领导力来改变当前的氛围文化。③信息和沟通。确保企业内部信息互通，提高内部信息传递和沟通效率。④奖励。通过正向激励来激发行为。

5. 领导力与价值观

领导力是推动企业不断向前的驱动力。领导力包含两方面内涵：一是领导者素质，包括领导者展现的特质、行为倾向和能力水平；二是管理风格，即领导者在其管辖任务和管辖人员范围内开展计划、组织、激励、控制时所展现出来的具体行为特征。

企业价值观是企业及其员工的价值取向，是企业在追求经营成功过程中所推崇的基本信念和奉行的目标。它有助于凝聚力量、规范行为。如成就客户、艰苦奋斗、开放进取、自我批判、至诚守信、团队合作是华为的核心价值观。

5.3.5 战略解码

战略解码是对战略进行分解和落实。它以集中开会与讨论的形式，汲取企业顶层管理团队与骨干核心成员的集体智慧，就企业未来的愿景目标和所制定的战略路径形成共识，并将其转变为企业具体的战略目标和行动，然后再逐级分解成为个人目标，在实施过程中不断改进与提升。战略执行不力的原因主要是战略共识程度不足、战略举措不明确或缺失、战略资源不匹配、缺少落实战略体系的有效支撑、缺乏协调。

战略解码的作用是有效提升企业在战略层面的执行能力；通过解码这一环节，划分职责界限，确定明确的绩效考评体系，解决执行过程中遇到的障碍；通过战略解码会，对企业战略的相关问题展开充分讨论，集思广益；战略解码会的重大产出是重点分析已制定的战略，拟定具体行动计划，落实个人责任，签订个人绩效合同。

战略解码的关键步骤如图 5-4 所示。

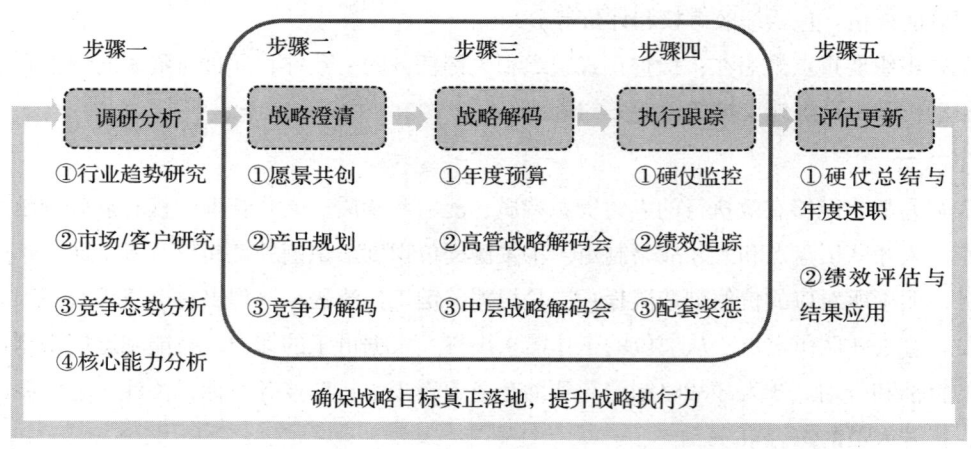

图 5-4　战略解码的关键步骤

战略解码时需要注意以下问题：①以解码为核心，而非战略分析。重点是战略实现，而非论证战略选择。②强调团结协作,以集体讨论的形式制定战略并进行分解,充分汲取各方智慧。③采用清晰易懂的方式对企业战略进行阐释,使其易于理解和执行。④从头到尾需要重视强调每位参与者的承诺和参与。

BLM方法论就如登山,战略意图即山顶,差距即山脚,中间部分包含市场洞察、业务设计、创新焦点、关键任务、组织、人才、氛围文化等,都是围绕如何达到战略意图(顶峰)展开。这是一套十分系统的方法论,对企业战略制定和执行具有重要意义和价值。

5.4 企业战略与财务特征

企业战略决定公司的价值创造能力与增值能力。企业战略制定涉及行业选择和竞争战略决策。不同的行业和竞争战略会导致不同的盈利水平和财务特征。所以,战略决定公司的命运。

5.4.1 行业选择与财务特征

俗话说"男怕入错行,女怕嫁错郎",如果公司选错了行业,想掉头就非常不易。行业有不同分类标准,站在财务分析的角度,行业可分为重资产行业或轻资产行业、热门行业或冷门行业、赚钱行业或不赚钱行业、朝阳行业或夕阳行业等。公司的行业选择在很大程度上决定了财报的数字特征。本书选择了贵州茅台、小米、南方航空等代表性行业公司,通过分析2020年年报来说明行业的不同财务特征,如表5-3所示。

表5-3 行业与财务特征　　　　　　　　　　　（金额单位:亿元)

项　　目	贵州茅台	结构百分比	小　米	结构百分比	南方航空	结构百分比
流动资产合计	1 856.52	87.00%	1 762.83	69.49%	389.85	11.95%
非流动资产合计	277.44	13.00%	773.97	30.51%	2 871.30	88.05%
资产总计	2 133.96	100.00%	2 536.80	100.00%	3 261.15	100.00%
流动负债合计	456.74	21.40%	1 079.27	42.54%	956.81	29.34%
非流动负债合计	0.01	0.00%	217.39	8.57%	1 455.71	44.64%
负债合计	456.75	21.40%	1 296.66	51.11%	2 412.52	73.98%
所有者权益合计	1 677.21	78.60%	1 240.14	48.89%	848.63	26.02%
负债和所有者权益合计	2 133.96	100.00%	2 536.80	100.00%	3 261.15	100.00%
营业总收入	979.93	100.00%	2 458.66	100.00%	925.61	100.00%
营业总成本	313.05	31.95%	2 091.14	85.05%	1 078.30	116.50%
营业成本	81.54	8.32%			949.03	102.53%
税金及附加	138.87	14.17%			3.30	0.31%
销售费用	25.48	2.60%			52.48	4.87%
管理费用	67.90	21.69%			39.89	4.31%
财务费用	−2.35	−0.75%			29.93	3.23%
资产减值损失	0.00	0.00%			−40.17	−4.34%
其他经营收益	0.53	0.05%			−3.72	−0.40%
营业利润	666.35	68.00%			−156.41	−16.90%
加:营业外收入	0.11	0.01%			6.52	0.70%

(续)

项目	贵州茅台	结构百分比	小米	结构百分比	南方航空	结构百分比
减：营业外支出	4.49	0.46%			1.97	0.21%
利润总额	661.97	67.55%	216.33	10.35%	−151.86	−16.41%
减：所得税费用	166.74	17.02%	13.21	0.54%	−33.66	−3.64%
净利润	495.23	50.54%	203.12	8.26%	−118.20	−12.77%
净资产收益率	29.53%		16.38%		−13.93%	

注：表中数据在计算过程中有四舍五入。

从表 5-3 中可以看到，行业不同，其资产结构、资本结构、盈利水平就不同。①资产结构。贵州茅台、小米属于"轻资产"公司，流动资产占比较高。南方航空属于"重资产"公司，固定资产占大较高。②资本结构。贵州茅台的资产负债率只有 21.40%，财务风险最低。南方航空资产负债率是 73.98%，财务风险最高。③盈利水平。贵州茅台的净资产收益率是 29.53%，盈利能力最强。南方航空的净资产收益率是 −13.93%，盈利能力最差。上述财务数字特征，很大程度上是由行业所决定的。

一般来说，科技型公司为轻资产公司，流动资产占比较高；研发费用高，具有技术定价权，毛利率一般较高，盈利水平较好。大多白酒企业为轻资产公司，流动资产占比较高，以白酒销售为盈利模式，毛利率高，净资产收益率高，盈利能力强。

航空公司属于高度重资产的行业，固定成本较高，经营杠杆大，经营风险大。航空公司的盈利模式是通过购买飞机并运营航线，为顾客提供运输服务。其受航油成本影响较大，经营的波动性较大，受各种突发因素（如疫情）的影响大。因此，航空公司的经营业绩很大程度上取决于外部环境。

通过上述分析，可以看出，公司所处的行业将在很大程度上决定公司财务特征和盈利水平。不同行业的公司，财报分析的重点存在差异。比如，重资产行业的公司，分析时需要重点分析总资产周转率、固定资产周转率等，以判断长期资产的使用效率以及成本管控情况。轻资产行业的公司，分析时需要重点分析公司的品牌、技术和研发投入，以及这些资源所带来的溢价能力和高毛利率可否持续。对公司决策者而言，在制定公司战略及进行投资决策之前，了解行业特征是制胜关键。

5.4.2 竞争战略与财务特征

企业基本竞争战略分为成本领先战略（也称低成本战略）和差异化战略。行业结构决定企业竞争战略的选择。低成本战略和差异化战略并不对立，实施差异化战略的公司应在可承受的成本基础上获得差异优势。实施低成本战略的公司也需要在质量和服务等方面超过竞争对手。许多公司同时采用低成本战略与差异化战略，如小米、海尔、沃尔玛等。下面具体分析不同竞争战略公司的财务特征。

1. 低成本战略下的财务特征

低成本战略是通过全方位控制成本费用来获取竞争优势。控制成本的措施包括规模经济、高效生产、产品设计优化、加速资产周转、低投入等，它贯穿于产品设计、生产、销售、服务等环节。钢铁制造、航空运输、电力、水泥、零售等行业企业适合采用低成本战略。下面通过分析零售企业财报来说明实施低成本战略的公司的财务特征，具体数据如表 5-4 所示。

表 5-4　沃尔玛与开市客财报比较　　　　　　　　　（金额单位：亿美元）

项　目	沃尔玛	开市客
固定资产总额	1 982.18	251.87
固定资产占总资产比重	78.50%	45.34%
固定资产周转率	4.72	7.33
存货周转率	9.40	12.90
资产负债率	65.33%	66.33%
营业总收入	5 591.51	1 667.61
营业成本	4 203.15	1 449.39
营业成本率	75.17%	86.91%
毛利	1 388.36	218.22
毛利率	24.83%	13.09%
销售和管理费用	1 162.88	163.32
总费用率	20.80%	9.79%
财务费用	23.15	1.6
财务费用率	0.41%	0.10%
销售净利率	2.45%	2.43%

表 5-4 对沃尔玛与开市客的财报进行了比较。沃尔玛的毛利率 24.83% 远高于开市客的 13.09%。但开市客的存货周转率、固定资产周转率均快于沃尔玛，销售和管理费用率仅为 9.79%，显著低于沃尔玛的 20.80%。说明开市客虽然商品卖得很便宜，但依靠快速的存货周转和固定资产周转、严格的成本费用管控，最终与沃尔玛的净利率水平相差不大。开市客是实施低成本战略的典范。

2. 差异化战略下的财务特征

实施差异化战略的公司，由于具有技术、服务、品牌形象等方面的优势，具有高价格、高毛利率的特点。下面以小米公司、苹果公司为例来分析实施差异化战略的公司的财务特征，具体数据如表 5-5 所示。

表 5-5　小米公司与苹果公司 2020 年度财报比较

项　目	小米公司 / 亿元	苹果公司 / 亿美元
流动资产总额	1 762.83	1 437.13
全部资产总额	2 536.80	3 238.88
流动资产占总资产比重	69.49%	44.37%
流动资产周转率	1.63	1.79
资产负债率	51.11%	79.83%
营业总收入	2 458.66	2 745.15
营业成本	2 091.14	1 695.59
营业利润	240.35	662.88
营业成本率	11.49%	39.09%

(续)

项目	小米公司/亿元	苹果公司/亿美元
毛利	367.52	1 049.56
毛利率	14.95%	38.23%
销售费用	145.39	—
管理费用	37.46	—
销售费用和管理费用总额	182.85	199.16
总费用率	7.44%	7.25%
财务费用	—	−8.90
财务费用率	—	−0.32%
销售净利率	8.26%	20.91%

从表 5-5 可以看出，小米公司和苹果公司的毛利率高，流动资产占比较高，属于典型的轻资产公司。小米公司和苹果公司虽然总费用率差不多，但毛利率差别大，致使销售净利率的差别也较大。

3. 实施不同竞争战略的公司的财务特征比较

实施不同竞争战略的公司的财报存在不同特征。成功实施差异化战略的公司通过技术专利、品牌形象等构筑了很高的竞争壁垒，使其毛利率、销售净利率等较高，盈利能力很强。实施低成本战略的公司无法建立起竞争壁垒，进入门槛不高，市场竞争激烈，甚至陷入价格战，这些公司的毛利率、销售净利率等较低，管理稍有不善就可能陷入亏损。实施不同竞争战略的公司的财务特征比较如表 5-6 所示。

表 5-6　实施不同竞争战略的公司财务特征比较

财务特征	竞争战略	
	低成本战略	差异化战略
核心	严格控制成本和费用	取得对用户有价值的独特性
适用性	适合无法提供差异化产品或服务的行业	适合创新创意、品牌消费等行业
资产特征	以固定资产、无形资产（土地使用权）为主的重资产	以流动资产和金融资产为主的轻资产
资本特征	长期资产投入大，财务杠杆高	长期资产投入少，财务杠杆低
资产周转	加速长期资产周转以降低单位固定成本，并做好营运资本管理	重点在于存货、应收账款和应付账款等营运资本的周转和管理
营运资本需求	在产业链中不具有谈判优势，营运资本投入较大，现金周期较长	在产业链中具有谈判优势，营运资本投入较少，现金周期较短甚至为负
毛利率、净利率	毛利率和净利率低，竞争环境影响大	毛利率和净利率高，取决于自身核心竞争力
成本费用率	成本费用率较低	研发费用率较高

5.5　国美电器低成本战略分析

国美电器集团成立于 1987 年 1 月 1 日，是中国最大的以家电及消费电子产品零售为主的全国性连锁企业。国美电器集团在全国 280 多个城市拥有直营门店 1 200 多家，旗下拥有国美、永乐、大中、黑天鹅等全国性和区域性家电零售品牌，年销售能力 1 000 亿元。国美电器集团坚持"薄利多销、服务当先"的经营理念，依靠准确的市场定位和不断创新的经营策略，引领家电消费潮流，为消费者提供个性化、多样化的服务，国美品牌得到中国广大消费者的青睐。本着"商者无域、相融共生"的企业发展理念，国美电器与全球知名家电制造企业保持紧密、友好、互助的战略合作伙伴关系，成为众多知名家电厂家在中国最大的经销商。

低价是国美的战略，也是国美受到消费者青睐的主要原因。国美的低价理论是：价格越低，销量越大。在卖方市场时，国美靠薄利多销迅速在京城站稳了脚跟。而今，在买方市场时，国美靠勤进快销，大批量包销、定制、招投标采购来降低进货价格，再靠低价不断开拓市场。在这一点上，国美的经营理念似乎与沃尔玛有着惊人的相似之处。国美电器实施低价战略的重要目的是把实惠最大限度地让给消费者，它的低价销售不仅仅是部分品牌商品而是全部品牌商品。同时，国美还实行"差价双倍还"的低价承诺。此外，国美的低价不是那种不定期地换季大甩卖或推销滞销产品时才使用，也不是用低价销售某些商品作为诱饵吸引顾客，而是作为整个企业市场定价策略的核心，低价销售是企业存在的根本和发展的依托。在采购环节、物流环节和销售环节，国美通过新理念、严管理和新科技实现了它的低成本竞争战略。

1. 采购环节

国美采用包括全国合作协议、包销、大订单、招标订购、定制在内的全新操作模式，具有明显的价格优势。随着国美对国有、合资品牌有了一定的销售能力和经验，它创造了一个新的营销模式：摆脱一切中间商，直接与制造商合作。通常，销售商为减少资金占压，与厂家合作时大多采用代销形式，即使同意经销，也不轻易承诺销售量。国美经过慎重考虑和精心论证，决定以承诺销量向厂家表示合作诚意。由于与生产厂家开展直接贸易，国美的商品成本比其他零售商低了很多，反映到市场上就是国美店内的家电售价普遍便宜了几十元，甚至几百元、上千元。如此大的价格优势使国美的家电卖得多、卖得快，销售额逐年上升。由于销售额越做越大，国美电器的采购订单也日益增多。订单的实行，使国美脱离了中间商，与厂家直接接触，免去一切中间环节和费用，使商品进价越来越低，也使三方同时受益。对国美而言，它最了解消费者需要什么，于是买进最好卖的东西，又能通过买断经营，使价格比原来便宜得多；对厂家而言，省去了大量的宣传、营销费用，更避免了货物卖出去提不到款的风险；对消费者而言，也有着不言而喻的好处。

2. 物流环节

用现代物流流程取代传统储运业务，大大压缩了物流环节和费用。国美物流的供应链目前有三种形式：工厂—分公司—店铺—消费者；工厂—店铺—消费者；工厂—消费者（网上销售部分）。从发展趋势来看，第一种在向第二、第三种过渡，这必然带来物流费用水平的持续大幅下降。国美采用集中进货的方式，把每个店将近 400～500 米^2 的小库取消，集中到大库，每个店将节省下来的店面作为营业卖场，这样每个店一年就可以节省几十万元的租金。据介绍，国美的物流配送成本已降到 0.8%，这为实施低价策略打下了坚实的基础。

3. 销售环节

（1）多管齐下，直接、间接地减少营销费用，扩大销售规模。国美的店面一般不选在繁华的地段，占地也不是特别大，一般在 4 000 米² 左右，所以低租金是国美控制成本的方式之一。国美还实行了以下措施减少营销费用：将样品实行单品化管理，由工厂出资，这样可节省巨额的流动资金；实行多样化、差别化的优质服务，推出 80 公里免费送货、免抬服务，开通 800 免费咨询电话，建立顾客档案，实施电话回访、企业联保等服务措施等。此外，国美还为消费者设立了维权保证金，在厂家不能及时或无法赔偿的情况下，国美启动"先行赔付"工程，为顾客解除后顾忧虑。

（2）低廉的价格和优质的服务不断地扩大着国美的销售量。而国美把规模经营节约的成本、免去中间商节约的费用，以及因其承担流通风险而得到厂家的返利都毫不保留地返还给消费者，让消费者成为最大的受益人。也就是说，国美是通过规模扩大向生产厂家要利润，即凭借规模优势拿到比竞争对手更低的进货价来获取利润，而不是从消费者身上要利润。

（3）低价的背后还有国美深厚的企业文化，即敢为人先，贡献社会；重诺守信，诚信为本；以德为本，立德立人；任人唯贤，人员本土化；树立品牌，注重形象。深厚的企业文化提高了管理的效率，从而为降低管理成本和销售价格提供了可能。

正是这些超低的价格、低价不低质的品质保证和超值服务，使国美迅速成长为中国家电零售企业的领先者。无低价就没有国美今天的成就，也不会有国美明天的辉煌，这是国美营销成功的奥秘。

▶ 思考题

1. 如何理解企业竞争战略分析在财务分析中的重要性？
2. 行业的经济结构分为哪些类型？各有何特点？
3. 如何识别行业的经济特征？
4. 行业竞争程度如何影响企业的盈利能力？
5. 行业生命周期各阶段的关键成功因素和风险是什么？
6. 影响行业盈利能力的有哪五种竞争力量？请用五力模型分析我国新能源汽车行业的盈利能力。
7. 什么是成本领先战略？它具有哪些优势？
8. 什么是差异化战略？它具有哪些优势？
9. 企业同时采用成本领先战略与差异化战略是否矛盾？你能找到这两方面都很成功的公司吗？

▶ 案例分析

1. 1962 年，山姆·沃尔顿开设了第一家沃尔玛商店。迄今，沃尔玛已成为世界第一大百货商店，在世界零售业中也排名第一。作为一家商业零售企业，能与微软、通用电气等巨型公司相匹敌，其实力实在让人惊叹。

沃尔玛取得成功的关键在于商品物美价廉，对顾客的服务优质上乘。沃尔玛始终保持自己的商品售价比其他商店便宜。沃尔玛每周五上午都会召开经理人员会议，研究商品价格情况。如果有报告说某一商场的标价低于沃尔玛，即可决定降价，保证同种商品在沃尔玛价格最低。

能保证这种低价是在压低进货价格和降低经营成本方面下功夫的结果。沃尔玛直接从生产厂家进货，想尽一切办法把价格压低到极限成交。公司纪律严明，监督有力，禁止供应商送礼或请采购员吃饭，以免采购员损公肥私。沃尔玛也把货物的运费和保管费用降到最低。公司在全美的配货中心都设在离沃尔玛商场距离不到一天路程的附近地点。商品购进后直接送到配货中心，再从配货中心由公司专有的集装箱车队运往各地的沃尔玛商场。公司建有最先进的配货和存货系统，公司总部的高性能计算机系统与配货中心和沃尔玛商场的POS终端机联网，每家商场通过收款机激光扫描售出货物的条码，将有关信息记载到计算机网络当中。当某一货品库存减少到最低限时，计算机就会向总部发出购进信号，要求总部安排进货。总部寻找到货源，便派离商场最近的配货中心负责运输路线和时间，一切安排有序，有条不紊。商场发出订货信号后36小时内，所需货品就会及时出现在货架上。就是这种高效的商品进销存管理，使公司迅速掌握商品进销存情况和市场需求趋势，做到既不积压存货，销售又不断货，加速资金周转，降低了资金成本和仓储成本。

压缩广告费用是沃尔玛的另一策略。沃尔玛每年只在媒体上做几次广告。沃尔玛认为价廉物美的商品就是最好的东西，顾客对华而不实的商品不会感兴趣。

沃尔玛也重视对员工勤俭风气的培养。沃尔玛认为，"你关心你的同事，他们也会关心你"。员工从进入公司的第一天起，就受到"爱公司，如爱家"的店训熏陶。从经理到雇员，所有人都关心公司的经营状况，勤俭节约，杜绝浪费，从细微处做起。这使沃尔玛的商品损耗率只有1%，而全美零售业平均损耗率为2%，低损耗率使得沃尔玛大量降低成本。

要求：通过上述材料，试分析沃尔玛的战略目标是什么，其采用的是何种战略，并阐述其战略优势。

2. 比亚迪公司创立于1995年，是一家主营新能源汽车、手机部件、二次充电电池的高新技术企业。比亚迪从2008年开始涉足新能源汽车行业，2013年年底推出新能源商用车，共推出过F3DM、K9、E6、秦、唐等新能源汽车产品。经过多年的积累，比亚迪新能源汽车销售在2015年全面爆发，新能源汽车收入占总收入的比例增至24.17%，成为比亚迪重要的利润来源。比亚迪在2015年登上全球新能源汽车销量首位，成为中国新能源汽车龙头企业，拥有良好的发展前景。下面采用波特的五力模型分析新能源汽车行业的盈利能力。

（1）现有企业的竞争程度。我国新能源汽车从2009年开始进入初始发展期，2014年进入高速发展期，产销量增幅达4倍。中国汽车工业协会发布的2015年至2021年1～7月新能源汽车销量及增速如图5-5所示，2020年我国新能源汽车销售136.7万辆，同比分别增长13.35%。由此可见，我国新能源汽车行业的高速发展，使得市场容量扩大，现有企业之间的竞争压力相对较小。

（2）新进入企业的威胁。我国新能源汽车行业已进入高速发展期，行业增长速度快，这会吸引许多新企业进入该市场。但新能源汽车行业产业链长，技术要求高，需要投入的资金数量大，进入壁垒高。同时，行业中的先行企业销量大，品牌的社会认同度高，使得其在行业竞争中具有优势地位。另外，国家对新能源汽车行业的补贴政策是鼓励先进、扶优扶强，扶持资金向优势企业倾斜。这些对新进入企业构成了较大的压力，使得新进入企业的威胁不大。

（3）替代品的威胁。对于新能源汽车行业来说，最主要的替代品威胁来自传统燃油汽车。传统燃油汽车相较于新能源汽车来说，发展时间长，市场范围广，接受度高，选择多，对于消费者的吸引力强。从客户的转换意愿来看，由于长期使用传统燃油汽车，换成使用新能源汽车需要使用电池和充电设施，学习新的使用方法，转换成本较高。因此，传统燃油汽车对新能源汽车的威胁较大。

（4）供应商的议价能力。新能源汽车多为纯电动汽车和混合动力汽车，电池是重要的动力来源，电池供应商对新能源汽车企业的影响很大。而在镍氢蓄电池、锂离子电池、镍镉电池、钠硫蓄电池等新能源汽车可用的电池中，锂离子电池具有重量轻、储能大、无污染、无记忆效应、使用寿命长等特点，是最佳的电池动力。随着新能源汽车行业的迅速发展和市场需求的快速提升，对于锂电池的需求量进一步攀升，因此供应商的议价能力很强。

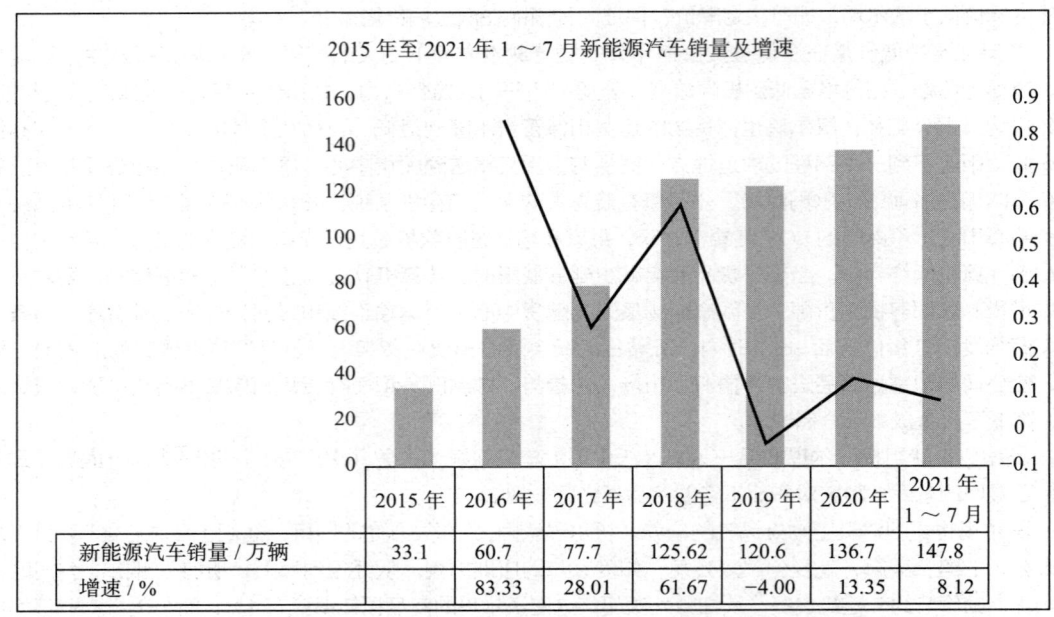

图 5-5　我国 2015 年至 2021 年 1～7 月新能源汽车销量及增速

（5）购买方的议价能力。对于大部分消费者来说，新能源汽车与传统汽车的效用基本一致，但是新能源汽车存在价格选择少、充电设施少等问题，转换成本比较高，所以购买者的议价能力强。

要求：依据新能源汽车行业的竞争程度，分析比亚迪公司采取的竞争战略，以及所拥有的竞争优势。

3. 下面以顺丰速运有限公司为例，进行了五力模型分析与竞争战略分析。具体情况如下：顺丰速运有限公司于 1993 年在广东顺德成立，是一家主要经营国内、国际快递及相关业务的服务性公司。经过多年的发展，其业务范围已经覆盖了全国各省市（包括香港特别行政区和澳门特别行政区）以及新加坡、韩国、美国、日本等 200 多个国家及地区，成为中国速递行业中民族品牌的佼佼者之一。

（1）顺丰速运的五力模型分析。

1）现有企业之间的竞争。顺丰速运所处的快递市场竞争激烈，有与中国邮政 EMS、"四通一达"㊀等国内企业之间的竞争，也有与国际四大快递 UPS、FedEx、TNT、DHL 等外资企业之间的竞争。由于国内快递企业的投递网络在全国覆盖面广、渗透程度深、对市场的差别定位等，给定位高端市场的顺丰速运带来了更大的竞争压力。

2）潜在进入者的威胁。快递行业主要的潜在进入者为各大商业航空公司以及铁路运输部门、各大电商平台等。就电商平台来说，随着网络购物的兴起，各大电子商务企业都选择统一向后整合，纷纷建立自己的运输渠道，不仅拉长了产业链，降低了成本，也为顾客提供了更好的服务。这些向后整合的电商很可能挤垮一些小型脆弱的快递公司，是顺丰速运不可忽视的竞争对手。而顺丰速运也主动向前整合，推出"顺丰速运优选"以抢占电商市场。此外，国内很多航空公司和铁路部门依靠自己经营多年的资金条件和运输优势，也开始进入快递行业。对它们来说，本身就具有运输资源，在此基础上进一步拓展快递业务更为方便，给顺丰速运带来的竞争压力也更大。

3）替代品的威胁。快递行业的替代品威胁有限。快递业务本身分为实物类和信息类快递业务。现代经济技术的发展固然会导致信息类快递业务被传真、电话、电子邮件等现代电子通信产品替代，但是文件原件这类信息快递业务就只能依靠传统运输方式。实物类快递业务被取代的可能性会更小。

㊀　分别是中通、申通、圆通、汇通和韵达。

4）供应商议价能力。快递业务的供应商主要有航空及铁路等运输企业、提供包装物料的企业。在远程运输中，快递公司不得不依赖有较强垄断性的航空、铁路运输部门。只有加强与它们的合作，才能够保证快递业务的及时性。因此航空、铁路部门的议价能力较强。在快递包装材料方面，我国提供这类产品的加工制作的企业数量很大，成熟度高，供应方竞争激烈，因此在这方面，快递公司的议价能力强。

5）消费者议价能力。快递公司的消费者分为个人消费者与集团客户。个人消费者难以形成合力，他们是价格的接受者，其议价能力可忽略不计。但对于集团客户尤其是电商客户，一方面，他们常常携带大量订单，在购物狂欢节更能为快递公司带来数量巨大的业务；另一方面，快递公司数量多，竞争激烈，故而集团客户的议价能力较强。

（2）顺丰的差异化战略分析。随着快递市场的发展，传统的快递服务方式趋于同质化，类似于签单返还、夜晚收件、委托收件等增值业务能够很快地被竞争对手模仿从而失去差异化优势。因此，每个快递企业都须进行服务创新，利用差异化战略使自己不同于竞争对手，并为潜在进入者设立一定的进入障碍，确保自己在细分市场上获得竞争优势。

1）快速的快递速度。顺丰采取实效服务，从客户预约下单，到收派员上门收取快件，保证 1 小时内完成，快件到达顺丰营运网点到收派员派送至客户 2 小时内完成。顺丰率先推出"省内即日到"产品，实现省内城间当日收取当日送达，承诺不到退款。同时，顺丰成立了顺丰航空公司，有专机做运输保证。无论同城快递，还是城际快递，顺丰快递都比 EMS 大约快 50%，比起国内其他快递公司的运输速度也保持着领先优势。

2）优质、领先的服务。顺丰通过专业的客服团队、KPI 指标监控、全网标准化操作流程保证服务质量。顺丰凭借强大的运输资源、先进的手持终端设备和 GPRS 车载技术，保证快件快速、安全、准确地送达。顺丰还在全国大力推进门到门服务、上门收件及收款，对于大客户派驻专人到客户处提供这些业务等，因此抢占了市场先机，获得了消费者的信赖。

3）多样化的产品种类。顺丰提供的产品有标准快递、普货、省内即日到、跨省即日到、四日件等。这些产品能以最快的速度进行发运、中转、派送。同时，顺丰还提供多元化的仓储和快递的增值服务，如短信服务、保价服务、包装服务、贴标、拆标、代收货款、委托件、签回单、再加工、假日派送等服务。

4）安全的快递运输。顺丰自营的运输网络提供标准、高质、安全的服务。先进的信息监控系统，保证了快件准时、安全送达。严格的质量管控体系，设立 4 大类 98 项质量管理标准，以保证严格管控。顺丰的货物损坏率是十万分之一，这在同行业中是最低的。

5）完善的快递网络。仓储配送仓库与顺丰自营的快递服务网点无缝对接，实现全网络配送。顺丰在全国已拥有上万个营业网点，同时在海外市场，已经覆盖了包括美国、日本、韩国、新加坡等在内的 200 多个国家及地区的快递业务。与其他民营快递企业相比，顺丰具有明显优势。

要求：

（1）分析我国快递行业的竞争态势未来将如何变化。

（2）顺丰有没有采用成本领先战略？顺丰是如何进行成本控制的？

（3）在快递行业竞争如此激烈的情况下，顺丰如何保持其差异化战略？

第 6 章

会 计 分 析

有效的会计分析有助于提高财务分析结论的可靠性。会计分析的目的是评估财务报表对企业经营活动反映的真实程度。它通过评估会计弹性、会计政策与会计估计的恰当性,来评估会计信息的正确性与真实性。本章主要阐述评估资产负债表、利润表、现金流量表真实程度的方法。

6.1 资产负债表分析

6.1.1 资产负债表基本分析

1. 资产负债表分析的目的

资产负债表是反映企业在某一特定日期全部资产、负债和所有者权益情况的会计报表,是企业经营活动的静态体现。通过阅读资产负债表,报表使用者能够了解企业在某一特定日期所拥有或者控制的资产、所承担的经济义务以及所有者对净资产要求权的情况。

资产负债表分析的目的,在于了解企业会计对企业财务状况的反映程度以及所提供的会计信息的质量,据此对企业资产和权益变动情况以及企业的财务状况做出恰当的评价。具体来说,通过资产负债表分析,可以达到以下目的。

(1)揭示企业财务状况的变动情况和变动原因。在经营过程中,企业的资产、负债以及所有者权益时刻都在发生变化,资产负债表的各个项目反映的只是变动后的结果。企业的资产、负债及所有者权益在经过一段时间经营后,发生了什么样的变化,变动的原因是什么,只有通过对资产负债表进行分析才能知道,并在此基础上,对企业财务状况的变动及其原因做出合理的解释和评价。

(2)评价对企业经营状况反映的真实程度。企业经营者出于某种需要,既可能客观地、全面地通过资产负债表反映企业的财务状况,也可能通过粉饰报表隐瞒企业经营中的某些重大事项。企业会计政策变更、会计估计变更等经营以外的因素对资产负债表也有很大的影响。财务分析者通过资产质量分析、会计政策分析、会计估计分析,可评价企业会计信息的质量,揭示资产负债表数据所反映的财务状况与真实财务状况的差异。

(3)评价企业的会计政策。企业的会计核算必须在统一的企业会计准则指导下进行,但是企业会计在会计政策和会计处理方法的选择上也具有相当的灵活性。不同的会计政策和会计处理方法体现在资产负债表上的结果往往不同,某种会计处理的背后,总是代表着企业的会计政策和会计目的。深入分析企业所选择的会计政策和会计处理方法是否合适,企业是否利用会计政策选择达到某种会计目的,可以揭示出企业的选择动机,解释和消除会计报表外部使用者对企业会计信息的疑惑。

(4)修正资产负债表数据。资产负债表分析的另一个目的,就是要揭示出资产负债表数据所体现的财务状况与真实财务状况的差异,通过差异调整修正资产负债表数据,尽可能消除会计信息失真,为进一步利用资产负债表进行财务分析奠定资料基础,以保证财务分析结论的可靠性。

2. 资产负债表分析的主要内容

(1)水平分析。通过对资产负债表进行水平分析,分析资产、负债的总额水平及其增减变动情况,揭示其增减变动的原因。

(2)垂直分析。通过对资产负债表进行垂直分析,计算资产、负债各项目在资产总额中所占的比重,反映企业资产、负债的构成水平,分析企业的资产质量和债务风险。

(3)财务比率分析。利用资产负债表可以计算偿债能力指标、营运能力指标等,分析企业的债务偿还能力、资产利用能力与资产利用效果。

(4)主要项目的分析。对企业资产、负债项目中重要项目、金额较大项目与变化幅度较大的项目进行具体分析。

3. 资产负债表整体解读

资产负债表的项目数据很多,怎样才能从中归纳出对分析决策有用的信息呢?通常的阅读步骤是由粗到细,先了解总体,再了解大类项目,然后逐层分解,最后到具体项目。我们以四川长虹 2016 年 12 月 31 日的资产负债表作为示例进行说明(见表 6-1)。

表 6-1 反映的是四川长虹总体的资产构成情况,包括资产总额、负债和所有者权益总额及其构成情况。资产总额反映企业的资产结构和经营规模,是企业生产经营能力的集中反映。负债总额表明企业承担债务的多少,是企业利用外部资金的反映。所有者权益总额是企业的自有资金,是企业自主经营、自负盈亏能力的反映。财务分析首先要对这三方面的总量有一个基本的了解,弄清企业资产、负债和权益资金的数额。了解这三方面的构成是分析企业财务状况的起点,也是我们进一步分析企业资产结构、资本结构和偿债能力等的基础。资产负债表的整体解读首先分析资产、负债和所有者权益之间的对应关系。表 6-1 显示,2016 年四川长虹的资产总额 59 862.97 百万元,负债总额 39 834.22 百万元,所有者权益总额 20 028.75 百万元。

表 6-1 四川长虹资产负债表

2016 年 12 月 31 日　　　　　　　　　　　　　　（单位：百万元）

资产	年初数	年末数	负债和所有者权益	年初数	年末数
流动资产			流动负债		
货币资金	10 254.49	11 955.06	短期借款	9 760.09	13 896.90
交易性金融资产	51.67	241.06	交易性金融负债	53.40	19.76
应收票据	6 317.90	5 590.51	应付票据	6 916.70	8 570.55
应收账款	8 032.78	7 788.56	应付账款	8 133.21	9 493.14
预付款项	1 701.90	1 677.23	预收款项	1 369.86	1 356.80
应收利息	71.48	27.19	应付职工薪酬	460.11	538.37
应收股利	0.00	0.00	应交税费	-20.96	381.82
其他应收款	515.19	506.17	应付利息	112.07	13.66
存货	11 745.60	12 044.64	应付股利	5.65	8.94
一年内到期的非流动资产	0.00	12.62	其他应付款	2 859.83	2 709.12
其他流动资产	1 839.22	2 757.19	一年内到期的非流动负债	1 546.06	705.28
流动资产合计	40 530.23	42 600.23	其他流动负债	3 000.00	2.92
非流动资产			流动负债合计	34 196.02	37 697.26
可供出售金融资产	261.99	261.70	非流动负债		
长期应收款	3 448.31	4 706.95	长期借款	826.70	690.01
长期股权投资	1 113.70	2 359.41	应付债券	1 623.40	0.00
投资性房地产	455.06	72.23	长期应付款	0.00	205.81
固定资产	5 848.24	5 614.35	专项应付款	31.52	32.92
在建工程	179.44	354.82	预计负债	447.99	444.73
固定资产清理	95.33	95.37	递延所得税负债	9.31	51.53
无形资产	3 039.00	3 093.91	其他非流动负债	281.11	261.81
开发支出	215.01	215.53	递延收益：非流动负债	397.60	450.15
商誉净额	157.53	157.93	非流动负债合计	3 617.63	2 136.96
长期待摊费用	7.77	26.11	负债合计	37 813.65	39 834.22
递延所得税资产	178.75	205.55	所有者权益		
其他非流动资产	84.98	98.88	实收资本（或股本）	4 616.24	4 616.24
非流动资产合计	15 085.11	17 262.74	资本公积	3 907.54	3 910.23
			盈余公积	2 184.77	68.62
			未分配利润	1 377.26	4 047.86
			专项储备	0.43	2.11
			其他综合收益	20.58	-35.95
			归属于母公司所有者权益合计	12 106.82	12 609.11
			少数股东权益	5 694.87	7 419.64
			所有者权益合计	17 801.69	20 028.75
资产总计	55 615.34	59 862.97	负债和所有者权益总计	55 615.34	59 862.97

2016 年 12 月 31 日四川长虹资产整体构成如表 6-2 所示。

表 6-2 四川长虹资产整体构成表　　　　　　　　　　（单位：百万元）

项目	年末	年初	项目	年末	年初
资产总计	59 862.97	55 615.34	负债合计	39 834.22	37 813.65
			所有者权益合计	20 028.75	17 801.69

　　表 6-2 反映了四川长虹 2016 年年末资产整体构成情况，以及相对于 2015 年年末资产整体变动情况和变动原因。可以看出，2016 年年末与 2015 年年末相比，四川长虹的资产总额增加了 7.64%，其中，负债总额增加了 5.34%，所有者权益总额增加了 12.51%。四川长虹的资产总额增加，说明公司的规模在扩大，负债总额和所有者权益总额都出现了不同程度的增加，并且所有者权益总额的增长超过了负债总额的增长，公司的资产增长主要来自所有者权益的增长，资产增长的质量好。

　　分析资产与负债和所有者权益的变动原因及其影响，仅仅从整体上来解读资产负债表是远远不够的，还需要深入分析资产、负债和所有者权益的内部结构。

6.1.2　资产负债表结构分析

1. 资产负债表总体结构分析

　　（1）资产结构分析。资产负债表中的资产项目是按照其流动性自上而下排列的。根据流动性，资产可以分为流动资产和非流动资产。流动资产是企业在生产经营过程中必不可少的资产，就犹如企业的血液，流动资产必须充足，流动畅通，企业才能健康发展。但是流动资产的盈利能力往往较低，过多的流动资产占用会影响企业的获利能力，因此流动资产在资产总额中需要保持一个合理的比例。

　　非流动资产的形成往往需要投入大量资金，并且发挥作用的时间也较长，在短期内不会变现，它一旦形成就不易调整或变换。非流动资产往往构成企业经营能力的核心部分，是企业盈利的基础，非流动资产的构成比例也应合理。

　　一般情况下，我们应根据各类资产的特点和作用，以及它们的构成做初步的结构分析。通过这种分析，我们能大致了解企业资产的基本构成情况，能认清企业经营与管理的优势与不足，并为进一步分析这些优势与不足形成的原因提供资料。2015～2016 年四川长虹资产结构分析如表 6-3 所示。

表 6-3　四川长虹资产结构分析表　　　　　　　　　（金额单位：百万元）

项目	2016 年	2015 年	占总资产的比重	
			2016 年	2015 年
流动资产合计	42 600.23	40 530.23	71.16%	72.88%
非流动资产合计	17 262.74	15 085.11	28.84%	27.12%
资产总计	59 862.97	55 615.34	100.00%	100.00%

　　从表 6-3 可以看出，四川长虹的资产结构非常稳定，流动资产占总资产的比重基本稳定在 71% 以上，非流动资产占总资产的比重基本稳定在 27% 以上，2016 年相对于 2015 年，流动资产占比下降了 1.7 个百分点，非流动资产占比上升了 1.72 个百分点。由于四川长虹是一

个家电制造企业，家电制造企业的存货、应收账款往往比较高，从而使四川长虹的流动资产占比较高。

公司的资产结构是否合理，需要结合公司近几年的资产构成情况进行分析，还需要结合行业类型进行综合分析。资产的基本构成情况因公司经营行业的不同而呈现出不同的结构特点。

（2）资本结构分析。资本结构通常是指企业的全部资金来源中负债和所有者权益占总资产的比重。企业资本结构不同，面临的偿债压力、财务风险就有所不同。通过资本结构分析，可以了解企业资本结构的合理程度，评价企业偿债能力的高低和承担财务风险能力的大小。2015～2016年四川长虹资本结构分析如表6-4所示。

表6-4　四川长虹资本结构分析表　　　　（金额单位：百万元）

项　目	2016年	2015年	占总资产的比重	
			2016年	2015年
负债合计	39 834.22	37 813.65	66.54%	67.99%
所有者权益合计	20 028.75	17 801.69	33.46%	32.01%
负债和所有者权益总计	59 862.97	55 615.34	100.00%	100.00%

从表6-4可以看出，四川长虹的负债水平一直较高，2015年、2016年资产负债率均保持在66%以上。2016年相对于2015年，资产负债率下降了1.45个百分点。一般而言，资产负债率超过60%就意味着公司财务风险较大。可以认为，四川长虹的财务风险处于较高水平。2016年长虹负债水平的下降，说明长虹在严格控制债务水平，降低财务风险。但四川长虹面临的财务风险程度的分析需要结合公司的行业特点、负债总额及其债务结构等进行进一步的分析。

2. 资产负债表大类项目结构分析

（1）流动资产结构分析。流动资产是指在一年或超过一年的一个营业周期内变现、出售或耗用的资产。在资产负债表中，流动资产项目包括货币资金、交易性金融资产、应收票据、应收账款、预付账款、其他应收款、存货、一年内到期的非流动资产等。

流动资产中，各类资产的作用和变现能力是不同的，要想深入了解企业的流动资产状况，需进一步分析流动资产的构成情况。一般情况下，我们可以编制流动资产结构分析表来具体分析。2015～2016年四川长虹流动资产结构分析如表6-5所示。

表6-5　四川长虹流动资产结构分析表　　　　（金额单位：百万元）

项　目	2015年	2016年	2015年比重	2016年比重
货币资金	10 254.49	11 955.06	25.30%	28.06%
交易性金融资产	51.67	241.06	0.13%	0.60%
应收票据	6 317.90	5 590.51	15.59%	13.12%
应收账款	8 032.78	7 788.56	19.82%	18.28%
预付款项	1 701.90	1 677.23	4.20%	3.94%
应收利息	71.48	27.19	0.18%	0.06%
应收股利	0.00	0.00	0	0
其他应收款	515.19	506.17	1.27%	1.19%

(续)

项　目	2015年	2016年	2015年比重	2016年比重
存货	11 745.60	12 044.64	28.98%	28.27%
一年内到期的非流动资产	0.00	12.62	0	0
其他流动资产	1 839.22	2 757.19	4.53%	6.48%
流动资产合计	40 530.23	42 600.23	100.00%	100.00%

从表6-5可以看出，四川长虹流动资产中，货币资金、应收票据和应收账款以及存货等主要流动资产项目的比重一直维持较高水平（2015年和2016年均接近90%）。2016年与2015年相比，货币资金占流动资产的比重上升了2.76个百分点，应收票据占流动资产的比重下降了2.47个百分点，应收账款占流动资产的比重下降了1.54个百分点，存货占流动资产的比重下降了0.71个百分点，说明四川长虹的收现能力增强，掌握的现金更多。应收票据和应收账款的下降说明四川长虹的销售政策和应收账款管理政策发生了变更，减少了赊销，提高了收现比例。存货水平的下降说明公司销售情况良好，存货管理水平有所提高。以上项目的变动说明四川长虹的应收款项在减少，存货在降低，货币资金在增加，流动资产结构发生了非常有利的变化。

（2）非流动资产结构分析。非流动资产主要包括可供出售金融资产、长期应收款、长期股权投资、投资性房地产、固定资产、在建工程、固定资产清理、无形资产、递延所得税资产和其他非流动资产。一般情况下，我们可以编制非流动资产结构分析表来具体分析。2015～2016年四川长虹非流动资产结构分析如表6-6所示。

表6-6　四川长虹非流动资产结构分析表　　（金额单位：百万元）

项　目	2015年	2016年	2015年比重	2016年比重
可供出售金融资产	261.99	261.70	1.74%	1.52%
长期应收款	3 448.31	4 706.95	22.86%	27.27%
长期股权投资	1 113.70	2 359.41	7.38%	13.67%
投资性房地产	455.06	72.23	3.02%	0.42%
固定资产	5 848.24	5 614.35	38.77%	32.52%
在建工程	179.44	354.82	1.19%	2.06%
固定资产清理	95.33	95.37	0.63%	0.55%
无形资产	3 039.00	3 093.91	20.15%	17.92%
开发支出	215.01	215.53	1.43%	1.25%
商誉净额	157.53	157.93	1.04%	0.91%
长期待摊费用	7.77	26.11	0.05%	0.15%
递延所得税资产	178.75	205.55	1.18%	1.19%
其他非流动资产	84.98	98.88	0.56%	0.57%
非流动资产合计	15 085.11	17 262.74	100.00%	100.00%

从表6-6可以看出，2016年与2015年相比，四川长虹非流动资产结构有以下几项发生了较大变化：长期应收款占非流动资产的比重上升4.41个百分点，长期股权投资占非流动资产的比重上升6.29个百分点，投资性房地产占非流动资产的比重下降2.6个百分点，固定资产占

非流动资产的比重下降 6.25 个百分点，无形资产占非流动资产的比重下降 2.23 个百分点。其余项目比较稳定。从报表反映的数据来看，四川长虹长期应收款占比提高较大，需要深入分析长期应收款增加的具体原因。公司增加了长期股权投资，改变了公司的投资结构。固定资产占比大幅下降，意味着公司增强了资产的流动性，改善了公司的资产结构。

（3）负债结构分析。负债结构是指各项负债占总负债的比重。通过分析负债结构，可以了解各项负债的数量和比重，进而判断企业负债主要来自何方，偿还的紧迫程度如何，揭示企业的偿债能力和抵抗破产风险的能力。

对流动负债与非流动负债的比重应确定一个合理的水平。其衡量标志是在企业不发生偿债风险的前提下，尽可能多地利用流动负债融资，因为流动负债融资成本通常低于非流动负债。同时，还应考虑资产的流动性。如果企业的流动资产回收快，可融通的流动负债就可以多些；相反，流动负债的融资则应少一些。2015～2016 年四川长虹负债结构分析如表 6-7 所示。

表 6-7　四川长虹负债结构分析表　　　　　　（金额单位：万元）

项目	2015 年	2016 年	2015 年比重	2016 年比重
流动负债合计	34 196.02	37 697.26	90.43%	94.64%
非流动负债合计	3 617.63	2 136.96	9.57%	5.36%
负债合计	37 813.65	39 834.22	100.00%	100.00%

从表 6-7 可以看出，四川长虹的负债以流动负债为主，流动负债占总负债的比重一直维持在 90% 以上，非流动负债基本稳定而且比重小。2016 年与 2015 年相比，四川长虹流动负债占总负债的比重上升 4.21 个百分点，相应地，非流动负债占比下降 4.21 个百分点。四川长虹流动负债大幅上升说明其短期财务风险在迅速提高。至于公司短期财务风险的程度，需要结合四川长虹流动负债的构成、款项偿还的紧迫性、长虹自身的融资能力等进行进一步的分析。

（4）流动负债结构分析。流动负债结构反映企业流动负债各项目的结构变动情况。分析流动负债的构成及其变动情况，可以判断其短期财务风险的大小和程度。在流动负债中，有的款项有明确的偿还期，到期必须偿还，具有法律上的强制性，如银行借款；有的没有明确的支付期，何时支付，支付多少，并不具有强制性，如应付未付款项。分析时，应根据负债的性质、变动情况、企业的支付能力，判断企业的财务状况与财务风险。2015～2016 年四川长虹流动负债结构分析如表 6-8 所示。

表 6-8　四川长虹流动负债结构分析表　　　　　　（金额单位：万元）

项目	2015 年	2016 年	2015 年比重	2016 年比重
短期借款	9 760.09	13 896.90	28.54%	36.86%
交易性金融负债	53.40	19.76	0.16%	0.05%
应付票据	6 916.70	8 570.55	20.23%	22.74%
应付账款	8 133.21	9 493.14	23.78%	25.18%
预收款项	1 369.86	1 356.80	4.00%	3.60%
应付职工薪酬	460.11	538.37	1.35%	1.43%
应交税费	−20.96	381.82	−0.06%	1.01%
应付利息	112.07	13.66	0.33%	0.04%

(续)

项　目	2015 年	2016 年	2015 年比重	2016 年比重
应付股利	5.65	8.94	0.02%	0.02%
其他应付款	2 859.83	2 709.12	8.36%	7.19%
一年内到期的非流动负债	1 546.06	705.28	4.52%	1.87%
其他流动负债	3 000.00	2.92	8.77%	0.01%
流动负债合计	34 196.02	37 697.26	100.00%	100.00%

从表 6-8 可以看出，四川长虹流动负债中，短期借款、应付账款和应付票据占比较大。2016 年与 2015 年相比，四川长虹短期借款占流动负债的比重上升 8.32 个百分点，应付票据占流动负债的比重上升 2.51 个百分点，应付账款占流动负债的比重上升 1.4 个百分点，其他流动负债占流动负债的比重下降 8.76 个百分点。四川长虹短期借款占比的大幅上升说明短期支付压力增大，短期财务风险上升。应付票据与应付账款的小幅上升，反映公司利用别人资金的能力提高，这有利于提升公司的盈利能力。其他流动负债占比的大幅下降，降低了公司的财务风险。此外，预收账款、其他应付款、一年内到期的非流动负债占比较大，余额变动不大，较为稳定。

（5）非流动负债结构分析。非流动负债的利率高，期限长，一般适用于购建固定资产，进行长期投资等，不适合用于周转经营中的资金需要。将非流动负债用作短期流转使用，会使资金成本上升。利用非流动负债来购置固定资产，可以扩大企业的生产能力，提高产品质量，提高企业的市场竞争力，从而为企业带来更多的利润。2015～2016 年四川长虹非流动负债结构分析如表 6-9 所示。

表 6-9　四川长虹非流动负债结构分析表　　　（金额单位：万元）

项　目	2015 年	2016 年	2015 年比重	2016 年比重
长期借款	826.70	690.01	22.85%	32.29%
应付债券	1 623.4	0	44.87%	0.00%
长期应付职工薪酬	0	205.81	0	9.63%
专项应付款	31.52	32.92	0.87%	1.54%
预计负债	447.99	444.73	12.38%	20.81%
递延所得税负债	9.31	51.53	0.26%	2.41%
其他非流动负债	281.11	261.81	7.77%	12.25%
递延收益	397.60	450.15	11.00%	21.07%
非流动负债合计	3 617.63	2 136.96	100.00%	100.00%

从表 6-9 可以看出，四川长虹非流动负债中，长期借款、预计负债和递延收益占比较大。2016 年与 2015 年相比，四川长虹长期借款占非流动负债的比重上升 9.44 个百分点，应付债券占非流动负债的比重下降 44.87 个百分点，预计负债占非流动负债的比重上升 8.43 个百分点，递延收益占非流动负债的比重上升 10.07 个百分点，长期应付职工薪酬占非流动负债的比重上升 9.63 个百分点。四川长虹长期借款的大幅上升，说明公司举借了长期借款，提高了负债水平。应付债券的大幅降低反映公司还清了债券的本金和利息。预计负债和其他长期负债的提高，增加了公司长期债务水平。

（6）所有者权益结构分析。通过对所有者权益构成及增减变动分析，可进一步了解企业的资本实力、资本积累能力、融通资金的能力与潜力。2015～2016年四川长虹所有者权益结构分析如表6-10所示。

表6-10　四川长虹所有者权益结构分析表　　（金额单位：万元）

项目	2015年	2016年	2015年比重	2016年比重
实收资本（或股本）	4 616.24	4 616.24	25.93%	23.05%
资本公积	3 907.54	3 910.23	21.95%	19.52%
盈余公积	2 184.77	68.62	12.27%	0.34%
未分配利润	1 377.26	4 047.86	7.74%	20.21%
专项储备	0.43	2.11	0.00%	0.01%
其他综合收益	20.58	−35.95	0.12%	−0.18%
归属于母公司所有者权益合计	12 106.82	12 609.11	68.01%	62.96%
少数股东权益	5 694.87	7 419.64	31.99%	37.04%
所有者权益合计	17 801.69	20 028.75	100.00%	100.00%

表6-10显示，四川长虹所有者权益结构基本稳定。2016年与2015年相比，股本占比略微下降2.88个百分点，资本公积占比下降2.43个百分点，盈余公积占比下降11.93个百分点，未分配利润占比提高12.47个百分点。股本和资本公积占比的下降，说明公司进行了利润分配。盈余公积的大幅下降可能与四川长虹弥补2015年亏损和利润分配有关。未分配利润大幅度提高说明公司获得了较多的利润，提升了盈利能力。

6.1.3　资产负债表重要项目分析

1. 货币资金分析

货币资金分析的重点是货币资金规模的合理性、货币资金占流动资产的比重、货币资金的真实性。

（1）货币资金的规模分析。货币资金具有高流动性和低收益性的特点。企业在一定期间，货币资金规模的大小受销售规模、信用政策等影响。货币资金规模过高，可能意味着企业正在丧失潜在的投资机会，也可能表明管理人员生财无道；货币资金过低，将影响企业的正常经营活动，制约企业的发展。因此，企业应保持适度的货币资金余额，以保持财务的灵活性。一般而言，决定企业货币资金规模的因素主要有以下方面。

1）企业的资产规模与业务规模。企业资产总额越大，相应的货币资金规模越大；业务越频繁，货币资产也会越多。

2）企业的行业特点。对于不同行业的企业，合理的货币资金规模会有所差异。银行业、保险业和工业企业在相同的总资产规模条件下，不可能保持相近规模的货币资金。

3）企业对货币资金的运用能力。货币资金的运用也存在"效率"与"效益"问题。企业运用货币资金的能力越强，资金在企业内部周转越快，企业就没有必要保留过多的货币资金。

（2）货币资金占流动资产或总资产的比重分析。该比重过高，反映资金利用效率低，会降低企业的盈利能力；该比重过低，意味着企业缺乏必要的资金，可能影响企业正常的经营。财务分析者通过分析企业连续期间的货币资金占流动资产或总资产的比重，观察其变动情况，可以判断其变动的合理性。

（3）货币资金的真实性分析。货币资金被认为是最可靠的资产，但近年来，上市公司利用货币资金弄虚作假的现象非常盛行，如通过虚构经营活动、虚增收入来虚增货币资金；在会计期末向银行贷款，人为地使期末货币资金增加；通过与关联方"巧妙"安排来虚增现金等。所以，财务分析者在分析货币资金时一定要核实清楚其真实性。

2. 应收款项分析

应收款项包括应收账款和其他应收账款。应收账款分析的核心是分析应收账款的流动性，即可回收性。分析过程是从结构分析和趋势分析中找出应收账款的变动，然后对有异常变化的应收账款进行分析，从而对应收账款的真实风险状况进行评价。

（1）应收账款。

1）关注应收账款的规模和变动情况。企业一定期间应收账款规模的大小与其营业收入、经营方式、信用政策密切相关。判断应收账款的变动是否合理，主要是看应收账款增长率是否超过营业收入、流动资产等的增长率，如果前者超过后者，则是不合理的增长，意味着其产品的销售已经钝化，需要依靠提供过量的信用来维持。

新大陆通信招股说明书显示，截至 2014～2016 年年末，公司应收账款账面价值分别为 2.73 亿元、2.46 亿元和 2.97 亿元，其占总资产的比重分别为 48.16%、45.77% 和 64.94%，说明该公司的应收账款存在较大的回收风险。鲁北化工的应收账款从 2005 年年末的 6 862.69 万元上升到 2006 年年末的 1.93 亿元，到 2007 年年末应收账款高达 4.13 亿元，两年间增长了近 5 倍之多。该公司 2007 年会计报表附注显示，应收账款期末余额较年初账面余额增加 2.2 亿元，增长 1.14 倍，主要原因是公司营业收入较上年增长 52.31%。鲁北化工应收账款的增长远超营业收入的增长，属于不合理的增长。

一般而言，企业应收账款增加的主要原因是：第一，企业放松信用政策使营业收入增加；第二，企业营业收入增长导致应收账款增加；第三，企业收账政策不当或收账工作不力，导致应收账款难以收回；第四，企业会计政策变更，坏账准备计提方法的改变从而改变了期末应收账款余额。

2）分析应收账款的质量。应收账款的质量是指应收账款转化为货币资金的质量。其分析内容包括以下两个方面。

第一，应收账款账龄分析。一般来说，1 年以内的应收账款在企业信用期限内，1～2 年的应收账款有一定逾期，但仍属正常，2～3 年的应收账款风险较大，而 3 年以上的应收账款收回的可能性很小。通过账龄分析，企业可以了解应收账款的质量状况，促进企业加快货款回笼，减少坏账损失。

第二，债务人构成分析。债务人的构成分析是从债务人的角度来判断应收账款的可回收性。具体包括：①债务人的区域性。由于区域经济发展水平、法制环境以及特定的经济状况等条件的差异，不同地区的企业其信用状况会有所不同。②债务人的财务实力。财务分析人员可以通过了解债务人的资产特别是流动资产状况、股本或实收资本等来评估债务人的财务实力。③债务人的集中度。对于应收账款，存在集中度风险，如果只与少数的客户交易，某一个主要债务人出现支付困难将导致较大比例的债权面临回收风险。④债务人的关联性。从债权企业与债务人的关联状况来看，可以把债务人分为关联方债务人与非关联方债务人。由于关联方彼此之间在债权债务方面的操纵色彩较强，因此，财务分析人员对关联方债务人的债务偿还状况应予以足够的重视。

3）分析企业有无可能利用应收账款调节利润。利用应收账款调节利润是最常见的利润操纵手法之一，为此，财务分析人员应注意企业突发性产生的应收账款与其对应的营业收入是否合理；注意关联企业之间的业务往来，分析是否存在通过关联交易操纵利润的现象。

（2）其他应收账款。其他应收账款常常成为操纵利润的重要手段。一些企业把本该计入当期费用的支出或应计入其他项目的内容放在其他应收账款中，以调整成本费用和利润。在分析时，财务分析人员应特别注意其他应收账款的增减变动趋势，如果企业的其他应收账款余额过大或超过应收账款，就应注意分析是否存在利润操纵的可能性。

（3）坏账准备。

1）分析坏账准备提取方法、提取比例的合理性。由于企业可以自行确定计提坏账准备的方法与比例，一些企业出于某种动机，往往少提或不提坏账准备，从而虚增应收账款净额和利润；也有一些企业过度计提坏账准备，导致该年利润大幅降低，下一年利润又快速回升，俗称"洗大澡"。

2）注意比较企业前后会计期间坏账准备提取方法是否一致。坏账准备的提取方法一经确定就不能随意改变。企业如果改变坏账准备提取方法，财务分析人员一定要注意分析背后的真实动机。

应收账款的价值在于其能转化为现金，但在转化的价值上存在着不确定性。所以，可收回性反映的是应收账款的风险性质，坏账准备是应收账款的风险准备。企业管理层确立的坏账准备计提比例，实质是对企业应收账款风险程度的认识。因此，财务分析人员在分析坏账准备时，就不能仅仅停留在比较计提比例数字的大小，而是应将注意力集中在评价企业选择的坏账计提比例是否反映了企业资产所承担的真实风险程度。

3. 存货分析

存货是企业重要的流动资产之一，通常占整个流动资产的一半以上，存货的核算是否真实、准确会直接影响企业的损益和财务状况。因此，财务分析人员应特别重视对存货的分析。对存货的分析，可以从以下方面进行。

（1）存货规模与结构分析。存货主要由材料存货、在产品存货和产成品存货构成。分析存货规模主要是分析存货总额及其变动趋势，找出存货总额和各类存货的增减变动原因。存货规模及其变动是否合适，应结合具体情况进行分析。材料存货和在产品存货是保证生产经营正常进行的必要条件，它们的非正常减少会影响生产经营的正常进行。一般而言，材料存货和在产品存货应随产销规模的扩大而同步增加；反之，就可能不是一种正常现象。

存货结构是指各类存货在存货总额中所占的比重。不同的存货在企业再生产过程中发挥的作用不同。企业的生产规模和生产周期决定了各类存货的数量和结构。在正常情况下，企业存货结构应保持相对稳定。在分析时，应注意对变动较大的项目进行重点分析。存货结构的大幅度变动表明在经营过程中可能有异常情况发生，此时，财务分析人员应深入分析变动的原因，以判断存货结构的合理性。

（2）存货计价分析。存货的价值受到存货计价方法、存货数量和价值、存货跌价准备等因素的影响，因此，存货计价分析就是对这三个方面的分析。

1）存货计价方法的选择或变更是否合理。存货发出采用不同的计价方法，对企业的财务状况、盈亏情况会产生不同的影响。表 6-11 列示了不同存货计价方法在通货膨胀期间对资产负债表和利润表产生的不同影响。

表 6-11 不同存货计价方法对财务报表的影响

存货计价方法	对资产负债表的影响	对利润表的影响
先进先出法	存货价值比较符合实际	利润高估
加权平均法	存货价值比较符合实际	利润水平比较符合实际
个别计价法	存货价值符合实际	利润水平符合实际

不同的存货计价方法会对存货价值产生较大影响，在实际工作中，一些企业往往利用不同的存货计价方法，来实现其操纵利润的目的。尤其是当企业的存货计价方法发生变更时，财务分析人员要注意分析变更的真正原因及其对当期资产和利润的影响。

2）分析存货盘存制度对存货数量和价值的影响。企业可以根据自身特点选择存货盘存制度。在进行存货数量核算时，采用定期盘存法反映的是存货的实有数量，而采用永续盘存法反映的只是存货的账面数量。两种不同的存货数量确认方法造成存货价值的差异，这种差异不是存货数量本身变动引起的，而是存货数量的会计确认方法不同造成的。

3）分析存货跌价准备计提是否正确。会计期末应按照成本与可变现净值孰低法提取存货跌价准备。但在实际工作中，一些企业不按规定提取存货跌价准备或提取不正确，致使存货的账面价值高估，当期利润虚增。

（3）存货真实性分析。存货是企业重要的实物资产，资产负债表上列示的存货应与库存的实物相符，待售商品应完好无损，产成品的质量应符合相应的产品质量要求，库存的原材料应属于生产所需。对存货项目分析，应结合资产负债表附注信息进行。

獐子岛于 2014 年 10 月 30 日发布三季报称，由于北黄海遭遇异常的冷水团，公司决定对 105.64 万亩⊖海域成本为 7.35 亿元的底播虾夷扇贝存货放弃本轮采捕，进行核销处理，对 43.02 万亩海域成本为 3 亿元的底播虾夷扇贝存货计提跌价准备 2.83 亿元，扣除递延所得税影响 2.54 亿元，合计影响净利润 7.63 亿元，全部计入 2014 年第三季度损益，导致公司前三季业绩发生巨大反转，由上半年的赢利 4 845 万元转为亏损约 8.12 亿元。一夜之间獐子岛从一只连

⊖ 1 亩 = 666.6 米²。

续盈利的绩优股转为巨亏 8 亿元，导致大量个人投资者和机构投资人遭遇巨额损失。獐子岛 2011～2014 年消耗性生物资产、存货占资产的比重如表 6-12 所示。

表 6-12　獐子岛 2011～2014 年消耗性生物资产、存货占资产的比重　　（金额单位：亿元）

项　目	2011 年	2012 年	2013 年	2014 年
消耗性生物资产	17.99	20.45	21.29	10.78
存货	23.58	24.49	26.84	17.07
资产总额	44.20	49.22	53.16	48.78
消耗性生物资产占存货总额比重	76.29%	83.50%	79.32%	63.15%
存货占资产总额比重	53.35%	49.76%	50.49%	34.99%

从表 6-12 中我们可以看出，存货在獐子岛的总资产中占比平均约在 50%，而这部分存货中占比最高的是消耗性生物资产，其占存货总额的比重高到 70% 以上，2012 年的比重甚至超过了 80%。

獐子岛作为一个水产养殖企业，拥有大量的消耗性生物资产。消耗性生物资产如虾夷扇贝最大的缺点是成活率不稳定，容易变质腐烂，而且特别不易盘点确定其准确数额。海洋食品企业利用这些粉饰利润就不足为奇了。

（4）存货质量分析。存货的质量主要表现为存货的盈利能力、变现能力以及物理质量状况。

1）存货的毛利率分析。存货的毛利率在一定程度上反映了存货的盈利能力。毛利率下降，表明企业的盈利能力下降，其竞争力下降。

2）存货的周转率分析。存货的周转率越高，说明存货转变为现金的速度越快，存货的利用效果越好。

3）存货的物理质量分析。存货的物理质量是指存货的自然质量，即存货的自然状态，如待售商品是否完好无损、产成品质量是否符合相应产品的等级要求等。分析存货的物理质量，可以初步确定企业存货的状态，为分析存货的被利用价值和变现价值奠定基础。

4. 长期股权投资分析

（1）长期股权投资的变动趋势与原因分析。长期股权投资的变动，除企业进行投资和收回投资导致长期投资项目发生变动外，还取决于：①被投资单位的生产经营业绩和利润分配政策。采用成本法核算时，如果被投资单位当年经营业绩良好，而且向投资企业分配利润，则投资企业的长期投资账面价值有可能发生变动。在权益法下，被投资单位当年实现的利润或发生的亏损均会对投资企业的长期投资账面价值产生影响。②企业长期股权投资的后续计量是采用成本法还是权益法核算。

（2）长期股权投资的构成分析。分析长期股权投资的构成，主要涉及对企业长期投资的方向、投资规模、持股比例等进行分析。在企业的年度报告中，一般应披露此类信息。在了解企业长期投资构成的基础上，就可以通过对企业投资对象的经营状况以及效益性等方面的分析来判断企业投资的质量。

（3）长期股权投资会计政策分析。不同的会计政策选择会给长期股权投资的账面价值带来不同的影响，一些企业常常利用长期股权投资会计政策选择的灵活性，通过影响长期股权投资的账面价值，达到操纵利润的目的。长期股权投资会计政策分析包括：第一，分析长期股权投资会计核算方法是否合适。长期股权投资的核算是采用成本法还是权益法，在会计准则中有明确的规定，这些规定是评估核算方法选择的基本依据。第二，长期股权投资减值准备的计提是否正确。计提长期股权投资减值准备，会导致长期股权投资账面价值减少，从而影响当期利润。一些企业往往通过少提或不提长期股权投资减值准备来达到虚增长期股权投资账面价值和虚增利润的目的。

5. 固定资产分析

（1）固定资产规模与变动分析。固定资产规模与变动分析主要是分析固定资产原值和净值的变动情况。固定资产原值增减变动主要受当期固定资产增加和当期固定资产减少的影响。引起固定资产增减变动的原因很多，财务分析人员可根据财务报表附注和其他相关资料进行分析。固定资产净值增减变动的原因主要是固定资产原值的变动、累计折旧的变动、固定资产减值准备的变动。财务分析人员可具体分析这三个因素变动对固定资产净值变动的影响。

（2）固定资产结构分析。固定资产结构是指固定资产的配置，合理的固定资产配置可以在不增加固定资金占用量的同时，提高企业生产能力。固定资产可以按照不同的标准分类。在实务中，通常综合考虑固定资产的经济用途和使用情况，将固定资产分为经营用固定资产、非经营用固定资产、未使用固定资产、不需用固定资产等。

由于会计准则规定，企业无须对外披露固定资产使用情况，因此外部分析者无法取得这方面的信息。但企业内部分析人员有必要分析固定资产结构及变动趋势，为企业合理配置固定资产、挖掘固定资产潜力提供依据。固定资产结构分析的内容包括：①分析经营用固定资产与非经营用固定资产之间比例的变化情况；②分析经营用固定资产内部结构是否合理；③分析未使用固定资产、不需用固定资产之间比例的变化情况。

（3）固定资产会计政策分析。固定资产会计政策主要是指固定资产折旧、固定资产减值准备计提两个方面。由于固定资产折旧、固定资产减值准备计提两个方面都具有相当的灵活性，因此具有较大的操纵空间。因此，财务分析人员必须认真分析固定资产会计政策的合理性，评估固定资产账面价值的真实性。

1）固定资产折旧方法的合理性分析。会计准则规定，企业应当根据与固定资产有关的经济利益的预期实现方式，合理选择折旧方法。由于不同的折旧方法会形成不同的成本和利润，企业往往利用折旧方法的选择，来达到调整固定资产净值和利润的目的。财务分析人员应：首先，根据企业的具体情况，分析其折旧方法的选择是否符合企业实际。其次，分析固定资产使用年限的确定是否符合固定资产的性质和使用情况。有些企业通过人为延长固定资产折旧年限，减少每期的折旧额，来减少成本费用支出，使公司盈利虚增。最后，分析企业折旧政策是否前后一致。折旧方法一经确定，一般不得随意变更。企业随意变更折旧政策，其背后往往隐藏着某种不可告人的目的。

2）固定资产减值分析。在分析时，财务分析人员主要关注企业是否按会计准则规定计提了减值准备，计提是否准确。有些企业固定资产实质上已经发生了减值，但企业却不提或少提固定资产减值准备，导致固定资产和利润虚增。

企业会计准则规定，固定资产的减值损失不得转回，这在一定程度上避免了上市公司利用资产减值操纵利润，同时，对可收回金额做了明确的界定，这些有利于减少企业的利润操纵。

6. 无形资产分析

（1）无形资产规模和变动分析。无形资产是指企业拥有或控制的、无实物形态的、可辨认的非货币资产。无形资产虽然没有实物形态，但随着科技进步特别是知识经济时代的到来，对企业生产经营活动的影响越来越大。企业控制的无形资产越多，其可持续发展能力和竞争能力就越强。报表及其附注，有助于了解企业无形资产规模和变动情况，判断企业无形资产的培育和创新技术的开发情况并分析其变动的原因。

（2）无形资产会计政策分析。

1）无形资产摊销年限的合理性分析。由于无形资产能使企业在较长时间内受益，无形资产摊销年限的长短直接影响无形资产摊销额，进而影响到无形资产的期末余额和当期利润。分析时，财务分析人员应仔细审核无形资产摊销是否符合会计准则的有关规定，有无利用无形资产摊销操纵利润的行为。

2）无形资产减值准备计提的合理性分析。如果企业无形资产实质上已经发生减值，表明该项无形资产为企业创造价值的能力受到重大不利因素的影响，此时应对该项无形资产计提减值准备。有些企业往往通过少提或不提无形资产减值准备，来达到虚增无形资产账面价值和利润的目的。我们在分析时应予以特别注意。

（3）无形资产质量分析。由于无形资产所提供的经济利益具有不确定性，无形资产项目的金额往往不能全面反映企业无形资产的经济价值和潜力。财务分析人员在评价企业资产质量时，如对企业的无形资产状况没有较清楚的了解，对该项目数据的利用就应持谨慎态度。此外，由于无形资产不容易变现的特点，在评价企业长期偿债能力时，对该项目数据也应该持谨慎态度。

财务报表中所反映的无形资产主要是企业外购的或者所有者投入的无形资产，而企业自行开发或自然生成的无形资产通常未全部反映在账面上。此外，作为无形资产重要组成部分的人力资源也未在资产负债表中体现。在全面分析与评价企业财务状况时，财务分析人员应当考虑账内无形资产的不充分性以及账外无形资产存在的可能性等因素。

无形资产的质量主要体现在特定企业内部的利用价值和对外投资或转让的价值上。企业现存无形资产的质量好坏，主要体现在：第一，企业无形资产与其他有形资产相结合而获取经济效益的潜力；第二，企业无形资产被转让或出售的增值潜力；第三，企业无形资产用于对外投资的增值潜力。

7. 流动负债分析

流动负债分析的基本方法：首先，将企业某期流动负债各个项目进行水平分析，了解其绝对额的变动情况；其次，将某期流动负债各个项目进行垂直分析，了解其构成变动情况；最后，根据分析需要，将连续多期的流动负债及其主要项目进行趋势分析，了解该项目的变动趋势和变动规律。

（1）流动负债增减变动及原因分析。通过计算不同期间流动负债的变动额与变动率，财务分析人员可以评估流动负债的变动情况。对流动负债变动较大的项目，财务分析人员应予以重点关注。应付账款与预收账款项目，往往成为人为调节利润的手段，财务分析人员分析时应特别注意是否有不正常关联交易行为，或者是非经营性业务而发生的款项。

（2）流动负债结构分析。流动负债结构是指各流动负债项目占流动负债总额的比重。通过计算各流动负债项目的比重，财务分析人员可以深入分析各主要项目的变动是正常交易的结果还是人为的拖欠，是关联交易还是非关联交易。将结构分析与增减变动分析结合起来分析，更能找出真正的问题与原因。

流动负债结构由于行业不同会存在较大差异，即使同属一个行业也有差别。下面列示2016年商业企业中的苏宁云商和鄂武商的流动负债结构，如表6-13所示。

表6-13　2016年苏宁云商和鄂武商的流动负债结构表　（金额单位：万元）

项　目	苏宁云商	占资产比重	鄂武商	占资产比重
资产总计	13 716 724.10		1 779 056.89	
流动资产总计	8 238 363.50	60.06%	407 910.52	22.93%
货币资金	2 720 922.90	19.84%	223 572.97	54.81%
存货	1 439 229.70	10.49%	90 438.86	40.45%
预付账款	975 054.60	7.11%	49 151.22	54.35%
资产负债率		49.02%		65.97%
负债合计	6 724 526.30		1 173 683.64	
流动负债合计	6 145 502.60	91.39%（占负债的比重）	982 005.14	83.67%（占负债的比重）
短期借款	615 951.70		132 400.00	
		10.02%（占流动负债的比重）		13.48%（占流动负债的比重）
应付账款	1 249 798.90	18.59%（占流动负债的比重）	233 461.90	19.89%（占流动负债的比重）
应付票据	2 580 327.10	38.37%（占流动负债的比重）	673.00	0.06%（占流动负债的比重）
预收账款	160 309.40	2.38%（占流动负债的比重）	280 218.54	23.88%（占流动负债的比重）
其他应付款	817 610.40	12.16%	269 074.00	22.93%（占流动负债的比重）
所有者权益合计	6 992 197.80		605 373.25	

从表6-13中可以看出，苏宁云商与鄂武商流动资产占总资产的比重分别是60.06%、22.93%；资产负债率分别是49.02%、65.97%；流动负债占总负债的比重分别是91.39%、83.67%；短期借款占流动负债的比重分别是10.02%、13.48%；应付账款、应付票据、预收账款合计占流动负债的比重分别是59.34%、43.83%。由此可见，苏宁云商与鄂武商虽然都是商业企业，但是它们在资产结构、负债结构方面存在较大的差别。苏宁云商与鄂武商流动负债占总负债的比重虽然很高，但由于短期借款占的比重不大，这两个企业的短期财务风险不大。

（3）流动性风险分析。流动性风险是指企业无法按期偿还流动负债的风险。影响流动性风险的因素较多，但流动负债项目的流动性与偿还的强制性是影响流动性风险的重要因素。

流动负债各构成项目的周转期间并不一致，有的项目流动性较强，需要在短于一年的时间内偿付，如短期借款、应付账款；有的项目流动性较低，需要在较长的时间甚至超过一年的时间内进行偿付，如关联交易形成的其他应付款；有的项目周转时间不确定，如应付福利费。流动性较差的短期负债有可能提高企业的流动性风险。

流动负债分为强制性流动负债和非强制性流动负债。强制性流动负债如短期借款、应付账款、应付票据等，非强制性流动负债如预收账款、部分应收账款、其他应付款等，由于某些因素的影响，不必当期立即支付。非强制性流动负债的存在会降低企业的流动性风险。

8. 非流动负债分析

非流动负债包括长期借款、应付债券、专项应付款、长期应付款等。非流动负债分析与流动负债分析的原理基本相同：首先，将企业某期非流动负债各个项目进行水平分析，了解其绝对额的变动情况；其次，将某期非流动负债各个项目进行垂直分析，了解其构成变动情况；最后，根据分析需要，将连续多期的非流动负债及主要项目进行趋势分析，了解该项目的变动趋势和变动规律。

6.1.4 资产质量分析

1. 资产质量的分类

资产的质量是指资产的变现质量，被企业在未来进一步利用或与其他资产组合增值的质量。资产质量的好坏，主要表现为资产的账面价值与其变现价值或被进一步利用的潜在价值（可以用资产的可变现净值或公允价值来计量，或与其他组合之后的价值来计量）之间的差异上。

资产按照质量可以分为以下几类。

（1）按照账面价值等金额实现的资产。按照账面价值等金额实现的资产，主要包括企业的货币资金。这是因为，作为充当一般等价物的特殊商品，企业的货币资金会自动地与任一时点的货币购买力相等。因此可以认为，企业在任一时点的货币资产，均会按照账面等金额实现其价值。

（2）按照低于账面价值的金额贬值实现的资产。按照低于账面价值的金额贬值实现的资产，是指那些账面价值较高，而其变现价值或被进一步利用的潜在价值较低的资产。这类资产主要包括短期债权、部分短期投资、部分存货、部分长期投资、部分固定资产。按照企业会计准则，企业应定期或至少每年年度终了时检查这些资产的账面价值，与资产可收回金额进行比较，来判断资产是否减值。除此之外，由于应计制原则的要求而暂作"资产"处理的有关项目，包括待摊费用、长期待摊费用等纯摊销性的"资产"，并不能为企业未来提供实质性帮助，难有实际利用价值，其实际价值趋近于零。

（3）按照高于账面价值的金额增值实现的资产。按照高于账面价值的金额增值实现的资产，是指那些账面价值较低，而其变现价值或被进一步利用的潜在价值较高的资产。这类资产主要包括大部分存货、部分对外投资、部分固定资产。

（4）账面上未体现净值，但可以增值实现的"表外资产"。账面上未体现净值，但可以增值实现的"表外资产"，是指那些由于会计处理原因或计量手段的限制而未能在资产负债表中体现净值，但可以为企业在未来做出贡献的资产项目，主要包括以下几个方面。

1）已经提足折旧但仍然继续使用的固定资产。已经提足折旧但企业仍然继续使用的固定资产，在资产负债表上由于其历史成本与累计折旧相等而未能体现出净值。企业的建筑物以及设备、生产线等有可能出现这种情况。这类资产由于其对企业有未来利用价值，因而是企业实实在在的资产。

2）已经成功的研发和部分开发项目的成果。按照企业会计准则，企业无形资产的研究阶段支出，一般作为当期费用处理；企业无形资产的开发阶段支出，只有满足严格的条件之后才能作为开发支出列支在资产项目。这样，已经成功的研发和部分开发项目的成果，将游离于报表之外而存在。这种情况经常出现于重视研究和开发、历史悠久的企业。

3）人力资源与组织管理资源。毋庸置疑，企业的人力资源与组织管理资源是企业最重要的一项无形资产。遗憾的是，目前财务会计还难以将这些软资源作为一项资产来纳入企业的资产负债表。因此，了解、分析企业软资源的质量只能借助非货币因素的分析。

2. 资产质量分析要点

（1）资产内容的完整性分析。在会计上，资产没有涵盖能够为企业带来经济利益的全部经济资源。但在现代市场经济中，控制一定数量的经济资源是企业生存和发展的基础，也是企业获得核心竞争力的基础。一家企业的软资源（如知识产权、人力资源、组织管理资源等）具有以下特点：第一，随着科技的进步和社会经济的发展，尤其是伴随着知识经济时代的到来，软资源对企业生存和发展所起的作用和相对价值将不断上升，而硬资源的相对价值却不断下降；第二，软资源具有更好的成长性，其价值上升速度较快。由于软资源的价值未能在资产负债表上反映出来，所以资产负债表上的资产有时并不一定能够确切地反映企业的财务实力。对企业资产质量的整体把握，应当结合表内因素与表外因素综合分析。

（2）资产中的"虚拟资产"分析。"虚拟资产"费用化的资产，包括待摊费用、长期待摊费用、待处理流动资产损失、待处理固定资产损失等项目。这些资产是由于应计制的要求暂时列放在资产项目上，并无变现能力，也不能给企业带来预期经济利益的流入。在评价企业资产实力、偿债能力时应将此类"虚拟资产"项目剔除。如果此类项目期初与期末余额差额巨大，财务分析人员应分析是否存在粉饰财务报表、人为调节当期损益等情形。

（3）资产计价方法分析。

1）期中资产计价方法分析，如发出存货计价方法、固定资产折旧方法等。对发出存货计价方法有先进先出法、个别计价法、加权平均法。这些都是会计准则允许的备选方法，但不同的计价方法对会计报表数据、财务比率和现金流量的影响不同。在先进先出法下，存货计价比较接近现时成本。但是在通货膨胀时期，由于物价上涨的速度较快，当存货数量稳定增长时，先进先出法易产生巨额存货利润，用加权平均法反映的信息价值更高。

2）期末资产计价方法分析。会计准则规定了资产减值计提范围。企业应当定期或者至少每个会计年度结束时，对这些资产进行全面检查，并根据谨慎性原则要求，将各项资产的账面价值与资产可收回金额进行比较，来判断资产是否减值，并对可能发生的各项资产减值损失计提资产减值准备。财务分析人员在进行资产减值准备分析时，应注意：计提的理由是否恰当；计提的方法是否合理；计提的额度是否正确。

6.1.5 资产与负债分析的难点

1. 资产分析的难点

资产计量的主要依据是历史成本原则和稳健性原则。根据历史成本原则，企业拥有的能够带来未来经济利益的资源按历史成本计价；如果一项资产的成本超过公允价值，稳健性原则要求计提该资产的减值准备，将其价值调低至公允价值。但如果存在以下问题，历史成本原则、稳健性原则可能面临挑战。

（1）资源的所有权不确定。一般企业的绝大多数资源的所有权非常明确，即使用资源的企业拥有该资源的所有权。然而，在有些情况下，谁拥有这一资源的所有权却相当微妙。例如租赁资产，航空公司的飞机大部分来自租赁，包括融资租赁和经营租赁。根据租赁契约，租赁期满，航空公司有权按公允价值或按出租人规定的价格购买其中的一些飞机。那么，谁是这些飞机的真正所有者？哪些飞机是融资租赁？哪些飞机是经营租赁？

评估一项租赁协议安排到底是融资租赁还是经营租赁具有较大的主观性，这主要取决于承租人是否真正地承担了与所有权相关的风险与报酬。为了规范租赁行为的呈报，美国会计准则和我国会计准则都规定了满足融资租赁的若干条件。但这些规范条件为航空公司的管理层规避融资租赁提供了可能。如航空公司的管理层对一项租赁活动制订的合同条款既像融资租赁又像经营租赁，最后可以根据业绩报告的需要确定飞机租赁的类型。

当一项资源的所有权很难辨别时，管理层就有机会运用其判断权决定是否将一项资源的获取记作资产。因此，当企业存在因所有权不清导致一项资产难以确认和计量时，财务分析人员在进行财务分析时，应当考虑以下问题：管理层是否在租赁协议条款上做文章，故意含糊资产的所有权？这种行为的动机是什么？是否基于表外融资的需要？如果将经营租赁故意改为融资租赁，是否会导致负债率的大幅上升并降低企业的资产报酬率？如果租赁被用于减少关联资产和负债，它们对企业财务状况的影响如何？

（2）与资源相关的未来经济利益高度不确定或难以计量。商誉是企业的无形资产，因为它能为企业带来未来经济利益。但与其他资产不同，商誉所能带来的未来经济利益具有很大的不确定性。商誉是并购成本与所收购净资产公允价值之间的差额。商誉的大小，既受到并购双方讨价还价能力的影响，又受到目标企业净资产公允价值的影响。因此，商誉未必能为企业带来未来的经济利益。

企业的品牌价值、管理层的能力、公司拥有的垄断资源、公司与政府的关系等这些资源由于在计量上存在很大的不确定性，它们能带来未来经济利益的数额和时间很难准确估计，本着稳健性原则，这些经济资源没有反映在资产负债表上。但这些资产的重要性绝不能低估。随着科学技术和经济的快速发展，企业有形资产所占的比重越来越低，而无形的、隐性资产所占的比重越来越大。例如，苹果公司 2021 年以 3 551 亿美元的品牌价值蝉联全球第一。

管理层的能力更难以评估，如比尔·盖茨对微软公司的价值，公司拥有的垄断资源、公司与政府的关系等。这些资产的潜在价值巨大。在进行财务分析时，必须重视这些资产的潜在价值，否则可能导致企业价值的严重低估。

将支出直接费用化，不需要会计判断；将支出资本化，记录为一项资产，这需要管理层在以后期间运用会计判断决定它的摊销或减值。对未来经济利益不确定的资产，财务分析人员在进行财务分析时，应当考虑以下问题：资产负债表上哪些资产的计量和估价最困难？这类资产的计价基础是什么？摊销期限是多长？对减值准备的估计是多少？公司管理层对资产进行计价所使用的假设和估计与以前年度的假设相比是否发生了变化？商誉的存续年限是否发生了变化？对难以计量的资产，管理层是否有高估或低估其价值的历史？是否因为计量困难，导致企业的关键核心资产如品牌、R&D 等无形资产被排除在财务报表之外？

（3）经营资产价值发生变动。经营资产价值随时间推移发生的变动以多种方式反映在财务报表中。当经营资产的价值降至低于市场价值时，根据稳健性原则，就应计提减值准备。例如，应收账款价值的变动在坏账准备中反映，存货和长期固定资产价值的下降在减值准备中反映，资产使用期限和残值的改变在预计摊销额中反映。在实际工作中，常常很难评估一项资产的价值是否发生了减损？如果发生了减损，损失的数额是多少？因此，在决定何时确认资产价值的减损以及减损多少时，管理层有相当大的斟酌处理权。这种情况下，在进行财务分析时，应当考虑以下问题：企业经营资产发生了减损吗？如果资产发生了减损但价值没有被降低，管理层未确认价值减损的理由和动机是什么？管理层是否高估或低估了以前资产的价值减损？

当经营资产的价值上升到高于账面价值时，会计准则却不允许调高资产的账面价值，此时，资产负债表低估了这部分资产的价值，出现了低估资产。可能被低估的资产包括存货、长期固定资产等。一般企业持有存货的时间不是很长，但在持有期间存货的市场价格可能发生变化。如果存货市场价格下跌，根据稳健性原则，企业应提取存货跌价准备，把存货的账面价值调整到较低的市场价值，因此，不会产生低估资产。但是，如果持有期间存货市场价格上升，高于其账面价值，会计准则不允许调高存货的账面价值，因此，资产负债表低估了存货的价值，出现了低估资产。对于存货数量较大、价格波动频繁、价格波动幅度大的企业，存货的低估价值会占到企业价值相当大的比重，对企业价值会产生较大影响。

长期固定资产由于使用寿命长，在此期间的价值变化大，被低估的情况就更普遍。如果长期固定资产市场价格低于其账面价值，企业应提取固定资产减值准备，把账面价值调低到市场价值。但是，如果长期固定资产市场价格高于其账面价值，稳健性原则不允许调高长期固定资产的账面价值，从而产生了低估资产。类似低估资产的情况还很多，在资产价格发生重大变化时，资产负债表往往不能反映这些资产价值的变化。在进行财务分析时，财务分析人员如果不能发现这些低估的资产，就会严重低估企业价值。

2. 负债分析的难点

（1）或有负债与预计负债。或有负债是指过去的交易或事项形成的潜在义务，其存在须通过未来不确定性事项的发生或不发生予以证实；或过去的交易或者事项形成的现时义务，履行该义务可能导致经济利益流出企业或该义务的金额不能可靠计量。

会计准则要求企业在报表附注中披露比较重大的或有负债，为我们分析或有负债提供了线索。重要的或有负债包括担保、环境成本、未决诉讼、发行在外的未执行的股票期权等。

担保包括为其他企业的贷款担保和为自己的产品或服务提供担保。如果被担保者在贷款到期不能偿还其债务，或自己的产品在售出后存在质量问题，此时的或有负债就转化为实际负债。环境成本对于高污染的企业（如化工、电力、石油等）来说，潜在的环境成本甚至可以大到一旦披露或确认，就可以迫使企业破产的地步。由于环境污染对人和环境的影响不是很快可以发现，而且其治理成本数额很难准确估计，因此，在大多数国家，企业在经营过程中不需要在财务报表中确认未来可能发生的治理成本（潜在负债）。对于未决诉讼，根据会计准则规定，企业在报表日如果有在审被诉的案件，需要在报表附注中加以披露。由于法院的判决不以原告、被告的意志为转移，一旦判决结果不利于企业，企业可能发生损失。我们在进行财务分析时，必须考虑或有负债对企业的影响，因为它会降低企业价值。

预计负债反映企业预计的负债，包括对外担保、未决诉讼、产品质量保证等可能产生的负债。如果与或有事项相关的义务同时符合以下条件，企业就应当确认为负债：其一，该义务是企业承担的现时义务；其二，该义务的履行很可能导致经济利益流出企业；其三，该义务的金额能够可靠地计量。或有事项确认为负债，在资产负债表中以预计负债单独反映。由于预计负债的确认具有一定的主观性，企业按照规定的预计项目和预计金额确认预计负债，会引起管理费用、销售费用或营业外支出的增加，从而引起当期利润的下降。企业有可能利用预计负债进行利润操纵。

与负债相比，或有负债、预计负债在确认与计量上更为复杂，因为它是否存在以及金额、受款人和偿付日期主要取决于有关的未来事项是否发生，带有很大的不确定性。由于预计负债确认不可避免的主观性，以及或有负债对企业未来经营的影响，财务分析者应对企业披露的预计负债和或有负债予以足够的关注。

（2）重组负债的估计。在债务重组过程中，很多企业以重组准备等方式，多计重组负债，有意操控重组债务的未来应付金额，以达到操控利润的目的。根据会计准则，企业在制订一个正式的重组计划后，就应承担一项相应的义务，这一义务包括厂房设备处置成本、安置职工及遣散职工的各项费用等。但计提重组负债需要管理层的主观判断。由于企业重组涉及的费用很多，这就为管理层高估重组费用从而高估负债提供了可能。由于这些高估的重组准备不需要支付，便可在以后年度转回，或用于冲减以后的经营费用，为重组以后的会计年度制造盈利留下了空间。如果企业没有公允地反映这些负债，可能会使财务分析者错误地估计企业的风险。

6.2 利润表分析

6.2.1 利润表基本分析

1. 利润表分析的目的

利润表是反映企业在一定期间实现的经营成果的报表。它把企业一定时期的营业收入与同一期间相关的营业成本、费用进行配比,以计算一定时期的利润。通过利润表分析,财务分析者能够了解企业营业收入的完成情况,费用耗费情况,以及经营成果的实现情况;同时,通过利润表提供的不同时期的数字比较,可以分析企业的获利能力和未来利润发展趋势,掌握投入资本的增值情况。利润表分析的主要目的如下。

(1)正确评价企业经营业绩。由于利润受各环节和各方面因素的影响,因此通过不同环节和不同方面的利润分析,可准确说明各环节和各方面的业绩。例如,通过营业利润分析,不仅可以发现影响营业利润的主要因素以及影响程度,而且可以进一步分清是主观影响还是客观影响、是有利影响还是不利影响等,这对于准确评价各环节和各方面的业绩是十分必要的。

(2)发现企业经营管理中存在的问题。正因为分析不仅能确定成绩,而且能发现问题,因此,通过对利润表的分析可以发现企业在各个环节中存在的问题或不足,为进一步改进企业经营管理工作指明了方向。这有利于促进企业全面改善经营管理,促使利润的不断增长。

(3)为投资决策与信贷决策提供正确信息。企业的利益相关者都非常关注企业,尤其在经济利益上关心企业的利润。不仅企业的经营者如此,投资者和债权人也是如此。投资者的主要目的是实现既定风险条件下的投资报酬率最大化,债权人关心企业偿还债务的能力,这都涉及对企业获利能力的判断,而利润正是企业获利能力的一个重要显示器。他们通过对企业利润的分析,可以揭示企业的经营潜力和发展前景,从而做出正确的投资与信贷决策。另外,利润分析对于国家宏观管理部门研究企业对国家的贡献也具有重要意义。

2. 利润表分析主要内容

(1)水平分析。通过对利润表的水平分析,分析表内各项目的总额水平及其增减变动情况,揭示利润形成过程中的管理业绩及存在的问题。

(2)垂直分析。通过对利润表的垂直分析,揭示各项利润、成本费用水平与销售收入的关系。反映企业各环节的利润、利润构成及成本费用水平。分析企业利润形成的合理性和盈利的持续性。

(3)财务比率分析。利用利润表可以计算盈利能力指标,分析企业的盈利水平和盈利能力。

(4)主要项目分析。对经营成果影响较大的项目和变化幅度较大的项目(包括营业收入、营业费用、管理费用、财务费用、投资收益等项目)进行具体分析。

3. 利润表整体解读

我们以四川长虹2016年度利润表为例来说明利润表的整体解读(见表6-14)。

表 6-14 四川长虹 2016 年度利润表

编制单位：四川长虹　　　　会计期间：2016 年度　　　　（金额单位：百万元）

项目	上年数	本年数
营业收入	64 847.81	67 175.34
营业成本	56 253.36	57 585.48
税金及附加	436.12	477.20
销售费用	5 010.51	5 248.03
管理费用	2 845.72	2 730.35
财务费用	1 038.70	260.14
资产减值损失	545.24	273.07
公允价值变动收益	−42.58	223.04
投资收益	135.86	346.35
其中：对联营企业和合营企业的投资收益	32.29	36.60
营业利润	−1 188.56	1 170.46
营业外收入	446.62	357.57
其中：非流动资产处置利得	13.73	17.25
营业外支出	698.53	86.15
其中：非流动资产处置净损益	13.63	62.50
利润总额	−1 440.47	1 441.88
所得税费用	284.08	282.44
净利润	−1 724.55	1 159.44
基本每股收益	−0.43	−0.12
稀释每股收益	−0.43	−0.12

从表 6-14 中可以看出，2016 年四川长虹净利润 1 159.44 百万元，相比 2015 年，迅速实现了扭亏为盈。2016 年相比 2015 年，四川长虹的营业收入、营业利润、利润总额、净利润都有较大幅度的增长，成本费用有一定的降低，实现了较好的盈利。

6.2.2　利润表结构分析

1. 共同比利润表

利润表结构分析通常需要编制共同比利润表，通过计算各因素或各种财务成果在主营业务收入中所占的比重，分析说明财务成果的结构及其增减变动的合理程度。根据四川长虹的利润表编制的共同比利润表如表 6-15 所示。

表 6-15 四川长虹共同比利润表　　　　（金额单位：百万元）

项目	年份		结构百分比		
	2015 年	2016 年	2015 年	2016 年	差异
营业收入	64 847.81	67 175.34	100.00%	100.00%	0.00%
营业成本	56 253.36	57 585.48	86.75%	85.72%	−1.03%
税金及附加	436.12	477.20	0.67%	0.71%	0.04%
销售费用	5 010.51	5 248.03	7.73%	7.81%	0.08%
管理费用	2 845.72	2 730.35	4.39%	4.06%	−0.33%

(续)

项目	年份		结构百分比		
	2015年	2016年	2015年	2016年	差异
财务费用	1 038.70	260.14	1.60%	0.39%	-1.21%
资产减值损失	545.24	273.07	0.84%	0.41%	-0.43%
公允价值变动收益	-42.58	223.04	-0.07%	0.33%	0.40%
投资收益	135.86	346.35	0.21%	0.52%	0.31%
其中：对联营企业和合营企业的投资收益	32.29	36.60	0.05%	0.05%	0.00%
营业利润	-1 188.56	1 170.46	-1.83%	1.74%	3.57%
营业外收入	446.62	357.57	0.69%	0.53%	-0.16%
其中：非流动资产处置利得	13.73	17.25	0.02%	0.03%	0.01%
营业外支出	698.53	86.15	1.08%	0.13%	-0.95%
其中：非流动资产处置净损益	13.63	62.50	0.02%	0.09%	0.07%
利润总额	-1 440.47	1 441.88	-2.22%	2.15%	4.37%
所得税费用	284.08	282.44	0.44%	0.42%	-0.02%
净利润	-1 724.55	1 159.44	-2.66%	1.73%	4.39%
基本每股收益	-0.43	-0.12			
稀释每股收益	-0.43	-0.12			

从表 6-15 中可以看出，2016 年相对 2015 年，四川长虹营业成本占营业收入的比重下降 -1.03 个百分点，财务费用的比重下降 1.21 个百分点，从而使营业利润的比重上升 3.57 个百分点，利润总额的占比上升 4.37 个百分点，净利润占比增加 4.39 个百分点。由此看出，由于公司的成本控制措施得当，财务费用控制有效，实现了净利润的较大增长。

2. 利润构成分析

企业利润包括营业利润、利得和损失等。利得是指除收入和直接计入所有者项目外的经济利益的净流入。损失是指除费用和直接计入所有者项目外的经济利益的净流出。

营业利润是企业从事"主业"而获得的经营利润。比如，商业零售企业在开展商品流通经营活动中产生的利润就是公司的营业利润。一般来说，营业利润是实现利润的"大头"。如果营业利润在利润总额中所占比重较大，一方面说明公司经营主业方向明确，另一方面也说明主业盈利水平较强，并具有持续增长的稳定性与抗经济波动能力。

营业利润一般归入经常性损益概念，相对应的非营业利润就成了"非经常性损益"，它包括利得和损失两部分。"非经常性损益"不具有经常性。补贴收入除享受的是中央级政策比较稳定外，其他政府补贴都有受政策调整而变化的可能。财务分析人员应该仔细看一看每股收益与净资产收益率在扣除"非经常性损益"后的差异是大是小。差异大的，说明公司主营业务不理想，前景暗淡；差异小的甚至出现负差异的，说明公司主营业务理想，收益不错。四川长虹利润构成分析如表 6-16 所示。

从表 6-16 中可看出，四川长虹的利润以经常性的营业利润为主，营业利润占利润总额的比重超过 81%，说明公司的盈利主要依赖于主营业务，公司的主业比较突出，主业发展比较稳定。2016 年相比 2015 年，营业利润在利润总额中的比重下降 1.33 个百分点，营业外收支净额在利润总额中的比重提高 1.33 个百分点。需要结合公司的其他信息对营业外收支情况进行详细分析。

表 6-16　四川长虹利润构成分析表　　　　（金额单位：百万元）

项目	年份		结构百分比		
	2015 年	2016 年	2015 年	2016 年	差异
营业利润	−1 188.56	1 170.46	82.51%	81.18%	−1.33%
营业外收支净额	−251.91	271.42	17.49%	18.82%	1.33%
利润总额	−1 440.47	1 441.88	100.00%	100.00%	0.00%

6.2.3　利润表重点项目分析

1. 营业收入分析

营业收入分析主要分析以下五项内容。

（1）阅读会计报表附注中公司收入的确认原则，分析公司收入是否符合收入确认原则的规定。

商品销售是指公司已将商品所有权上的主要风险和报酬转移给买方，公司不再对该商品实施继续管理权和实际控制权，相关的收入已经收到或取得了收款的证据，并且与销售该商品有关的成本能够可靠地计量时，确认营业收入的实现。

提供劳务是指劳务在同一年度内开始并完成的，在劳务已经提供、收到价款或取得收取款项的证据时，确认劳务收入；劳务的开始和完成分属不同会计年度的，在劳务合同的总收入、劳务的完成程度能够可靠地确定，与交易相关的价款能够流入，已经发生的成本和为完成劳务将要发生的成本能够可靠地计量时，按照完工百分比法确认相关的劳务收入。

让渡资产使用权是指让渡现金使用权的利息收入，按让渡现金使用权的时间和适用利率计算确定；让渡非现金使用权的使用费收入，按有关合同或协议规定的收费时间和方法计算确定。上述收入的确定并应同时满足与交易相关的经济利益能够流入公司；收入的金额能够可靠地计量。

（2）分析公司收入结构。对公司的收入，不仅需要分析收入总额，而且需要分析收入的构成及其变动情况，以了解企业经营方向与会计政策选择。收入结构分析可以分析主营业务收入与其他业务收入、现销收入与赊销收入的结构，以及收入的地区构成等。主营业务收入占总收入的比重越大，反映公司的可持续发展能力越强。现销收入与赊销收入的比重大小取决于企业的销售策略与赊销政策。分析收入的地区构成可以了解企业的销售布局、顾客分布及变动情况。

（3）销售收入的区域与渠道。分析销售收入的区域与渠道销售情况，借以识别客户在哪里、商机在哪里。

（4）企业的市场占有率。根据市场占有率，分析企业在市场中的竞争力和所处的竞争地位。

（5）已签订未实现的合同。通过这些合同判断企业在市场中的竞争潜力。

四川长虹收入的确认原则符合收入确认准则的规定。四川长虹的营业收入构成分析如表 6-17 所示。

表 6-17　四川长虹营业收入构成分析表　　　　（金额单位：百万元）

项目	绝对数		比重	
	2015 年	2016 年	2015 年	2016 年
主营业务收入	64 847.81	67 175.34	100.00%	100.00%
合计	64 847.81	67 175.34	100.00%	100.00%

从表 6-17 中可以看出，四川长虹 2016 年实现营业收入 67 175.34 百万元，比 2015 年增长 3.59%，营业收入保持了较好的增长态势。

2. 成本与费用分析

成本与费用分析主要围绕三个方面展开：①根据成本费用核算资料，分析和评价企业成本计划的执行结果和完成情况。②揭示成本升降的具体原因。深入查明影响成本高低的各种因素及其原因，加以有效控制。③寻求降低成本的途径和方法。结合企业的生产经营条件的变化，正确选定适应新情况的最合适的成本水平。产品成本分析包括产品成本趋势分析、成本项目构成变动分析、直接材料项目分析、直接人工项目分析、制造费用项目分析、销售费用分析、管理费用分析、财务费用分析等。

3. 利润总额和净利润分析

利润总额是反映企业全部财务成果的指标，它是收入减去费用后的净额、直接计入当期利润的利得和损失三部分的总和，即利润 = 收入 − 费用 + 利得 − 损失。四川长虹 2016 年实现利润总额 1 441.88 百万元，比 2015 年 −1 440.47 百万元增加了 2 882.35 百万元，迅速实现了扭亏为盈，实现了较好的盈利。

净利润是指企业所有者最终取得的财务成果，或可供企业所有者分配或使用的财务成果。四川长虹 2016 年实现净利润 1 159.44 百万元，比 2015 年 −1 724.55 百万元增加了 2 883.99 百万元，增长率为 167.23%。四川长虹的净利润实现了快速增长。

在正常情况下，企业的非经常性损益（非营业利润）一般较少，所得税也是相对稳定的，因此，只要营业利润较大，利润总额和净利润也会较高。在分析时需要特别注意，当企业利润总额和净利润主要是由非经常性损益获得时，则该企业利润的真实性和持续性应引起高度重视。

非经常性损益是指公司发生的与经营业务无直接关系，以及虽与经营业务相关，但由于其性质、金额或发生频率，影响了真实、公允地反映公司正常盈利能力的各项收入、支出，如政府各种补助、固定资产或长期资产处置损益、捐赠等。非经常性损益项目是公司进行盈余管理的常用手段。很多 ST 公司会通过非经常性损益项目做大利润，实现"摘帽"。目前年报要求上市公司披露非经常性损益、扣除非经常性损益后的净利润等信息。例如 ST 云维（600725），

2016 年实现净利润 15.45 亿元，其中，非经常性损益 30.78 亿元，扣除非经常性损益后的净利润 −15.33 亿元。

4. 营业利润分析

营业利润是企业经营活动中营业收入与营业成本、费用的差额与资产减值损失、公允价值变动收益、投资收益的总和。它既包括经营活动的经营成果，也包含经营过程中资产的价值变动损益。企业营业利润反映了企业总体经营的管理水平和效果。通常，营业利润越大的企业，经济效益越好。

2016 年四川长虹实现营业利润 1 170.46 百万元，比 2015 年 −1 188.56 百万元增加了 2 359.02 百万元，增长率为 198.48%。这说明四川长虹扩大了收入、利润来源，增加了营业利润。

5. 营业外收支分析

营业外收入反映企业发生的与其生产经营无直接关系的各项收入；营业外支出反映企业发生的与其生产经营无直接关系的各项支出。二者没有配比关系。2016 年四川长虹营业外收支净额 271.42 百万元，与 2015 年相比，增加 523.33 百万元，增长 207.74%。这需要结合营业外收入与营业外支出的具体项目分析其增减变化的原因。

6.3 现金流量表分析

6.3.1 现金流量表基本分析

1. 现金流量表分析的目的

现金流量表是以现金为基础编制的财务状况变动表。它由五大项目和补充资料组成，其中经营活动、投资活动、筹资活动产生的现金流量是我们研究的重点。在每项活动当中，现金流量表又将现金的流入与流出明显区分开来。现金流量表分析的目的可以归纳为以下三个方面。

（1）分析企业现金变动情况及变动原因。资产负债表中货币资金项目反映了企业一定时期现金变动的结果，是静态的现金存量。分析现金流量表，有助于了解企业现金从哪里取得，现金将用于哪些方面，从动态上了解现金的变动情况，并揭示现金变动的原因。

（2）判断企业获取现金的能力。财务分析者将现金流量表反映的经营活动现金流量与利润表、资产负债表结合起来分析，可以对企业通过经营活动产生现金的能力做出判断。

（3）评价企业盈利质量。利润是按权责发生制计算的，用于反映当期的财务成果。由于利润含有公司管理层大量的主观判断，容易被操纵，利润不代表企业真正实现的收益。账面上的利润满足不了企业的资金需要，盈利企业仍然有可能发生财务危机。高质量的盈利必须有相应的现金流入做保证，这就是人们更重视现金流量的原因之一。分析现金流量表有助于发现企业真实的现金流量，从而评估企业的盈利质量，以防被盈余管理甚至是利润操纵所迷惑。

2. 现金流量表的整体解读

2016年四川长虹现金流量表如表6-18所示。

表6-18 现金流量表

编制单位：四川长虹　　　　会计期间：2016年　　　　（金额单位：百万元）

项　目	本期数	上期数
经营活动产生的现金流量		
销售商品、提供劳务收到的现金	67 433.49	68 029.08
收到的税费返还	1 103.13	924.23
收到其他与经营活动有关的现金	347.78	809.38
经营活动现金流入小计	68 884.40	69 762.69
购买商品、接受劳务支付的现金	55 134.78	57 311.56
支付给职工以及为职工支付的现金	4 625.18	4 367.85
支付的各项税费	1 899.70	1 789.54
支付其他与经营活动有关的现金	2 554.25	3 057.51
经营活动现金流出小计	64 213.91	66 526.46
经营活动产生的现金流量净额	4 670.49	3 236.23
投资活动产生的现金流量		
收回投资所收到的现金	3 897.57	2 195.49
取得投资收益所收到的现金	64.55	46.08
处置固定资产、无形资产和其他长期资产收回的现金净额	45.55	26.59
处置子公司及其他营业单位收到的现金净额	−27.16	19.40
收到其他与投资活动有关的现金	895.20	730.10
投资活动现金流入小计	4 875.71	3 017.66
购建固定资产、无形资产和其他长期资产所支付的现金	835.57	704.38
投资支付的现金	5 259.78	3 781.71
取得子公司及其他营业单位支付的现金净额	38.72	0
支付其他与投资活动有关的现金	1 667.86	1 443.84
投资活动产生的现金流出小计	7 801.93	5 929.93
投资活动产生的现金流量净额	−2 926.22	−2 912.27
筹资活动产生的现金流量		
吸收投资收到的现金	1 274.98	125.24
取得借款收到的现金	22 074.60	16 878.92
发行债券所收到的现金	0	1 623.40
收到其他与筹资活动有关的现金	446.30	1 301.28
筹资活动现金流入小计	23 795.88	19 928.84
偿还债务支付的现金	23 105.56	22 337.61
分配股利、利润或偿付利息支付的现金	693.12	442.19
支付其他与筹资活动有关的现金	2.09	11.90
筹资活动现金流出小计	23 800.77	22 791.70
筹资活动产生的现金流量净额	−4.89	−2 862.86
汇率变动对现金的影响	76.95	78.57
现金及现金等价物净增加额	1 816.33	−2 460.33
期初现金及现金等价物余额	9 609.64	12 069.95
期末现金及现金等价物余额	11 425.97	9 609.62

从表 6-18 中可以看出，2016 年四川长虹期末现金净流量 11 425.97 百万元，比 2015 年增加 1 816.35 百万元。其中，经营活动净现金流量 2016 年本期和上期均为正数，但是本期数相对上期数有所增加，说明公司 2016 年的经营活动现金流入增加较多，应结合公司货币资金增加进行分析。投资活动净现金流量 2016 年和 2015 年都为负数，这两年现金净流出额非常接近，相差不大，可以结合公司长期投资项目进行分析。筹资活动净现金流量 2016 年相对于 2015 年，增加 2 857.97 百万元，其原因是收到了投资者的投资款项以及增加了银行借款。

对于健康成长的企业来说，经营活动现金净流量应该是正数，投资活动现金净流量是负数，融资活动现金净流量可以是正数，也可以是负数。四川长虹的现金流量情况表现正常。

6.3.2 现金流量表结构分析

现金流量表结构分析是指通过对现金流量表中不同项目间的比较，分析企业现金流入的主要来源和现金流出的方向，并评价现金流入流出对净现金流量的影响。现金流量结构包括现金流入结构、现金流出结构、流入流出比例等，可列表进行分析，旨在进一步掌握企业各项活动中现金流量的变动规律、变动趋势、公司经营周期所处的阶段及异常变化等情况。其中：①流入结构分析分为总流入结构和三项（经营、投资和筹资）活动流入的内部结构分析；②流出结构分析也分为总流出结构和三项（经营、投资和筹资）活动流出的内部结构分析；③流入流出比例分析，分为经营活动的现金流入流出比（此比值越大越好），投资活动的现金流入流出比（发展时期此比值应小，而衰退或缺少投资机会时此比值较大为好），筹资活动的现金流入流出比（发展时期此比值较大为好）。财务分析人员可以利用现金流入和流出结构的历史比较和同业比较，得到更有价值的信息。如果公司经营现金流量的结构百分比具有代表性（可用三年或五年的平均数），财务分析人员还可根据它们和计划销售额来预测未来的经营现金流量。

1. 现金流入结构分析

2016 年四川长虹现金流入结构分析如表 6-19 所示。

表 6-19　四川长虹现金流入结构分析表　　　　（金额单位：百万元）

项　　目	绝对数		比重①	
	2016 年	2015 年	2016 年	2015 年
销售商品、提供劳务收到的现金	67 433.49	68 029.08	69.12%	73.38%
收到的税费返还	1 103.13	924.23	1.13%	1.00%
收到其他与经营活动有关的现金	347.78	809.38	0.36%	0.87%
经营活动现金流入小计	68 884.40	69 762.69	70.61%	75.25%
收回投资所收到的现金	3 897.57	2 195.49	4.00%	2.37%
取得投资收益所收到的现金	64.55	46.08	0.07%	0.05%
处置固定资产、无形资产和其他长期资产收回的现金净额	45.55	26.59	0.05%	0.03%
处置子公司及其他营业单位收到的现金净额	−27.16	19.40	−0.03%	0.02%
收到其他与投资活动有关的现金	895.20	730.10	0.92%	0.79%

(续)

项 目	绝对数		比重①	
	2016 年	2015 年	2016 年	2015 年
投资活动现金流入小计	4 875.71	3 017.67	5.00%	3.25%
吸收投资收到的现金	1 274.98	125.24	1.31%	0.14%
取得借款收到的现金	22 074.60	16 878.92	22.63%	18.21%
发行债券所收到的现金	0	1 623.40	0.00	1.75%
收到其他与筹资活动有关的现金	446.30	1 301.28	0.46%	1.40%
筹资活动现金流入小计	23 795.88	19 928.84	24.39%	21.50%
现金流入合计	97 555.99	92 709.19	100.00%	100.00%

①因各项计算结果取值四舍五入，比重合计可能不为100%，可忽略，余同。

从表 6-19 可以看出，四川长虹 2016 年、2015 年现金流入总量分别为 97 555.99 百万元和 92 709.19 百万元，其中，经营活动现金流入量占比在 70% 以上，投资活动的现金流入量占比在 3% 以上，筹资活动的现金流入量占比为 21%~26%，说明公司现金流量主要来自经营活动和融资活动。进一步分析可以发现，经营活动的现金流入量主要是以销售商品、提供劳务收到的现金为主，这一项要占整个现金流入总量的 69% 以上。这与我们前面分析的四川长虹主业突出的观点是相吻合的。

2. 现金流出结构分析

2016 年四川长虹现金流出结构分析如表 6-20 所示。

表 6-20　四川长虹现金流出结构分析表　　　（金额单位：百万元）

项 目	绝对数		比重	
	2016 年	2015 年	2016 年	2015 年
购买商品、接受劳务支付的现金	55 134.78	57 311.56	57.54%	60.17%
支付给职工以及为职工支付的现金	4 625.18	4 367.85	4.83%	4.59%
支付的各项税费	1 899.70	1 789.54	1.98%	1.88%
支付其他与经营活动有关的现金	2 554.25	3 057.51	2.67%	3.21%
经营活动现金流出小计	64 213.91	66 526.46	67.02%	69.85%
购建固定资产、无形资产和其他长期资产所支付的现金	835.57	704.38	0.87%	0.74%
投资支付的现金	5 259.78	3 781.71	5.49%	3.97%
取得子公司及其他营业单位支付的现金净额	38.72	0	0.04%	0.00%
支付其他与投资活动有关的现金	1 667.86	1 443.84	1.74%	1.52%
投资活动产生的现金流出小计	7 801.93	5 929.93	8.14%	6.23%
偿还债务支付的现金	23 105.56	22 337.61	24.11%	23.45%
分配股利、利润或偿付利息支付的现金	693.12	442.19	0.72%	0.46%
支付其他与筹资活动有关的现金	2.09	11.90	0.00%	0.01%
筹资活动现金流出小计	23 800.77	22 791.70	24.84%	23.92%
现金流出合计	95 816.61	95 248.09	100.00%	100.00%

从表 6-20 可以看出，长虹公司 2016 年、2015 年现金流出总量分别是 95 816.61 百万元和 95 248.09 百万元，2016 年比 2015 年多流出现金 568.52 百万元。其中，经营活动现金流出量

占比超过67%，2016年相对于2015年，下降了2.83个百分点；投资活动现金流出量占比大于8%，2016年相对于2015年，增加了1.91个百分点；筹资活动的现金流出量占比变动不大，2016年相对于2015年，增加了0.92个百分点。

3. 现金流入流出比例分析

2016年四川长虹现金流入流出比例分析如表6-21所示。

表6-21 四川长虹现金流入流出比例分析表　　（金额单位：百万元）

项目	绝对数		流入流出比	
	2016年	2015年	2016年	2015年
经营活动现金流入小计	68 884.40	69 762.69	107.27%	104.86%
经营活动现金流出小计	64 213.91	66 526.46		
投资活动现金流入小计	4 875.71	3 017.67	62.49%	50.89%
投资活动现金流出小计	7 801.93	5 929.93		
筹资活动现金流入小计	23 795.88	19 928.84	99.98%	87.44%
筹资活动现金流出小计	23 800.77	22 791.70		
现金流入合计	97 555.99	92 709.19	101.82%	97.33%
现金流出合计	95 816.61	95 248.09		

表6-21实际上是从相对数角度来考查企业的净现金流量，流入流出比小于1，说明现金净流出，大于1说明净流入。表6-21显示，2016年、2015年中，四川长虹全部现金流入流出总量比，2016年大于1，2015年小于1。其中，经营活动现金流入流出比两年均大于1，投资活动现金流入流出比两年均小于1，筹资活动现金流入流出比，2016年大于1，2015年小于1，说明四川长虹现金流量水平比较正常稳定。

6.3.3　现金流量与财务弹性分析

财务弹性是指企业适应经济环境变化和利用投资机会的能力。具体是指公司动用闲置资金应对可能发生的或无法预见的紧急情况，以及把握未来投资机会的能力，是公司筹资对内外环境的反应能力、适应程度及调整的余地。

财务弹性分析就是分析企业适应经济环境变化和利用投资机会的能力。这种能力来源于现金流量和支付现金需要的比较，现金流量超过支付需要，有剩余的现金，企业适应经济环境变化的能力就强，财务弹性就大；反之，则适应性弱，财务弹性小。对于拥有充裕现金流的企业而言，一旦市场出现好的投资机遇就可迅速加以利用；而一旦市场出现不利的局面也能够从容应对。反之，对于现金流量捉襟见肘的企业，面对再好的投资机会也只能望洋兴叹；而一旦遇到逆境，它们将丧失还本付息和支付股利的能力，并有可能难以走出困境，最终被市场所淘汰。

衡量财务弹性就是用经营现金流量与支付要求进行比较，支付要求可以是投资需求或承诺支付等。衡量财务弹性的指标主要包括现金流量充足率、现金投资满足比率、现金流量股利保障倍数等。

1. 现金流量充足率

$$现金流量充足率 = \frac{经营活动现金净流量}{购建固定资产现金流出 + 偿还借款现金流出 + 支付现金股利}$$

现金流量充足率大于1，说明经营活动产生的净流量足以更换固定资产、偿还债务和支付股利；反之，则说明经营活动产生的净流量不足以更换固定资产、偿还债务和支付股利。从另一角度看，现金流量充足率计算公式的分子大于分母，其差额代表自由现金流量，自由现金流量提高了企业的流动性和财务弹性。贵州茅台现金流量充足率如表6-22所示。

表6-22 贵州茅台现金流量充足率

指标	2013年	2014年	2015年	2016年
现金流量充足率	0.99	1.32	2.27	3.99

由表6-22可知，贵州茅台的现金流量充足率逐年上升，2015年、2016年出现了大幅上升，说明贵州茅台经营活动产生的现金净流量足以更换固定资产、偿还债务和支付股利，有很强的现金支付能力。

2. 经营活动现金流量对资本支出的比率

$$经营活动现金流量对资本支出的比率 = 经营活动现金净流量 \div 资本性支出额$$

其中，资本性支出额是指公司购建固定资产、无形资产或其他长期资产所发生的现金支出。该指标评价公司运用经营活动现金流量维持或扩大经营规模的能力。该指标越大，说明公司内涵式扩大再生产的水平越高，利用自身盈余创造未来现金流量的能力越强。当该比率小于1时，表明公司资本性投资所需现金无法完全由其经营活动提供，部分或大部分资金要靠外部筹资补充，公司财务风险较大，经营及获利的持续性与稳定性较低；当该比率大于1时，则说明经营现金流量的充足性较好，对公司筹资活动的风险保障水平较高。

3. 经营活动现金流量对借款偿还的比率

$$经营活动现金流量对借款偿还的比率 = 经营活动现金净流量 \div 偿还借款额$$

该指标反映公司运用经营活动现金流量偿付到期债务本息的实际水平。该比率小于1，说明公司到期债务的自我清偿能力较差，经营活动现金流量的充足程度不高；该比率大于1，则显示公司具有较好的"造血"功能和财务弹性，经营活动现金流量比较充沛，足以偿还到期债务，公司不存在支付风险且经营的主动性较强。

4. 经营活动现金流量对股利支付的比率

$$经营活动现金流量对股利支付的比率 = 经营活动现金净流量 \div 支付的现金股利$$

该指标表明企业用经营活动所产生的现金净流量来支付现金股利的能力，该指标越大，表明企业支付股利的现金越充足，企业支付现金股利的能力也就越强。该指标还可体现支付股利的现金来源及其可靠程度，是对传统的股利支付率的修正和补充。

5. 自由现金流量

自由现金流量是企业在充分考虑了持续经营和必要的投资增长对现金的要求后，可用于对债权人还本付息和向股东分配现金股利后的剩余现金流量。虽然目前理论界对自由现金流量的内涵存在多种观点，但有一个共同之处，即都认为自由现金流量产生于正常的经营活动，并考虑了维持持续经营所需现金流量的要求。自由现金流量可以在维持现有增长的前提下提高公司的竞争力，对于公司的财务治理工作具有相当重要的意义。

自由现金流量 = 经营现金净流量 − 资本性支出 − 营运资本增加额

自由现金流量 = (税后净营业利润 + 折旧及摊销) − (资本性支出 + 营运资本增加)

用自由现金流量指标评价上市公司的收益质量克服了会计利润的不足。首先，针对企业利用增加投资收益等非营业活动操纵会计利润的缺陷，自由现金流量理论认为，只有在其持续的、主要的或核心的业务中产生的营业利润才是保证企业可持续发展的源泉，而所有因非正常经营活动所产生的非经常性收益是不计入自由现金流量的。其次，会计利润是按照权责发生制确定的，而自由现金流量是根据收付实现制确定的。正因为在会计上不以款项是否收付作为确认收入和费用的依据，利润才会有较大的操纵空间。而自由现金流量是以是否收到或支付现金为依据，对它来说大部分粉饰利润的手法不起作用。该指标可以较好地反映出上市公司的收益质量。

6. 销售收入的现金含量比率

销售收入的现金含量比率 = 经营现金净流量 ÷ 营业收入

该比率高，说明收入的质量好，发生坏账的风险小。财务分析者在分析现金流量与财务弹性之间的关系时，还应该考虑企业营运资本管理中 OPM 策略的影响。OPM（Other People's Money）策略是指企业充分利用做大规模的优势，增强与供应商讨价还价的能力，将占用在存货和应收账款上的资金及其成本转嫁给供应商的营运资本管理策略，即利用供应商的资金为企业服务。在缺乏财务弹性的企业，良好的 OPM 策略能够增强公司的财务弹性。衡量 OPM 策略的指标是现金周转期。其计算公式为

现金周转期 = (应收账款周转期 + 存货周转期) − 应付账款周转期

现金周转期越短，说明 OPM 策略越成功。

【例 6-1】国美电器和苏宁电器是我国两大家电零售巨头，这两大家电零售巨头的出现，使我国家电制造商在一定程度上丧失了在定价上的话语权。这两家企业的现金周转期如表 6-23 所示。

表 6-23 国美和苏宁的现金周转期

项 目	国美		苏宁	
	2015 年	2016 年	2015 年	2016 年
存货 / 百万元	10 176	11 606	14 008	14 392
应收账款 / 百万元	710	1 136	706	1 104
应付账款 / 百万元	8 530	6 375	9 059	12 498
存货周转天数 / 天	69	60	47	40
应收账款周转天数 / 天	1.3	0.8	2	2
应付账款周转天数 / 天	133	119	27	30
现金周转期 / 天	−62.7	−58.2	22	12

由表 6-23 可见，国美电器和苏宁电器对 OPM 策略的运用都很成功，尤其是国美电器，充分运用与家电制造商之间的讨价还价能力，不断降低采购成本，延长付款期限，无偿占用制造商的资金。这不仅弥补了自身财务弹性的不足，而且节约了利息支出，大幅度增加了国美电器的利润。

6.3.4 现金流量与盈利质量分析

盈利质量分析是指根据经营活动现金净流量与净利润、资本支出等之间的关系，揭示企业保持现有经营水平、创造未来盈利能力的一种分析方法。评价企业盈利质量的指标有盈利现金比率、经营活动现金流量对营业收入的比率、经营活动现金流量与营业利润的比率等。

1. 盈利现金比率

$$盈利现金比率 = 经营现金净流量 \div 净利润 \times 100\%$$

这一比率反映了企业本期经营活动产生的现金净流量与净利润之间的比例关系。一般情况下，净利润越多，经营现金净流量越大，盈利质量越好。但有时也可能会出现净利润越多，经营现金净流量反而越小，此时表明企业的盈利质量较差。贵州茅台盈利现金比率如表 6-24 所示。

表 6-24　贵州茅台盈利现金比率

指标	2013 年	2014 年	2015 年	2016 年
盈利现金比率	0.79	0.78	1.06	2.09

由表 6-24 可知，贵州茅台 2014～2016 年的盈利现金比率逐年增加，2016 年增幅最大，收到的现金是利润的 2 倍多，说明贵州茅台的盈利质量一直很好，2016 年的盈利质量最佳。乐视网 2012～2016 年净利润与经营现金净流量的资料如表 6-25 所示。

表 6-25　乐视网净利润与经营现金净流量　　（金额单位：万元）

年份	指标		
	净利润	经营现金净流量	盈利现金比率
2012	18 996	10 620	0.56
2013	23 238	17 585	0.76
2014	12 880	23 418	1.82
2015	21 712	87 570	4.03
2016	−22 189	−106 806	4.81

从表 6-25 中可以看出，乐视网在 2016 年净利润与经营现金净流量出现恶化，亏损高达 2.2 亿元，现金流入不敷出，缺口达到 10.6 亿元，这是一个非常明显的转势信号，反映公司面临重大的财务危机。可以结合公司的情况做深入分析，密切关注公司的后续情况。

利用盈利现金比率进行分析时，财务分析者应注意以下问题。

（1）在一般情况下，该比率越大，企业盈利质量越高，表明企业利润的实现程度越高，可供企业自由支配的货币资金越多，有助于提高企业的偿债能力和支付能力。

（2）如果该比率小于1，说明本期净利中存在尚未实现现金的收入。在这种情况下，即使企业盈利，也可能发生现金短缺，严重时会导致企业破产。

（3）在分析时，还应结合企业的折旧政策，分析其对经营现金净流量的影响。

该指标存在的缺陷是，企业净利润的内涵不仅包括营业利润，还包括投资收益、营业外收支净额等内容，也就是说即使净利润收现率达100%，并且没有预收货款，也不能说该企业没有赊销，将来不存在坏账损失，实现利润的质量很好。例如，某企业经营活动产生的现金净流量为400万元，实现净利润为500万元，这500万元是由营业利润1 000万元扣除营业成本费用500万元计算得出。计算可得盈利现金比率为80%，但其并未如实反映出收现程度，因为尚有600（=1 000-400）万元的外欠款未收回，有可能成为坏账。如果只看这一指标，将会产生利润质量较好的错觉。因此，在考察企业利润质量时，应该用经营活动产生的现金流量除以企业的营业利润，即改用营业利润收现率取代净利润收现率来反映盈利现金比率更合理。

2. 经营活动现金流量对营业收入的比率

经营活动现金流量对营业收入的比率，表示每1元营业收入能获得的经营现金净流量，反映企业主营业务的收现能力，其计算公式为

$$经营活动现金流量对营业收入的比率 = 经营活动现金净流量 \div 营业收入 \times 100\%$$

一般来说，该指标值越高，表明企业销售款的回收速度越快，对应收账款的管理越好，坏账损失的风险越小。如果公司本期经营现金净流量与营业收入基本一致，说明公司的销售没有形成挂账，周转良好；本期经营现金净流量大于营业收入，说明公司当期的销售全部变现，而且还收回了部分前期的应收账款；如果本期经营现金净流量小于营业收入，则说明账面收入高，变现收入低，挂账较多，则必须关注其债权资产的质量。

3. 经营活动现金流量与营业利润的比率

经营活动现金净流量与营业利润的比率，反映企业经营活动现金净流量与实现的营业利润之间的比例关系，其计算公式为

$$经营活动现金流量与营业利润的比率 = 经营活动现金净流量 \div 营业利润 \times 100\%$$

该指标值越大，表明企业实现的营业利润中流入现金的利润越多，企业盈利质量越好。因为只有真正收到的现金利润才是"实在"的利润，而非"观念"的利润。

值得注意的是，计算经营活动现金净流量时所包括的经营业务与计算营业利润时所包括的经营业务并非完全一一对应，这主要是由于两者分别是按照收付实现制和权责发生制加以确认的结果。也就是说，经营活动现金净流量中既包括当期经营业务中的现金收付部分，也包括前期经营业务在当期的现金收付部分，而营业利润却只包括当期经营业务实现的部分。

4. 投资活动现金流量与投资收益的比率

投资活动现金流量与投资收益的比率，反映企业从投资活动中获取的现金收益与账面投资收益的关系，其计算公式为

$$投资活动现金流量与投资收益的比率 = 投资活动现金净流量 ÷ 投资收益$$

该指标值越大,说明企业实际获得现金的投资收益越高,通过该比率可以反映投资收益中变现收益的含量。

5. 资产现金流量回报率

资产现金流量回报率,表明每1元资产通过经营活动所形成的现金净流量,反映企业资产的经营收现水平,其计算公式为

$$资产现金流量回报率 = 经营活动现金净流量 ÷ 平均资产总额 × 100\%$$

一般来说,该指标值越高,表明企业资产的利用效率越高。同时,它也是衡量企业资产综合管理水平的重要指标。

6.3.5 现金流量与产品寿命周期分析

一个企业从创立到结束通常要经历初创阶段、成长阶段、成熟阶段和衰退阶段。在不同的生命周期阶段,企业经营活动、筹资活动、投资活动的现金流量均表现出不同的特征。

1. 初创阶段

当公司处于生产经营的初创阶段时,需要大量现金购建固定资产、铺垫流动资金,除自有资本外,大部分靠举债融资。由于企业没有营业收入或只有较少的营业收入,经营活动产生的现金净流量为负数,投资活动发生的现金流出量数额很大,筹资活动产生的现金流量维持公司正常运转。

2. 成长阶段

随着公司生产经营规模的不断扩大,产品迅速占领市场,营销网络形成,销售快速上升,经营活动有大量货币资金流入,经营风险在降低。为了提高市场占有率,更需要外部筹资。这一阶段,营业收入迅速增加,利润大幅提高,经营活动现金净流量一般为正数,但由于企业面临的机会较多,这些现金流量往往用于扩大经营规模。投资活动的现金流出量在逐渐减少。企业对筹资活动现金流量的依赖性在减少,对股东的回报在增加。

3. 成熟阶段

进入成熟阶段后,公司产品销售市场已经稳定,销售绝对量增加,但增长速度趋缓,竞争进入白热化。产品市场份额不断被减少,经营风险加大。此时,营业收入增长缓慢,利润增长停滞,经营活动现金净流量宽裕,投资活动现金净流量为正数,筹资活动现金流量快速下降,因为企业需要加快偿还债务,需要提高派现比例以增加对股东的回报。

4. 衰退阶段

企业的产品销售已经进入临界点,市场萎缩,产品面临被淘汰或被新产品替代,经营风险和投资风险很大。此时,营业收入萎缩,经营亏损,经营活动产生的现金流量快速下降甚至入不敷出,投资活动现金流量因企业战略撤退而不断下降,筹资活动现金流量由于企业经营规模缩减等原因可能衰竭。

6.4 财务报表的粉饰与识别

财务报表粉饰是企业管理层采用编造、变造、伪造等手法编制财务报表，粉饰企业真实财务状况、经营成果与现金流量情况的行为。

6.4.1 财务报表粉饰动机

1. 业绩考核动机

企业的经营业绩考核，一般以财务指标为基础，利润（或扭亏）计划的完成率、投资回报率、总产值、营业收入、国有资产保值增值率、资产周转率、销售利润率等，均是考核经营业绩的重要财务指标，而这些财务指标的计算都涉及会计报表数据。除了内部考核外，外部考核如行业排行榜，主要也是根据营业收入、资产总额、利润总额来确定的。

经营业绩的考核，不仅关系到企业总体经营成果的评价，还关系到企业管理层经营管理业绩的评定，并影响其职务晋升、奖金福利提高等。为了达到经营业绩考核的目标，企业就很有可能对其会计报表进行包装、粉饰。可以说，基于业绩考核而粉饰会计报表是最常见的动机。

2. 信贷资金获取动机

众所周知，在市场经济环境下，银行等金融机构出于风险考虑和自我保护的需要，一般不愿意贷款给经营亏损、偿债能力差和缺乏资信的企业。另外，这样的企业也难以赢得供应商的信赖，难以获取商业信用。然而，对于企业而言，资金又是其在激烈的市场竞争中取胜的要素之一。因此，为获得银行等金融机构的信贷资金或其他供应商的商业信用，经营业绩欠佳、财务状况不好的企业，难免要将其会计报表修饰打扮一番。

3. 股票发行和上市资格维持动机

股票发行分为首次公开发行（IPO）和后续发行（SEO），如配股或增发。在 IPO 情况下，根据《中华人民共和国证券法》（简称《证券法》）等法律规定，企业必须最近三个会计年度连续盈利。增发还要求最近三个会计年度加权平均净资产收益率不低于 6%，才能通过证监会的审批。为了顺利通过发行审核，尽可能多募集资金，降低募集资金的成本，拟上市公司往往对会计报表进行包装、粉饰。

根据退市规则，连续三年亏损的上市公司，其股票将暂停交易。在暂停交易的第一个半年内，如果仍无法实现盈利，则其股票将被摘牌，在交易所停止交易。这一政策给业绩差的公司带来了很大压力。濒临退市边缘的上市公司，其报表粉饰的动机就特别强烈，少数上市公司可能因此铤而走险。

4. 纳税筹划动机

根据我国有关税收法律法规的规定，增值税、所得税等主要税种项目的计缴基础与企业的收入、成本、费用等会计报表项目密切相关，因此，基于减少或推迟纳税的目的，企业往往会对会计报表进行粉饰。当然，有时企业为满足资金筹措和操纵股价的需要，也会不惜多缴税，虚构收入，隐瞒成本费用，夸大利润。

5. 责任推卸动机

企业为了推卸责任而粉饰财务报表,主要表现为:①更换高级管理人员时进行的离任审计,一般暴露出许多会计问题。新任总经理就任当年,为了明确责任或推卸责任,往往大刀阔斧地对陈年老账进行清理,甚至将本应在未来会计期间确认的成本费用提前至本期确认。②会计准则、会计制度发生重大变化时,可能诱发上市公司粉饰财务报表,提前消化潜亏,并将责任归咎于新的会计准则和会计制度。③发生自然灾害或高级管理人员卷入经济案件时,企业也很可能粉饰财务报表。

6.4.2 财务报表粉饰手法⊖

1. 利用关联交易调节利润

我国的许多上市公司都由国有企业改组而成,股份制改组后,上市公司与存续公司及其控制的其他公司之间普遍存在着错综复杂的关联关系和关联交易。利用这些关联关系和关联交易粉饰会计报表、调节利润已成为上市公司乐此不疲的"游戏"。

企业利用关联交易调节利润,其主要方式包括:①采用大大高于或低于市场价格的定价方式,与关联企业进行购销活动、资产置换和股权转让,获取巨额收益。②与关联企业签订旱涝保收的委托经营或受托经营合同,抬高公司的经营业绩。③向关联方收取高于银行同期贷款利息的资金占用费。④通过向关联企业收取、支付管理费或与关联企业分摊"共同费用"进行利润调节。⑤协助购销。

2. 利用会计估计调节利润

所谓会计估计,是指企业对其结果不确定的交易或事项以最近可利用的信息为基础所做的判断。随着20世纪90年代以后会计制度的变革,谨慎性会计原则引入,会计估计逐渐成为会计准则的重要组成部分。会计估计是一种计量,有很大的弹性空间,只要有估计,就肯定有分歧和不同的理解。由于会计政策和会计估计存在可选择性,中间有大量的职业判断的弹性空间——可能因为掌握信息有限、赖以判断的基础发生变化、做出判断的会计人员经验不足,导致会计估计与事实出入较大,即"会计估计不当";也可能被一些上市公司作为调节利润的工具,即滥用会计估计。除了估计本身的主观性以外,中国企业会计准则和市场环境又有其独特性。因为中国经济处于转轨时期,管理层、上市公司、投资者都还处于不成熟阶段,上市公司有更多滥用会计估计的动机,也有更多制度漏洞可寻。

3. 利用股权投资和合并会计报表调节利润

随着我国市场经济持续高速地发展,企业对外实施股权投资、企业之间股权转让以及企业合并等经济行为日益增加,然而另一方面,我国关于企业股权投资、企业合并和合并会计

⊖ 本部分内容主要参考了李菁羽的硕士论文《上市公司会计报表粉饰现象剖析》,厦门大学,2005年,第17-36页;黄世忠主编的《财务报表分析——理论、框架、方法与案例》,中国财政经济出版社,2007年,第43-77页。

报表方面的会计规范相对薄弱。因此，不少大型企业和上市公司看到了在这些方面会计规范的薄弱之处，利用对股权投资、企业合并和合并会计报表不同处理方法的挑选进行报表粉饰和利润调节。

4. 利用资产重组调节利润

资产重组是企业为了优化资本结构、调整产业结构、完成战略转移等目的而实施的资产置换和股权置换。然而，资产重组已被许多大型企业、上市公司用来作为粉饰会计报表、调节利润的重要工具，以至于提起资产重组，人们立即容易联想到公司造假。企业利用资产重组进行会计报表粉饰、操纵利润的典型做法主要有：①借助关联交易，由非上市的国有企业以优质资产置换上市公司的劣质资产；②由非上市的国有企业将盈利能力较高的下属企业廉价出售给上市公司；③由非上市的国有企业高价受让上市公司的闲置资产。

5. 借助补贴收入，粉饰经营业绩

出于种种原因，地方政府直接为上市公司提供财政补贴的现象屡见不鲜，有的财政补贴数额巨大，有的补贴没有正当理由，往往是"业绩不够，补贴来凑"。

6. 利用虚拟资产调节利润

无论是国际会计准则还是我国的《企业会计制度》，都认为资产是企业控制的、能够为企业带来未来经济利益流入的资源。不能带来未来经济利益的项目，即使按照权责发生制的要求，列入资产负债表的资产项目中，也不能说是真正意义上的资产，由此就产生了虚拟资产的概念。所谓虚拟资产，是指已经实际发生的费用或损失，但由于企业缺乏承受能力而暂时挂列为待摊费用、递延资产、待处理流动资产损失和待处理固定资产损失等项目。利用虚拟资产科目作为"蓄水池"，不及时确认、记录已经发生的费用和损失，也是一些大型企业和上市公司粉饰会计报表、调节利润的惯用手法。

7. 利用利息资本化调节利润

根据我国现行会计制度的规定，企业为购建固定资产专门借款而发生的利息、折价或溢价的摊销和汇兑差额等借款费用，在资产支出及借款费用已经发生、为使资产达到预定可使用状态所必要的购建活动已经开始的情况下，应开始资本化。当所购建的固定资产达到预定可使用状态时，应当停止相关借款费用的资本化；以后发生的借款费用应当于发生当期确认费用。在实际工作中，有不少上市公司无视上述规定，随意进行利息资本化，借以粉饰报表、调节利润。有些企业利用利息资本化调节利润的更隐秘的做法是，利用自有资金和借入资金难以界定的事实，通过人为划定资金来源和资金用途，将用于非资本性支出的利息资本化。

8. 利用其他应收款和其他应付款调节利润

根据我国现行会计制度规定，其他应收款和其他应付款科目主要用于反映除应收账款、预付账款、应付账款、预收账款以外的其他款项内容。然而，近年来，其他应收款和其他应付款已成为某些企业创造经营业绩的"魔法箱"和藏污纳垢的"垃圾桶"，某些上市公司利用这两个往来款科目进行报表粉饰和利润调节。通常的做法是：经营困难时，用其他应收款科目隐藏

大额成本、支出、费用和潜亏,虚增利润;反之,业绩出色时,将大笔收入、利润"储存"于其他应付款科目中"备用"。因此,在这些上市公司的会计报表上,其他应收款和其他应付款科目的期末余额巨大,往往与应收账款、预付账款、应付账款和预收账款的余额不相上下,有时甚至大大超过这些科目的余额。

9. 虚构收入调节利润

一些上市公司为了在年度结束后能给股东一份"满意"的答卷,利用收入确认时间差调节利润。其中较为普遍的做法是在年末开具发票虚构营业收入,次年再以质量不合格为由做销售退回,冲回已确认的营业收入。

10. 利用资产评估消除潜亏

按照企业会计准则和《企业会计制度》的规定以及谨慎性原则,企业应当以合理的方法估计存在的潜亏,并依照一定程序,通过计提资产减值准备的方式在资产负债表、利润表中予以反映。然而,一些企业,在股份制改组、对外投资、租赁、抵押时,往往将坏账、滞销和毁损存货、长期投资损失、固定资产损失以及递延资产等资产潜亏确认为资产评估减值,冲抵评估增值产生的"资本公积",而未计入当期损益,从而达到粉饰会计报表、虚增利润的目的。

11. 不计提预计负债

根据《企业会计制度》和相关会计准则规定,企业对外与或有事项相关的义务如果符合有关确认条件,应当确认为预计负债;不符合确认条件的,应予以披露。而一些上市公司不确认预计负债,隐瞒可能对公司造成不利影响的重大事项。

12. 利用经济政策粉饰报表

(1)利用《中华人民共和国民法典》第五百八十六条和第五百八十七条的定金罚则。当事人可以约定一方向对方给付定金作为债权的担保。给付定金的一方不履行约定的债务的,无权要求返还定金;收受定金的一方不履行约定的债务的,应当双倍返还定金。因当事人一方延迟行为或者其他违约行为,致使合同目的不能实现,可以适用定金罚则。定金的数额由当事人约定,但不得超过主合同标的额的20%,超过部分不产生定金的效力。

(2)利用《中华人民共和国公司法》(简称《公司法》)允许资本公积转增资本的规定。《公司法》规定,"公司的公积金可用于弥补公司的亏损,扩大公司生产经营或者转为增加公司的资本"。由于该规定中"公积金"并未指明是盈余公积,一些面临退市的ST公司就想出了用资本公积弥补亏损的新对策,以使那些为了避免虚增利润而计入资本公积的损益再度利润化。这与债务重组准则中将债务人的重组收益计入资本公积,而不再计入当期利润,以避免债务人通过债务重组操纵利润的初衷背道而驰。

13. 随意追溯调整,逃避监管规定

根据财政部颁布的《企业会计准则第28号——会计政策、会计估计变更和会计差错更正》,上市公司变更会计政策(包括自愿变更和强制变更)或发生重大会计差错时,必须采用

追溯调整法,将会计政策变更的累积影响或重大会计差错的影响数在以前年度进行反映。而对于会计估计变更,则采用未来适用法,将变更的影响数在当期及以后各期反映。然而,在实际工作中,会计政策变更、会计估计变更和会计差错更正的区分界限有时并不是十分清楚,给一些上市公司滥用这个准则的规定以粉饰其报表提供了机会。典型做法是,故意混淆会计政策与会计估计变更,或者将会计估计变更解释为重大会计差错,滥用追溯调整。

滥用追溯调整的另一种手法是将会计舞弊解释为会计差错,以逃避被监管部门处罚的命运。因为根据规定,上市公司是否连续两年亏损(此时其股票就要实行特别处理)和三年连续亏损(此时其股票就要退市),判断标准以上市公司首次对外报告数为准,不受会计政策变更或会计差错更正的影响。另外,如果上市公司发现以前年度存在着会计舞弊,必须进行追溯调整,且是否连续亏损以追溯调整后的利润表为依据。因此,将会计舞弊诠释为会计差错,就可避免其股票被特别处理或退市。

14. 利用收购兼并,进行数字游戏

收购兼并在我国日益普遍。最近几年,各行各业都通过合并、收购和剥离进行再造。一些收购方,尤其是那些以股票作为收购方式的公司,已经将收购兼并作为从事另一种"创造性"会计的机遇,被称为"合并魔术"。在我国,利用收购兼并进行数字游戏常见的手法包括:①规避购买法,选用权益结合法;②操纵收入和费用确认时间,将被并购公司购买日前的利润转移到购买日后的会计期间;③在购买日前滥用"减值准备",为购买日后业绩提升埋下伏笔;④在购买日前计提大量或有负债,在购买日后冲回或冲减经营费用。

6.4.3 财务报表粉饰识别[①]

如何从纷繁复杂的各种会计报表信息中识别其中可能存在的粉饰行为呢?针对我国企业常用的会计报表粉饰手段,可以采用以下方法帮助识别。

1. 财务报表总体分析

三张主要报表是上市公司公开披露的主要会计信息。单独看一张报表,很难识别,可通过三张报表之间相互计算分析来识别企业造假。

首先看利润表。它反映企业一定期间的经营成果和盈利能力。我们可以了解净利润、主营业务利润、其他业务利润、投资收益和营业外收支等的数额;分析主营业务利润占净利润的比重是否异常,因为只有主业有盈利能力和潜力,企业发展才有后劲。

然后看现金流量表。它反映企业一定期间现金流入和流出的数额,它们的差额就是现金流量净额。这个数据可排除企业利润数据中未变现的因素,把握企业真实的经营能力。我们可将企业经营活动产生的现金净流量、投资活动产生的现金净流量、筹资活动产生的现金净流量分别与主营业务利润、投资收益和净利润等项目进行比较分析,以判断企业的主营业务利润、投

[①] 本部分内容主要参考了李菁羽的硕士论文《上市公司会计报表粉饰现象剖析》,厦门大学,2005年,第43-48页。

资收益和净利润的质量。一般而言，没有相应现金净流量保证的利润，其质量是不可靠的。如果企业的现金净流量长期低于净利润，将意味着与已经确认为利润相对应的资产可能属于不能转化为现金流量的虚拟资产，表明企业可能存在着粉饰会计报表的现象。

接下来看资产负债表。一般先分析流动资产项目，依次将各项目与以前年度同期对比，看有无异常的变动。例如应收账款异常增长，结合利润表看营业收入是否也异常增长，如同样异常，则营业收入的真实性值得怀疑。再来分析固定资产、长期资产项目。特别要重视长期待摊费用、待处理财产损溢等项目的变化，将它们的增长幅度与利润总额的增长幅度比较，如这些长期挂账资产的增长幅度大，则说明当期利润人为因素存在的可能性较大。再将这些长期挂账的资产总额与企业净资产总额比较，如接近甚至超过净资产，则说明有人为夸大利润而形成"资产泡沫"的可能，企业持续经营能力值得怀疑。

最后看财务报表附注。结合已发现的报表内数字异常，看是否有相应的说明，如会计政策的变更、特定的会计计价方法以及或有事项、期后事项等，以进一步分析表内数字的可靠性和真实性。

2. 关联交易剔除法

关联交易剔除法是指将企业会计报表中来自关联企业的营业收入和利润总额予以剔除，分析某一特定企业的盈利能力在多大程度上依赖于关联企业，从而判断这一企业的盈利基础是否扎实、利润来源是否稳定。如果企业的营业收入和利润主要来源于关联企业，会计信息使用者就应当特别关注关联交易的定价政策，分析判断企业是否以不等价交换的方式与关联企业发生交易，进行会计报表粉饰。

关联交易除转移定价和管理费用分摊之外，其余产生的利润大都体现在"其他业务利润""投资收益""营业外收入""财务费用"等项目中。

首先，要计算各项目中关联交易产生的盈利分别占项目总额的百分比和这些项目占利润总额的百分比，判断企业盈利能力对关联企业的依赖程度；其次，要分析这些关联交易的必要性和公正性；最后，将非必要和欠公正的关联交易所产生的利润从利润总额中剔除，以反映这些项目的正常状况。

关联交易剔除法还可以进行延伸运用，如将上市公司的会计报表与其母公司编制的合并会计报表进行对比分析。如果上市公司母公司合并会计报表的利润总额大大低于上市公司的利润总额，就有可能意味着上市公司母公司通过关联交易将利润"包装注入"上市公司。

3. 不良资产剔除法

这里所说的"不良资产"，除包括待处理流动资产净损失、待处理固定资产净损失、开办费、长期待摊费用等虚拟资产项目外，还包括可能产生潜亏的资产项目，如长期挂账难以收回的应收款项、大幅跌价或持久积压的存货跌价和积压损失、长期无收益的投资损失项目、可收回金额大大降低的固定资产损失等。

不良资产剔除法的运用主要有两种方式：一种是将企业的不良资产总额与其净资产金额进行比较，如果不良资产总额接近或已超过净资产，既说明企业的持续经营能力可能存在问题，也可能表明企业在过去几年因人为夸大利润而形成了一定的"资产泡沫";另一种是将当期不良资产的增加额及增加幅度与当期利润总额的增加额及增加幅度进行比较,如果不良资产的增加额及增加幅度超过利润总额的增加额及增加幅度,说明企业当期的利润表存在一定"水分"。

4. 关注资产重组

资产重组需要将企业某些以历史成本记账的资产转换为现时价值,所以给原资产升值留下了想象空间。上市公司可能凭借关联交易,用上市公司的劣质或闲置资产,以大大高于账面价值的金额,与其母公司的优质资产相交换或干脆出售,从而获取巨额利润。我们要识别这种利润操纵,可从利润表的营业外收入、投资收益、其他业务利润等项目及明细表中查出虚增的利润金额,也可从资产负债表有关长期资产项目及明细表中查出有关置换资产的性质和金额,还可从会计报表附注的说明中了解资产置换的其他情况。

5. 关注虚拟资产

虚拟资产,严格地说不能为企业带来未来经济利益,不是企业真实的资产,而且长期挂账不摊销,也虚增了利润。在检查时,财务分析者应重点关注各类虚拟资产项目的明细表,以及注意会计报表附注中关于虚拟资产确认和摊销的会计政策,特别是本年度增加较大和未予正常摊销的原因。

6. 关注利息资本化

此手段较隐秘,因为不管自有还是借入资金,一旦投入使用后就难以区分清楚哪些是资本性支出,企业很容易将非资本性支出的利息资本化。识别时,首先分析在建工程占总资产的比例,一般利息支出资本化的比例应基本与该比例相当。如资本化的利息支出大于在建工程项目的平均余额与规定利息率之积,则可能存在操纵利润的行为。

7. 关注往来账户

一般其他应收款和其他应付款的余额不应过大,如出现余额过大甚至超过应收账款、应付账款余额的异常情况时,财务分析者就应注意是否有利润操纵。

8. 关注存货计价

当物价上涨时,存货计价方法采用先进先出法就会虚增利润,反之就会虚减利润。财务分析者应结合报表附注看利润的增长是否伴随着存货计价方法的变更。

9. 关注表外信息

除了通过对财务报表和财务比率的分析来识别利润操纵以外,财务分析者还可以结合各种表外信息,如董事会报告、重大事项的披露等来多方面考察上市公司业绩的真实性。

例如,对表外筹资就需要进行关注。表外筹资是企业在资产负债表中未予反映的筹资行为。它通过租赁、产品筹资协议、出售有追索权的应收账款、代销商品、来料加工、应收票据贴现等方式筹集资金,而无须反映在资产负债表中,从而使企业在获得借入资金的同时,不改变资产、负债现状。表外筹资将企业真实负债隐蔽起来,长期、巨额的隐性债务将会造成企业负债的恶性循环,使其陷入无法自拔的财务困境,伴有很大的风险,应用不当将给企业带来损失。

10. 关注纳税情况

（1）纳税资料与经审计的财务资料不一致。

一般来说，企业的纳税资料与经审计的财务资料不一致属于正常情况，因为企业在进行纳税申报时尚未完成审计，而审计多少会存在一些调整。

但如纳税资料与经审计的财务资料相差较大，企业的业绩则非常可疑。出现这种情况可能有两种原因：一是公司有多套报表，其向税务申报纳税时使用的报表与向外披露的报表不同；二是公司的内控薄弱，平时账务处理错误较多，在审计时须做较多调整。但无论是哪一种情况，其财务资料都相当可疑。

（2）应交税费余额巨大，且逐年增加，或突然减少。

按照税法规定，企业纳税是有一定时间限制的。一般来说，企业欠税时间不应超过3个月，因此应交税费余额不应太大。

6.5 万福生科财务造假分析

万福生科湖南农业开发股份有限公司（以下简称"万福生科"）于2011年9月27日在创业板上市。公司主要从事稻米精深加工系列产品的研发、生产和销售，是我国南方稻米精深加工及副产物高效综合利用的循环经济型企业。上市不到一年，即2012年9月18日，万福生科因财务造假被勒令停牌并接受证监会的调查。2013年3月，万福生科公布自查结果，承认2008～2011年上市前，存在虚增收入7.4亿元、虚增净利润1.6亿元等财务造假问题。据万福生科招股说明书及2012年年报显示，2008～2011年，公司净利润分别是2 565.82万元、3 956.39万元、5 555.4万元和6 026.86万元，4年净利润总额1.81亿元。但4年实际净利润只有2 000万元左右，其中虚构1.61亿元，90%的利润为造假。

最终，证监会对万福生科财务造假行为做出如下处罚决定：责令万福生科改正违法行为，罚款30万元。对万福生科董事长兼总经理龚永福给予警告，罚款30万元，同时对龚永福和财务总监覃学军采取终身市场禁入措施，并移送公安机关追究刑事责任。对保荐机构平安证券处以7 665万元的罚金、暂停3个月保荐机构资格并设立3亿元专项基金赔偿投资者损失。为万福生科提供审计服务的中磊会计师事务所被证监会没收全部审计收入，罚款276万元，撤销证券从业资格。为万福生科签字的注册会计师被处以13万元罚款且终身市场禁入。

下面具体分析万福生科财务造假手法及财务造假的原因。

6.5.1 万福生科财务造假手法

经过对万福生科财务数据调查研究，万福生科2012年虚增营业收入18 759.08万元，由此带来虚增的净利润达到4 023.16万元。经过对万福生科实际经营账务审计发现，2012年上半年度实际营业收入仅仅为821.69万元，比2011年上半年降低64.61%，当期营业利润为-1 436.53万元，比2011年上半年降低接近148%，当期净利润为-26.55万元，较2011年上半年降低143.78%。万福生科通过伪造虚假财务数据，给外界投资者和社会公众营造了虚假繁荣假象。分析万福生科财务造假方式，成为揭开财务造假谜团最好的方法。

1. 虚增销售收入

在销售收入方面，万福生科一方面夸大虚增销售收入，另一方面通过非关联方的交易手段虚构了巨额的销售收入。

万福生科2012年半年报显示，麦芽糊精实现销售收入1124万元，实际是该产品在整个2012年度的销售额不足10万元，麦芽糊精的虚增倍数已经超过100倍。2012年半年报披露葡萄糖粉的销售额已超过1400万元，实际情况是该产品市场销售萎靡，实际销售收入仅仅42万元左右，虚增倍数超过20倍。麦芽糖浆在2012年半年的销售额为1.22亿元，在该公司后来发布的更正公告中表明其实际销售收入仅仅为2000万元，该产品虚增倍数大约为5倍。蛋白粉2012年半年报显示销售收入达到2754万元，但经过实际核查，实际销售额仅仅为352万元，虚增倍数几乎为7倍。

万福生科不仅虚增销售收入，各类产品的毛利润率也被虚增。后期发布的更正公告显示，葡萄糖粉、麦芽糖浆、蛋白粉等产品的实际营业利润分别为5.75%、10.88%、14.07%，与之前财务半年报中披露的数据22.08%、21.84%、25.99%差距甚大，其中葡萄糖粉实际的毛利润率仅仅为虚增数据的1/4。万福生科虚增收入主要依靠下列方式。

（1）伪造虚假合同。万福生科伪造了多份销售合同，包括东莞樟木头花苑粮油公司和湖南傻牛公司等。

（2）伪造虚假客户。万福生科在2012年半年财务数据中提到的大客户大多数是伪造的客户信息，相关的销售往来账务均为虚构。例如，湖南傻牛公司早在几年之前已经停产歇业，但万福生科对外披露的却是傻牛公司连续两年间，均采购了1000余万元的产品。销售给中意糖果的销售收入并不是披露的1341.95万元，其实际销售额只有118.73万元。

2. 虚增预付账款

2011年年报显示，万福生科的预付账款为1.2亿元，相比前期增长449.44%，其中预付的设备款项占到了90%以上。2012年中报预付账款又出现了大幅上涨，虚增了4468.83万元，虚增幅度超过40%。后来经过查实，其预付账款基本流向了万福生科下属的粮食经纪人。通过他们，现金再重新回到上市公司，这部分现金在回流到公司时直接计入现金。

万福生科首先以工程项目名义设立银行存款明细账，并虚拟支付工程款项，由此造成企业现金的减少，所预付的工程款项直接增加在建工程项目。其次，万福生科将工程转包给虚假的承包单位，同时将银行账户中的工程资金转到该承包商的银行账户中。最后，虚假客户与万福生科之间签订虚假的购销合同，其账户中转入的资金再次回到万福生科的账户中，由此整个过程万福生科的现金流增加，现金科目余额不变，虚增的在建工程虚增了利润。

3. 虚增在建工程

万福生科在虚增预付账款的同时，虚增在建工程以达到虚增利润的目的。2012年中报显示,在建工程的余额已经达到 1.8 亿元,相比 2011 年全年在建工程为 8 700 万元,仅仅半年时间,在建工程增加近亿元。表 6-26 中列出了在建工程调整前后的项目与金额,在建工程账面价值由原来的 4 201.20 万元调整为 201.20 万元,虚增余额达到 4 000.00 万元,与虚增后带来的利润增加值相比,其比例达到 99.42%,与虚增后的利润基本一致。

表 6-26　万福生科 2012 年在建工程更正情况　　　　　　（单位：万元）

项　目	账面余额（更正前）	账面余额（更正后）	虚增金额
供热车间改造工程	7 368.70	6 001.00	1 367.70
淀粉糖扩改工程	2 809.33	677.03	2 132.30
污水处理工程	4 201.20	201.20	4 000.00

4. 伪造银行账户

万福生科为了配合其现金流看起来更为合理,伪造了大量的银行回单和对账单,在对账单中故意抹去对方户名,让中介机构无法核查。万福生科又将真假对账单一并收集,使真实性的核查更有难度,在虚增收入、虚增资产的同时,使流水账看起来却是真实合理的。据调查统计,万福生科为了完成这一系列的造假行为,甚至动用了近 300 个账户,可见其造假的精细程度。

5. 隐瞒公司重要经营事项

调查发现,万福生科经济型稻米深加工项目由于技术缺陷需要改进,整个生产线处于停产状态,普通大米生产线在 2012 年上半年累计停产 123 天,精制大米生产线整个上半年累计停产 81 天,淀粉糖生产线实际停产 68 天,二类产品上半年平均停产天数累计超过 100 天。由于生产线停产,各项米产品的生产受到影响,给公司造成重大损失。但是,万福生科却没有按照上市公司信息披露规则,及时披露这些停产信息,误导了投资者决策。

6.5.2　万福生科财务造假的原因

1. 上市利益驱动

万福生科的财务造假开始于上市前的 2008 年,2011 年上市后公司继续进行财务造假,其财务造假的目的是能够顺利上市。上市是大多数企业梦寐以求的事情,万福生科也不例外。一旦成功上市,不仅可以筹集大量的资金,迅速扩大企业声誉,提升企业价值,而且可以迅速提升企业家价值,实现企业家的人生梦想。

2011 年万福生科实际利润仅有 114 万元,根本达不到上市的业绩要求。但是受上市利益的诱惑及利益相关方的压力,万福生科不得不选择进行"财务美化"来达到上市的业绩要求,实现成功上市的目的。上市以后,万福生科又面临维护股价、维护公司形象、为限售流通股解禁等压力,所以继续财务造假。

2. 公司治理不规范

万福生科自成立起至公司上市前,龚永福和其妻子分别拥有万福生科 40.19% 的股份,共计 80.38%的股权，2011 年上市后两人合计持有公司股权仍达 60%，形成了家族式的"一股独大"的局面，不利于形成真正的完善的公司治理结构。可以说，万福生科完全在两人的掌控之中，权力丝毫没有得到分散和制衡。

3. 内部控制薄弱

万福生科采取家族式的管理方式，管理制度不健全，内部控制机制没有真正建立，内部管理极其松懈。万福生科在购销各个环节都缺乏有效的监督与控制，程序也十分随意，不规范。这样薄弱的内控环境，最终导致财务造假的发生。

4. 违法成本过低

我国现行的法律法规中，对于财务造假、内幕交易等违反法律法规的行为处罚成本不高，处罚力度不够，这就造成了企业家存在很强的侥幸心理，也让不法行为很难得到遏制。万福生科财务造假，最终判决仅仅是判处 30 万元的罚金，募资的资金是罚金 30 万元的 1 416 倍。造假成本如此之低，诱使一些企业铤而走险。

5. 中介机构未尽其职

平安证券作为万福生科的保荐机构，在万福生科 IPO 过程中，平安证券没有严格认真进行前期调查，没有认真核查万福生科招股说明书和其他有关宣传材料的真实性、准确性和完整性，致使万福生科成功获得了平安证券的保荐。中磊会计师事务所作为万福生科的年审和 IPO 审计部门，未能尽到自己应尽的义务。2008～2011 年，该公司一直存在着十分严重的造假和虚假记录，财务报表严重失实。但是，中磊会计师事务所却未能发现蛛丝马迹，且这几年审计报告中的审计意见全部是无保留意见。中磊会计师事务所不仅仅是工作失职，还有存心包庇的嫌疑。可以说，在这次造假案中，平安证券和中磊会计师事务所作为中介机构负有不可推卸的责任。

6.6 康美药业财务造假分析

6.6.1 公司简介

康美药业股份有限公司（简称"康美药业"）创建于 1997 年，于 2001 年在上海证券交易所挂牌上市，业务范围涵盖药材种植、药材交易、生产开发和终端销售，形成了中医药完整的产业链。2005 年，康美药业中药饮片二期扩产工程——国家中药饮片高技术产业化示范工程项目奠基。2014 年 7 月 1 日，粤东地区最大的民营医院康美医院投入运营。2015 年，康美药业率先在国内推出"智慧药房"模式。2016 年 10 月 28 日，国家中医药管理局互联网＋中医药标准化建设启动会暨康美北京智慧药房启动。2017 年前，康美药业营收、归母净利润均保持了 20 年的正增长，它曾是 A 股市场上备受关注的市值超千亿元的医药"白马股"。

2018 年 12 月 28 日，证监会向康美药业发布了《调查通知书》，并要求其积极配合调查。2019 年 5 月 17 日，证监会通报了康美药业涉嫌财务造假案的调查进展。2020 年 5 月 13 日，证监会对康美药业发布《行政处罚决定书》，查明康美药业多项违法事实。

2021年11月12日，广州市中级人民法院作出康美药业特别代表人诉讼一审判决：此次特别代表人诉讼涉及52 037名投资者，全部以现金、债转股、信托收益权等方式获偿约24.59亿元。康美药业也是首单"证券集体诉讼案"和首单"特别代表人诉讼案"，有着超过5万名涉案投资者。

康美药业创始人被提起公诉，康美药业进入破产重组程序。2021年11月2日晚间，康美药业披露了重整投资人招募进展。截至10月31日，广州医药集团有限公司代表广东神农氏企业管理合伙企业（有限合伙）（简称"神农氏"）向*ST康美重整管理人提交了《重整投资方案》。根据方案，参与本次重整的投资人拟向*ST康美投入不超过65亿元，后续将与投资人谈判签订《重整投资协议》。

2021年年底，在经过一年多的破产重整后，康美药业终于完成了破产重整计划。经广东揭阳市中级人民法院审查，公司全部债务已通过现金、股份、信托权益等方式实现100%清偿。2022年1月26日，*ST康美发布了法人代表变更及选举董事长、监事会主席的公告，公司董事会审议通过选举赖志坚为董事长。如今的康美药业是否迎来一次重生，我们拭目以待。

康美药业造假涉案金额高，造假时间长，成为A股历史上规模最大的财务造假案，是资本市场上典型的反面教材。

6.6.2 证监会立案调查的依据和处罚结果

1. 证监会立案调查的依据

（1）存贷双高。存贷双高是指公司在拥有大量货币资金的情况下，仍然大规模负债融资。康美药业2017年未修正的年报中，货币资金的期末余额为341.51亿元，其中银行存款占比为99.74%，银行存款中可以随时支取比例为99.95%。公司的负债融资额为264.99亿元，其中，短期借款113.7亿元，应付票据0.22亿元，应付债券83.07亿元，长期应付款18亿元，短期融资券50亿元。一方面，公司银行账户上有大量的货币资金，另一方面，又不断举借大量的短期或长期债务。

经营现金流量净额远低于净利润。康美药业在2015～2017年之间净现比只有0.39，说明大量的收入没有收回，利润质量很低。

（2）应收账款与计提坏账准备存疑。2017年未修正的年报仅披露了上海世纪联华超市发展有限公司的应收账款，且该公司所产生的应收账款全部计提了坏账准备。2018年年报显示，普宁康都药业有限公司所占的56.29亿元其他应收款，计提了60.63%的坏账准备；普宁市康淳药业有限公司所占的32.5亿元其他应收款，计提了35.01%的坏账准备。同时，年报还显示其他应收款被关联公司占用的情况。

（3）存货数量异常增加。2017年康美药业调整增加了195亿元的存货，存货计提了约2%的跌价准备。这说明存货的价格不存在增加的可能，存货调增的原因大部分来自存货数量的增加。

2. 调查处罚结果

2020 年 5 月 13 日，证监会对康美药业发布《行政处罚决定书》，查明康美药业多项违法事实，2016～2018 年间，康美药业累计虚增货币资金 886.8 亿元，累计虚增营业收入 291.28 亿元，累计虚增营业利润 41.01 亿元，累计多计利息收入 5.1 亿元。责令康美药业改正，给予警告，并处以 60 万元顶格罚款，对 21 名责任人员处以 10 万元至 90 万元不等罚款，共计 595 万元罚款，对 6 名主要责任人采取 10 年至终身证券市场禁入措施。

2021 年 2 月 18 日，证监会公布对康美药业第三方审计机构广州正中珠江会计师事务所的处罚决定：没收业务收入 1 425 万元，并处以 4 275 万元罚款，合计 5 700 万元，这也创下了审计机构被罚之最。

2021 年 11 月 12 日，广州市中级人民法院作出康美药业特别代表人诉讼一审判决：此次特别代表人诉讼涉及 52 037 名投资者，全部以现金、债转股、信托收益权等方式获偿约 24.59 亿元。

6.6.3　康美药业财务造假原因

1. 满足融资要求

市场竞争压力带来公司巨额的融资要求。虽然康美药业中药饮片业务的产销规模在行业内遥遥领先，但公司客户资源少，购买方议价能力强，市场占有率仅有 3%。康美药业将业务扩张到了生产基地、智慧药房等领域，并布局实施"全产业链"战略，业务扩张加大了对资金的需求。自 2005～2018 年，康美药业发行了 20 次短期融资券、4 次公司债券、8 次中期票据，直接融资累计金额达 639.98 亿元。而公司的盈利能力和获取现金的能力并不强，现金流量比率过低。所以，公司不惜采用财务造假方式，大量进行外部融资，满足其对资金的需求。

2. 营造良好的业绩和市场形象

康美药业近几年的经营业绩出现了断崖式下跌。2016 年以来，康美药业的净利润、净资产收益率、总资产报酬率不断下降。为了提升公司业绩，维护公司的市场形象，提高公司的市值，公司有强烈的动机进行财务造假，实现这些目的。

3. 实际控制人权力过大

康美药业存在着严重的"一股独大"。截至 2018 年 12 月 31 日，康美药业实际控制人马兴田夫妇持股康美药业 34.88% 的股份，两人对康美药业有绝对的控制权和决策权。马兴田同时担任董事长和总经理，董事长与总经理职位重叠，这使实际控制人的权力过大。如果不加以约束和制衡，就有可能对公司进行操控，为财务造假埋下隐患。

4. 审计师严重失职

康美药业 2018 年自查发现 2017 年少计应收账款 6.41 亿元，2018 年自查发现 2017 年少计存货 195.46 亿元，其中包括库存商品（中药材）少计 183.43 亿元，库存商品（药品）多计 6 亿元，在建房地产项目少计 18.04 亿元。证监会调查发现康美药业在 2017 年通过伪造业务凭证虚增收入 88.98 亿元，虚增货币资金 299.44 亿元。这么巨大金额的少记和虚增，审计师在审计过程中居然没有发现。这或者说明审计师没有展开实地调查，直接接受了上市公司提供的审计证据；或者说明审计师与公司串通一气，共同舞弊。这显然是一种严重的失职行为。

康美药业自上市以来的 19 年里一直连续聘请正中珠江会计师事务所担任审计机构，共向事务所支付审计费用超过 4 000 万元，2016～2018 年的审计费用分别是 550 万元、635 万元、640 万元。正中珠江会计师事务所连续 18 年对其年报出具了无保留审计意见，2018 年才出具了保留意见。以上说明，正中珠江会计师事务所的独立性严重缺失，审计师严重失职渎职。

5. 违规成本低

在 2019 年 12 月 28 日《证券法》修订之前，证监会对违法违规所给予的处罚很轻。对会计师事务所的处罚主要包括没收业务所得、处以 95 万～450 万元不等的罚款；对相关人员予以警告并处以 5 万～10 万元的罚款；对上市公司的处罚主要包括责令改正、警告和罚款等行政处罚；对公司处以 60 万～75 万元不等的罚款，对相关人员予以警告并处以 3 万～60 万元不等的罚款。相比上市公司获取的巨额违规收益而言，其处罚金额实在不值一提。《证券法》不能对相关方的违法违规行为构成威慑。新修订的《证券法》大幅度提高了行政处罚力度，明确让违法行为人承担民事损害赔偿责任，后果严重的还要承担刑事责任。

6.6.4 康美药业财务造假手法

2019 年 8 月，证监会对康美药业下发的《行政处罚及市场禁入事先告知书》显示，康美药业存在四大方面的问题，据此可以看出财务造假手法。

1. 运用虚假银行单据虚增存款

累计虚增货币资金 886 亿元。康美药业《2016 年年度报告》虚增货币资金 225.49 亿元，占公司披露总资产的 41.13% 和净资产的 76.74%；《2017 年年度报告》虚增货币资金 299.44 亿元，占公司披露总资产的 43.57% 和净资产的 93.18%；《2018 年半年度报告》虚增货币资金 361.88 亿元，占公司披露总资产的 45.96% 和净资产的 108.24%。也就是说，康美药业这几年累计虚增的 886 亿元的货币资金并不存在。

例如，2017 年公司通过虚假银行单据虚增存款 299.44 亿元。虚增的存款与以下科目相对应：会计处理错误导致应收账款少计 6.41 亿元，这些款项本未收回却虚增了货币资金；采购中药材未及时处理少计存货 183.43 亿元，款项已支付却未调减；管理层未严格执行付款申请与审核程序，财务部未对开发成本 18.04 亿元入账，款项已支付却未调减；与其他关联方普宁康都药业有限公司的其他应收款项目 57.13 亿元，本未收回却虚增存款；在建工程支出 6.31 亿元却未调减货币资金。此外，使用不实业务凭证从而虚增未分配利润 28.10 亿元。公司虚增货币资金 299.44 亿元，相对应收到的利息多冲减了财务费用 2.28 亿元，应该调增财务费用 2.28 亿元。

2. 伪造业务凭证进行虚增收入

康美药业涉嫌累计虚增营业收入 291.28 亿元。具体为：《2016 年年度报告》虚增营业收入 89.99 亿元，多计利息收入 1.51 亿元，虚增营业利润 6.56 亿元，占合并利润表当期披露利润总额的 16.44%。《2017 年年度报告》虚增营业收入 100.32 亿元，多计利息收入 2.28 亿元，虚增营业利润 12.51 亿元，占合并利润表当期披露利润总额的 25.91%。《2018 年半年度报告》虚增营业收入 84.84 亿元，多计利息收入 1.31 亿元，虚增营业利润 20.29 亿元，占合并利润表当期利润总额的 65.52%。《2018 年年度报告》虚增营业收入 16.13 亿元，虚增营业利润 1.65 亿元，占合并利润表当期披露利润总额的 12.11%。

例如，2017 年通过伪造业务凭证虚增收入 100.32 亿元，直接记入"货币资金"科目，业务不实导致 2017 年销售费用少计 4.97 亿元。虚构业务导致的应收账款的不实记录使得坏账准备和资产减值损失多计 1 239.69 万元，递延所得税资产多计 185.95 万元，所得税费用少计 185.95 万元。

3. 虚增资产

《2018 年年度报告》中存在虚假记载，虚增固定资产、在建工程、投资性房地产共计 36 亿元。康美药业在《2018 年年度报告》中将前期未纳入报表的亳州华佗国际中药城、普宁中药城、普宁中药城中医馆、亳州新世界、甘肃陇西中药城、玉林中药产业园等 6 个工程项目纳入表内，分别调增固定资产 11.89 亿元，调增在建工程 4.01 亿元，调增投资性房地产 20.15 亿元，合计调增资产总额 36.05 亿元。

4. 通过关联交易非经营性占用资金

《2016 年年度报告》《2017 年年度报告》《2018 年年度报告》中存在重大遗漏，未按规定披露控股股东及其关联方非经营性占用资金的关联交易情况。2016 年 1 月 1 日至 2018 年 12 月 31 日，康美药业在未经过决策审批或授权程序的情况下，累计向控股股东及其关联方提供非经营性资金 116.19 亿元用于购买股票、替控股股东及其关联方偿还融资本息、垫付解质押款或支付收购溢价款等用途。

例如，康美药业《2018 年年度报告》显示，公司存在 88.79 亿元的其他应收款，其中包括康美药业转给关联公司普宁康都药业的 56.29 亿元、普宁市康淳药业的 32.5 亿元，并未对其计提坏账准备。这些资金或用于替关联方偿还巨额的融资本息，或用于买卖公司股票。

6.6.5 康美药业财务造假后果

1. 严厉处罚

证监会公告称，康美药业有预谋、有组织、长期、系统实施财务造假行为，恶意欺骗投资者，影响极为恶劣，后果特别严重。

2020 年 5 月 14 日，证监会宣布对康美药业作出行政处罚，具体包括：决定对康美药业责令改正，给予警告，并处以 60 万元罚款，对 21 名责任人员处以 10 万元至 90 万元不等罚款，对6名主要责任人采取10年至终身证券市场禁入措施。2021年2月18日，证监会决定对广州正中珠江会计师事务所没收业务收入1 425万元，并处以4 275万元罚款，合计5 700万元，这也创下了审计机构被罚之最。2021年11月12日，广州市中级人民法院作出康美药业特别代表人诉讼一审判决：此次特别代表人诉讼涉及52 037名投资者，全部以现金、债转股、信托收益权等方式获偿约24.59亿元。

2. 公司市值蒸发千亿

康美药业在医药行业中一直处于龙头地位，市值曾高达1 300亿元，受到市场追捧。截至2021年5月15日，康美药业市值仅为115.40亿元，已经缩水超过90%，昔日的"白马股"就此跌落"神坛"。投资者损失惨重。

3. 公司面临破产风险

康美药业有4只债券于2019年到期，金额超过了67亿元，而公司的货币资金仅有18.39亿元，出现了债务危机。截至2021年4月22日，康美药业尚未偿还揭东农村商业银行借款本金及利息金额合计4 950万元。康美药业被广东揭东农村商业银行股份公司申请破产重整，公司存在因重组失败而破产的风险。

▶ 思考题

1. 资产负债表分析的目的与内容是什么？
2. 如何分析资产质量、收入质量与利润质量？
3. 利润表分析的目的与内容是什么？
4. 阐述现金流量表分析的目的及其内容。
5. 什么是财务弹性？反映财务弹性的指标有哪些？
6. 现金流量在产品不同的寿命周期阶段有何特点？
7. 分析企业盈利质量的指标有哪些？
8. 阐述我国上市公司进行财务报表粉饰的主要动机。
9. 我国上市公司进行财务报表粉饰有哪些常见的手法？
10. 识别资产报表粉饰的方法有哪些？

▶ 练习题

1. TCL集团股份有限公司（000100）和四川长虹电器股份有限公司（600839）2016年度现金流量表的有关资料如表6-27所示。

表6-27 TCL集团和四川长虹有关现金流资料 （单位：元）

项目名称	TCL集团	四川长虹
经营活动现金净流量	8 028 002 000	4 670 497 537
购建固定资产现金流出	14 542 304 000	835 568 471
偿还借款现金支出	46 091 747 000	23 105 555 299
支付现金股利	2 555 673 000	693 121 258

要求：
（1）计算现金流量充足率、经营活动现金流量对资本支出的比率、经营活动现金流量对借款偿还的比率、经营活动现金流量对股利支付的比率。
（2）通过比较两家公司上述指标的差异，分析说明两家公司的现金流量状况和财务弹性。

2. 中国移动和中国联通 2016 年度现金流量表的有关资料如表 6-28 所示。

表 6-28　中国移动和中国联通有关现金流资料　　　　（单位：百万元）

项目名称	中国移动	中国联通
经营活动现金净流量	253 701	74 593
资本化支出	190 765	98 293
偿还借款流出	7 274	197 759
支付现金股利	46 991	4 071

要求：通过计算现金流量充足率、经营活动现金流量对资本支出的比率、经营活动现金流量对借款偿还的比率，评价这两家公司的财务弹性。

▶ 案例分析

1. 深圳海联讯科技股份有限公司（300277，以下简称"海联讯"）在申请首次公开发行股票的过程中虚构收回应收账款、虚增营业收入致使其 IPO 申请文件存在虚假记载。公司上市后，海联讯又分别在 2011 年、2012 两年间通过会计造假虚减应收账款 1.3 亿元，多样的造假手法和巨大的违纪金额使得本案成为近年来相关案例的典型。该公司采用的主要财务造假手法如下。

（1）通过垫资和借款，虚构收回应收账款。为了解决应收账款余额过大的问题，海联讯第五大股东杨德广在 2009 年年底向前四大股东提议通过垫资或向他人借款等方式冲减应收账款并于下一会计期初转回。经查，截至 2009 年 12 月 31 日、2010 年 12 月 31 日、2011 年 6 月 30 日，海联讯分别虚构收回应收账款 1 429 万元、1.132 亿元和 1.145 6 亿元。

（2）通过自制虚假合同与验收报告，虚增营业收入。为了优化财务指标，海联讯总经理邢文飚多次强调在可以通过审计的前提下要尽可能提前确认收入。因此，合同管理员罗自力自行制作虚假的合同和验收报告用以确认收入。经查，海联讯在 2010 年通过虚构合同共虚增营业收入 1 426 万元；2011 年上半年采用相同手段虚增营业收入 1 335 万元。

（3）未按规定计提年终奖金，少计费用。我国《企业会计准则》规定，无论实际是否发放，本期的职工薪酬都应计入产品成本或当期损益，而海联讯却没有对年终奖进行计提，利用此项虚减管理费用 183 万元，虚减应付职工薪酬 489 万元。

（4）未按规定确认外包成本。对于软件服务外包的成本，海联讯是在实际收到软件服务提供商结算清单时才予以确认而不是在服务完成时确认，违反了《企业会计准则》的规定。具体表现为，虚减主营业务成本 118 万元，虚减应付账款 488 万元。

（5）调整应收账款余额，重新计算坏账准备。通过虚构应收账款的收回，海联讯也随之调整了其坏账准备的账面余额。具体表现为，虚减应收账款坏账准备 1 342 万元、资产减值损失 456 万元、递延所得税资产 201 万元。

结合海联讯财务造假案例，回答下列问题：
（1）海联讯财务报表造假的动机是什么？
（2）海联讯主要采取了哪些财务报表粉饰或造假手法？
（3）海联讯财务报表粉饰是否存在明显的预警信号？
（4）海联讯财务造假一案在会计、审计和公司治理方面给我们留下了什么警示？

2. 上海华源制药股份有限公司（600656）（简称"华源制药"）通过虚构各种交易业务，以各种手段虚增收入和虚减成本，从而达到虚增利润、掩盖亏损的目的，造成会计信息严重失真。2001～2004年，该公司通过会计造假，虚增收入2.57亿元，虚增利润1.57亿元，造假手法之多，违纪金额之大，持续时间之长，涉及面之广，令人触目惊心。该公司会计造假的主要手法如下。

（1）通过空壳公司，设立账外账户。2001年，该公司控制了一家空壳公司，财务主管、财务人员均由该公司财务人员兼任，通过该空壳公司的银行账户，开始了规模巨大的造假行动。2001～2004年，该公司将上亿元资金转入该空壳公司银行账户，由该账外账户通过代收代付的形式，以外单位名义汇入该公司及其子公司，虚增利润。

（2）通过虚挂往来账户，转移资金虚增利润。该公司虚设对5家贸易企业的往来账户，通过这些虚假往来账户，隐瞒真实的业务内容，向关联公司或账外账户转移资金，虚增利润。

（3）通过签订虚假协议，形成账外资金，虚增利润。2001～2004年，在四次股权收购中，该公司通过签订鸳鸯协议，将协议价与实际价之间的差额4 490万元，转入账外账户，用于虚增利润。

（4）通过虚假债权交易，"消化"不良、不实资产。2001～2004年，在三次股权收购中，该公司通过虚假债权转股权，将1.06亿元的不良资产、不实资产转为股权，虚增长期投资，虚增利润。

（5）通过虚缴土地出让金，虚增无形资产。2004年4月14日，该公司出资8万元与A公司组建B公司，注册资本50万元，该公司持股16%，A公司持股84%。2004年4月该县政府与B公司签订关于30 000亩林地出让两份协议，一份实际上B公司只出资200万元，另一份名义上B公司应交纳土地出让金1.94亿元（评估价）。在实际操作上，该上市公司以应收账款形式暂借给B公司2 500万元，B公司经多次周转形成1.94亿元土地出让金。县政府则以财政补贴形式返还B公司1.92亿元。B公司通过虚缴虚拨，取得土地使用证和1.92亿元的"财政补贴"，计入资本公积，达到了虚增无形资产和资本公积金1.92亿元的目的。通过虚增B公司无形资产和资本公积，该公司换出不良、不实债权4 388万元，并虚增资本公积3 064万元。

（6）通过对开增值税发票，虚增主营业务收入。该公司通过与其他企业串通，虚拟销购业务，对开增值税票，编制虚假凭证，虚增销售额和利润。该公司通过与关联企业C公司和D公司等企业串通，在没有实际业务的情况下，先由D公司开发票销售给C公司，C公司再销售给该公司，该公司做"采购"处理，然后该公司高开发票给D公司，做"销售"处理，其中的贸易进销差价，由该公司的账外资金通过账外账户支付。经查，2001～2004年，该公司采用上述手法，虚增主营业务收入1.94亿元，虚构贸易差价利润946.66万元。

（7）通过虚拟客户，虚增主营业务收入。2002～2003年，该公司虚拟销售业务和销售对象，虚开增值税发票，虚增主营业务收入1 836万元。如2002年，该公司某子公司为完成销售考核指标，假借21家客户名义，集中虚开增值税发票金额1 548.45万元，虚增了主营业务收入1 323.46万元。上述形成虚假债权1 471.03万元，于2003年被以债权换股权的形式置换销匿；2002年，子公司营销公司虚构与某药业公司的购销业务，虚开增值税发票金额160万元，虚增了主营业务收入132.8万元，上述应收的160万元货款，该公司通过账外账户，用账外资金予以冲销。

（8）通过账外资金和债权换股权，虚减成本费用。该公司通过账外资金和债权换股权，虚减成本费用3 660万元。如该公司将以前年度已付给某集团的利息1 150.03万元，虚挂在某贸易有限公司的应收款账上，于2002年12月通过账外账户，用账外资金冲销650.03万元，又于2003年12月将余额500万元用于置换股权，将此款项予以核销，以少计费用；2001年7月，该公司通过账外账户，用账外资金支付货款202万元，少计采购成本；2002年子公司已支付广告费1 119万元，作为预付款挂在账上，上述款项进入费用就会出现亏损。为了掩盖亏损，该公司通过账外账户，将账外资金汇入广告公司，由广告公司将此款作为未使用广告费退回子公司，虚减了营业费用[⊖]。

（9）通过账外账资金和虚挂往来账户，虚计其他业务收入。2001～2004年，该公司（母公司）通

⊖ 2006年新的会计准则中，将"营业费用"更改为"销售费用"。

过账外账户和虚挂往来账户假借客户名义,将资金划入该公司及其子公司,虚做租赁费、托管费、技术转让等其他业务收入 2 725 万元。经查,其中 2004 年该公司(母公司)其他业务利润 1 476 万元,全部是虚假的。

(10)通过账外账户,提款报销费用。自 2001~2004 年,用账外账户中的对外股权收购差价返回款多次提现,用于账外费用报销,主要用于差旅费、餐费、礼品费等报销,现存有 3 000 余张账外原始凭证,累计报销费用 104.70 万元。

结合华源制药的财务报表粉饰案例,回答下列问题:

(1)华源制药财务报表粉饰的动机是什么?
(2)华源制药主要采用哪些财务报表粉饰手法?
(3)华源制药的财务报表粉饰是否存在明显的预警信号?
(4)华源制药财务报表粉饰案在会计、审计和公司治理方面给我们留下了什么警示?

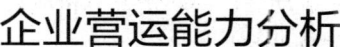

第 7 章 企业营运能力分析

7.1 企业营运能力分析的目的与内容

7.1.1 企业营运能力分析的目的

企业营运能力主要是指企业营运资产的效率与效益,也就是企业基于外部市场环境的约束,通过内部生产资料和人力资源的配置组合而对实现企业目标所产生的作用。企业拥有或控制的各种生产资料表现为各项资产的占用,资产营运能力的强弱关键取决于资产的周转速度,即资产的产出额与资产占用额之间的比率。

在激烈的市场竞争中,如何能够合理使用稀缺的经济资源以创造更大的价值,是理性经济个体和组织追求的终极目标。从产出角度而言,企业资产周转得越快,资产使用的效率越高,创造的增量价值就越大;从投入角度来讲,企业营运能力越高,同样产出占用的资产越少,意味着节约了资源,大幅度降低了资源的使用成本。因此,在一定条件下,企业营运能力的提高,一方面意味着投入的减少,另一方面意味着产出的增加,能提高企业的盈利能力,为企业创造更多的价值。所以,追求卓越的资产营运能力,越来越成为企业的一项核心竞争力。

企业营运能力分析的目的,就是通过计算反映企业资产经营效率与效益的指标,来评价企业资产经营的效果,发现在资产营运过程中存在的问题,为企业提高经济效益指明方向。

7.1.2 企业营运能力分析的内容

企业营运能力反映企业对现有资产的管理水平和使用效率,体现各种资产的运转能力。按照资产流动性划分,主要有流动资产营运能力、非流动资产营运能力和总资产营运能力等。

1. 流动资产营运能力

流动资产营运能力是指通过计算企业生产经营资金周转速度的有关指标所反映出来的企业

流动资金利用的效率，表明在企业经营管理活动中运用流动资产的能力。反映流动资产周转情况的指标主要有应收账款周转率、存货周转率、流动资产周转率等。

2. 非流动资产营运能力

非流动资产是企业进行生产经营活动所必不可少的物质基础。其投资能否收回及投资效果的好坏，取决于非流动资产的使用效率。对非流动资产使用效率影响最大的是固定资产，因此，非流动资产周转情况分析应着重分析固定资产的使用情况、固定资产的周转速度等内容。

正确分析固定资产周转情况，需要把握固定资产周转的一些基本特点：①固定资产投入的资金多，收回时间长。②固定资产一经投资，便要多年周转使用，每项固定资产都有固定用途，在市场需求发生变化时，如若更换固定资产则损失很大。因此，在市场多变的情况下，固定资产变现能力差，投资风险大。③固定资产使用成本是一种非付现成本。

3. 总资产营运能力

企业总资产的营运能力集中反映在总资产的周转速度上，总资产周转率可以用来分析企业全部资产的使用效率。如果企业总资产周转率较高，说明企业运用全部资产进行经营的效果好，效率高；反之，如果总资产周转率低，则说明企业利用全部资产进行经营活动的效果差，效率低，最终将影响企业的获利能力。如果总资产周转率长期处于较低的状态，企业就应当采取措施以增加营业收入和提高各项资产的利用程度，对那些确实无法提高利用率的多余、闲置资产应当及时处理，以加快资产的周转。

7.2 流动资产营运能力分析

反映流动资产营运能力的指标主要有应收账款周转率、存货周转率和流动资产周转率等。

7.2.1 应收账款周转率的计算与分析

应收账款周转率是指一定会计期间内营业收入与平均应收账款的比率。它是反映应收账款周转速度的指标。它有两种形式：应收账款周转率和应收账款周转天数。其计算公式为

$$应收账款周转率 = 营业收入 \div 平均应收账款$$

$$应收账款周转天数 = 360 \div 应收账款周转率 = (平均应收账款 \times 360) \div 营业收入$$

应收账款周转率表明应收账款在一年中周转的次数，即单位应收账款投资获得的营业收入。应收账款周转天数，也叫平均应收账款回收期或平均收现期，它表示企业从取得应收账款的权利到收回款项、转换为现金所需要的时间。应收账款与收入之比表示单位收入需要的应收账款投资。

应收账款周转率和应收账款周转天数指标从不同角度反映了应收账款的回收速度和管理效率。一般而言，应收账款周转率越高，表明企业占用在应收账款方面的资金越少；应收账款转化成现金的效率越高，体现出企业管理应收账款的质量越高，表明企业资产流动性强，

短期偿债能力强，流动比率和速动比率等指标具有较高的可信度；同时，可以相应减少收账费用和坏账损失，从而相对增加流动资产的投资收益。因此，应收账款周转正常，对企业偿债能力是一种重要的保障。但是，应收账款周转水平过高，也可能意味着企业的销售政策过严，不利于竞争。所以，分析应收账款的周转快慢及是否正常，还应该考虑企业的销售政策及行业平均水平。

【例 7-1】四川长虹 2016 年营业收入为 67 175.34 百万元，2015 年年末应收账款为 8 032.78 百万元，2016 年年末应收账款为 7 788.56 百万元，则

$$平均应收账款 = \frac{期初应收账款余额 + 期末应收账款余额}{2}$$

$$= (8\ 032.78 + 7\ 788.56)/2 = 7\ 910.67（百万元）$$

$$应收账款周转率 = 营业收入 \div 平均应收账款$$

$$= 67\ 175.34 \div 7\ 910.67 = 8.492（次）$$

应收账款周转一次所需时间为

$$应收账款周转期 = 360 \div 8.492 = 42.39（天）$$

四川长虹的应收账款一年周转 8.492 次，完成一次周转需要 42 天左右。说明四川长虹的应收账款周转缓慢，应收账款管理工作需要进一步加强。

【例 7-2】为了分析四川长虹营运能力的变动趋势，我们给出了四川长虹从 2006～2016 年应收账款周转率的变化情况，如表 7-1 与图 7-1 所示。

表 7-1　2006～2016 年四川长虹的应收账款周转率

指标	报告期/年										
	2006	2007	2008	2009	2010	2011	2012	2013	2014	2015	2016
应收账款周转率/(次/年)	5.62	10.95	11.58	11.37	10.94	9.85	8.40	8.01	7.15	7.86	8.49

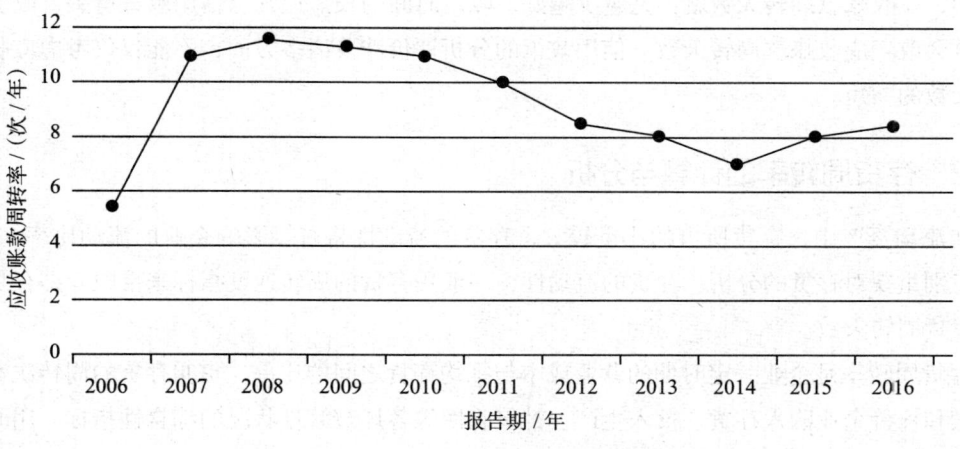

图 7-1　2006～2016 年四川长虹的应收账款周转率

从表 7-1 与图 7-1 可以看出，四川长虹的应收账款周转率在 2008 年以前呈上升趋势，2008 年之后开始逐渐下降，应收账款周转速度明显减慢。2014 年以来应收账款周转率有一定的上升，但是上升趋势缓慢。这说明四川长虹在应收账款管理方面还有待加强，而且与竞争对手相比，仍然存在较大差距，比如近年来海信电器的应收账款周转率在 20 次 / 年以上。四川长虹在应收账款管理方面的问题依然严重，在竞争中明显处于劣势，制约了其发展速度。

计算和使用应收账款周转率时应注意以下问题。

（1）关于营业收入问题。公式中的"营业收入"数据来自利润表，是指扣除折扣和折让后的营业收入净额。以后的计算也是如此，除非特别指明，"营业收入"均指营业收入净额。有人认为，"营业收入净额"应扣除"现金销售"部分，即使用"赊销净额"来计算。从道理上看，这样可以保持比率计算分母和分子口径的一致性，但是，不仅财务报表的外部使用者无法取得这项数据，而且财务报表的内部使用者也未必容易取得该数据，因此，把"现金销售"视为收账时间为零的赊销，也是可以的。只要保持历史的一贯性，使用营业收入净额来计算该指标一般不影响其分析和利用价值。因此，在实务上多采用"营业收入净额"来计算应收账款周转率。

（2）关于应收账款问题。"平均应收账款"是资产负债表中"期初应收账款余额"与"期末应收账款余额"的平均数。这里的应收账款是指扣除坏账准备后的金额。因此，提取的坏账准备数额将直接影响应收账款周转率。提取的坏账准备数额越大，平均应收账款越小，应收账款周转率就越高。这种周转率的提高不是由于业绩改善引起的，反而说明应收账款管理不善。所以，如果提取的坏账准备数额较大，就应进行调整，可以使用未计提坏账准备的应收账款计算应收账款周转率。

（3）应收票据是否计入应收账款周转率。大部分应收票据是由于销售形成的，只不过是应收账款的另一形式，应将其纳入应收账款周转率的计算，称为"应收账款与应收票据周转率"。

（4）应收账款周转天数是否越少越好。应收账款是由赊销引起的，如果赊销比现销对企业更有利，应收账款周转天数就不是越少越好。收现时间的长短通常与信用政策有关，改变信用政策就会改变应收账款周转天数。信用政策的分析评价涉及诸多方面，不能仅仅考虑应收账款周转天数的缩短。

7.2.2　存货周转率的计算与分析

在流动资产中，存货所占的比重较大，存货的流动性将直接影响企业的流动比率，因此，必须特别重视对存货的分析。存货的流动性，一般用存货的周转速度指标来反映，即存货周转率或存货周转天数。

存货周转率是企业一定时期的营业成本与平均存货之间的比率，也叫存货的周转次数。它是衡量和评价企业购入存货、投入生产、销售收回等各环节管理状况的综合性指标。用时间表示的存货周转率就是存货周转天数。其计算公式为

$$存货周转率 = 营业成本 \div 平均存货$$
$$存货周转天数 = 360 \div 存货周转率$$
$$= (平均存货 \times 360) \div 营业成本$$

公式中的营业成本数据来自利润表，平均存货来自资产负债表中的"期初存货"与"期末存货"的平均数。

【例 7-3】 某公司 2021 年度全年营业成本为 56 253.36 百万元，年初存货为 11 917.26 百万元，年末存货为 11 745.60 百万元，则该公司存货周转率和存货周转天数为

$$存货周转率 = 56\ 253.36 \div [(11\ 917.26 + 11\ 745.60) \div 2] = 4.75（次）$$
$$存货周转天数 = (11\ 917.26 + 11\ 745.60) \div 2 \times 360 \div 56\ 253.26 = 75.72（天）$$

存货周转速度的快慢，不仅反映出企业在采购、生产、营销等环节工作的好坏，而且对企业的盈利能力和偿债能力具有决定性影响。一般地，存货周转率越高，说明存货的占用水平越低，存货转换为现金、应收账款等的速度越快，存货的变现能力就越强；反之，存货周转速度越慢，则存货的变现能力越差。

存货周转率指标反映企业销售存货的速度，反映企业的销售能力。在正常经营条件下，保持合理的存货水平对企业盈利能力有重要影响。一方面，存货水平过高会占用企业资金，形成低效率资产，降低企业的资产周转率和盈利水平；另一方面，如果存货过低，可能出现存货满足不了销售的需要，同样影响企业的盈利能力。在分析存货周转率时，应与同行业平均水平比较。如果存货周转率明显低于同行业，这是否意味着该企业存货占用资金过多？如果存货周转率明显高于同行业，这是否意味着该企业存货水平过低，有断货风险，还是企业存货管理水平较高，能用较低的存货资金占用完成既定的销售目标？此外，存货是流动资产的重要组成部分，其质量和流动性对企业的流动比率有重要影响，进而会影响到企业的短期偿债能力。因此，企业应通过加强存货管理来提高企业的盈利能力和偿债能力。

存货周转率与存货周转天数指标反映存货管理水平，它们不仅影响企业的短期偿债能力，也是整个企业管理的重要内容。企业管理者和有条件的外部报表使用者，除了分析批量因素、季节性生产的变化等情况外，还应对存货的结构以及影响存货周转速度的重要项目进行分析，如分别计算原材料周转率、在产品周转率或某种存货的周转率等。其计算公式为

$$原材料周转率 = 耗用原材料成本 \div 平均原材料存货$$
$$在产品周转率 = 制造成本 \div 平均在产品存货$$

存货周转速度分析的目的是从不同的角度和环节找出存货管理中的问题，使存货管理在保证生产经营连续性的同时，尽可能少地占用经营资金，提高资金的使用效率和企业管理水平，增强企业短期偿债能力。

在计算和使用存货周转率时，应注意以下问题：

（1）存货计价方法对存货周转率有较大影响，在分析企业不同时期或不同企业的存货周转率时，应注意存货计价方法是否一致。

（2）存货周转天数是否越短越好。存货过多会浪费资金，存货过少不能满足周转需要。在一定经营条件下，企业应确定一个合理的存货水平，以使存货成本最低。

【例7-4】为了分析四川长虹营运能力的变动趋势，我们给出了四川长虹从2006～2016年近11年存货周转率的变化情况，如表7-2与图7-2所示。

表7-2　2006～2016年四川长虹的存货周转率

指标	报告期/年										
	2006	2007	2008	2009	2010	2011	2012	2013	2014	2015	2016
存货周转率/（次/年）	3.15	3.27	3.64	3.59	4.07	4.64	3.89	3.92	4.16	4.75	4.84

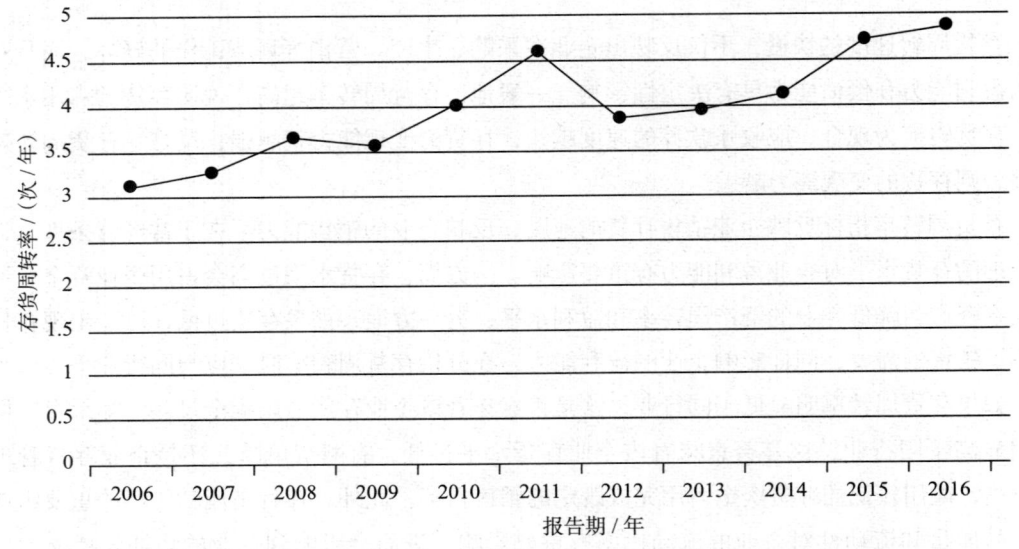

图7-2　2006～2016年四川长虹的存货周转率

从表7-2与图7-2可以看出，四川长虹的存货周转率在2009年以前相对稳定，从2010年开始逐步上升，但2012年略有下降之后又稳步上升，存货周转速度明显加快。这说明四川长虹在加强存货管理方面取得了一定效果。但与竞争对手相比，四川长虹的存货周转率是最低的。四川长虹的存货周转率低与其采用"大规模、低成本"的经营模式有关，由于大规模生产，片面追求产量，导致库存商品积压严重。2001年后，彩电行业开始大规模的存货清理，而四川长虹清理的力度远远落后于竞争对手，错过了最佳的"瘦身"机会。

7.2.3　流动资产周转率的计算与分析

企业的营运过程，实质上是资产的转换过程，流动资产和非流动资产的不同性质和特点，使它们在这一过程中的作用不同。非流动资产的价值实现过程很长，企业经营成果的取得，主要依赖于流动资产形态的不断转换。因此，流动资产营运能力是企业营运能力的核心。衡量流动资产营运能力的指标主要是流动资产周转率与流动资产周转天数。

1. 流动资产周转率

（1）流动资产周转率的含义。流动资产周转率是企业在一定时期内营业收入与平均流动资产余额的比率。它是评价企业资产利用效率的主要指标。其计算公式为

$$流动资产周转率 = 营业收入 \div 平均流动资产余额$$

$$流动资产周转天数 = 360 \div 流动资产周转率$$

其中：

$$平均流动资产余额 = (年初流动资产余额 + 年末流动资产余额) \div 2$$

【例 7-5】四川长虹 2016 年营业收入为 67 175.34 百万元，2016 年年初流动资产为 40 530.23 百万元，年末流动资产为 42 600.23 百万元，则

$$流动资产周转率 = 67\ 175.34 \div [(40\ 530.23 + 42\ 600.23) \div 2] = 1.62 (次)$$

$$流动资产周转天数 = 360 \div 1.62 = 222.22 (天)$$

流动资产周转率和流动资产周转天数都反映了流动资产的周转速度。流动资产在一定时期的周转次数越多，每周转一次所需要的时间就越少，周转速度就越快，就会相对节约流动资产，等于相对扩大资产投入，增强了企业盈利能力，提高了流动资产使用效率；反之，周转速度越慢，还需要补充流动资产参加周转，从而形成资金浪费，降低了企业盈利能力，流动资产的营运能力越差。要实现流动资产周转率的良性循环，需要努力扩大营业收入，尽力加快流动资产的周转。

（2）流动资产周转率影响因素分析。将流动资产周转区分为不同的阶段能够更清楚地看到内部的影响因素。为此引入营业成本因素，则有

$$流动资产周转率 = \frac{营业成本}{流动资产} \times \frac{营业收入}{营业成本}$$

$$流动资产周转率 = 流动资产垫支周转率 \times 成本收入率$$

其中：

$$流动资产垫支周转率 = \frac{营业成本}{流动资产}$$

$$成本收入率 = \frac{营业收入}{营业成本}$$

流动资产垫支周转率是从成本角度考察投入生产领域的资源运作效率。投入一定资源经过企业生产活动，产出越大，效率越高。

成本收入率则考察企业生产的产品能否在市场上实现销售并创造足够多的利润。它实质上反映了企业的盈利能力。企业只有生产适销对路的商品，并尽量降低成本，才可能实现最大的利润。

【例 7-6】四川长虹 2016 年、2015 年与流动资产周转相关的资料如表 7-3 所示，要求运用连环替代法具体分析各因素变动对流动资产周转率的影响。

表 7-3　四川长虹流动资产周转资料

指　　标	年份	
	2016	2015
流动资产垫支周转率 / 次	1.388	1.264
成本收入率 / 次	1.167	1.153
流动资产周转率 / 次	1.62	1.457

具体分析如下：

分析对象：流动资产周转率的变动数 = 1.62−1.457 = 0.163（次）

（1）生产环节流动资产垫支周转率的影响 =（1.388−1.264）× 1.153 = 0.143（次）

（2）销售环节成本收入率的影响 = 1.388 ×（1.167−1.153）

$$= 0.019\ 4（次）$$

总的影响：0.143 + 0.019 4 = 0.162 4（次）

由以上计算结果可知，2016 年四川长虹流动资产周转率比 2015 年提高了 0.162 4 次，主要原因是生产环节流动资产垫支周转率的提高使其上升了 0.143 次；销售环节成本收入率的提高使其提高了 0.019 4 次。

进一步分析究竟是什么因素造成流动资产垫支周转率上升，可以引入多种因素进行分析。下面引入存货因素，其计算公式为

$$流动资产周转率 = 流动资产垫支周转率 \times 成本收入率$$

$$= \frac{存货}{流动资产} \times \frac{营业成本}{存货} \times \frac{营业收入}{营业成本}$$

$$= 存货占流动资产比重 \times 存货周转率 \times 成本收入率$$

从存货周转的角度，可以运用连环替代法分析判断，是否由于存货周转速度的改变，造成企业流动资产营运效率的变化。同样的道理，也可以从应收账款的角度进行分析判断。

以上分析说明，流动资产垫支周转率、成本收入率共同影响流动资产周转率。但是要特别注意：在成本收入率大于 1 的前提下，提高流动资产营运效率能带来更多收益；相反，若成本收入率小于 1，企业生产的产品越多，亏损越大。这时，企业一定要灵活调整生产经营策略，减少或放弃亏损产品的生产，或想方设法提高产品的盈利能力，以提高流动资产营运效率。

【例 7-7】为了分析四川长虹营运能力的变动趋势，我们给出了四川长虹从 2006～2016 年流动资产周转率的变化情况，如表 7-4 与图 7-3 所示。

表 7-4　2006～2016 年四川长虹的流动资产周转率

指标	报告期 / 年										
	2006	2007	2008	2009	2010	2011	2012	2013	2014	2015	2016
流动资产周转率 /（次 / 年）	1.54	1.67	1.63	1.52	1.50	1.50	1.33	1.39	1.28	1.457	1.62

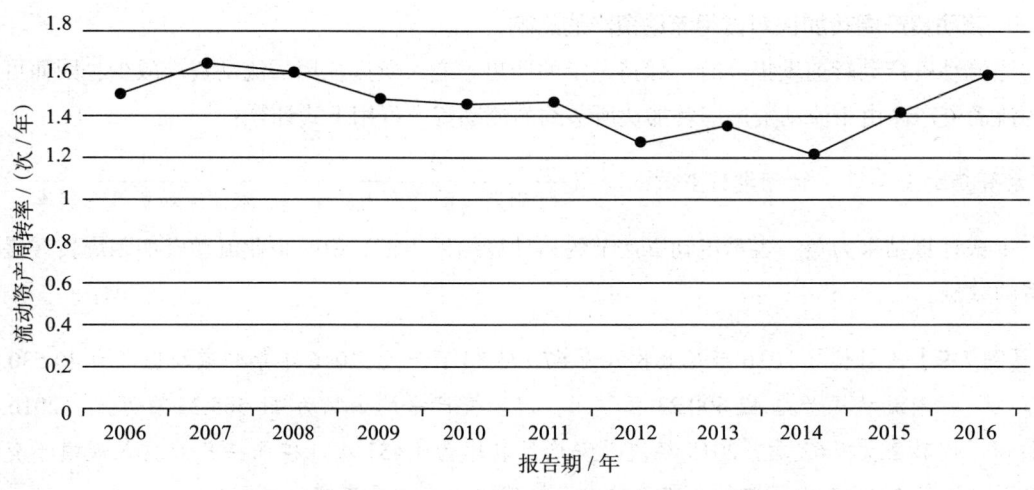

图 7-3 2006～2016 年四川长虹的流动资产周转率

从表 7-4 与图 7-3 可以看出，四川长虹的流动资产周转率从 2007 年开始逐渐降低，直到 2014 年的最低点，然后开始上升，2015 年、2016 年上升较快，但与竞争对手相比，仍处于较低水平。其缓慢的存货周转速度与应收账款周转速度严重影响了流动资产的周转速度。较低的流动资产周转速度，使四川长虹的规模优势无法发挥，降低了其价值创造能力。

2. 流动资产周转天数分析

流动资产周转天数是指流动资产周转一次所需要的时间。其计算公式为

$$流动资产周转天数 = \frac{360}{流动资产周转率}$$

【例 7-8】根据前述四川长虹流动资产周转率，计算其流动资产周转天数。

具体计算如下：

2016 年的流动资产周转天数 = 360÷1.62 = 222.22（天）

2015 年的流动资产周转天数 = 360÷1.457 = 247.08（天）

由于流动资产周转天数 = 计算期÷（流动资产垫支周转率×成本收入率），因此，可以运用相似的连环替代法分析流动资产垫支周转率、成本收入率分别对流动资产周转天数产生的影响。

7.2.4 流动资产周转效果分析

资源的有限性和稀缺性，决定了理性经济个体总会产生冲动，总是希望用尽量少的资源创造尽可能多的财富。加快流动资产周转速度，可以在两方面满足此目标：首先，在投入的资源量一定的情况下，流动资产周转速度越快，意味着产出越多；其次，在产出一定的情况下，快速的流动资产周转，意味着周转过程当中耗用的资源量减少。从这两个角度，可以计算分析流动资产周转加快的经济效果。

1. 流动资产周转加快对占用流动资产的影响

当流动资产周转速度提高时，保持一定的产出不变，所需耗用的流动资产减少，因而可以节约流动资产。由于流动资产周转加快所节约的流动资产可用下式计算：

$$流动资产的变动额 = 计划期营业收入 \times \left(\frac{1}{计划期流动资产周转率} - \frac{1}{基期流动资产周转率} \right)$$

上式计算结果为负，表示流动资产节约；计算结果为正，说明企业流动资产因周转缓慢而浪费的数额。

【例7-9】四川长虹2016年营业收入为67 175.34百万元，2016年年初流动资产为40 530.23百万元，年末流动资产为42 600.23百万元，流动资产平均余额为41 565.23百万元。2016年流动资产周转率为1.62次，2015年流动资产周转率为1.457次。在保持营业收入规模不变的情况下，计算2016年由于流动资产周转率上升而减少的流动资产。

2016年流动资产的变动额 = 67 175.34 × (1÷1.62 − 1÷1.457) = −4 638.984（百万元）

计算结果说明，四川长虹由于2016年流动资产周转率上升，流动资产减少了4 638.984百万元。

2. 流动资产周转加快对营业收入的影响

当流动资产周转速度提高时，保持一定的流动资产投入不变，会导致企业营业收入增加，经营规模扩大。其计算公式为

营业收入的变动额 = 基期流动资产平均余额 ×（计划期流动资产周转率 − 基期流动资产周转率）

上式计算结果为正，表示因流动资产周转加快而增加的营业收入；计算结果为负，表示因流动资产周转减慢而减少的营业收入。

【例7-10】2016年、2015年四川长虹流动资产平均余额分别为41 565.23百万元和44 512.73百万元，2016年、2015年流动资产周转率分别为1.62次和1.457次。计算2016年由于流动资产周转率上升而增加的营业收入。

2016年营业收入变动额 = 44 512.73 ×（1.62 − 1.457）= 7 255.57（百万元）

计算结果说明，2016年四川长虹在流动资产规模保持2015年水平不变时，由于流动资产周转率上升，其营业收入增加了7 255.57百万元。

7.2.5 营业周期

营业周期是指从外购原材料、承担付款义务开始到收回因销售商品或提供劳务而产生的应收账款为止的时间。营业周期的长短可以近似地通过应收账款和存货周转期反映出来。

营业周期 = 应收账款周转期 + 存货周转期

营业周期反映了企业经济活动的频率。行业不同，营业周期的长短不同，机械和家电等行业的营业周期明显长于商业企业；企业营运资产的管理效率不同，其营业周期的长短也不同；

其他因素不变，较快的营业周期有助于提升企业的盈利能力。但对于大多数企业而言，同时实现较短的营业周期与较高的获利能力目标往往是比较困难的。

通过营业周期可以了解企业资产管理水平，相对较短的营业周期表明企业应收账款和存货管理水平高，或产品销售情况良好；而相对较长的营业周期可能表明企业应收账款或存货占用过度，资产流动性较差，或产品销售情况欠佳。

营业周期的长短对企业生产经营具有重要影响。营业周期延长就需要相应的资金来负担额外的流动资产，因而营业周期的延长与企业借款规模扩大往往并存。营业周期越短，说明资产的流动性越强，资产的使用效率越高，资产的风险越低，其盈利能力相应也强。营业周期的长短还影响着企业资产规模和资产结构，营业周期越短，流动资产占用相对越少。因此，分析研究企业的营业周期，并想办法缩短营业周期，对于增强资产的管理效果具有重要意义。

在分析营业周期时，应注意下列因素的影响。

（1）资产负债表中的应收账款余额实质上是应收账款账面余额减去坏账准备后的差额。不同的坏账准备计提比例会影响营业周期的长短。

（2）不同的企业对存货的计价方法可能存在较大的差异，也会对营业周期产生影响。

（3）对于外部报表使用者而言，通常只能根据营业收入净额而非赊销净额计算应收账款的周转天数。在存在大量现金销售的情况下，应收账款周转天数被低估，也导致营业周期缩短。

在进行短期偿债能力分析时，需要结合营业周期指标来进行综合判断。例如，某公司的流动比率和速动比率高于行业均值，但营业周期却低于行业均值，这意味着该公司有部分应收账款回收过于缓慢，或存货管理缺乏效率。所以，结合营业周期来分析短期偿债能力，更易于发现资产管理存在的问题。

7.3 非流动资产营运能力分析

7.3.1 固定资产周转率的计算与分析

1. 固定资产周转率

固定资产周转率是指企业一定时期内营业收入净额与平均固定资产净值之间的比率。它是反映固定资产利用效率的重要指标。其计算公式为

$$固定资产周转率 = 营业收入净额 \div 平均固定资产净值$$

固定资产周转率越高，表明企业固定资产利用越充分，同时也说明企业固定资产投资得当，固定资产结构合理，固定资产利用效果好。反之，则说明固定资产利用效率不高，企业营运能力不强。

【例 7-11】2016 年四川长虹营业收入为 67 175.34 百万元，2016 年年初固定资产净值为 5 848.24 百万元，年末固定资产净值为 5 614.35 百万元，则

$$固定资产周转率 = \frac{67\,175.34}{(5\,848.24 + 5\,614.35) \div 2} = 11.72（次）$$

在实际分析和评价该指标时，应当注意如下问题。

（1）固定资产折旧方法的影响。企业固定资产所采用的折旧方法和折旧年限不同，会导致不同的固定资产账面净值，从而会对固定资产周转率产生重要影响，造成指标的人为差异。在分析过程中，需要剔除这些不可比因素。

（2）固定资产更新改造活动的影响。频繁或者大幅度的固定资产更新改造活动，会显著增加固定资产平均净值，在其他因素不变时，将降低固定资产周转率。因此，要注意协调更新改造固定资产的需要和追求高固定资产周转率的要求。应当结合固定资产更新改造水平来判断固定资产周转率实际水平的高低。因为固定资产周转率较低，就简单地认为固定资产营运无效率，是不科学的。

（3）不同行业的影响。行业性质不同，企业所需要投入固定资产的规模迥异，会对固定资产周转率产生显著影响。通常，房地产开发企业、贸易类企业固定资产周转率较高，这与上述两个行业的经营特点相符合，房地产开发企业、贸易类企业并不需要太多的固定资产投入。

（4）产品生命周期的影响。在产品的成长期，该指标会随着产能发挥而逐步提升，直至追加投资使得其又下降，这个过程周而复始。而产品进入成熟阶段后，产量、销量双双下滑，如果企业此前在固定资产的投入上并未有所预见，或者由于技术更新太快而来不及跟随，那么企业的固定资产周转率将下降到一个较低的水平。

（5）企业固定资产一般采用历史成本入账，在企业的固定资产、销售情况都并未发生变化的条件下，也可能由于通货膨胀导致物价上涨等因素而使营业收入增加，导致固定资产周转率提高，而实际上企业的固定资产效能并未增加。

在进行固定资产周转率分析时，应以企业历史水平和同行业平均水平为标准进行对比分析，从中找出差距，努力提高固定资产周转速度。

2. 固定资产更新率

固定资产更新率是指一定时期内新增加的固定资产原值（总额）与期初固定资产原值（总额）的比率。它反映固定资产在计算期内更新的规模和速度，是考核固定资产动态状况的指标。其计算公式为

$$固定资产更新率 = \frac{本期新增固定资产原值（总额）}{期初固定资产原值（总额）} \times 100\%$$

从这一公式可以看出，固定资产更新率受两个方面因素的影响。第一，受到期初固定资产总额的影响。期初固定资产体现着原有固定资产的规模，这一数值越大，在其他条件不变的情况下，其固定资产更新的速度越缓慢。第二，受到新增固定资产总额的影响。新增固定资产总额越大，说明固定资产更新的速度越快。在一定时期内，期初的固定资产总额通常是常量，固定资产更新率直接受本期新增固定资产总额的影响。本期新增的固定资产越多，其固定资产更新率越高，固定资产更新的规模越大，速度越快。

由于固定资产更新率是新增固定资产和期初固定资产原值（总额）的比较，而期初固定资产的新旧程度和原有固定资产的使用周期都有不确定因素。如果期初的固定资产均为新的资

产，且使用周期较长，那么，计算期内新增固定资产并不一定替代退废的固定资产，其固定资产更新率的提高反映固定资产规模的扩大；如果期初的固定资产系使用多年而且必须被新的固定资产替代，其新增的固定资产与被替代的固定资产相适应，则仅仅实现了固定资产的更新；如果新增固定资产的数额不足以补偿被替代的退废的固定资产，即便固定资产更新率较高，其固定资产的更新程度也未得以全部实现，其固定资产的再生产也只能是萎缩的再生产。因此，考虑固定资产的更新程度，必须在固定资产更新率和固定资产成新率相结合的情况下进行分析才更有价值。

3. 固定资产成新率

$$固定资产成新率 = \frac{平均固定资产净值}{平均固定资产原值}$$

该比率反映了企业固定资产的新旧程度。该比率越小，说明企业的固定资产老化程度越高，近期重置固定资产的可能性越大，固定资产支出也越大。该比率与企业的成立时间有关，应结合企业成立时间一并考虑。

7.3.2 非流动资产周转率的计算与分析

非流动资产周转率是企业一定时期内营业收入与平均非流动资产之间的比率。它反映了非流动资产的管理效率。其计算公式为

$$非流动资产周转率 = 营业收入 \div 平均非流动资产$$

$$非流动资产周转天数 = 计算期 \div 非流动资产周转率$$

【例7-12】四川长虹2016年营业收入为67 175.34百万元，2016年年初非流动资产总额为15 085.10百万元，年末非流动资产总额为17 262.74百万元，则

$$非流动资产周转率 = \frac{67\,175.34}{(15\,085.10 + 17\,262.74) \div 2} = 4.15（次）$$

7.4 总资产营运能力分析

分析企业总资产营运能力的主要指标是总资产周转率，是指一定时期内营业收入净额同平均资产总额的比率，是考察资产营运效率的一项重要指标，反映了全部资产的管理质量和利用效率。

7.4.1 总资产营运能力的影响因素分析

总资产周转率反映了全部投资产生收入的能力，其高低受各部分资产利用效能的影响，包括存货、应收账款、流动资产、固定资产等各部分资产的利用效率。另外，企业实现营业收入的能力也对总资产营运能力产生重要影响。除此之外，行业性质、企业所处的生命周期也会影

响总资产营运能力，如批发和零售贸易行业的总资产周转率通常较高。

另外，企业在资本市场的融资行为以及并购活动等因素也会影响总资产的营运能力。如果企业在资本市场筹集的资金多，又没有适当的投资渠道，那么这笔资产处于闲置状态，无法为公司带来效益，自然会降低总资产的营运能力；公司大量并购之后，内部整合需要一定时间，这些因素也会导致总资产周转率偏低。

7.4.2 总资产周转率的计算与分析

衡量总资产营运能力的指标主要有两个：总资产周转率和总资产周转期。

1. 总资产周转率

$$总资产周转率 = \frac{营业收入}{平均总资产}$$

总资产周转率越高，表明企业全部资产的利用效率越高；反之，则说明全部资产的利用效率较低，最终将影响到企业的盈利能力。企业应采取措施扩大营业收入、提高资产利用效率来提高总资产周转率。

企业资金循环包括短期资金循环和长期资金循环，长期资金循环必须依赖于短期资金循环，因此，流动资产周转速度的快慢是决定企业总资产周转速度快慢的关键性因素。

$$总资产周转率 = \frac{流动资产平均余额}{平均总资产} \times \frac{营业收入}{流动资产平均余额}$$
$$= 流动资产占总资产比重 \times 流动资产周转率$$

该公式表明，总资产周转率受到流动资产周转效率和流动资产所占比重的影响。流动资产在企业资产构成当中属于流动性最强的部分，这部分所占的比重越高，则总资产的周转速度越快；相反，如果流动资产营运能力差，筹集的流动资产大量闲置，则可能适得其反，会降低总资产的营运能力。

2. 总资产周转期

$$总资产周转期 = \frac{360}{总资产周转率}$$

【例 7-13】根据前述资料计算的四川长虹总资产周转率与总资产周转期的结果如表 7-5 所示。

表 7-5　四川长虹总资产周转率　　　　（金额单位：百万元）

指标	2016 年	2015 年
营业收入	67 175.34	64 847.81
总资产平均余额	57 739.16	57 919.97
总资产周转率/（次/年）	1.163	1.119 6
总资产周转期/天	309.54	321.54

以上结果显示，四川长虹总资产周转率较低，说明其总资产利用效果不理想，营运能力较

差。我们可以结合四川长虹具体情况深入分析总资产周转率较低的原因。

【例7-14】为了分析四川长虹营运能力的变动趋势，我们给出了四川长虹2006～2016年总资产周转率的变化情况，如表7-6与图7-4所示。

表7-6　2006～2016年四川长虹的总资产周转率

指标	报告期/年										
	2006	2007	2008	2009	2010	2011	2012	2013	2014	2015	2016
总资产周转率/（次/年）	1.16	1.16	1.05	0.96	1.03	1.08	0.99	1.04	1.00	1.12	1.163

从表7-6与图7-4可以看出，四川长虹的总资产周转率在2006～2016年内相对稳定，大致在一年1次左右波动，但与竞争对手相比，仍处于较低水平。低下的资产周转速度，降低了四川长虹的竞争优势。

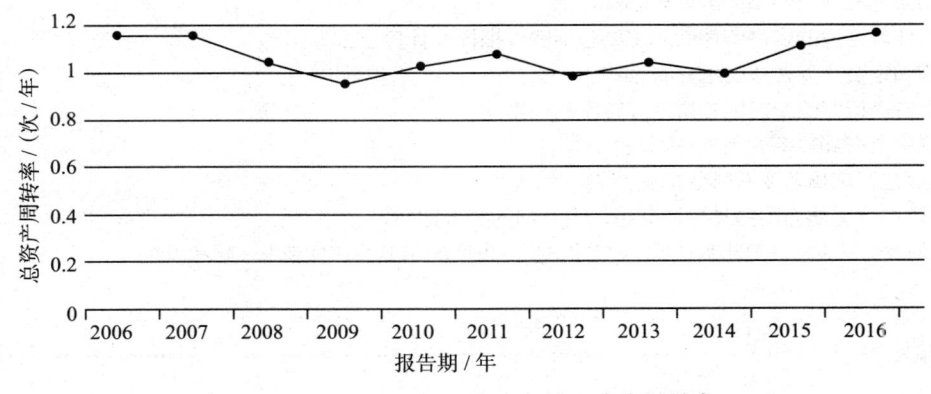

图7-4　2006～2016四川长虹的总资产周转率

7.4.3　总资产营运能力综合对比分析

总资产营运能力综合对比分析，就是将反映总资产营运能力的指标与反映企业流动资产和固定资产营运能力的指标结合起来，依据各类指标之间的相互关系进行分析。综合对比分析主要包括以下方面的内容。

1. 综合对比分析反映资产占用与收入之间的关系

反映两者之间关系的有三个指标，即固定资产周转率、流动资产周转率、总资产周转率，它们可以正确评价各项资产营运效益的大小和资产周转速度的快慢。从静态上对比，可反映各项资产周转率的水平及差距；从动态上对比，可反映固定资产、流动资产及全部资产与营业收入增长的关系。

2. 将总资产营运能力与总资产盈利能力结合起来分析

从这个角度分析可说明企业资产盈利能力的高低，既取决于生产经营盈利能力，又受资产营运能力的影响。用一般关系式表示为

$$资产盈利能力 = 资产营运能力 \times 生产经营盈利能力$$

其具体计算公式为

$$总资产报酬率 = (总收入 \div 平均总资产) \times (息税前利润 \div 总收入) \times 100\%$$
$$= 总资产周转率 \times 销售息税前利润率 \times 100\%$$

运用上式可全面地分析企业资产的营运情况及效果。

▶ 思考题

1. 如何分析评价企业的存货周转率？
2. 应收账款周转天数是否越短越好？
3. 坏账准备计提政策对应收账款周转率有何影响？
4. 为什么存货周转率、应收账款周转率会影响企业的短期偿债能力？
5. 影响流动资产周转率的因素有哪些？
6. 分析评价企业的资产管理效率主要包括哪些指标？计算公式如何？
7. 影响固定资产周转率的因素有哪些？
8. 固定资产折旧政策对固定资产周转率有何影响？
9. 影响总资产周转率的因素有哪些？
10. 提高总资产周转率有哪些措施？
11. 总资产营运能力与各类资产营运能力之间的关系如何？
12. 如何评价固定资产更新率指标？在分析时为何要结合固定资产成新率一起考虑？

▶ 练习题

1. 某企业 2021 年年初流动资产为 120 万元，年初存货为 60 万元，年初应收账款为 38 万元。2021 年年末的有关资料为：流动负债 70 万元，流动比率 2.2，速动比率 1.2，年末现金类资产为 42 万元。全年应收账款周转率为 5 次，全年营业成本 156 万元，销售收入中赊销收入所占的比重为 40%。假定该企业流动资产仅包括速动资产与存货。

要求：

（1）计算该企业 2021 年年末流动资产、年末存货和年末应收账款。

（2）计算该企业 2021 年流动资产周转率和存货周转率。

2. 某企业 2020 年营业收入净额为 6 900 万元，全部资产平均余额为 2 760 万元，流动资产平均余额为 1 104 万元；2021 年营业收入净额为 7 938 万元，全部资产平均余额为 2 940 万元，流动资产平均余额为 1 323 万元。

要求：

（1）计算 2020 年与 2021 年的全部资产周转率、流动资产周转率和流动资产结构（流动资产占全部资产的比重）。

（2）运用差额分析法计算流动资产结构与流动资产周转率变动对全部资产周转率的影响。

3. 某企业 2021 年有关财务资料如下：年末流动比率为 3，年末速动比率为 2（不考虑预付账款、一年内到期的非流动资产等），存货周转率为 4 次。年末资产总额 1 800 万元（年初 1 400 万元），年末流动负债 140 万元，年末长期负债 420 万元（负债中只包括流动负债和长期负债两项），年初存货成本为 150 万元。2021 年营业收入 1 980 万元，管理费用 90 万元，利息费用 100 万元。所得税税率为 25%。

要求：
（1）计算该企业2021年资产负债率。
（2）计算该企业2021年总资产周转率。
（3）计算该企业2021年年末存货与营业成本。
（4）计算该企业2021年净资产收益率。

4. 某商业零售企业2021年度赊销收入净额为2 000万元，营业成本为1 600万元；年初、年末应收账款余额分别为200万元和400万元；年初、年末存货余额分别为200万元和600万元；年末速动比率为1.2，年末现金比率为0.7。假定该企业流动资产由速动资产和存货组成，速动资产由应收账款和现金类资产组成，一年按360天计算。

要求：
（1）计算2021年应收账款周转天数。
（2）计算2021年存货周转天数。
（3）计算2021年年末流动负债余额和速动资产余额。
（4）计算2021年年末流动比率。

5. 某企业2020年的有关资料为：年初资产总额为250万元，年末资产总额为200万元，资产周转率为0.6次。2021年有关财务资料如下：年末流动比率2，年末速动比率为1.2，存货周转率为5次。年末资产总额200万元，年末流动负债35万元，年末长期负债35万元，年初存货30万元。2020年营业净利率21%，资产周转率0.8次。该企业流动资产中只有货币资金、应收账款和存货。

要求：
（1）计算该企业2021年年末流动资产总额、年末资产负债率和净资产收益率。
（2）计算该企业2021年的存货、营业成本和营业收入。

6. 某企业连续三年资产负债表中有关资产项目数据如表7-7所示。

表7-7 某企业有关资产项目数据 （单位：万元）

项　　目	2018年年末	2019年年末	2020年年末
流动资产	4 400	5 360	5 360
其中：应收账款	1 888	2 056	2 280
存货	2 120	1 856	2 140
固定资产	7 600	6 680	7 000
资产总额	17 600	16 120	17 840

已知2021年营业收入总额为20 930万元，比2020年增长了20%，营业成本为16 352万元，比2020年增长了18%。

要求：
（1）计算该企业2020年的应收账款周转率、存货周转率、流动资产周转率、固定资产周转率、总资产周转率。
（2）根据计算结果，对该企业的资产营运效率进行评价。

7. 某企业2021年有关财务资料如表7-8所示。

表7-8 某企业2021年有关财务资料 （单位：百万元）

资　　产	年初数	年末数	负债和所有者权益	年初数	年末数
流动资产			流动负债合计	1 100	1 090
货币资金	650	650			
应收账款	675	750	长期负债合计	1 450	1 860
存货	800	850	负债合计	2 550	2 950

（续）

资　　产	年初数	年末数	负债和所有者权益	年初数	年末数
流动资产合计	2 125	2 250	所有者权益合计	3 575	3 600
长期投资	500	500			
固定资产	3 500	3 800			
资产总计	6 125	6 550	负债和所有者权益总计	6 125	6 550

该企业 2021 年的经营现金净流量为 980 万元。2021 年营业收入净额 7 500 万元，营业净利率 20%。假定该企业流动资产仅包括速动资产与存货。

要求：

（1）计算该企业 2021 年年末的流动比率、速动比率、现金流动负债比率。
（2）计算该企业 2021 年年末的资产负债率、产权比率、权益乘数。
（3）计算该企业 2021 年应收账款周转率、流动资产周转率、总资产周转率。
（4）计算该企业 2021 年净资产收益率、总资产增长率。

▶ 案例分析

1. 家电行业是我国市场化程度最充分、竞争最为激烈的行业之一。在 30 多年的发展历程中，我国家电行业从稚嫩走向成熟，从国内远销海外，尤其是美的、格力、海尔等民族品牌。作为中国制造的优秀典范，我国的家电企业坚持创新驱动、不断提高产品质量，促进产业升级，逐步扩大市场，为实体经济的繁荣贡献自己的力量。

在家电行业 30 多年的发展历程中，各品牌间的价格战可谓屡见不鲜。一方面，价格战促进了相关市场的整合与结构优化，使得一批企业脱颖而出，在较短时间内实现了规模经济，在市场竞争中具有较高的竞争力；另一方面，价格战会直接影响企业利润，影响到企业在研发、营销等方面的支出，使得企业在短时期内缺乏后劲。

随着家电市场的逐步成熟，产品的同质化现象已经越来越严重，消费者的偏好趋向多元，市场细分的趋势非常明显。随着家电保有量接近饱和，价格战和规模经济的竞争方式已不再盛行，想在短期内迅速提高利润、占据市场份额已然是不可能的事情。

当前我国家电市场的发展到了关键时期，行业增速越来越慢，利润空间越来越小，生存下来都较为困难。应当采取什么样的对策去解决当前的困境是整个行业共有的难题，也应引起全社会的关注与思考。

我国家电行业"三大巨头"美的集团、格力电器与青岛海尔占据了 70% 以上的市场份额，且它们在经历了一轮又一轮的残酷竞争后脱颖而出，成为行业典范。我们根据这三家公司来研究当前我国家电市场在发展中存在的主要财务问题，并试图找到解决方法。

我们根据上市公司的年报资料，汇总了美的集团、格力电器、青岛海尔这三家公司 2007～2016 年反映营运能力的资料。具体数据资料如表 7-9～表 7-13 所示。

表 7-9　2007～2016 年存货周转率

年　　度	美的集团	格力电器	青岛海尔	家电行业均值
2007	—	4.88	10.34	6.28
2008	—	5.61	9.78	6.28
2009	—	6.02	16.21	7.70
2010	5.77	5.45	16.11	7.53
2011	5.85	4.69	11.21	6.80
2012	5.35	4.21	9.13	5.70

（续）

年　度	美的集团	格力电器	青岛海尔	家电行业均值
2013	6.50	5.30	9.23	6.30
2014	6.99	8.10	8.81	7.43
2015	8.06	7.31	7.36	8.05
2016	8.87	7.88	6.89	7.52

表 7-10　2007～2016 年应收账款周转率

年　度	美的集团	格力电器	青岛海尔	家电行业均值
2007	—	47.89	25.35	19.78
2008	—	57.58	44.28	23.76
2009	—	57.37	32.23	24.17
2010	15.37	57.19	29.67	23.18
2011	15.32	68.56	26.98	23.38
2012	10.29	73.52	21.92	21.00
2013	13.60	71.37	20.32	21.09
2014	16.39	61.08	17.52	19.11
2015	14.03	35.28	14.05	14.79
2016	13.35	37.09	13.00	14.77

表 7-11　2007～2016 年流动资产周转率

年　度	美的集团	格力电器	青岛海尔	家电行业均值
2007	—	2.23	4.06	2.60
2008	—	1.91	3.89	2.39
2009	—	1.29	3.47	2.23
2010	2.45	1.25	3.01	1.99
2011	2.29	1.32	2.61	1.77
2012	1.74	1.28	2.25	1.54
2013	2.01	1.27	1.95	1.63
2014	1.88	1.25	1.68	1.57
2015	1.55	0.83	1.49	1.45
2016	1.49	0.83	1.91	1.46

表 7-12　2007～2016 年固定资产周转率

年　度	美的集团	格力电器	青岛海尔	家电行业均值
2007	—	14.64	12.44	11.82
2008	—	12.04	12.63	11.26
2009	—	9.57	16.08	11.84
2010	10.27	12.00	18.10	12.93
2011	8.83	12.62	17.21	11.88
2012	5.44	9.81	16.26	9.76
2013	6.09	8.98	16.09	9.90
2014	7.28	9.66	15.08	10.57
2015	7.29	6.62	11.37	10.46
2016	8.03	6.65	9.92	11.32

表 7-13 2007～2016 年总资产周转率

年　度	美的集团	格力电器	青岛海尔	家电行业均值
2007	—	1.80	2.80	1.83
2008	—	1.50	2.60	1.66
2009	—	1.04	2.56	1.63
2010	1.70	1.04	2.37	1.53
2011	1.58	1.11	2.06	1.37
2012	1.14	1.04	1.79	1.16
2013	1.31	1.00	1.56	1.22
2014	1.31	0.97	1.35	1.19
2015	1.12	0.63	1.13	1.09
2016	1.07	0.64	1.15	1.05

要求：

（1）通过分析这三家公司的存货周转率、应收账款周转率、流动资产周转率、固定资产周转率和总资产周转率的整体情况，对这三家公司的营运能力做出分析评价。

（2）请进一步查阅青岛海尔的有关资料，具体分析青岛海尔存货周转率逐年降低的具体原因，以及由于存货周转率降低对企业产生的不利影响。

（3）请进一步查阅青岛海尔的有关资料，具体分析青岛海尔应收账款过低的具体原因，以及由于过慢的应收账款周转率对企业产生的不利影响。

（4）通过对这三家公司营运能力的分析，你认为我国家电行业在营运能力方面存在的主要问题是什么？如何解决这些问题？

2. 中国国际海运集装箱（集团）股份有限公司（以下简称"中集集团"）是一家为全球市场提供"现代化交通运输装备和服务"的企业集团。由于集装箱行业的特殊性，中集集团的营业收入基本采用赊销方式，很少有现金交易。而集装箱的生产投资需求庞大，这就需要公司找到一种独特的融资方式，它既要加速回流资金，又要保持公司财务状况的优化与资本结构的稳定和安全。

在使用应收账款证券化这种融资方式之前，中集集团主要采用商业票据进行国际融资，于 1996 年、1997 年分别发行了 5 000 万美元、7 000 万美元的 1 年期商业票据，但是这种方式的稳定性直接受到国际经济和金融市场的影响。在 1998 年，由于亚洲金融危机的影响，部分外资银行收缩了在亚洲的业务。经过多方努力，中集集团虽然成为金融危机后国内第一家成功续发商业票据的公司，但规模降为 5 700 万美元。为保持集团资金结构的稳定性并进一步降低融资成本，中集集团希望寻找一种好的办法替代商业票据。这时一些国外银行向他们推荐应收账款证券化，经过双向选择，中集决定与荷兰银行合作，采用以优质应收账款做支持来发行商业票据的 ABCP 方案，开创了国内企业通过资产证券化途径进入国际资本市场的先河。

2000 年 3 月，中集集团与荷兰银行在深圳签署了总金额为 8 000 万美元的应收账款证券化项目协议。此次协议有效期限为 3 年。协议规定，在有效期内，凡是中集集团发生的应收账款都可以出售给由荷兰银行管理的资产购买公司，由该公司在国际商业票据市场上多次公开发行商业票据，总发行金额不超过 8 000 万美元。同时，荷兰银行将发行票据所得资金支付给中集集团，中集集团的债务人则将应付款项交给约定的信托人，由该信托人履行收款人职责。而商业票据的投资者可以获得高出伦敦同业拆借市场利息率 1% 的利息。通过这一协议，中集集团只需花两周的时间就可获得本应 138 天才能收回的现金，加快了资金周转。

要求：根据以上资料，试分析应收账款证券化对企业营运能力的影响。

第 8 章

企业盈利能力分析

8.1 企业盈利能力分析的目的与内容

8.1.1 企业盈利能力分析的目的

盈利能力是指企业在一定时期内赚取利润的能力。企业经营的最终目的是获取利润,持续稳定地经营和发展为企业获取利润提供了基础,而获取利润又是企业持续稳定发展的目标和保证。只有在不断地获取利润的基础上,企业才能扩大生产规模,谋求更大的发展。而且,盈利能力强的企业对外彰显的就是其更高的经营管理水平和效率,比盈利能力弱的企业具有更大的活力和更好的发展前景,在发展空间和发展所需资源的争夺中具有明显优势。

盈利能力指标是企业综合性的财务指标。一方面,企业经营业绩的好坏最终都可以通过盈利能力指标反映出来;另一方面,企业的盈利能力与偿债能力和营运能力紧密相关,较强的营运能力和良好的偿债能力,会大大增强企业的盈利能力。所以,无论是企业的管理人员、债权人还是股东(投资人),都非常关心企业的盈利能力,并重视对利润和利润率及其变动趋势的分析和预测。

对企业管理人员来说,盈利能力已成为最重要的业绩衡量标准,以及发现问题、改进管理的突破口。他们进行盈利能力分析的目的主要表现在以下方面。

(1)反映和衡量企业经营业绩。企业管理人员的根本任务,就是通过自己的努力使企业赚取更多的利润。各项收益数据反映了企业的盈利能力,也反映了管理人员的工作业绩。用实现的盈利能力指标与标准、上期、同行业平均水平、其他企业相比较,则可以评价管理人员的工作业绩。

(2)发现经营管理中存在的主要问题。盈利能力是企业各环节经营活动的综合反映,企业各环节经营管理的好坏,最终都会通过盈利能力反映出来。通过对盈利能力的深入分析,企业管理人员可以发现经营管理过程中的重大问题,进而采取措施,以改善经营管理,提高盈利水平。

对于投资人（股东）来说，他们的直接目的就是获得更多的投资回报，而投资回报反映了投资效果，其高低直接取决于企业的盈利水平。投资者通过分析判断企业的盈利能力来预测企业未来的收益或估计投资风险，作为投资决策的重要依据。

对于债权人来讲，利润是企业偿债的重要资金来源，特别是对长期债务而言。企业举债时，债权人势必审查企业的偿债能力，而偿债能力的强弱最终取决于企业的盈利能力。通过分析企业的盈利能力，债权人可以更好地把握企业偿债能力的高低，以维护其债权的安全、有效。

8.1.2 企业盈利能力分析的内容

盈利能力分析是企业财务分析的重点和核心，营运能力分析、偿债能力分析的根本目的是通过分析及时发现经营管理中存在的问题，提高营运能力和偿债能力，最终提高企业的盈利能力，促进企业持续稳定地发展。企业盈利能力分析主要是指对利润率的分析。因为尽管利润额的分析可以说明企业财务成果的增减变动状况及其原因，为改善企业经营管理指明方向，但是，由于利润额受企业规模或投入总量的影响较大，一方面，使不同规模的企业之间不便于对比；另一方面，它也不能准确地反映企业的盈利能力和盈利水平。因此，仅进行利润额分析一般不能满足各方面对财务信息的要求，还必须对利润率进行分析。

我们对企业盈利能力的分析将从以下方面进行。

（1）资产盈利能力分析，主要对总资产报酬率和净资产收益率进行分析和评价。

（2）生产经营盈利能力分析，即利用利润表资料进行利润率分析，包括收入利润率分析和成本利润率分析。

（3）上市公司盈利能力分析，即对每股收益、普通股权益报酬率、股利支付率以及市盈率等指标进行分析。

（4）企业盈利质量分析，通过收益的结构状况、收益的收现状况、净收益营运指数、现金营运指数等分析企业的盈利质量。

（5）会计政策对盈利能力的影响分析，主要是分析判断会计政策的选择和变动对盈利能力的影响。

8.2 资产盈利能力分析

资产盈利能力是指企业利用经济资源获取利润的能力。反映企业资产盈利能力的指标主要有总资产报酬率、总资产净利率和净资产收益率。

8.2.1 总资产报酬率的计算与分析

总资产报酬率是指企业息税前利润与平均总资产之间的比率。它是反映企业资产综合利用

效果的指标。运用资产负债表和利润表的资料，可计算总资产报酬率。其计算公式为

$$总资产报酬率 = \frac{利润总额 + 利息支出}{平均总资产} \times 100\%$$

$$平均总资产 = (期初资产总额 + 期末资产总额) \div 2$$

为什么计算总资产报酬率指标包括利息支出？因为，既然采用全部资产，从利润中没有扣除自有资本的等价报酬——股利，那么，同样也不能扣除借入资本的等价报酬——利息。何况从企业对社会的贡献来看，利息与利润具有同样的经济意义。

总资产报酬率全面反映了企业全部资产的获利水平。一般情况下，总资产报酬率越高，说明企业资产的运用效果越好，也意味着企业的资产盈利能力越强。评价总资产报酬率时，需要与企业前期、同行业、其他企业的这一指标进行比较，并进一步找出影响该指标的不利因素，以提高其总资产报酬率。

1. 影响总资产报酬率的因素

根据总资产报酬率指标的基本公式，可将其做如下分解：

$$总资产报酬率 = \frac{营业收入}{平均总资产} \times \frac{利润总额 + 利息支出}{营业收入} \times 100\%$$
$$= 总资产周转率 \times 销售息税前利润率 \times 100\%$$

可见，影响总资产报酬率的因素有两个：一是总资产周转率，该指标反映了企业资产的利用效率，是企业资产经营效果的直接体现；二是销售息税前利润率，该指标反映了企业的盈利能力，销售息税前利润率越高，企业盈利能力越强。

2. 总资产报酬率的分析

根据上述总资产报酬率的公式，运用连环替代法或差额计算法可以分析总资产周转率和销售息税前利润率变动对总资产报酬率的影响。

【例 8-1】根据四川长虹报表数据计算的有关指标如表 8-1 所示，要求采用差额计算法分析确定总资产周转率和销售息税前利润率变动对总资产报酬率的影响。

表 8-1　四川长虹有关指标计算表　　　　　　（金额单位：百万元）

项　　目	2016 年	2015 年
营业收入	67 175.34	64 847.81
利润总额	1 441.88	-1 440.47
利息支出	260.14	1 038.70
息税前利润	1 702.02	-401.77
平均总资产	57 739.16	57 919.97
总资产周转率 /（次 / 年）	1.16	1.12
销售息税前利润率 /%	2.53	-0.62
总资产报酬率 /%	2.95	-0.69

具体计算分析如下：

分析对象：2.95% - (-0.69%) = 3.64%

总资产周转率变动的影响：（1.16-1.12）×（-0.62%）=-0.025%

销售息税前利润率的影响：1.16×[2.53%-（-0.62%）]=3.654%

总的影响：-0.025%+3.654%=3.63%

计算结果表明，2016 年四川长虹总资产报酬率比 2015 年上升 3.63 个百分点，是由于总资产周转率和销售息税前利润率两者变动综合影响的结果。前者使总资产报酬率下降 0.025 个百分点，后者使总资产报酬率上升 3.654 个百分点。

8.2.2 总资产净利率的计算与分析

总资产净利率是指净利润与平均总资产之间的比率。它反映每 1 元资产获得的净利润水平。总资产净利率越高，**企业盈利能力越强**。其计算公式为

$$总资产净利率 = \frac{净利润}{平均总资产}$$

【例 8-2】四川长虹 2016 年、2015 年的净利润、平均总资产、总资产净利率的数据如表 8-2 所示。

表 8-2　四川长虹有关指标计算表　　　　　　　　（金额单位：百万元）

项　目	2016 年	2015 年
净利润	1 159.44	-1 724.55
平均总资产	57 739.16	57 919.97
总资产净利率 /%	2.01	-2.98

四川长虹 2016 年总资产净利率相比 2015 年有较大提高，说明该公司的盈利能力有较大提升。

根据总资产净利率的基本公式，可将其做如下分解：

$$总资产净利率 = \frac{净利润}{平均总资产}$$
$$= \frac{净利润}{营业收入} \times \frac{营业收入}{平均总资产}$$
$$= 营业净利率 \times 总资产周转率$$

营业净利率反映了营业收入的获利水平，总资产周转率反映了全部资产的周转效率，两者共同决定了总资产净利率水平。

【例 8-3】根据四川长虹报表数据计算的有关指标如表 8-3 所示，要求采用差额计算法分析确定营业净利率、总资产周转率变动对总资产净利率的影响。

表 8-3　四川长虹有关指标计算表　　　　　　　　（金额单位：百万元）

项　目	2016 年	2015 年
营业收入	67 175.34	64 847.81

(续)

项　　目	2016 年	2015 年
净利润	1 159.44	-1 724.55
平均总资产	57 739.16	57 919.97
总资产周转率/(次/年)	1.16	1.12
营业净利率/%	1.73	-2.66
总资产净利率/%	2.01	-2.98

具体计算分析如下：

分析对象：2.01%-(-2.98%)=4.99%

营业净利率变动的影响：[1.73%-(-2.66%)]×1.12=4.92%

总资产周转率变动的影响：1.73%×(1.16-1.12)=0.069%

总的影响：4.92%+0.069%≈4.99%

计算结果表明，2016 年四川长虹总资产净利率比 2015 年提升 4.99 个百分点，是营业净利率和总资产周转率两者共同变动影响的结果。前者使总资产净利率提升 4.92 个百分点，后者使总资产净利率提升 0.069 个百分点。

8.2.3 净资产收益率的计算与分析

净资产收益率是指企业的净利润与平均净资产之间的比率。其计算公式为

$$净资产收益率 = \frac{净利润}{平均净资产} \times 100\%$$

上式中，净利润是指企业当期税后利润；净资产是指企业资产减负债后的余额。对于平均净资产，一般取期初与期末的简单平均值。

净资产收益率是反映盈利能力的核心指标。因为企业的根本目标是所有者权益或股东价值最大化，而净资产收益率既可以直接反映资本的增值能力，又影响着企业股东价值的大小。该指标越高，反映企业的盈利能力越强。该指标通用性强，适应范围广，不受行业和地区限制。通过与行业平均水平相比较，可以反映企业盈利能力在同行业中所处的地位，以及与同类企业的差异水平。

1. 影响净资产收益率的因素

影响净资产收益率的因素主要有总资产报酬率、负债利息率、企业资本结构和所得税税率等。

（1）总资产报酬率。净资产是企业全部资产的一部分，因此，净资产收益率必然受到企业总资产报酬率的影响。在负债利息率和资本结构等条件一定的情况下，总资产报酬率越高，净资产收益率就越高。

（2）负债利息率。负债利息率之所以影响净资产收益率，是因为在资本结构一定的情况下，当总资产报酬率高于负债利息率时，负债利息率的变动将对净资产收益率产生有利的影

响;反之,在总资产报酬率低于负债利息率时,负债利息率的变动将对净资产收益率产生不利影响。

(3)企业资本结构。当总资产报酬率高于负债利息率时,提高负债比率,可以获得财务杠杆收益,使净资产收益率提高;反之,当总资产报酬率低于负债利息率时,提高负债比率,将使净资产收益率降低。

(4)所得税税率。因为净资产收益率的分子是净利润,即税后利润,因此,所得税税率的变动必然引起净资产收益率的变动。通常,所得税税率越高,净资产收益率越低;反之,净资产收益率将上升。

综合以上因素的影响,净资产收益率表达式为

$$净资产收益率 = [总资产报酬率 + (总资产报酬率 - 负债利息率) \times 产权比率] \times (1 - 所得税税率) \times 100\%$$

其中:

$$产权比率 = 负债总额 \div 净资产总额$$

2. 净资产收益率的分析

明确了净资产收益率与其影响因素之间的关系,运用连环替代法或差额计算法,可以分析各因素变动对净资产收益率的影响。

【例8-4】某公司2020年度和2021年度财务报告中与净资产收益率有关的数据如表8-4所示,要求采用连环替代法计算分析各因素变动对净资产收益率的影响。

表8-4 某公司有关财务数据　　　　　　　　　　(金额单位:百万元)

项目	2021年度	2020年度
平均总资产	74 000	62 000
平均负债	24 000	22 000
平均净资产	50 000	40 000
产权比率	0.48	0.55
负债利息率/%	7	8
利息支出	1 680	1 760
利润总额	7 000	5 200
息税前利润	8 680	6 960
净利润	5 250	3 900
所得税税率/%	25	25
总资产报酬率/%	11.73	11.23
净资产收益率/%	10.5	9.75

根据表8-4资料,对该公司净资产收益率采用连环替代法进行分析。其分析结果如下:

分析对象:10.5% - 9.75% = 0.75%

连环替代分析(从2020年开始):

2020年:[11.23% + (11.23% - 8%) × 0.55] × (1 - 25%) = 9.75%

第一次替代:[11.73% + (11.73% - 8%) × 0.55] × (1 - 25%) = 10.34%

第二次替代：[11.73%+（11.73%-7%）×0.55]×（1-25%）=10.75%
第三次替代：[11.73%+（11.73%-7%）×0.48]×（1-25%）=10.50%
第四次替代：[11.73%+（11.73%-7%）×0.48]×（1-25%）=10.50%

总资产报酬率变动的影响：

$$10.34\%-9.75\%=0.59\%$$

负债利息率变动的影响：

$$10.75\%-10.34\%=0.41\%$$

资本结构变动的影响：

$$10.50\%-10.75\%=-0.25\%$$

所得税税率变动的影响：

$$10.50\%-10.50\%=0$$

总的影响：0.59%+0.41%-0.25%+0=0.75%

该公司2021年净资产收益率比2020年提高了0.75个百分点。具体原因是，总资产报酬率提高使其上升了0.59个百分点；负债利息率下降使其上升了0.41个百分点；资本结构变动使其降低了0.25个百分点；所得税税率无变动，对其没有影响。这几个因素变动的综合影响，使净资产收益率提高了0.75个百分点。

【例8-5】为了分析四川长虹盈利能力的变动趋势，我们汇总了四川长虹2006～2016年净资产收益率的变化情况，如表8-5与图8-1所示。

表8-5　2006～2016年四川长虹的净资产收益率

指标	报告期/年										
	2006	2007	2008	2009	2010	2011	2012	2013	2014	2015	2016
净资产收益率/%	4.04	4.39	2.19	4.14	3.40	1.99	1.52	4.03	1.37	-9.26	6.13

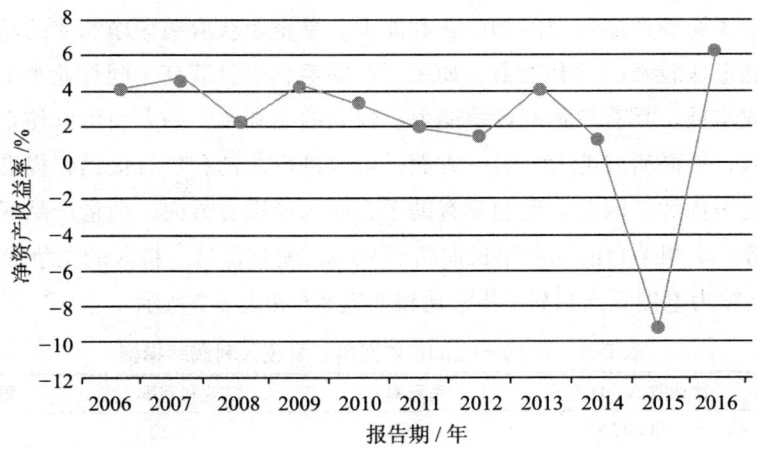

图8-1　2006～2016年四川长虹的净资产收益率

从表 8-5 与图 8-1 可以看出，四川长虹 2006～2016 年的净资产收益率出现较大幅度的波动。

2006～2013 年四川长虹净资产收益率保持相对稳定，波动幅度比较小，但从 2014 年开始出现大幅下降，2015 年净资产收益率跌到了 −9.26% 的谷底，2015 年的净资产收益率比 2014 年下降了 10.63 个百分点，2016 年又开始快速回升。2015 年四川长虹净资产收益率大幅下降的主要原因是总资产报酬率大幅下降、负债利息率大幅提高、资本结构的变动及所得税税率浮动等。2016 年四川长虹采取扩大销售收入、严格成本控制、大规模偿还债务、优化资本结构、大力减少财务费用等措施，迅速扭亏为盈，盈利能力显著提升。

8.3 生产经营盈利能力分析

生产经营盈利能力分析是通过企业在生产经营过程中的收入、耗费与利润之间的关系，来研究评价企业的获利能力。其衡量指标主要有收入利润率、成本利润率等。

8.3.1 收入利润率的计算与分析

反映销售利润水平的指标主要有毛利率、营业利润率、营业净利率、销售息税前利润率等。不同的营业利润率，其内涵不同，揭示的收入与利润之间的关系不同，在分析评价中的作用也不相同。

1. 毛利率

毛利率是指企业一定时期的毛利与营业收入之间的比率。其计算公式为

$$毛利率 = \frac{营业收入 - 营业成本}{营业收入} \times 100\%$$
$$= 毛利 / 营业收入 \times 100\%$$

毛利率反映了企业产品销售的初始获利能力，是企业获取销售净利率的基础。只有足够高的毛利率才能形成较强的盈利能力。如果企业的毛利率显著高于同行业水平，说明企业产品附加值高，成本低，具有较强的竞争能力。较高的毛利率，一方面可以使企业有能力进行更多的研发投入，提高研发能力；另一方面，可以进行营销和广告促销，提高销售能力，从而提升企业的竞争优势。因此，毛利率有助于企业选择投资方向、衡量产品的成长性、评估企业的竞争优势。贵州茅台的毛利率长期高于 90%，使其保持了持久的竞争优势。

四川长虹与格力电器收入利润率指标比较如表 8-6 和表 8-7 所示。

表 8-6 2015～2016 年四川长虹收入利润率指标

年 份	营业收入/百万元	毛利率/%	营业利润率/%	营业净利率/%
2015	64 847.81	13.25	−2.22	−2.66
2016	67 175.34	14.28	2.15	1.73

表 8-7　2015～2016 年格力电器收入利润率指标

年　份	营业收入/百万元	毛利率/%	营业利润率/%	营业净利率/%
2015	100 564.45	32.46	11.68	10.35
2016	110 113.10	32.70	16.12	11.68

从表 8-6 和表 8-7 中可以看出，2016 年，四川长虹与格力电器的营业收入分别是 67 175.34 百万元和 110 113.10 百万元，毛利率分别是 14.28% 和 32.70%，营业利润率分别是 2.15% 和 16.12%，营业净利率分别是 1.73% 和 11.68%。同处于家电行业，不论是收入规模还是毛利率、营业净利率，格力电器都远远超过四川长虹。

分析公司的盈利能力，不仅要看毛利率的高低，还要将毛利率与费用率进行比较。在进行财务分析时，应该特别注意结合盈利模式和行业进行分析。盈利模式不同，毛利率与费用率的关系会不同。行业不同，毛利率水平也会存在较大差异。下面通过沃尔玛与开市客、苹果与小米的毛利率分析进行说明。

（1）沃尔玛与开市客的毛利率分析。

表 8-8 和表 8-9 反映了沃尔玛和开市客的毛利率及营销费用率。

表 8-8　沃尔玛的毛利率与营销费用率

指　标	2017 年	2018 年	2019 年
毛利率/%	25.4	25.1	24.7
营销费用率/%	21.3	20.8	20.8
营业利润率/%	4.1	4.3	3.9

表 8-9　开市客的毛利率与营销费用率

指　标	2017 年	2018 年	2019 年
商品毛利率/%	11.3	11.0	11.0
会员费/亿美元	28.5	31.4	33.5
综合毛利率/%	13.2	13.0	13.0
营销费用率/%	10.0	9.8	9.8
净利润/亿美元	26.8	31.3	36.6

虽然沃尔玛的毛利率是开市客的 2 倍多，但如果减去营销费用，沃尔玛 2019 年的营业利润率为 3.9%，开市客 2019 年营业利润率为 3.2%，与沃尔玛相差甚微。

开市客的毛利率低，并不代表开市客的盈利能力弱。在超市连锁行业，盈利主要取决于公司的目标客户定位。沃尔玛与开市客的目标定位并不一样。在开市客，商品上架毛利率不能高于 14%。开市客的商品毛利率几乎和营销费用率持平。平进平出的背后，主要是靠会员费来赚取利润。会员费几乎贡献了 100% 的净利润。开市客卖的不是商品，而是低价买商品的权利。所以，在开市客的盈利分析中，重点不是看毛利率是否提升，而是要看会员费的增长率以及会员的续费率。

（2）苹果与小米的毛利率分析。

表 8-10 和表 8-11 反映了苹果与小米的毛利率及费用率。

表 8-10　苹果的毛利率及费用率

指　　标	2017 年	2018 年	2019 年
毛利率 / %	38.5	38.3	37.8
研发费用率 / %	5.1	5.4	6.2
营销费用率 / %	6.7	6.3	7.0

表 8-11　小米的毛利率及费用率

指　　标	2017 年	2018 年	2019 年
毛利率 / %	13.2	12.7	13.9
研发费用率 / %	2.8	3.3	3.6
营销费用率 / %	4.6	4.6	5.0
行政开支费用率 / %	1.1	6.9	1.5

表 8-12 和表 8-13 反映了苹果与小米的营业额占比与毛利率。

表 8-12　苹果的硬件及服务的营业额占比与毛利率

指　　标	2017 年	2018 年	2019 年
硬件营业额占比 / %	85.7	85.0	82.2
服务营业额占比 / %	14.3	15.0	17.8
硬件毛利率 / %	35.7	34.4	32.2
服务毛利率 / %	55.0	60.8	63.7
整个集团毛利率 / %	38.5	38.3	37.8

表 8-13　小米各项业务的营业额占比与毛利率

指　　标	2018 年	2019 年
智能手机营业额占比 / %	65.1	59.3
IoT 与生活消费产品营业额占比 / %	25.1	30.2
互联网服务及其他业务营业额占比 / %	9.8	10.5
智能手机毛利率 / %	6.2	7.2
IoT 与生活消费产品毛利率 / %	10.3	11.2
互联网服务及其他业务毛利率 / %	64.4	64.7
整个集团毛利率 / %	12.7	13.9

苹果的业务包括硬件（手机、电脑、iPad、可穿戴设备）和服务，虽然硬件依然构成苹果的主要业务，但是服务营业额占比在逐步加大。而硬件毛利率远低于服务毛利率，2019 年硬件毛利率和服务毛利率分别为 32.2% 和 63.7%。随着服务营业额的扩大，毛利率会显著提升。服务毛利率从 2017 年的 55.0% 提升到 2019 年的 63.7%。

从表 8-13 可以看出小米与苹果的相似之处：智能手机的比例在逐步下降，IoT 与生活消费产品及互联网服务的占比在慢慢加大。智能手机的毛利率远低于互联网服务及其他业务的毛利率。从 2018 年和 2019 年的数据来看，互联网服务比例略微加大，占比还不是太高，边际效益还不太明显。

小米和苹果的不同之处在于，苹果的盈利依靠硬件和服务双轨并进，硬件依然贡献了苹果的大部分利润。小米的模式与开市客有些相似，小米 2019 年的智能手机毛利率只有 7.2%，后续日益扩大的 IoT 与生活消费产品以及互联网服务市场才是小米获取利润的主要战场。

2. 营业利润率

营业利润率是指营业利润与营业收入之间的比率。其计算公式为

$$营业利润率 = \frac{营业利润}{营业收入} \times 100\%$$

3. 营业净利率

营业净利率是指净利润与营业收入之间的比率。其计算公式为

$$营业净利率 = \frac{净利润}{营业收入} \times 100\%$$

4. 销售息税前利润率

销售息税前利润率是指息税前利润与营业收入之间的比率。其计算公式为

$$销售息税前利润率 = \frac{息税前利润}{营业收入} \times 100\%$$

收入利润率指标是正指标，指标值越高越好。财务分析者进行分析时应根据分析目的与要求，确定适当的标准值，如可用行业平均值、全国平均值、企业目标值等。

【例 8-6】根据四川长虹利润表及其附表资料，可计算四川长虹 2016 年与 2015 年营业利润率指标，其结果如表 8-14 所示。

表 8-14　四川长虹营业利润率指标　　（金额单位：百万元）

指　标	2016 年	2015 年
营业收入	67 175.34	64 847.81
营业成本	57 585.48	56 253.36
毛利	9 589.86	8 594.45
息税前利润	1 702.02	−401.76
利润总额	1 441.88	−1 440.47
净利润	1 159.44	−1 724.55
毛利率 / %	14.28	13.25
营业利润率 / %	2.15	−2.22
营业净利率 / %	1.73	−2.66
销售息税前利润率 / %	2.53	−0.62

从表 8-14 可看出，四川长虹 2016 年各项营业利润率指标较 2015 年均有较大幅度的上升，说明四川长虹的盈利能力大大提高。2016 年与 2015 年相比，营业收入大幅增长，营业成本小幅增加，财务费用显著降低，毛利、销售净利润大幅增加，营业利润率各项指标均较 2015 年出现大幅改善。

【例 8-7】为了分析四川长虹盈利能力的变动趋势，我们汇总了四川长虹 2006～2016 年营业净利率的变化情况，如表 8-15 与图 8-2 所示。

表 8-15　2006～2016 年四川长虹的营业净利率

指标	报告期 / 年										
	2006	2007	2008	2009	2010	2011	2012	2013	2014	2015	2016
营业净利率 / %	2.08	1.92	0.94	1.71	1.14	0.62	0.52	1.29	0.45	-2.66	1.73

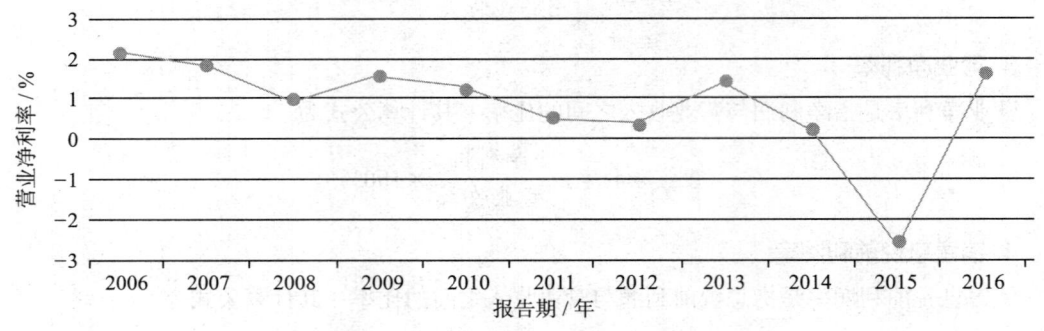

图 8-2　2006～2016 年四川长虹的营业净利率

从表 8-15 与图 8-2 可以看出，四川长虹从 2006 年开始，营业净利率就出现缓慢下降趋势，这种趋势一直延续到 2014 年。2015 年营业净利率大幅下降，跌到了 -2.66% 的谷底，然后从 2016 年开始快速回升。其大幅下降的原因参见前面的分析。正是营业净利率的大幅波动导致净资产收益率的波动。较低的营业净利率也表明四川长虹的低成本战略缺乏可持续性，当传统的彩电行业进入微利时代时，四川长虹的低价策略很难取得成功。对于四川长虹来说，寻找新的利润增长点、加强成本费用控制、提升管理水平等是其持续稳定发展的关键。

8.3.2　成本利润率的计算与分析

反映成本利润率的指标很多，主要有营业成本利润率、营业成本费用利润率、全部成本费用利润率等。

1. 营业成本利润率

营业成本利润率是指产品营业利润与营业成本之间的比率。其计算公式为

$$营业成本利润率 = \frac{营业利润}{营业成本} \times 100\%$$

2. 营业成本费用利润率

营业成本费用利润率是指营业利润与营业成本费用总额的比率。营业成本费用总额包括产品营业成本及期间费用。期间费用包括产品销售费用、管理费用、财务费用等。其计算公式为

$$营业成本费用利润率 = \frac{营业利润}{营业成本 + 期间费用} \times 100\%$$

3. 全部成本费用利润率

全部成本费用利润率指标可分为全部成本费用总利润率和全部成本费用净利润率两种形式。

$$全部成本费用总利润率 = \frac{利润总额}{营业成本费用总额 + 营业外支出} \times 100\%$$

$$全部成本费用净利润率 = \frac{税后利润}{营业成本费用总额 + 营业外支出} \times 100\%$$

以上各种成本利润率指标均反映企业的投入产出水平,即所得与所费的比率,体现了增加利润是以降低成本及费用为基础的。这些指标的数值越高,表明耗费单位成本及费用取得的利润越多,投入的产出效果越好;反之,则说明耗费单位成本及费用实现的利润越少,投入的产出效果越差。所以,成本利润率是综合反映企业成本效益的重要指标。

成本利润率是正指标,即指标值越高越好。在分析评价时,可将各指标实际值与标准值进行对比。标准值可根据分析的目的与管理要求确定。

【例 8-8】根据四川长虹利润表资料并结合上述成本利润率计算公式,计算的四川长虹成本利润率如表 8-16 所示。

表 8-16 四川长虹成本利润率分析表 （金额单位：百万元）

项 目	2016 年	2015 年
营业成本	57 585.48	56 253.36
营业利润	1 170.46	-1 188.55
营业外支出	86.15	698.53
利润总额	1 441.88	-1 440.47
净利润	1 159.44	-1 724.55
营业成本利润率 / %	2.50	-2.56
营业成本净利润率 / %	2.01	-3.07

从表 8-16 可看出,相比 2015 年,2016 年四川长虹成本利润率各指标都出现了较大幅度的上升,说明营业收入的增长大大超过营业成本、期间费用的增长,投入产出效率明显提升。对成本利润率的进一步分析:一是可以结合各成本利润率进行水平分析与垂直分析;二是可从各成本与利润之间的关系角度进行;三是可从影响成本利润率的因素进行分析。

8.3.3 毛利的影响因素分析

毛利是综合反映企业主营业务财务成果的指标之一。毛利的高低,可以直接反映企业的生产经营状况和经济效益状况。影响毛利的因素有很多,从不同的角度来看,影响毛利的因素是不同的。但影响毛利最基本的因素,可从它的计算公式中找出,即

$$毛利 = \sum [产品销售量 \times (产品单价 - 单位营业成本)]$$

从上式可以看出,影响毛利的基本因素是产品销售量、产品单价和单位营业成本。在生产多种产品的企业,它还受产品品种构成的影响;在生产等级品的企业,由于质量差异会导致价格差异,所以它又受产品等级的影响。下面具体分析这些因素单独变动对毛利的影响。

1. 销售量变动对毛利的影响

产品销售量是影响利润的一个重要因素。在产品单位利润一定的情况下，销售量的变动直接决定着利润的增减。因此，销售量变动对毛利的影响可用下式计算：

$$销售量变动对毛利的影响 = 基期营业利润 \times (产品销售量完成率 - 1)$$

其中：产品销售量完成率的计算公式是

$$产品销售量完成率 = \frac{\sum(产品实际销售量 \times 基期单价)}{\sum(产品基期销售量 \times 基期单价)} \times 100\%$$

产品销售量完成率主要考察销售量的完成情况。因此，在生产一种产品时，可直接用实物量进行计算；但在生产多种产品时，实物量不能直接相加，通常以营业收入为参数，以便汇总。

2. 销售价格变动对毛利的影响

价格与毛利成正比，在其他条件不变的情况下，价格越高，利润越高，价格成为影响毛利的重要因素。销售价格变动对毛利的影响一般可用下式计算：

$$销售价格变动对毛利的影响 = \sum[产品实际销售量 \times (实际销售单价 - 基期销售单价)]$$

3. 营业成本变动对毛利的影响

营业成本变动对毛利有着直接的影响，在其他因素不变的情况下，营业成本降低多少，毛利就增加多少，即营业成本与毛利成反向变动。因此，营业成本变动对毛利的影响可用下式计算：

$$营业成本变动对毛利的影响 = \sum[产品实际销售量 \times (单位产品基期成本 - 单位产品实际成本)]$$

4. 产品品种构成变动对毛利的影响

企业生产多种产品时，必然存在着产品品种构成问题。所谓产品品种构成是指某种产品的产量或销售量在全部产品产量或销售量中所占的比重。研究品种构成变动对利润的影响，是利润分析评价中的一个难点问题。为什么品种构成变动会引起利润额变动呢？主要是因为各种产品的利润率高低不同。企业多生产利润率水平高的产品，少生产利润率水平低的产品，必然引起综合利润率或企业平均利润率的提高，使企业利润额增加；反之，则会使利润额下降。品种构成变动对毛利的影响可用下式计算：

$$产品品种构成变动对毛利的影响 = \sum(产品实际销售量 \times 产品基期单位利润) - 基期营业利润 \times 产品销售量完成率$$

5. 等级构成变动对毛利的影响

产品等级构成是指在等级产品总销售量中，各等级品销售量所占的比重。它是反映等级品质量的重要指标。产品等级构成变动对毛利的影响表现在两个方面：一是由于不同等级的产品其价格不同，等级构成变动必然引起等级品平均价格的变动，从而引起毛利的变动；二是等级构成变动会引起不同等级的产品发生变动，产品等级不同，其质量不同，按照优质优价的原则，也会引起毛利的变动。综合这两方面的影响，等级构成变动对毛利的影响可按下式进行计算：

等级构成变动对毛利的影响 = ∑［等级产品实际销售量 ×（实际等级实际平均单价 − 基期等级基期平均单价）］

其中：

$$实际等级实际平均单价 = \frac{\sum（各等级实际销售量 \times 该等级实际单价）}{各等级实际销售量之和}$$

$$基期等级基期平均单价 = \frac{\sum（各等级基期销售量 \times 该等级基期单价）}{各等级基期销售量之和}$$

6. 税率变动对毛利的影响

在现行税收体制下，企业缴纳的税金主要有增值税、消费税等。由于产品销售价格中不含产品销项税额，产品成本中也不含进项税额，因此，增值税对毛利没有直接影响。应当注意，由于企业缴纳的城市维护建设税及教育费附加等的计税标准与增值税有关，因此，增值税变动可通过城市建设维护税和教育费附加间接影响毛利。但是，因为其金额较小，且与销售量关系复杂，分析时通常将其作为期间成本处理。如果企业生产并销售烟、酒、化妆品、护肤护发品、贵重首饰、汽油、柴油、小汽车等应交消费税的产品，消费税税率或单位税金变动影响毛利。消费税税率变动对毛利影响的计算公式为

消费税税率变动对毛利的影响 = 产品实际销售额 ×（基期消费税税率 − 实际消费税税率）

这一公式主要适用于企业实行从价定率法计算消费税的情况。如果企业实行从量定额法计算消费税税额，则单位消费税税额变动对毛利影响的计算公式为

消费税税额变动对毛利的影响 = 产品实际销售量 ×（单位产品基期消费税税额 − 单位产品实际消费税税额）

在实行从价定率计税时，前述价格和销售量变动对毛利的影响都应乘以（1 − 基期消费税税率）。

【例8-9】 假设某公司2021年和2020年主要毛利明细资料如表8-17和表8-18所示，请分析各因素变动对毛利的影响。

表8-17　2021年某公司毛利明细表

产品名称	销售数量/万件	单位产品销售价格/（元/件）	单位产品营业成本/（元/件）	单位毛利/（元/件）	毛利/万元
甲	7 500	100	79	21	157 500
乙	4 500	124	102	22	99 000
丙	2 500	200	153	47	117 500
合计					374 000

表 8-18　2020 年某公司毛利明细表

产品名称	销售数量/万件	单位产品销售价格/（元/件）	单位产品营业成本/（元/件）	单位毛利/（元/件）	毛利/万元
甲	7 000	100	85	15	105 000
乙	5 000	121	104	17	85 000
丙	2 000	200	149	51	102 000
合计					292 000

具体分析如下：

分析对象：374 000−292 000=82 000（万元）

（1）计算销售量变动对毛利的影响。

$$产品销售量完成率 = \frac{7\,500 \times 100 + 4\,500 \times 121 + 2\,500 \times 200}{7\,000 \times 100 + 5\,000 \times 121 + 2\,000 \times 200} \times 100\%$$

$$= \frac{1\,794\,500}{1\,705\,000} \times 100\% = 105.25\%$$

销售量变动对毛利的影响 =292 000×（105.25%−1）=15 330（万元）。

（2）单位价格变动对毛利的影响 =4 500×（124−121）=13 500（万元）。

（3）营业成本变动对毛利的影响 =7 500×（85−79）+4 500×（104−102）+2 500×（149−153）= 44 000（万元）。

（4）销售品种构成变动对毛利的影响 =7 500×15+4 500×17+2 500×51−292 000×105.25% = 316 500−307 330=9 170（万元）。

总的影响：15 330 + 13 500 + 44 000 + 9 170=82 000（万元）。

计算结果说明，企业 2021 年毛利比 2020 年增加 82 000 万元，是各因素共同作用的结果，其中成本降低、销售量增加是毛利增加的主要原因。其他因素也对利润增长带来了有利影响。

8.4　上市公司盈利能力分析

由上市公司本身特点所决定，其盈利能力除了可以通过一般企业盈利能力的指标分析外，还应进行一些特殊指标的分析，特别是一些与企业股票价格或市场价值相关的指标分析，如每股收益、股利支付率、市盈率等指标。

8.4.1　每股收益的计算与分析

1. 每股收益的计算

（1）每股收益的内涵。每股收益是净利润扣除优先股股息后的余额与发行在外的普通股平均股数之比。它反映了每股发行在外的普通股所能分摊的净收益或需承担的净损失。它是衡量上市公司盈利能力和普通股股东获利水平及投资风险、预测企业成长潜力的一项重要财务指标。每股收益指标既可以用于企业之间的比较,以评价该企业相对的盈利能力,也可以用于企业不同时期的比较,以了解该企业盈利能力的变化趋势,还可以用于盈利预测,以掌握该企业的发展潜力。

每股收益包括基本每股收益和稀释每股收益。基本每股收益仅考虑当期实际发行在外的普通股股份,而计算稀释每股收益主要是为了避免由于存在稀释性潜在普通股时每股收益的虚增可能带来的信息误导,以提供更加可比、有用的盈利信息。

(2)基本每股收益的计算。基本每股收益是按照归属于普通股股东的当期净利润与当期实际发行在外的普通股加权平均数之间的比率。其计算公式为

$$基本每股收益 = \frac{净利润 - 优先股股息}{发行在外的普通股加权平均数}$$

【例8-10】某上市公司当年净利润为15 000万元,发行在外的普通股为25 000万股,则该公司基本每股收益 =15 000÷25 000=0.60(元/股)

计算基本每股收益时,分子是归属于普通股股东的当期净利润,发生亏损的企业,每股收益以负数列示。以合并财务报表为基础计算的每股收益,分子应是归属于母公司普通股股东的当期合并净利润,即扣除少数股东权益后的余额。

计算基本每股收益时,分母是当期实际发行在外的普通股加权平均数,即期初发行在外普通股股数根据当期新发行或回购的普通股股数与相应时间权数的乘积进行调整后的股数。应注意的是,公司库存股不属于发生在外的普通股,且无权参加利润分配,在计算分母时扣除。

发行在外普通股加权平均数 = 期初发行在外普通股股数 + 当期新发行普通股股数 × 已发行时间/报告期时间 − 当期回购普通股股数 × 已回购时间/报告期时间

其中,已发行时间、报告期时间和已回购时间一般按天计算。在不影响计算结果的前提下,也可按月计算。

【例8-11】某上市公司2021年度的有关资料如下:净利润120 000万元;累积优先股的面值100元,票面利率6%,发行在外1 000万股;2021年1月1日发行在外的普通股为100 000万股;2021年4月1日新发行普通股20 000万股;2021年10月1日回购本公司普通股10 000万股。

要求:计算该公司基本每股收益。

具体计算如下:

优先股股息为6 000万元(100元×1 000万股×6%);

加权平均发行在外的普通股股数 =100 000×12/12+20 000×9/12−10 000×3/12

=100 000+15 000−2 500

=112 500(万股)

基本每股收益 =(120 000−6 000)/112 500=1.01(元/股)

（3）稀释每股收益的计算。稀释每股收益是以基本每股收益为基础，假设公司所有发行在外的稀释性潜在普通股均已转换成普通股，从而分别调整归属于普通股股东的当期净利润和发行在外的普通股加权平均数而计算的每股收益。

稀释性潜在普通股是指假设当期转换为普通股会减少每股收益的潜在普通股，对亏损企业而言，则是会增加每股亏损金额的潜在普通股，如可转换公司债券、认股权证、股票期权等。

存在稀释性潜在普通股的，在计算稀释每股收益时，应分别调整归属于普通股股东的净利润（分子）和发行在外的普通股加权平均数（分母）。

在计算稀释每股收益时，应当根据下列事项对归属于普通股股东的净利润进行调整：①当期已确认为费用的稀释性潜在普通股的利息；②稀释性潜在普通股转换时将产生的收益或费用。上述调整应当考虑相关所得税影响。

计算稀释每股收益时，当期发行在外的普通股加权平均数，应当为计算基本每股收益时普通股的加权平均数与假设稀释性潜在普通股转换为已发行普通股而增加的普通股的加权平均股数之和。

假设稀释性潜在普通股转换为已发行普通股而增加的普通股股数，应当根据潜在普通股的条件确定。当存在不止一种转换基础时，应当假设会采用对潜在普通股最有利的转换比率或转换价格进行转换。

假设稀释性潜在普通股转换为已发行普通股而增加的普通股股数，应当按照其发行在外时间进行加权平均。以前期间发行未行权的，假设在当期期初转换；当期发行未行权的，假设在发行日转换；当期被注销或终止的稀释性潜在普通股，应当按照当期发行在外的时间加权平均计入稀释每股收益；当期被转换或行权的稀释性潜在普通股，应当从当期期初至转换日（或行权日）计入稀释每股收益，从转换日（或行权日）起所转换的普通股则计入基本每股收益中。

1）可转换优先股。对于可转换优先股，首先，假设这部分可转换优先股在当期期初已转换成普通股，一方面增加了发行在外的普通股股数，另一方面，这部分可转换优先股的股息，增加了归属于普通股股东的当期净利润；然后，以基本每股收益为基础，调整公式的分子和分母得到稀释每股收益。其计算公式为

稀释每股收益=（归属于普通股股东的净利润+优先股股息）/（发行在外普通股加权平均数+假定可转换优先股已转换为普通股而增加的普通股加权平均数）

【例8-12】某公司2021年净利润为320 000万元，2021年度发行在外普通股加权平均股数为200 000万股。公司有两种可转换证券：①2020年发行的可转换优先股25 000万股，年股息1.5元/股，共可转换普通股50 000万股；②2021年5月1日发行的可转换公司债500 000万元，年股息率7%，共可转换普通股24 000万股。

要求：计算公司基本每股收益和稀释每股收益。

具体计算如下：

基本每股收益=（320 000-25 000×1.5）/200 000=1.41（元/股）

稀释每股收益 = [320 000+500 000×7%×（1−25%）×8/12] /
[200 000+50 000+24 000×8/12] =1.27（元/股）

2）可转换公司债券。对于可转换公司债券，首先，假设这部分可转换公司债券在当期期初已转换成普通股，一方面增加了发行在外的普通股股数，另一方面节约了公司债券的利息费用，增加了归属于普通股股东的当期净利润；然后，以基本每股收益为基础，分子的调整项目为当期已确认为费用的利息的税后影响额，分母的调整项目为假定可转换公司债券当期期初已转换成普通股而增加的普通股加权平均数。其计算公式为

稀释每股收益 =（归属于普通股股东的净利润 + 可转换公司债券税后利息费用）/（发行在外普通股加权平均数 + 假定可转换公司债券已转换为普通股而增加的普通股加权平均数）

【例 8-13】某公司 2021 年年初发行在外普通股股数是 1 000 000 万股，可转换公司债券若干（年息 200 000 万元，共可转换普通股 70 000 万股），2021 年净利润 2 500 000 万元，所得税税率 25%。

要求：计算公司基本每股收益和稀释每股收益。

具体计算如下：

在不考虑可转债的情况下：

基本每股收益 =2 500 000/1 000 000=2.50（元/股）

考虑可转换公司债券的情况下：

稀释每股收益 = [2 500 000+200 000×（1−25%）] /（1 000 000+70 000）=2.48（元/股）

3）认股权证和股票期权。对于稀释性认股权证和股票期权，计算稀释每股收益时，一般不需调整分子净利润额，只需要按照下列步骤对分母普通股加权平均数进行调整：①假设这些认股权证和股票期权在当期期初（或发行日）已经行权，计算按约定行权价格发行普通股将取得的股款金额；②假设按照当期普通股平均市场价格发行股票，计算需发行多少普通股能够带来上述相同的股款金额；③比较行使认股权证和股票期权将发行的普通股股数与按照平均市场价格发行的普通股股数，差额部分相当于无对价发行的普通股，作为发行在外普通股股数的净增加数。

增加的普通股股数 = 拟转换的普通股数 −（行权价格 × 拟转换的普通股数）/ 当期普通股平均市场价格

将净增加的普通股股数乘以其假设发行在外的时间权数，据此调整计算稀释每股收益的分母。

稀释每股收益 = 归属于普通股股东的净利润 /（发行在外普通股加权平均数 + 假定行权而增加的普通股加权平均数）

【例 8-14】某公司 2021 年净利润 270 000 万元。2021 年度发行在外普通股加权平均股数是 45 000 万股，认股权证若干（认购价格 10 元/股，共可认可普通股 10 000 万股），2021 年

年末发行在外普通股股数是 52 000 万股，普通股平均市价是 12 元/股。

要求：计算公司基本每股收益和稀释每股收益。

具体计算如下：

$$基本每股收益 = 270\,000/45\,000 = 6.00（元/股）$$

$$稀释每股收益 = 270\,000/[45\,000+(10\,000-10\times10\,000/12)] = 5.79（元/股）$$

4）企业承诺回购股份。当企业在回购合同中承诺的回购价格高于当期普通股平均市价时，应考虑其稀释性。计算稀释每股收益时，与前面认股权证和股票期权的计算思路相反。其步骤为：①假设企业于期初按照当期普通股平均市场价格发行普通股，以募集足够的资金来履行回购合同；②假设回购合同已于当期期初（或合同日）履行，按约定的行权价格回购本企业股票；③比较假设发行的普通股股数与假设回购的普通股股数，差额部分作为净增加的发行在外普通股股数，乘以相应的时间权数，据此调整计算稀释每股收益的分母。

增加的普通股股数 = 回购价 × 承诺回购的普通股股数/当期普通股平均市场价格 - 承诺回购的普通股股数

稀释每股收益 = 归属于普通股股东的净利润/（发行在外普通股加权平均数 + 假定回购而增加的普通股加权平均数）

【例 8-15】某公司 2021 年年初发行在外普通股股数是 80 000 万股，2021 年净利润为 750 000 万元，所得税税率 25%，2021 年年末普通股平均市价为 23 元/股。其他有关资料如下：

（1）2021 年 4 月 1 日回购 20 000 万股发行在外的普通股。

（2）公司有 10 000 万股不可转换累积优先股，每股面值 20 元，年固定股息率 8%。

（3）2021 年年末，有可转换为 10 120 万股普通股的认股权证（其中 4 600 万股全年存在，5 520 万股为 2021 年 5 月 1 日新发），行权价为 20 元/股。

（4）公司的可转换债券价值 250 000 万元，10 年期，每份面值 100 元，年股息率 8%，发行价 100 元/份，每份可转换 5 股普通股。

要求：计算公司基本每股收益和稀释每股收益。

具体计算如下：

（1）基本每股收益 =（750 000-10 000×20×8%）/（80 000-20 000×9/12）
　　　　　　　　　=11.29（元/股）

（2）稀释每股收益计算如下：

1）认股权证的影响。

权证增加的普通股加权平均股数 =4 600+（5 520×8/12）-（4 600×20/23）+（5 520×20/23×8/12）=1 080（万股）

2）可转换债券的影响。

分子增加：（250 000×8%）×（1-25%）=15 000（万元）

分母增加：5×250 000/100=12 500（万股）

3）稀释每股收益 =（750 000-10 000×20×8%+15 000）/（80 000-20 000×9/12+1 080+12 500）=9.53（元/股）

2. 每股收益的因素分析

为了分析企业每股收益变动的原因，应确定每股收益的影响因素，并对各因素进行分析，测算各因素变动对每股收益的影响程度。

依据每股收益的基本公式，对每股收益指标做如下分解：

$$每股收益 = \frac{净利润-优先股股息}{流通股股数}$$

$$= \frac{股东权益}{流通股股数} \times \frac{净利润-优先股股息}{股东权益}$$

$$= 每股账面价值 \times 股东权益报酬率$$

从上式中可知，每股收益主要取决于每股账面价值和股东权益报酬率两个因素。每股账面价值，也称每股净资产，是指股东权益总额与发行在外的普通股股份总数的比值。该指标反映发行在外的每股普通股所代表的净资产即每股权益。从每股账面价值与每股收益的关系来看，在股东权益报酬率一定时，每股账面价值越高，每股收益也越大。

股东权益报酬率是指净利润扣除应发放的优先股股息后的余额与股东权益的比率。其计算公式为

$$股东权益报酬率 = \frac{净利润-优先股股息}{股东权益平均额}$$

该指标是从股东的角度反映企业的盈利能力，该指标越高，说明盈利能力越强，普通股股东可以获得的收益越多。股东权益报酬率的变动会使每股收益发生相同方向的变化。

【例 8-16】四川长虹 2015 年、2016 年有关资料如表 8-19 所示。

表 8-19 四川长虹 2015 年、2016 年有关资料 （金额单位：百万元）

项目	2016 年	2015 年
净利润	1 159.44	-1 724.55
优先股股息	0	0
股东权益平均额	18 915.23	18 627.06
股东权益报酬率/%	6.13	-9.26
发行在外的普通股平均股数/百万股	4 616.24	4 616.24
每股账面价值/元	4.098	4.035
每股收益/元	0.251 2	-0.373 6

要求：根据以上资料，采用差额计算法分析因素变动对每股收益的影响。

具体分析如下：

分析对象：0.251 2-（-0.373 6）=0.624 8（元/股）

每股账面价值变动对每股收益的影响 =（4.098-4.035）×（-9.26%）=-0.005 8（元/股）

股东权益报酬率变动对每股收益的影响 =4.098×[6.13%-(-9.26%)]=0.630 7（元/股）

四川长虹 2016 年由于每股账面价值降低使每股收益减少了 0.005 8 元，由于股东权益报酬率上升使每股收益增加 0.630 7 元，两项因素共同影响使每股收益增加 0.624 9 元。2016 年与 2015 年相比，股东权益报酬率大幅提升使每股收益快速上升。

每股收益是反映上市公司盈利能力的一个综合性很强的财务指标，影响每股收益的因素很多。根据上述公式还可以继续分解，分解过程如下：

$$每股收益 = \frac{净利润 - 优先股股息}{普通股股数}$$

$$= \frac{股东权益}{普通股股数} \times \frac{净利润 - 优先股股息}{股东权益}$$

$$= 每股净资产 \times 股东权益报酬率$$

$$= \frac{股东权益}{普通股股数} \times \frac{净利润 - 优先股股息}{股东权益} \times \frac{平均资产总额}{平均资产总额} \times \frac{营业收入}{营业收入}$$

$$= 每股净资产营业净利率 \times 总资产周转率 \times 权益乘数$$

$$营业净利率 = \frac{净利润 - 优先股股息}{营业收入}$$

8.4.2 每股净资产的计算与分析

每股净资产是指股东权益与普通股总股数的比率，也称为每股账面价值。其计算公式为

$$每股净资产 = 年末股东权益 \div 年末普通股股数$$

这一指标反映每股股票所拥有的资产价值。每股净资产越高，股东拥有的每股资产价值越多；每股净资产越少，股东拥有的每股资产价值越少。通常每股净资产越高越好。在投资分析时，只能有限地使用这个指标，因为其是用历史成本计算的，既不能反映净资产的变现价值，也不能反映净资产的产出能力。每股净资产，在理论上提供了股票的最低价值。如果公司的股票价格低于净资产成本，成本又接近变现价值，说明公司已无存在价值，清算是股东最好的选择。

【例 8-17】四川长虹 2016 年年末普通股总股数为 4 616.24 百万股，2016 年末股东权益为 18 915.23 百万元，则

$$每股净资产 = 18 915.23 \div 4 616.24 = 4.097 5（元/股）$$

8.4.3 股利支付率的计算与分析

股利支付率是普通股每股股利与每股收益的比值，反映普通股股东从每股收益中分得的股利。其计算公式为

$$股利支付率 = \frac{每股股利}{每股收益} \times 100\%$$

公式中的每股股利是指实际发放给普通股股东的股利总额与流通股数的比值。股利支付率，一方面反映了普通股股东的获利水平，股利支付率越高，反映普通股股东获得的收益越多；另一方面反映了企业的股利政策，企业往往综合考虑其盈利水平、成长性、未来的投资机会、股东的市场反应等因素制定股利政策。股利支付率是综合权衡这些因素的结果。

为了进一步分析股利支付率变动的原因，可按下式进行分解：

$$股利支付率 = \frac{每股股利}{每股收益} \times 100\%$$

$$= \frac{每股市价}{每股收益} \times \frac{每股股利}{每股市价} \times 100\%$$

$$= 市盈率 \times 股利报偿率$$

股利报偿率，又称股利与市价比率，是每股股利与股票市场价格之比。

从公式可以看出，股利支付率主要取决于市盈率和股利报偿率。一般来说，长期投资者比较注重市盈率，而短期投资者比较注重股利报偿率。在市盈率一定的情况下，股利报偿率越高，则股利支付率也越高，反之亦然。市盈率将在下一小节进行分析。

【例 8-18】万科公司 2016 年、2015 年有关资料如表 8-20 所示。

表 8-20　万科公司 2016 年、2015 年有关资料

项　　目	2016 年度	2015 年度
属于普通股的净利润 / 百万元	28 350.26	25 949.44
普通股股利实发数 / 百万元	8 720.93	7 943.19
普通股平均数 / 百万股	15 372.01	14 655.31
每股收益 / 元	1.844	1.771
每股股利 / 元	0.567	0.542
每股市价 / 元	23	25
市盈率	12.47	14.12
股利报偿率 / %	2.465	2.168

要求：采用因素分析法分析因素变动对股利支付率的影响。

具体分析如下：

2016 年股利支付率 =0.567÷1.844×100%=30.75%

2015 年股利支付率 =0.542÷1.771×100%=30.60%

分析对象：30.75%−30.60%=0.15%

市盈率变动对股利支付率的影响 =（12.47−14.12）×2.168%=−3.58%

股利报偿率变动对股利支付率的影响 =12.47×（2.465%−2.168%）=3.70%

可见，2016 年万科公司市盈率下降使股利支付率降低了 3.58 个百分点；股利报偿率提高使股利支付率提高了 3.70 个百分点，两个因素对股利支付率的综合影响使股利支付率提高了 0.12 个百分点（与 0.15 个百分点的误差是因为四舍五入产生的）。

8.4.4 市盈率的计算与分析

市盈率又称价格与收益比率，是普通股的市场价格与每股收益之间的比率，即普通股每股市价相当于每股收益的倍数。它可用来判断企业股票与其他企业股票相比较潜在的价值。其计算公式为

$$市盈率 = 每股市价 \div 每股收益$$

该指标反映投资者对上市公司每股收益愿意支付的价格，可以用来估计股票的投资报酬和风险。市盈率越高，表明投资者对上市公司每股收益愿意支付的价格越高，说明投资者对该公司的发展前景看好；反之，市盈率越低，表明投资者对上市公司每股收益愿意支付的价格越低，意味着投资者对该公司的发展前景不太看好。市盈率的变动趋势可在一定程度上反映企业盈利能力的稳定性及潜在的发展能力。所以，一些成长性较好的高科技公司股票的市盈率往往较高，而一些传统行业公司股票的市盈率一般较低。同时，该指标还反映投资者所承担的风险，市盈率越高，投资者承担的风险越大；反之，投资者承担的风险越小。把多个企业的市盈率进行比较，并结合对其所属行业的经营前景的了解，可以作为选择投资目标的参考。

一般情况下，发展前景较好的企业通常具有较高的市盈率，发展前景不佳的企业，这个比率一般较低。但是，必须注意，当全部资产利润率很低或发生亏损时，每股收益可能为零或负数，在这一特殊情况下，仅仅利用这一指标来分析企业的盈利能力，常常会错误地估计企业的发展前景，所以，还必须结合其他指标予以综合考虑。

【例 8-19】下面仍以例 8-18 中表 8-20 的资料为基础，采用因素分析法分析因素变动对万科公司市盈率的影响。

具体分析如下：

分析对象：12.47−14.12=−1.65（倍）

由于每股市价变动对市盈率的影响 =（23−25）/1.771=−1.13（倍）

由于每股收益变动对市盈率的影响 =23/1.844−23/1.771=−0.514（倍）

可见，2016 年每股市价降低使市盈率降低了 1.13 倍，每股收益增加使市盈率下降了 0.514 倍，两个因素共同影响使市盈率下降了 1.644 倍（与 1.65 倍的误差是因为四舍五入产生的）。

8.4.5 市净率的计算与分析

市净率是每股市价与每股净资产之间的比率。其计算公式为

$$市净率 = 每股市价 \div 每股净资产$$

市净率反映投资者对上市公司每股净资产（账面价值）愿意支付的价格。一般来讲，市净率越高，说明投资者对每股净资产愿意支付的价格越高，意味着企业资产质量越好，股票投资的风险越小；反之，市净率越低，说明投资者对每股净资产愿意支付的价格越低，意味着企业资产质量较差，股票投资的风险较大。通常，优质公司的市净率往往较高。

8.5 企业盈利质量分析

公司利润指标是反映其经营成果的最好指标之一。可以说权责发生制准确地核算了公司的收益,但对利润所具有的信息含量却不能提供相应的质量保证。为此,我们需要对盈利质量做进一步分析,以揭示其质量状况。对盈利质量的分析主要应关注两个方面的信息:一是盈利的结构状况;二是盈利的收现状况。

8.5.1 盈利质量的影响因素

盈利质量是指报告盈利与公司业绩之间的相关性。如果盈利能如实反映公司的业绩,则认为盈利的质量好;如果盈利不能很好地反映公司的业绩,则认为盈利质量差。影响盈利质量的因素很多,大体上可以分为以下三个方面。

1. 会计政策的选择

管理层在选择可接受的会计政策时,有一定的自由决定能力。赋予管理层一定的自由决定能力,是任何国家的会计规范都允许的,只不过程度有所区别。管理层在选择会计政策时,可以采取稳健的态度,也可以采取乐观的态度。采取稳健的会计政策,通常认为比采取乐观的会计政策的收益质量更高,稳健主义减少高估收益的可能性。

2. 会计政策的运用

在选定会计政策之后,如何运用该会计政策,管理层仍然有一定的自由决定能力。例如,在选定提取资产减值准备的政策之后,提取多大比例和数额,管理层仍有自由决定权。管理层在广告费、营销费、修理费、研发费等酌量性费用的发生时间上有一定的自由决定权。利用这种自由决定权,管理层可以操纵报告利润的水平。这种操纵使报告盈利与实际业绩的相关性减少,降低了盈利质量。

3. 盈利与经营风险的关系

经营风险的高低,与环境有关,也与管理层的管理战略有关。经营风险大,盈利不稳定,会降低盈利的质量。影响经营风险的因素包括经营周期的长短、收益水平对外部环境变化的敏感程度、盈利的稳定性、盈利的可变性、盈利来源的构成等。

8.5.2 盈利质量结构分析

1. 盈利结构与资产结构的协调性分析

利润是公司各项投入的最终产出效果的综合表现。从投资效果来看,公司的各项投入应与其产出相协调。盈利的协调性是指公司利润结构与资产结构相匹配的状况。具体来讲,在公司利润总额中,对内投资收益和对外投资收益之间的数量结构应与资产总额中对内投资和对外投资的数量结构相匹配,这是公司收益结构质量的一个重要体现。因此,对收益结构的分析首先应从盈利结构与资产结构的协调性开始。

公司的投资从大的方面可以分为对外投资和对内投资，公司盈利结构与资产结构协调性分析就是分析其对外投资收益和对内投资收益的协调性。其分析指标及其计算公式为

$$盈利协调性 = 对内投资收益率 \div 对外投资收益率$$

$$对外投资收益率 = 对外投资收益 \div 对外投资$$

$$对内投资收益率 = 对内投资收益 \div 对内投资$$

其中：对外投资既包括对外长期投资，又包括短期投资。对内投资收益是指在息税前利润基础上，剔除投资收益。对内投资为总资产剔除对外投资（包括长期投资和短期投资）的差额部分。

若盈利协调性等于1，则盈利协调性好；若盈利协调性大于1，则对外投资的收益率低于对内投资；相反，盈利协调性小于1，则对外投资的收益率大于对内投资。盈利协调性指标既可以反映公司对内投资和对外投资的效果，又可以揭示在公司营业利润下降时"投资收益"救驾的情况，或用经营收益弥补对外投资损失的情况。

2. 利润构成分析

公司利润总额是由营业利润、投资收益和营业外收支净额等主要内容构成的。在正常情况下，公司的营业利润应是其利润的主要来源，营业利润的持续稳定增长，意味着公司具有较好的盈利前景。利润总额构成分析应使用以下指标：

$$营业利润比重 = 营业利润 \div 利润总额$$

$$投资收益比重 = 投资收益净额 \div 利润总额$$

$$营业外收支净额比重 = 营业外收支净额 \div 利润总额$$

其中，营业利润比重为主要指标，其他为补充指标。在分析过程中，对指标值出现负数的情况，要具体情况具体分析。例如，营业利润比重指标出现负数，则有两种可能：一是营业利润为正数，利润总额为负数。这说明公司的经营活动是有获利能力的，但其对外投资出现了巨额损失或其营业外支出金额巨大，导致公司出现了亏损。此时需进一步了解公司亏损的原因。二是营业利润出现亏损，但其利润总额为正数。这一情况表明，公司的盈利来自对外投资收益、营业外收支净额等非经常性损益，公司的正常经营活动一定存在很大的问题。总之，在分析过程中需将几个指标结合运用，方可清楚了解其收益结构及其存在的问题。

8.5.3 盈利质量指标分析

盈利质量分析涉及资产负债表、利润表和现金流量表的分析，是个非常复杂的问题。我们这里仅从现金流量表的角度评价盈利质量。它主要包括两个方面：净收益营运指数分析和现金营运指数分析。

1. 净收益营运指数分析

净收益营运指数是指经营净收益与全部净收益的比值。

$$净收益营运指数 = \frac{经营净收益}{净收益} = \frac{净收益 - 非经营净收益}{净收益}$$

【例 8-20】 某公司的净收益营运指数计算过程如表 8-21 所示。

表 8-21 某公司净收益营运指数计算表

将净利润调节为经营活动现金流量	金额/万元	说　　明
净利润	2 379	
加：资产减值准备	0	
固定资产折旧、油气资产折耗、生产性生物资产折旧	1 000	长期资产折旧与摊销共 1 600 万元
无形资产摊销	600	
长期待摊费用摊销	0	
处置长期资产的损失（收益以 "-" 号填列）	-500	
固定资产报废损失（收益以 "-" 号填列）	197	
公允价值变动损失（收益以 "-" 号填列）	0	非经营税前利润 -403 万元
财务费用（收益以 "-" 号填列）	215	
投资损失（收益以 "-" 号填列）	-315	
递延所得税资产减少（增加以 "-" 号填列）	0	
递延所得税负债增加（减少以 "-" 号填列）	0	
待摊费用减少（增加以 "-" 号填列）	1 000	
预提费用增加（减少以 "-" 号填列）	0	
存货的减少（增加以 "-" 号填列）	53	净营运资本减少 235 万元
经营性应收项目的减少（增加以 "-" 号填列）	-490	
经营性应付项目的增加（减少以 "-" 号填列）	-527	
计提坏账准备或转销的坏账	9	
增值税净增加额	190	
经营活动产生的现金流量净额	3 811	

经营活动净收益 ＝ 净收益 － 非经营净收益

　　　　　　　＝ 净收益 － 非经营税前损益 ×（1－ 所得税税率）

　　　　　　　＝2 379+403×（1－25%）

　　　　　　　＝2 379+302.25

　　　　　　　＝2 681.25（万元）

净收益营运指数 ＝2 681.25÷2 379＝1.127

通过净收益营运指数的历史比较和行业比较，可以评价一个公司的收益质量。例如，2001 年 12 月申请破产的安然公司，从 1997 年开始净利润逐年大幅度上升，而经营利润逐年下降，非经营利润的比重逐年加大。这是净收益质量越来越差的明显标志，因为该公司的收益越来越依赖于能源证券交易和资产处置。

为什么非经营收益越多，收益质量越差呢？与经营收益相比，非经营收益的可持续性较低。非经营收益的来源主要是资产处置和证券交易。资产处置不是公司的主要业务，不反映公司的核心能力。许多公司正是利用"资产置换"达到操纵利润的目的。一般企业进行短期证券的买卖，只是现金管理的一部分，目的是减少持有现金的损失。企业长期对外投资的主要目的就是控制子公司，通过控制权取得额外的好处。因此，非经营收益虽然也是收益，但不能代表企业的收益能力。

2. 现金营运指数分析

现金营运指数是指经营现金净流量与经营现金毛流量的比率。

$$现金营运指数 = 经营现金净流量 \div 经营现金毛流量$$

其中：

$$经营现金毛流量 = 经营活动税后净收益 + 折旧与摊销$$

$$经营现金净流量 = 经营活动税后净收益 + 折旧与摊销 - 营运资本增加$$

这里"经营现金净流量"与现金流量表中的"经营活动现金流量净额"有区别：后者在计算时包括了全部所得税支出，而不仅限于经营活动的所得税。

$$\begin{aligned}
经营活动现金流量净额 &= 全部净利润 - 非经营税前利润 + 折旧与摊销 - 营运资本增加 \\
&= （经营税前利润 + 非经营税前利润） - \\
&\quad （经营所得税 + 非经营所得税） - \\
&\quad 非经营税前利润 + 折旧与摊销 - 营运资本增加 \\
&= 经营税前利润 - 经营所得税 - 非经营所得税 + \\
&\quad 折旧与摊销 - 营运资本增加 \\
&= 经营净利润 - 非经营所得税 + 折旧与摊销 - 营运资本增加 \\
&= 经营现金净流量 - 非经营所得税
\end{aligned}$$

因此，经营现金净流量可以按下式计算：

$$经营现金净流量 = 经营活动现金流量净额 + 非经营所得税$$

在前面的计算中，我们没有进行这种区别，只是为了直接从现行财务报表中取得数据，以求简化分析过程。准确地分析，也应当从经营活动现金流量净额中排除非经营利润所得税的影响。在收益质量分析中，如果不做区分，有关的数据将无法衔接。

【例 8-21】 以例 8-20 的资料为依据，万科公司的现金营运指数计算如下：

$$\begin{aligned}
经营现金毛流量 &= 经营活动税后净收益 + 折旧与摊销 \\
&= 2\,681.25 + 1\,600 \\
&= 4\,281.25（万元）
\end{aligned}$$

$$\begin{aligned}
经营现金净流量 &= 经营活动现金流量净额 + 非经营所得税 \\
&= 3\,811 - 403 \times 25\% \\
&= 3\,710.25（万元）
\end{aligned}$$

$$\begin{aligned}
现金营运指数 &= 经营现金净流量 \div 经营现金毛流量 \\
&= 3\,710.25 \div 4\,281.25 \\
&= 0.87
\end{aligned}$$

现金营运指数大于 1，说明收益质量提高。如果现金营运指数小于 1，说明营运资金增加了，反映企业为取得同样的收益占用了更多的营运资金，取得收益的代价增加了，代表较差的营运业绩。

无论是净收益营运指数还是现金营运指数的分析，通常都需要使用连续若干年的数据，仅仅靠一年的数据未必能说明问题。

8.5.4 盈利质量综合分析

在对公司盈利质量做各个角度分析的基础上，需对其进行综合，只有这样才能对公司的盈利质量做出全面综合的评价。对盈利质量进行综合分析的关键仍然是综合的方法问题，即指标体系的设置与各个指标权重的确定。

我们认为公司盈利质量分析应包括盈利质量结构分析和盈利质量指标分析两个方面，其综合评价的指标体系也应涵盖这两个方面，我们将其综合评价的指标体系设置为：盈利协调性、营业利润比重、补贴收入比重、营业外收支净额比重、净收益营运指数、现金营运指数等。之所以将投资收益比重指标排除在外，是因为在利润协调性指标中，已包含了对外投资收益与营业利润的比例关系，如将其置入综合评价指标体系中，势必会造成指标内容的重复，加大该指标在综合评价中的权重。至于补贴收入比重、营业外收支净额比重，虽为辅助指标，但其在说明利润结构方面具有不可替代的作用，特别是一些上市公司在盈余管理中，大量使用补贴收入和营业外收支净额。只有包括了这两个指标，才能更清晰地为信息使用者提供其利润结构的信息。

8.6 会计政策对盈利能力的影响分析

8.6.1 影响盈利能力的会计政策

会计政策对盈利能力的影响主要是不同的会计政策会影响当期利润水平，从而影响当期盈利能力指标的计算。

1. 折旧方法和折旧年限的选择

如果企业采用加速折旧法，就意味着在固定资产使用的前期要计提更多的折旧，而在后期则计提相对较少的折旧，即在会计利润的反映上，会将前期的利润向后期转移，体现在盈利能力指标上，会导致前期的指标偏低，后期的指标偏高。折旧年限的缩短同样会导致在新的折旧年限内折旧额的上升，使得利润下降，从而导致企业盈利能力指标的降低。

2. 存货计价方法

不同的存货计价方法下，企业的营业成本会变化，引起企业利润的变化，从而影响企业盈利能力。

3. 无形资产的摊销年限

和固定资产的折旧年限一样，无形资产的摊销年限变化导致每年的摊销额不同，影响利润总额从而也影响盈利能力。

4. 外币折算方法

外币的折算方法影响外币的折算收益和损失，从而影响会计利润和盈利能力。

5. 坏账核算方法

坏账核算的直接转销法和备抵法会影响到当期确认的坏账费用。直接转销法需要将当期全部的坏账直接确认为企业费用，从当期利润中扣除。而备抵法则是按照年末应收账款余额的一定比例计提坏账准备，计入当期费用，从利润中扣除。两者相比起来，直接转销法会导致不同年度的利润大起大落，从而使盈利能力指标大幅度变化。而在备抵法下，对利润指标的影响相对平缓，对盈利能力指标的变化影响幅度较小。

6. 收入确认原则

收入确认的不同标准会影响到当期利润，从而影响当期盈利能力。

7. 长期建造合同利润的确认

长期建造合同利润的确认一般适用完工百分比法，整个建造期内不同的会计期间确认的利润不同，同样会影响当期盈利能力。

8. 租赁政策

租赁分为融资租赁和经营租赁，不同的租赁方式对利润的影响不同。经营租赁仅仅将当期的租金确认为当期的费用，从利润中扣除；而融资租赁则在考虑时间价值的前提下，将租赁成本分期确认为企业的费用，从当期利润中扣除。两者对企业财务状况和利润的影响是不同的。

8.6.2 会计政策的选择和变动对盈利能力的影响

1. 存货计价方法的选择及影响

存货的计价方法主要有先进先出法、加权平均法和个别计价法。物价与平均费用非常稳定或仅有微小变动时，各种计价方法没有太大区别。

物价上涨时，先进先出法计算的营业成本低，毛利高，造成利润虚增，并且造成部分前期成本与本期收入的配比，从而歪曲了收入的真实情况。

加权平均法计算出的财务数据比较真实，但核算工作量较大。

个别计价法计算出的成本是最准确的，但是仅仅适用大件少量的存货流转计价，不适用于大批量的存货进出的计价。

由此可见，企业完全可以利用计价方法的变化，在不同时期进行盈余管理。

2. 折旧方法的选择及影响

就折旧方法而言，分为折旧年限的选择和折旧方法的选择。在折旧年限的选择上，可以高于、等于或少于理论使用年限；在折旧方法的选择上，可以采用直线折旧法（工作量法、年限平均法）或加速折旧法（双倍余额递减法、年数总和法）。

如企业选定的折旧年限少于税法规定的折旧年限，则在企业选定的折旧年限内，每期的折旧额高于税法计算的折旧额，企业少缴所得税（实际上是缓缴纳）。

在折旧年限不变的情况下，采用加速折旧法在最开始的年折旧额大，在后面的年折旧额小。

▶ 思考题

1. 企业管理者进行盈利能力分析的主要目的是什么？
2. 影响净资产收益率的因素有哪些？
3. 为什么说净资产收益率是反映企业盈利能力的核心指标？
4. 为什么总资产报酬率的分子为息税前利润？
5. 什么是每股收益？影响每股收益的因素有哪些？
6. 上市公司盈利能力指标与一般企业的盈利能力指标有何区别？
7. 什么是基本每股收益？什么是稀释每股收益？如何计算？
8. 什么是毛利率？毛利率与净利率之间有何关系？
9. 请分析说明白酒业、零售业、钢铁行业、银行业、生物医药行业等的毛利率情况。
10. 市盈率指标有何作用？
11. 市净率指标的作用是什么？
12. 如何分析企业的盈利质量？
13. 影响企业盈利能力的会计政策主要有哪些？
14. 根据上市公司的年报资料，分析近年来我国上市公司股利支付率的平均水平。

▶ 练习题

1. 某企业 2021 年有关资料如下：年末流动比率为 2.1，年末速动比率为 1.2，存货周转率为 5 次。年末资产总额为 160 万元（年初为 160 万元），年末流动负债为 14 万元，年末长期负债为 42 万元，年初存货成本为 15 万元。2021 年营业收入为 128 万元，管理费用为 9 万元，利息费用为 10 万元，所得税税率为 25%。

要求：

（1）计算该企业 2021 年年末流动资产总额、年末资产负债率、权益乘数和总资产周转率。

（2）计算该企业 2021 年存货成本、营业成本、净利润、营业净利率和净资产收益率。

2. 某公司 2021 年度有关财务资料如表 8-22 所示。

表 8-22　某公司 2021 年度有关财务资料　　　　　　（单位：百万元）

资产	年初数	年末数	负债和所有者权益	年初数	年末数
现金及有价证券	510	650	负债总额	1 190	1 340
应收账款	230	280	所有者权益总额	1 240	1 730
存货	160	190			
其他流动资产	210	140			
长期投资	1 320	1 810			
资产总额	2 430	3 070	负债和所有者权益总额	2 430	3 070

（1）其他资料如下：全年实现营业收入 3 260 万元；营业成本 2 630 万元，管理费用 140 万元，销

售费用 60 万元，财务费用 180 万元，营业外收支净额 60 万元。

（2）2020 年有关财务指标如下：营业净利率 11.23%，总资产周转率 1.31 次，权益乘数 1.44。

要求：

（1）计算 2021 年该公司的净资产收益率。

（2）采用连环替代法分析 2021 年净资产收益率变动的原因。

3. 某公司 2020 年度、2021 年度有关经营成果资料如表 8-23 所示。

表 8-23　某公司 2020 年度、2021 年度有关经营成果资料　　（单位：万元）

项　目	2020 年度	2021 年度
一、营业收入	1 000 000	900 000
减：营业成本	700 000	500 000
税金及附加	10 000	5 000
销售费用	15 000	12 000
管理费用	25 000	300 000
财务费用	500	600
资产减值损失	20	700
加：公允价值变动净收益	30	800
投资净收益	40	900
二、营业利润	249 550	83 400
加：营业外收入	50	1 000
减：营业外支出	60	10
其中：非流动资产处置净损失	70	20
三、利润总额	249 540	84 390
减：所得税	82 549	30
四、净利润	166 991	84 360

要求：

（1）计算 2020 年度、2021 年度的收入利润率指标及其变动情况。

（2）计算 2020 年度、2021 年度的成本利润率指标及其变动情况。

4. 某公司 2020 年度、2021 年度有关财务资料如表 8-24 所示。

表 8-24　某公司 2020 年度、2021 年度有关财务资料

项　目	2021 年度	2020 年度
净利润 / 万元	400 000	500 000
优先股股息 / 万元	50 000	50 000
普通股股利 / 万元	300 000	400 000
普通股股利实发数 / 万元	240 000	360 000
股东权益平均额 / 万元	3 200 000	3 600 000
发行在外的普通股平均数 / 股	1 600 000	2 000 000
每股市价 / 元	8	9

要求：

（1）根据所给资料，计算该公司 2020 年度、2021 年度每股收益、股东权益报酬率、股利支付率、市盈率和股利报偿率。

（2）用差额计算法计算因素变动对股东权益报酬率的影响。

（3）用差额计算法计算因素变动对股利报偿率的影响。
（4）用差额计算法计算因素变动对股利报偿率的影响。

5. 某公司 2021 年 12 月 31 日简略的资产负债表如表 8-25 所示。

表 8-25　某公司资产负债表　　　　　　　　　　　（单位：万元）

资产	年初数	年末数	负债与所有者权益	年初数	年末数
流动资产			流动负债合计	44 000	43 600
货币资金	20 000	19 000			
应收账款	27 000	300 000	长期负债	58 000	74 400
存货	32 000	34 000	负债合计	102 000	118 000
其他流动资产	6 000	7 000			
流动资产合计	85 000	90 000	所有者权益合计	143 000	144 000
长期投资	20 000	20 000			
固定资产	140 000	152 000			
资产总计	245 000	262 000	负债与所有者权益总计	245 000	262 000

另外，该公司 2020 年营业净利率 16%，总资产周转率 0.5 次，权益乘数 2.2，净资产收益率为 17.64%。2021 年营业收入净额 2 028 万元，营业成本 1 180 万元，净利润 507 万元，全年利息支出 160 万元，所得税税率 25%。

要求：
（1）2021 年年末的流动比率、速动比率、产权比率、资产负债率和权益乘数。
（2）2021 年的应收账款周转率、存货周转率、流动资产周转率、固定资产周转率、总资产周转率。
（3）2021 年的营业净利率、净资产收益率、息税前利润、利息保障倍数、总资产增长率、固定资产成新率。
（4）采用因素分析法分析营业净利率、总资产周转率和权益乘数变动对净资产收益率的影响。

6. 某公司 2019 年、2020 年、2021 年有关财务资料如表 8-26 所示。

表 8-26　某公司有关财务资料

财务指标	2019 年	2020 年	2021 年
营业收入 / 万元		3 000	3 500
净利润 / 万元		750	900
年末资产总额 / 万元	3 100	3 800	4 100
年末负债总额 / 万元	1 200	1 800	2 000
年末普通股股数 / 万股	500	500	500
年末股票市价 /（元 / 股）		15	19.8
现金股利 / 万元		225	270
年末股东权益总额 / 万元	1 900	2 000	2 100

要求：
（1）计算 2020 年、2021 年的营业净利率、总资产周转率、权益乘数、每股净资产、每股收益、每股股利、股利支付率、市盈率。
（2）采用因素分析法分析 2021 年每股收益变动的具体原因。

▶ 案例分析

1. 参照第 7 章案例分析 1 的基本资料,我们根据上市公司的年报资料,汇总了美的集团、格力电器、青岛海尔这三家公司 2007～2016 年反映盈利能力的资料。具体数据资料如表 8-27～表 8-30 所示。

表 8-27　2007～2016 年营业收入　　　　　　　　　　　（单位：亿元）

年　度	美的集团	格力电器	青岛海尔	家电行业均值
2007	—	380.10	294.69	219.04
2008	—	420.32	304.08	229.74
2009	—	424.58	329.79	257.55
2010	745.59	604.32	605.88	364.65
2011	931.08	831.56	736.63	447.25
2012	680.71	993.16	798.57	489.16
2013	1 209.75	1 186.28	864.88	647.55
2014	1 416.68	1 377.50	887.75	724.13
2015	1 384.41	977.45	897.48	686.37
2016	1 590.44	1 083.03	1 190.66	775.94

表 8-28　2007～2016 年毛利率　　　　　　　　　　　　　　　（%）

年　度	美的集团	格力电器	青岛海尔	家电行业均值
2007	—	18.13	19.01	17.22
2008	—	19.74	23.13	19.06
2009	—	24.73	27.73	22.17
2010	18.16	21.55	22.54	18.68
2011	19.12	18.07	23.59	18.88
2012	22.56	26.29	25.24	21.35
2013	23.28	32.24	25.34	22.74
2014	25.41	36.10	27.61	23.44
2015	25.84	32.46	27.93	22.42
2016	27.31	32.70	31.02	23.07

表 8-29　2007～2016 年期间费用率　　　　　　　　　　　　　（%）

年　度	美的集团	格力电器	青岛海尔	家电行业均值
2007	—	13.70	16.08	15.05
2008	—	13.70	19.30	16.62
2009	—	17.12	22.65	17.97
2010	13.24	16.68	17.66	15.24
2011	13.64	12.48	17.99	14.51
2012	15.71	18.35	18.53	16.35
2013	16.31	23.15	18.17	17.22
2014	15.87	23.79	19.74	17.21
2015	16.17	19.06	21.32	16.73
2016	16.53	15.81	25.50	16.47

表 8-30 2007～2016 年营业净利率   (%)

年度	美的集团	格力电器	青岛海尔	家电行业均值
2007	—	3.39	2.56	1.82
2008	—	4.74	3.22	2.51
2009	—	6.90	4.20	3.79
2010	5.86	7.12	4.65	4.13
2011	4.96	6.37	4.94	4.10
2012	5.99	7.50	5.46	4.37
2013	6.86	9.22	6.42	5.12
2014	8.22	10.35	7.27	5.67
2015	9.84	12.91	6.60	5.39
2016	9.97	14.33	5.62	6.16

要求：

（1）通过分析 2007～2016 年这三家公司的营业收入、毛利率、期间费用率、营业净利率的整体情况，对这三家公司的盈利能力做出评价。

（2）从 2007～2016 年这三家公司的营业收入情况来看，你认为家电行业未来的市场销售前景如何？

（3）2007～2016 年这三家公司的期间费用都比较高，你认为家电行业期间费用高的主要原因是什么？

（4）2007～2016 年这三家公司的营业净利率都很低，你认为主要原因是什么？如何提高营业净利率？

2. 万科公司是中国房地产行业的标杆企业，一直专注于房地产开发及其相关的领域，取得了令人瞩目的成绩。表 8-31～表 8-34 列示了万科 2007～2016 年的相关财务指标，包括偿债能力、营运能力、盈利能力、发展能力指标。

表 8-31 万科公司偿债能力指标

年度	流动比率	速动比率	资产负债率	流动负债占总负债的比重	短期借款占流动负债的比重
2007	1.956 628	0.593 752	0.661 125	0.737 046 1	0.022 652
2008	1.757 55	0.426 895	0.674 441	0.802 727	0.071 289
2009	1.914 878	0.591 228	0.670 017	0.738 158 9	0.017 459
2010	1.585 187	0.556 782	0.746 861	0.805 027 6	0.011 4
2011	1.408 135	0.370 215	0.770 997	0.878 920 1	0.008 591
2012	1.396 177	0.414 148	0.783 163	0.875 853 1	0.038 226
2013	1.343 926	0.337 203	0.779 97	0.880 021	0.015 513
2014	1.344 714	0.425 51	0.772 046	0.880 613 2	0.006 894
2015	1.302 247	0.425 896	0.777 015	0.884 366 8	0.004 523
2016	1.243 616	0.437 819	0.805 367	0.866 966 4	0.028 58

表 8-32 万科公司营运能力指标   （单位：次）

年度	应收账款周转率	存货周转率	流动资产周转率	固定资产周转率	总资产周转率
2007	57.790 68	0.409 526	0.494 472	66.079 403	0.473 643
2008	45.860 88	0.328 214	0.392 474	44.543 25	0.373 789
2009	59.757 95	0.392 248	0.401 026	37.295 106	0.380 626
2010	43.961 07	0.269 212	0.302 008	39.380 851	0.287 13
2011	46.179 79	0.253 041	0.294 091	50.992 123	0.280 486
2012	60.632 32	0.282 294	0.319 532	64.284 532	0.305 525

(续)

年度	应收账款周转率	存货周转率	流动资产周转率	固定资产周转率	总资产周转率
2013	54.543 67	0.316 555	0.336 519	72.377 276	0.315 659
2014	58.872 62	0.316 115	0.322 849	65.968 482	0.296 448
2015	88.790 62	0.402 861	0.386 526	54.125 023	0.349 287
2016	104.876 6	0.406 333	0.379 206	41.008 127	0.333 54

表 8-33 万科公司盈利能力指标

年度	资产报酬率	净资产收益率	毛利率	营业利润率
2007	0.075 686	0.207 015	0.419 946	0.215 413
2008	0.048 303	0.127 577	0.389 993	0.155 27
2009	0.054 536	0.152 683	0.293 903	0.177 678
2010	0.052 903	0.176 802	0.406 996	0.234 549
2011	0.047 317	0.189 507	0.397 792	0.219 596
2012	0.048 673	0.208 875	0.365 555	0.203 78
2013	0.044 73	0.195 093	0.314 736	0.179 158
2014	0.040 357	0.174 285	0.299 416	0.170 638
2015	0.047 204	0.205 782	0.293 525	0.169 383
2016	0.041 53	0.190 279	0.294 144	0.162 276

表 8-34 万科公司发展能力指标

年度	总资产增长率	净利润增长率	营业总收入增长率
2007	1.063 467	1.303 504	0.990 486
2008	0.191 24	−0.127 434	0.153 833
2009	0.154 08	0.385 817	0.192 459
2010	0.567 036	0.374 743	0.037 496
2011	0.373 64	0.312 23	0.415 447
2012	0.278 835	0.350 269	0.436 505
2013	0.265 056	0.168 233	0.313 263
2014	0.060 941	0.054 104	0.081 002
2015	0.202 37	0.345 4	0.335 828
2016	0.358 875	0.092 519	0.229 754

要求：

（1）根据偿债能力指标表，分析万科公司 2007 ～ 2016 年的偿债能力、财务风险情况，并说明其原因。

（2）根据营运能力指标表，分析万科公司 2007 ～ 2016 年的资产利用效率情况，以及对利润的影响。

（3）根据盈利能力指标表，分析万科公司 2007 ～ 2016 年的盈利能力情况以及原因。

（4）根据发展能力指标表，分析万科公司 2007 ～ 2016 年的发展趋势。

（5）分析万科公司业绩的拐点，业绩拐点出现的原因，并预测万科公司未来的发展趋向。

（6）根据以上分析，判断万科公司目前所处的生命周期，以及处于该周期的各项特征。

（7）根据以上分析结论，请你对万科公司未来应对竞争所应采取的竞争战略以及发展提出建议。

企业偿债能力分析

9.1 企业偿债能力分析的目的与内容

9.1.1 企业偿债能力分析的目的

财务安全是企业健康发展的基本前提,判断企业财务安全性的主要标准是企业的偿债能力,因为对企业财务安全性威胁最大的"财务失败"现象的发生,正是由于企业无力偿还到期债务所导致的诉讼或破产。

偿债能力是指企业偿还本身所欠债务的能力。偿债能力分析的主要目的是揭示企业偿债能力的大小,从而判断企业财务风险的高低。企业偿债能力的强弱是决定企业财务状况和财务风险的重要因素之一,它会直接或间接地影响到包括管理者、员工、股东、债权人乃至政府在内的各利益相关者的利益。而不同的利益相关者进行企业偿债能力分析的目的却是不同的。

首先,股东进行偿债能力分析是为了公司的长远发展。对于股东而言,其更看重企业的长期发展能力。而企业的长期发展能力不仅受盈利能力影响,也受偿债能力影响。如果企业能够按时偿还短期或者长期债务,企业的持续经营就不会受到影响,可以长期顺利发展下去。如果企业不能如期偿还到期债务,那么其持续经营将受到影响,长期的成长价值就会削弱,直接影响股东的投资价值。

其次,管理者进行偿债能力分析的目的是确保生产经营的正常进行。企业的管理者要实现企业的经营目标,必须确保生产经营各环节的顺利进行,而各环节顺利进行的关键在于资金周转与循环的顺畅。企业偿债能力的好坏直接反映了资金循环状况,直接影响到生产经营各环节的资金循环与周转。一旦出现不能偿债的情况,生产经营各环节的资金循环与周转就会中断,企业经营的持续性就会受到影响。因此,管理者通过财务分析能及时发现经营过程中存在的问题,并采取措施加以解决,确保生产经营的顺利进行。

最后，债权人进行偿债能力分析的目的是进行正确的借贷决策。及时收回本金并取得较高利息是债权人借贷要考虑的主要因素。债权人愿意借钱给企业的基本前提就是企业能够如期偿还借款本金并且支付约定利息。任何债权人都不愿意将资金借给一个偿债能力很差的企业。因此，债权人在进行借贷决策时，必须深入分析企业的财务状况，特别是偿债能力状况。

9.1.2 企业偿债能力分析的内容

企业偿债能力分析的内容受企业债务的构成内容和偿债所需资产的制约。不同的债务应该用不同的资产来偿还。一般地，负债分为流动负债和长期负债，资产分为流动资产和非流动资产。因此，偿债能力分析通常分为短期偿债能力分析和长期偿债能力分析。

1. 短期偿债能力分析

短期偿债能力是指企业偿还流动负债的能力。由于流动负债预计将在一个正常营业周期中偿还或者预计在资产负债表日起一年内偿还，可见短期债务的偿还义务迫在眉睫，而且一旦不能按期偿还，企业可能面临被诉讼或被申请破产的危险。因此，在偿债能力管理过程中，短期偿债能力被放在最重要的位置上。

偿还短期债务需要动用短期或立即可以变现的资产。因此，往往通过考察企业流动资产与短期债务的比率关系来分析企业的短期偿债能力。一般涉及的指标有流动比率、速动比率、现金流动负债比率等。

2. 长期偿债能力分析

长期偿债能力是指企业偿还所欠非流动负债的能力。与短期债务不同，长期偿债义务无须立即动用资源加以清偿，但是这种较长时期的债务偿还也是企业的义务。而且长期债务金额一般比短期债务大，到期还本付息的压力更大。如果不做事先规划，临时抱佛脚，更有可能引发财务危机，甚至威胁企业的生存。

一般通过考察资产负债率、产权比率分析企业的长期偿债能力。除此之外，由于长期债务的利息经过较长时间的累积，也会构成沉重的财务负担，因此，有必要通过利息保障倍数考察长期债务利息偿还的安全程度。

9.2 企业短期偿债能力分析

9.2.1 影响企业短期偿债能力的因素

1. 资产的流动性

资产的流动性是指企业资产转化为现金的能力。企业偿还债务，一般需用流动资产来偿还，不仅短期债务需用流动资产来偿还，就是长期债务最后也会转化为短期债务从而动用流动资产来偿还，除非企业终止经营，否则一般不会出售固定资产来偿还短期债务。因此，流动资产规模越大，企业短期偿债能力越强。

流动资产主要由货币资金、应收及预付款项、交易性金融资产、存货等组成。流动资产按其流动性可分为速动资产和存货两部分。速动资产的变现能力强，如货币资金可直接用于各种支付；短期投资可立即转化为现金。而存货在流动资产中的流动性较差，变现时间较长，有些存货由于品种、质量等原因可能无法变现。如果存货在流动资产中所占比重过大，势必降低企业的短期偿债能力。因此，财务分析者应该具体分析不同的流动资产项目对短期偿债能力的影响。

2. 流动负债的规模

流动负债的规模决定了企业需要承担的现时债务的多少。企业流动负债的规模越大，为了偿还短期债务，需要有更多可以随时变现的流动资产，企业偿债负担就越重。流动负债一般由短期借款、应付及预收款项、应交税费以及各种应付费用等组成。不同形态的流动负债，其偿还方式、偿还的紧迫性各不相同，要求相匹配的短期偿债能力因此也不同。例如，短期银行借款需要立即动用货币资金偿还，而为了清偿预收账款，企业只需准备足够的、符合合同要求的存货即可。此外，在流动负债中，各种债务的偿还期限是否集中，也会对企业的偿债能力产生影响。如果短期债务的期限过于集中，企业应做好充分的偿债准备，避免因无法偿债而出现财务危机。

3. 企业经营现金流量

企业的负债偿还方式可以分为两种：一种是以企业本身所拥有的资产来偿还；另一种是以新的收益或负债来偿还，但最终还是要以企业的资产来偿还。无论如何，现金流量都是决定企业偿债能力的重要因素。企业现金流量的状况主要受经营状况和融资能力两方面的影响。在正常情况下，企业的经营业绩与现金流量应当一致。当企业经营业绩好时，就会有持续和稳定的现金流入，从根本上保障了债权人的权益。当企业经营业绩差时，其现金流入不足以抵补其现金流出，造成营运资本缺乏，现金短缺，必然导致偿债能力的下降。

9.2.2 企业短期偿债能力指标的计算与分析

1. 营运资本

营运资本是指企业某一时点的流动资产与流动负债之间的差额，是反映企业短期偿债能力的绝对数指标。其计算公式为

$$营运资本 = 流动资产 - 流动负债$$

计算营运资本使用的"流动资产"和"流动负债"，通常可以直接从资产负债表中获取。

当营运资本为正值时，表明企业有能力用流动资产偿还全部短期债务；当营运资本为零或负值时，表明企业的流动资产已无力偿还全部短期债务，企业的短期资金周转将出现困难。营运资本的数额越大，说明企业可用于偿还流动负债的资金越充足，应付日常生产经营支出的能力越强，短期偿债能力亦越强。

营运资本可以理解为是流动负债的缓冲垫，因为它是长期资本用于流动资产的部分，不需

要在一年内偿还。营运资本的来源推导如下：

$$营运资本 = 流动资产 - 流动负债$$
$$= (总资产 - 非流动资产) - (总资产 - 股东权益 - 非流动负债)$$
$$= (股东权益 + 非流动负债) - 非流动资产$$
$$= 长期资本 - 长期资产$$

当营运资本为正值时，表明长期资本的数额大于长期资产，超出部分被用于流动资产，这增强了企业财务状况的稳定性。

但是，站在企业的角度来看，并不是说营运资本越多越好。营运资本过多，说明企业有部分营运资本闲置，没有充分发挥其效益，会影响企业的获利能力。因此，营运资本应保持适当的数额。

由于营运资本是一个绝对量，它能否恰当地反映企业的短期偿债能力，取决于企业的生产经营规模的大小。分析时，通常需要将营运资本与以前年度的该指标进行比较，才能确定其是否合理。同样，由于不同企业之间及同一企业的不同年份之间，可能存在显著的规模差异，因此，直接比较该指标而不考虑规模因素通常是没有意义的。

一般来说，零售商的营运资本较多，因为它们除了流动资产外没有什么可以偿债的资产；而信誉好的餐饮企业营运资本很少，有时甚至是一个负数，因为其稳定的收入可以偿还同样稳定的流动负债；制造业一般有正的营运资本，但其数额差别较大。

【例9-1】根据四川长虹2016年、2015年流动资产与流动负债的资料，计算的营运资本如表9-1所示。

从表9-1中可以看出，2016年四川长虹的营运资本为4 902.97百万元，说明短期偿债能力不错。

表9-1 四川长虹营运资本 （单位：百万元）

项目	2016年	2015年
流动负债合计	37 697.26	34 196.02
流动资产合计	42 600.23	40 530.23
营运资本	4 902.97	6 334.21

2016年相对2015年，四川长虹的营运资本出现了较大幅度的减少。主要原因是2016年流动资产增加2 070百万元，流动负债增加3 501.24百万元，流动负债的增加幅度超过流动资产的增加幅度。

2. 流动比率

流动比率是指年末流动资产与年末流动负债之间的比率。其计算公式为

$$流动比率 = \frac{流动资产}{流动负债}$$

流动比率表示单位流动负债有多少流动资产作为偿还的保障，反映了流动资产在短期债务到期时可变现用于偿还流动负债的能力，是衡量企业短期偿债能力的重要指标。流动比率越高，企业短期偿债能力越强；反之，越弱。

【例9-2】根据四川长虹2016年、2015年流动资产与流动负债的资料，计算的流动比率如

表 9-2 所示。

表 9-2　四川长虹流动比率　　　　　（金额单位：百万元）

项　目	2016 年	2015 年
流动负债合计	37 697.26	34 196.02
流动资产合计	42 600.23	40 530.23
流动比率	1.130	1.185

【例 9-3】为了考察四川长虹短期偿债能力的变动趋势，我们汇总了四川长虹 2006～2016 年流动比率变化情况，如表 9-3 与图 9-1 所示。

表 9-3　2006～2016 年四川长虹的流动比率

指　标	报告期/年										
	2006	2007	2008	2009	2010	2011	2012	2013	2014	2015	2016
流动比率	1.64	1.33	1.15	1.35	1.32	1.44	1.32	1.32	1.29	1.19	1.13

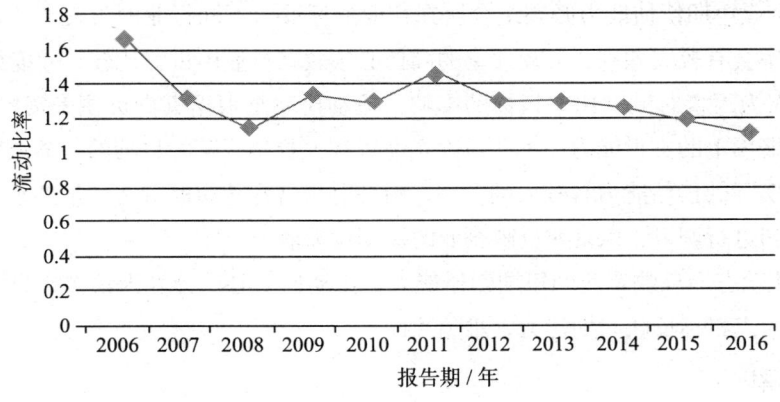

图 9-1　2006～2016 年四川长虹的流动比率

从表 9-3 与图 9-1 可以看出，2006～2016 年，四川长虹的流动比率均小于 2。从整体趋势来看，2008 年以前，流动比率呈下降趋势，2009 年之后基本保持稳定在 1.3 左右，从 2011 年开始缓慢降低。这说明四川长虹的短期偿债能力在不断减弱。

（1）关于流动比率指标的分析，具体要点如下。

1）一般经验认为，生产企业合理的流动比率是 2。这是因为流动资产中变现能力最差的存货资金约占流动资产总额的一半，剩下的流动性较强的流动资产至少要等于流动负债，企业短期偿债能力才会有保证。如果流动比率过低，表明企业可能捉襟见肘，难以如期偿还债务。计算出来的流动比率，只有和同行业平均流动比率、本企业历史流动比率进行比较，才能知道这个比率是否合理。根据表 9-2 的计算结果，四川长虹的流动比率低于公认标准，2016 年的流动比率小于 2015 年，说明四川长虹的短期偿债能力不是太强，且短期偿债能力有进一步下降的趋势。

2）分析企业流动比率过高或过低的具体原因，还应该结合流动资产和流动负债所包括的内容以及经营上的因素。一般情况下，营业周期、流动资产中的应收账款和存货的周转速度是影响流动比率的主要因素。

（2）运用流动比率指标分析评价企业短期偿债能力时，应注意以下问题。

1）虽然流动比率越高，企业短期偿债能力越强，但并不等于企业有足够的偿还债务的能力。流动比率高可能是企业存货大量积压、应收账款增加过多，以及待处理财产损失增加所致，而真正用来偿债的现金和存款却非常短缺。因此，企业应将流动比率与现金流量结合起来考察。同时，还应结合企业的生产经营性质与特点，以及流动资产的结构状况进行分析。因为不同的生产经营特点对资产流动性的要求不同。因此，并非企业流动比率低就一定是偿债能力不好，流动比率高就是偿债能力好。

2）短期债权人希望流动比率越高越好，但站在企业经营的角度，流动比率过高，意味着企业闲置的货币性资产过多，必然造成企业机会成本的增加和获利能力的降低。所以，企业应尽量将流动比率维持在一个比较合理的水平。

3）判断企业短期偿债能力必须结合所在行业的标准。不同行业因为资产、负债占用情况不同，流动比率会有较大差别，流动比率的高低必须放在行业内进行比较，才能说明问题。

4）注意人为因素对流动比率指标的影响。流动比率是根据资产负债表资料计算出来的，体现的仅仅是账面上的支付能力，不能排除企业管理人员出于某种目的的人为调整，导致表面的偿债能力和实际的偿债能力有较大的差别。财务分析者在分析时应当仔细甄别，一旦发现有操纵行为，应当进行调整，以真实反映企业的短期偿债能力。

5）无法从动态上反映企业的短期偿债能力。流动比率各项计算因素都来自资产负债表的时点指标，用时点指标反映时期能力，难免片面。

3. 速动比率

流动比率虽然可以用来评价流动资产总体的变现能力，但短期债权人还希望获得比流动比率更进一步的有关企业变现能力的比率指标，这个指标被称为速动比率。速动比率是指速动资产与流动负债之间的比率。其计算公式为

$$速动比率 = \frac{速动资产}{流动负债}$$

速动比率用于衡量企业流动资产中可以立即用于偿还流动负债的能力，它是对流动比率的重要补充。速动比率越高，表明短期偿债能力越强；反之，越弱。

速动资产是指流动资产扣除存货后的资产，即

$$速动资产 = 流动资产 - 存货$$

为什么在计算速动比率时要把存货从流动资产中剔除呢？主要原因是：①在流动资产中存货的变现速度最慢；②由于某种原因，部分存货可能已损失报废还没做处理；③部分存货已抵押给某债权人；④存货估价还存在着成本与合理市价相差悬殊的问题。综合上述原因，在不希望企业用变卖存货的办法还债，以及排除使人产生种种误解因素的情况下，把存货从流动资产总额中减去而计算出的速动比率反映的短期偿债能力更加可信。

【例9-4】根据四川长虹2016年、2015年流动资产与流动负债的资料,计算的速动比率如表9-4所示。

表9-4 四川长虹速动比率　　　　　　　　（金额单位：百万元）

项目	2016年	2015年	项目	2016年	2015年
流动资产	42 600.23	40 530.23	速动比率	0.811	0.842
存货	12 044.64	11 745.60	存货/流动资产	0.283	0.290
流动负债	37 697.26	34 196.02			

【例9-5】为了分析四川长虹短期偿债能力的变动趋势,我们汇总了四川长虹2006～2016年速动比率的变化情况,如表9-5与图9-2所示。

表9-5 2006～2016年四川长虹的速动比率

指标	报告期/年										
	2006	2007	2008	2009	2010	2011	2012	2013	2014	2015	2016
速动比率	0.91	0.77	0.74	0.89	0.95	1.06	0.91	0.94	0.97	0.84	0.81

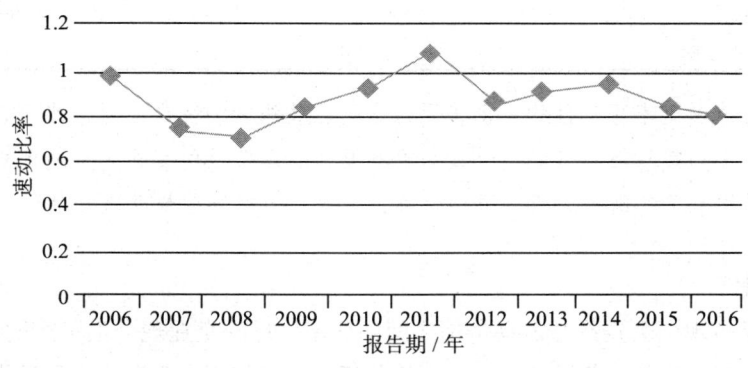

图9-2 2006～2016年四川长虹的速动比率

从表9-5与图9-2可以看出,仅在2011年,四川长虹的速动比率大于1,说明其短期偿债能力较好。而其他年份速动比率均小于1,说明其短期偿债能力不太理想。

关于速动比率指标的分析,具体要点如下。

(1) 通常认为正常的速动比率为1,低于1的速动比率被认为是短期偿债能力偏低。短期债权人希望该比率越高越好,但若站在企业的角度来看,速动比率高说明企业债务偿还的安全性强,但企业会因现金和应收账款的占用过多而增加机会成本。

(2) 在分析时需要结合行业特征。因为行业不同,这一比率存在较大差异。与同行业相比较,可以判断企业在行业中所处的地位及其变动趋势。例如,采用大量现金销售的商店,几乎没有应收账款,速动比率大大低于1是很正常的;相反,一些应收账款较多的企业,速动比率可能要大于1。通常,制造行业这一比率较高,而商业零售企业这一比率较低。因为对于商业零售企业而言,存货占流动资产的比重虽然较大,但存货周转速度快,资金回收快,短期偿债能力较强。

由于各行业之间的差别，在计算速动比率时，除扣除存货以外，还可以从流动资产中去掉其他一些可能与当期现金流量无关的项目（如待摊费用等），以计算更进一步的变现能力。这一变现能力称为保守速动比率（或称超速动比率）。其计算公式为

$$保守速动比率 = \frac{货币资金 + 交易性金融资产 + 应收票据 + 应收账款}{流动负债}$$

【例9-6】根据四川长虹2016年、2015年流动资产与流动负债的资料，计算的保守速动比率如表9-6所示。

表9-6　四川长虹保守速动比率　　　　　（金额单位：百万元）

项目	2016年	2015年
货币资金	11 955.06	10 254.49
交易性金融资产	241.06	51.67
应收账款	7 788.56	8 032.78
应收票据	5 590.51	6 317.90
流动负债	37 697.26	34 196.02
保守速动比率	0.678	0.721

另外，影响速动比率可信性的一个重要因素是应收账款的变现能力，账面上的应收账款不一定都能变成现金，实际坏账可能比计提的准备要多；季节性的变化，可能使报表的应收账款数额不能反映平均水平。财务分析者进行财务分析时，应对这些情况做出估计。

4. 现金比率

现金比率是指现金类资产与流动负债之间的比率，反映企业现金类资产的直接支付能力，是从最保守的角度对企业短期偿债能力进行的分析。这里的现金类资产主要是指货币资金、交易性金融资产等。它是流动性最强、可直接用于偿还债务的资产。现金比率表明每1元流动负债有多少现金资产作为偿还的保障。其计算公式为

$$现金比率 = \frac{货币资金 + 交易性金融资产}{流动负债}$$

现金比率表明企业即时的流动性。现金比率越高，说明企业短期偿债能力越强。现金比率过低，说明企业不能马上支付应付款项；过高则说明企业现金没有发挥最大效益，现金闲置过多，降低了企业的获利能力。一般认为，这一比率应在0.2左右，在这一水平上，企业的直接支付能力不会有太大的问题。对于存货、应收账款周转很慢的企业，现金比率较为重要。此外，若有证据表明企业的应收账款或存货被抵押或流动性出现问题时，用现金比率衡量企业的短期偿债能力更为恰当。

【例9-7】根据四川长虹2016年、2015年现金类资产与流动负债的资料，计算的现金比率如表9-7所示。

表 9-7　四川长虹现金比率　　　　　　　　　　（金额单位：百万元）

项　目	2016 年	2015 年
货币资金	11 955.06	10 254.49
交易性金融资产	241.06	51.67
流动负债	37 697.26	34 196.02
现金比率	0.303	0.301

计算结果表明，2016 年与 2015 年相比，四川长虹的现金比率略有上升，说明其短期偿债能力有所增强。

5. 现金流量比率

现金流量比率是指企业一定时期的经营活动现金净流量与流动负债的比率。它反映企业的流动负债用经营活动实现的现金来保障的程度，是从现金流量角度反映企业偿还短期债务的能力。其计算公式为

$$现金流量比率 = \frac{经营活动净现金流量}{流动负债}$$

公式中，经营活动净现金流量可以从现金流量表中的"经营活动的现金流量净额"项目取得数据，流动负债可以从资产负债表中取得数据，该数据最好是全年平均占用数。

现金流量比率是从现金流入、流出的动态角度考察企业的实际偿债能力。由于利润与现金流量的计算基础不同，采用现金流量而不是利润来评价企业偿债能力将更加谨慎、可信。现金流量比率越高，表明企业经营活动产生的现金净流量越多，越能保障企业到期债务的按时偿还，但也不是越高越好。

【例 9-8】四川长虹 2016 年经营活动现金流量净额为 4 670.49 百万元，2016 年平均流动负债为 35 946.64 百万元，则

$$现金流量比率 = 4\ 670.49 \div 35\ 946.64 = 0.130$$

6. 近期支付能力系数

近期支付能力系数是反映企业近期内有无足够的支付能力来偿还到期债务的指标。该指标计算公式为

$$近期支付能力系数 = \frac{近期内能够用来支付的资金}{近期内需要支付的各种款项} \times 100\%$$

其中，近期内能够用来支付的款项包括企业现有的货币资金、近期内能取得的营业收入和近期内确有把握收回的各种应收款项等。近期内需要支付的各种款项包括各种到期或逾期应交款项和未付款项，如职工工资、应付货款、各项税金、银行借款等。

该指标应等于或大于 1，若小于 1，则说明企业近期的支付能力不足，需要采取积极有效措施，从各种渠道筹集资金，以便按期清偿债务和支付各种费用，保证企业经营活动正常进行。

9.2.3 企业短期偿债能力的辅助分析

流动比率、速动比率、现金比率都是以企业某一时点上的流动资产存量和流动负债相比较，来反映企业的短期偿债能力，未能考虑各项流动资产和流动负债的流动和周转情况。在流动资产中，货币资金的流动性最强，应收账款账龄各异，可收回情况各异；存货占流动资产的比重最大，周转较慢，构成情况也最为复杂。单纯依靠某一个时点的静态指标，很难反映短期偿债能力的动态变化。因此，只有从动态的角度，具体分析应收账款、应付账款、存货的周转速度和流动情况，才能准确掌握企业短期偿债能力的动态变化，弥补流动比率、速动比率、现金比率等指标的不足。所以，应收账款周转率、应付账款周转率、存货周转率正是从动态变化的角度为分析短期偿债能力提供了重要参考。

1. 应收账款周转率、应付账款周转率对短期偿债能力的影响

从静态角度来看，应收账款本身是短期债务的偿还保障。应收账款数额越大，对企业短期债务提供的保障越充分。但是，应收账款只有完成周转收回现金，才能够用来偿债。应收账款的周转速度直接影响现金收回的数额，从而影响对债务的支付。因此，从动态角度分析，有利于切实把握应收账款的偿债保证力度。应收账款周转越快，说明其流动性越强，现金流越充沛，短期偿债能力越强。应收账款余额的大小，周转得快慢，除了受企业销售政策影响之外，还受企业的信用政策和收账政策的影响。如果企业信用政策比较宽松，应收账款余额就大，这时不能简单地认为企业偿债有保证，必须结合应收账款的具体产生原因进行判断。

应付账款是企业赊购商品产生的，其余额大小受到企业赊购交易量大小和频繁程度的影响；而应付账款完成一次周转，意味着企业必须用现金清偿债务。因此，应付账款周转情况决定了企业以现金清偿应付账款的速度，反映了企业偿还应付账款的紧迫性。

应付账款产生于赊购业务，应收账款产生于赊销业务，应付账款与应收账款之间具备内在必然的联系，两者动态匹配，有利于准确掌握企业的短期偿债能力。

第一，应收账款与应付账款周转速度相当。企业收回应收账款获得现金，恰好可以用来偿还应付账款，不需要动用其他流动资产来偿还。相合拍的应收账款和应付账款周转速度，使静态的短期偿债能力与动态的短期偿债能力基本吻合。

第二，应收账款周转速度超过应付账款。从静态角度来看，应收账款周转速度增加，导致流动资产占用额减少，会降低对流动负债的保障力度。但是，从动态角度而言，每当企业有应付账款需要偿还时，总是有早先收回的应收账款资金支持，对偿付应付账款债务保障更加充分。在这种情况下，以流动比率等指标反映的静态短期偿债能力低于企业实际的短期偿债能力。

第三，应收账款周转速度低于应付账款。由于应收账款周转速度较慢，所需占用的流动资产势必增加，导致以静态指标反映的流动资产对短期债务的偿还能力提高。但是，赊购商品所需款项的偿还，要动用除了应收账款以外的其他流动资产，流动负债的实际偿还能力低于表面上的静态指标。在这种情况下，以流动比率等指标反映的静态短期偿债能力强于企业实际的短期偿债能力。

2. 存货周转速度对短期偿债能力的影响

存货周转率是反映企业存货资产利用效率的指标。

存货周转速度对存货规模有较大影响，在其他条件不变时，存货周转速度越快，存货规模越小；反之，存货周转速度越慢，存货规模越大。当存货规模较大时，其流动比率指标也较大，从静态方面反映的短期偿债能力也较强，实际上这很可能是由于存货周转速度偏低引起的假象。结合存货周转速度对企业短期偿债能力进行评价时，需要对流动比率指标的评价加以修正。在流动比率一定的情况下，如果企业预期存货周转速度将加快，则企业短期偿债能力将因此提高；反之，如果企业预期存货周转速度将下降，则企业短期偿债能力将出现下降趋势。

9.2.4 影响企业变现能力的表外因素

除了从财务报表资料中取得的指标影响企业的变现能力以外，还有一些财务报表资料中没有反映出来的因素，也会影响企业的短期偿债能力，有时甚至影响相当大。财务分析者多了解这方面的情况，有利于做出正确的判断。

1. 增强短期偿债能力的表外因素

（1）可随时动用的银行贷款指标。银行已同意，企业未办理贷款手续的银行贷款限额，可以随时增加企业的现金，提高企业的支付能力。这一信息一般列示在财务报表附注中。

（2）将要变现的非流动资产。由于某种原因，企业可能将一些长期资产很快出售变为现金，增强短期偿债能力。企业出售长期资产，一般情况下都是要经过慎重考虑的，企业应根据近期利益和长期利益的辩证关系，正确决定出售长期资产的问题。

（3）偿债能力的声誉。如果企业的偿债能力一贯很好，有一定的声誉，在短期偿债方面出现困难时，可以通过向债权人融资或通过发行债券和股票等办法解决资金的短缺问题，提高短期偿债能力。这个增强变现能力的因素，取决于企业自身的信誉和当时的筹资环境。

2. 降低短期偿债能力的表外因素

（1）未做记录的或有负债。或有负债是指由于可能发生的事项而导致的企业债务。根据企业会计准则，企业的或有负债不反映在资产负债表中。企业某些大额的或有负债，如经济案件可能败诉引起的经济赔偿、产品售后可能发生的质量事故赔偿等，一旦变成事实，就会加重企业的债务负担，影响企业的短期偿债能力。财务分析者应在财务报表附注中关注这些信息。

（2）担保责任引起的负债。企业以自己的资产为其他企业提供经济担保，一旦被担保企业不能按约定履行所负义务时，这一可能的债务就转化为企业的负债，从而影响企业的偿债能力。这一信息一般也列示在财务报表附注中。

（3）经营租赁合同中承诺的付款，建造合同、长期资产购置合同中的分阶段付款，也是一种付款承诺，是企业未来需要偿付的义务。

9.3 企业长期偿债能力分析

9.3.1 影响长期偿债能力的因素

长期偿债能力是指企业按期支付长期债务利息和到期偿还长期债务本金的能力。资产或者所有者权益是清偿长期债务的最终物质保障，盈利能力则是清偿长期债务的经营收益保障。在正常的经营过程中，企业不可能靠出售资产来偿还债务。企业长期的盈利水平才是偿付债务本金和利息的最稳定、最可靠的资金来源。因此，影响企业长期偿债能力的重要因素是企业的盈利能力、非流动资产的规模和非流动负债的规模等。

1. 企业的盈利能力

企业的长期负债大多用于非流动资产投资，形成企业的生产经营能力。对于正常经营的企业而言，不能靠出售资产作为偿债的资金来源，而只能依靠企业的生产经营所得。否则，以企业资产偿还非流动负债势必缩小企业的生产经营规模，这不符合企业举借非流动负债的初衷。企业之所以举借非流动负债，是因为它认为这有助于提高企业的盈利能力，可以用盈利水平提高获得的利润来偿还非流动负债。企业能否有足够的现金流偿还非流动负债本息取决于收入与费用匹配的结果。虽然从短期来看，报告利润与现金流并不一致，但从长期来看，收入与费用最终都会表现为现金流量。由于报告利润与企业长期偿债能力密切相关，因而，企业的盈利能力就成为决定其长期偿债能力的一个重要因素。一般情况下，企业的盈利能力越强，长期偿债能力就越强；反之，则长期偿债能力越弱。

2. 非流动资产的规模

非流动资产是指企业除流动资产之外的所有其他资产。从长期来看，企业的资产是偿还债务的最终物质保证，尤其是对非流动负债而言，非流动资产的规模对企业长期偿债能力有重要影响。由于大部分非流动负债在形成时是用非流动资产作抵押，抵押资产的规模决定着企业偿还非流动负债的能力。即使企业的资产没有作抵押，在债务到期时，如果没有足够的盈利来偿债，企业的全部资产都可用于偿债。因此，在非流动负债一定的情况下，企业资产越多，偿债能力就越强。

3. 非流动负债的规模

非流动负债是指偿还期在一年或者超过一年的一个营业周期以上的债务。与流动负债相比，非流动负债具有偿还期限长、借款数额大、利息负担重等特点。企业举借非流动负债的主要目的：一是为了扩大经营规模而进行的固定资产投资，如扩建厂房、购置机器设备等；二是运用财务杠杆为企业获取财务杠杆利益。非流动负债的多少直接反映了企业的偿债压力程度，非流动负债越多，企业偿债压力越大。

为了有效地控制企业的流动性风险和降低债务代理成本，长期债务的期限结构是否与非流动资产期限结构相匹配，也很重要。企业的资产期限和债务期限能匹配起来，一方面能够降低企业的违约风险，另一方面可以使企业的现金资源达到最有效的配置。如果企业的债务期限比资产期限短，当债务到期时，企业可能没有足够的现金流来偿还债务。而如果债务期限比资产期限长，则可能因为企业资产已经不能获得收益但还要偿还债务，提高了企业的违约风险；或因为到期资产产生了现金流而债务尚未到期，从而造成现金流的闲置或浪费。因此，非流动负债的规模、资产期限和债务期限匹配程度也是影响长期偿债能力的重要因素。

非流动资产是指企业除流动资产之外的所有其他资产。从长期来看，企业的资产是企业负债的偿还保证，尤其是对非流动负债而言，非流动资产的规模和结构对企业长期偿债能力有重要影响。由于大部分非流动负债在形成时是用非流动资产作抵押，抵押资产的规模决定着企业偿还非流动负债的能力。即使企业的资产没有作抵押，在债务到期时，如果没有足够的盈利来偿债，企业的全部资产都可用于偿债。因此，在非流动负债一定的情况下，企业资产越多，偿债能力就越强。

9.3.2 长期偿债能力指标的计算与分析

从上面的分析可以看出，资产、盈利能力是从不同角度反映企业偿债能力的。资产是清偿长期债务的最终物质保障，盈利能力则是清偿长期债务的经营收益保障。只有将这些因素综合起来分析，才能真正揭示企业的偿债能力。因此，企业长期偿债能力分析从以下两个方面进行：①资产规模对长期偿债能力的影响分析；②盈利能力对长期偿债能力的影响分析。

1. 资产规模对长期偿债能力的影响分析

企业资产是偿还企业债务的基本保障。分析研究企业的偿债能力，必须研究企业资产规模与债务规模之间的关系。一般地，如果资产规模大于债务规模，企业偿债能力较强；反之，企业偿债能力则较弱。从资产规模角度分析评价企业长期偿债能力的指标主要有资产负债率、权益乘数、所有者权益比率和权益乘数、产权比率、有形净值债务率等。

（1）资产负债率。资产负债率是企业负债总额与资产总额之间的比率。它反映在企业总资产中，债权人提供的资金所占的比重，以及企业资产对债权人权益的保障程度。它是反映企业偿债能力特别是长期偿债能力的重要指标。其计算公式为

$$资产负债率=(负债总额÷资产总额)×100\%$$

资产负债率越低，说明企业的债务负担越轻，企业长期偿债能力越强；资产负债率越高，说明企业的债务负担越重，长期偿债能力越低。对债权人来说，该指标越低越好。

【例9-9】根据四川长虹2016年、2015年资产与负债的资料，计算的资产负债率如表9-8所示。

表9-8 四川长虹资产负债率 （金额单位：百万元）

项目	2016年	2015年
负债合计	39 834.22	37 813.65
资产合计	59 862.97	55 615.34
资产负债率	66.5%	68.0%

表 9-8 计算结果显示，2016 年与 2015 年相比，四川长虹的资产负债率有所降低，负债规模有所控制，其财务风险有所降低。

【例 9-10】为了进一步考察四川长虹长期偿债能力的变动趋势，我们汇总了四川长虹 2006～2016 年资产负债率的变化情况，如表 9-9 与图 9-3 所示。

表 9-9 2006～2016 年四川长虹的资产负债率

指标	报告期/年										
	2006	2007	2008	2009	2010	2011	2012	2013	2014	2015	2016
资产负债率	44%	53%	56%	63%	67%	65%	67%	67%	68%	68%	67%

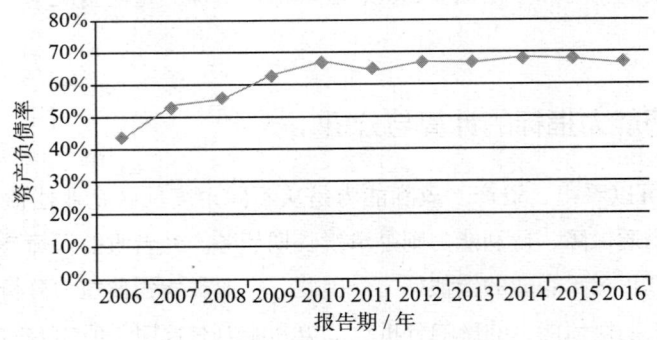

图 9-3 2006～2016 年四川长虹的资产负债率

从表 9-9 与图 9-3 可以看出，四川长虹在 2010 年以前，其资产负债率稳步上升，从 44% 逐步上升至 67%，而 2010 年之后，资产负债率基本保持在 67% 左右的水平，该负债水平略高于企业合理的负债范围。总体来看，四川长虹的资产负债率比较合理，长期偿债能力较强。

关于资产负债率指标的分析，具体要点如下：

1) 资产负债率反映债权人提供的资本占全部资本的比例，也被称为举债经营比率。对这一指标，站在不同利益相关者的角度，其看法存在较大差异。

其一，从债权人来看，他们最关心的是贷款能否按期收回，他们希望企业稳健经营，确保贷款安全。因此，资产负债率越高，债权人提供的资本占企业资本总额的比例越大，企业风险将主要由债权人负担，这对债权人来讲是不利的；反之，资产负债率越低，债权人提供的资本占企业资本总额的比例越小，企业偿债有保证，贷款不会有太大的风险。因此，债权人希望该指标越低越好。

其二，从股东来看，由于企业通过举债筹措的资金与股东提供的资金在经营中发挥同样的作用，所以，股东关心的是全部资本报酬率是否超过借款利率。如果全部资本报酬率超过借款利率，企业可以获得财务杠杆利益，股东所得到的利润就会增加；反之，全部资本报酬率低于借款利率，则对股东不利，因为借入资本的多余利息还要用股东所得的利润份额来弥补。因此，从股东的立场来看，当全部资本报酬率高于借款利率时，资产负债率越高越好。

其三，从经营者来看，如果资产负债率较高，说明利用较少的自有资本投资形成了较大的生产经营用资产，不仅扩大了生产经营规模，在经营状况好时还能获得较多的投资利润。企业举债规模很大，超出债权人心理承受程度，企业就借不到钱。如果资产负债率很低或企业不举债，说明企业畏缩不前，对前途信心不足，利用债权人资本进行经营活动的能力很差。因此，企业管理者应当审时度势，在利用资产负债率制定借入资本决策时，必须充分估计预期的利润和增加的风险，在两者之间权衡利弊得失，做出正确决策。

2）企业资产负债率的最佳水平为多少，并没有一个公认的标准，保守的观点认为资产负债率不应高于50%，而国际上通常认为资产负债率在60%左右较为适当。资产负债率的高低具有鲜明的行业特征。财务分析者在分析和评价时，通常要结合同行业的平均水平或先进水平、本企业的前期水平来进行。

其一，就行业比较而言，公用事业单位由于其现金流量相对稳定，且与债务契约要求的现金流量比较吻合，资产负债率较高；而制约行业属于"高风险、高收益"的行业，高风险使其现金流量不稳定，难以举债，高收益使其内源融资成为可能，其资产负债率相对较低。通过与同行业平均水平或竞争对手相比较，可以洞悉企业的财务风险和长期偿债能力在整个行业中是高还是低，与竞争对手相比是强还是弱，从中发现问题，并采取措施及时调整。

其二，就企业比较而言，由于企业的负债总额和资产总额包含着非常丰富的内容，不同时期在计算这一指标时口径并不完全一致，这是因为企业在减值准备等项目的会计处理上存在广泛的差异。因此，在分析比较时，注意斟酌用于计算的各个数字的实际内涵，剔除差异因素后再做评价。

（2）所有者权益比率和权益乘数。所有者权益比率是企业所有者权益总额与资产总额的比率，表明自有资本在全部资产中所占的份额。其计算公式为

$$\text{所有者权益比率} = \frac{\text{所有者权益总额}}{\text{全部资产总额}} \times 100\%$$

所有者权益比率反映了在企业全部资本中，所有者提供的资本所占的比重。所有者权益比率与资产负债率之和应该等于1。因此，这两个比率是从不同的侧面反映企业长期偿债能力的。所有者权益比率越高，资产负债率就越低，企业长期偿债能力就越强，企业财务风险就越低。

所有者权益比率的倒数，称为权益乘数，即企业的全部资产总额相当于所有者权益总额的倍数。该乘数越大，说明投资者投入的一定量资本在生产经营中形成的资产越多，亦即负债也多，企业财务风险越大。其计算公式为

$$\text{权益乘数} = \frac{\text{全部资产总额}}{\text{所有者权益总额}}$$

所有者权益比率和权益乘数是对资产负债率的必要补充。运用这些指标分析企业长期偿债能力时，还应该注意以下几点：①它们与资产负债率都是衡量长期偿债能力的指标，这些指标可以互相补充。在资产负债率分析中应该注意的问题，在所有者权益比率和权益乘数分析中也应该引起注意。②它们与资产负债率之间是有区别的。其区别在于反映长期偿债能力的侧重点

不同。所有者权益比率和权益乘数侧重反映资产总额与所有者权益的倍数关系，倍数越大，说明企业资产对负债的依赖程度越高，财务风险越高；资产负债率侧重揭示总资本中有多少是依靠负债取得的，说明债权人权益的受保障程度。

（3）产权比率。产权比率是负债总额与股东权益总额之间的比率，是衡量长期偿债能力的指标之一。其计算公式为

$$产权比率 = （负债总额 \div 股东权益总额）\times 100\%$$

产权比率反映了负债总额与股东权益总额之间的关系。一般情况下，产权比率越低，企业长期偿债能力越强，债权人权益的保障程度越高，承担的风险越小，但不能充分发挥负债的财务杠杆效应。在分析产权比率是否适度时，财务分析者应从提高获利能力和增强偿债能力两个方面进行综合分析。对企业而言，在保障债务偿还的安全性的前提下，应尽量提高产权比率。

【例9-11】根据四川长虹2016年、2015年负债总额与股东权益总额的资料，计算的产权比率如表9-10所示。

表9-10 四川长虹产权比率 （金额单位：百万元）

项目	2016年	2015年
负债合计	39 834.22	37 813.65
股东权益合计	20 028.75	17 801.69
产权比率	198.9%	212.4%

从表9-10可以看出，四川长虹的产权比率2016年比2015年略有下降，说明债权人提供的资本有所减少，公司的自有资本在逐渐增加，企业的举债经营能力增强，其长期偿债能力增强。

资产负债率与产权比率具有相同的经济意义，两个指标可以相互补充。因此，对产权比率的分析可以参见对资产负债率指标的分析。另外，在进行产权比率分析时需注意以下问题。

1）该指标反映由债权人提供的资本与股东提供的资本的相对关系，反映企业基本的财务结构是否稳健。产权比率高，是高风险、高报酬的财务结构；产权比率低，是低风险、低报酬的财务结构。一般来说，股东资本大于借入资本较好，但也不能一概而论。从股东角度来看，在通货膨胀加剧时期，企业多借债可以把损失和风险转嫁给债权人；在经济繁荣时期，多借债可以获得额外的利润；在经济萎缩时期，少借债可以减少利息负担和降低财务风险。因此，经济周期、经济状况是影响产权比率的重要因素。

2）该指标也表明债权人投入的资本受到股东权益保障的程度，或者说是企业清算时对债权人利益的保障程度。由于债权人的索偿权在股东前面，一旦企业清算，如果产权比率过高，则债权人的利益因股东提供的资本所占比重较小而缺乏保障。

3）产权比率所反映的偿债能力是以净资产为物质保障的。但是净资产中的某些项目，如无形资产、递延资产、长期待摊费用等，其价值具有极大的不确定性，且不易形成支付能力。因此，在使用产权比率时，必须结合有形净值债务率进行进一步的分析。

（4）有形净值债务率。有形净值债务率，就是将无形资产、长期待摊费用从所有者权益中

予以扣除，从而计算企业负债总额与有形资产净值之间的比率。该指标实际上是一个更保守、谨慎的产权比率。其计算公式为

$$有形净值债务率 = \frac{负债总额}{所有者权益 - 无形资产 - 长期待摊费用} \times 100\%$$

所有者权益减去无形资产和长期待摊费用后称为有形资产。之所以进一步考察负债对有形资产的比例关系，是因为无形资产（如商誉、商标、专利权）的价值具有较大的不确定性，而长期待摊费用本身就是企业费用的资本化，它们往往不能用于偿债。因此，在企业陷入财务危机或面临清算等特殊情况时，强调有形资产对债权人的保障。有形净值债务率实际上是产权比率的延伸，是更谨慎、保守的反映债权人利益保障程度的指标。该比率越低，保障程度越高，企业的有效偿债能力越强。

【例9-12】根据四川长虹2016年、2015年所有者权益总额、流动负债、无形资产的资料，计算的有形净值债务率如表9-11所示。

表9-11 四川长虹有形净值债务率 （金额单位：百万元）

项目	2016年	2015年
负债合计	39 834.22	37 813.65
所有者权益合计	20 028.75	17 801.69
无形资产	3 093.91	3 039.00
长期待摊费用	26.11	7.77
有形净值债务率	235.6%	256.3%

从表9-11可见，四川长虹的有形净值债务率2016年较2015年略有下降。究竟债务安全程度如何，还要结合企业债务结构、生产经营具体情况、市场竞争状况以及企业发展前景等具体进行分析。

（5）长期负债比率。长期负债比率是指企业的长期负债与负债总额之间的比例关系，用以反映企业负债中长期负债所占的比重。其计算公式为

$$长期负债比率 = \frac{长期负债}{负债总额} \times 100\%$$

由于长期负债资本具有期限长、成本高、财务风险低、稳定性强等特点，长期负债比率的高低，一方面可以反映企业筹措长期负债资本的能力，另一方面也可反映企业借入资金成本和财务风险的高低。在企业资金需求量一定的情况下，提高长期负债比率，就意味着企业对短期借入资金依赖性的降低，从而减轻企业的长期偿债压力。

（6）或有负债比率。或有负债比率是指企业或有负债总额与股东权益总额的比率，反映股东权益对可能发生的或有负债的保障程度。其计算公式为

$$或有负债比率 = 或有负债余额 \div 股东权益总额$$

其中

或有负债总额 = 已贴现商业承兑汇票金额 + 对外担保金额 + 未决诉讼、未决仲裁金额 + 其他或有负债金额

一般情况下，或有负债比率越低，表明企业长期偿债能力越强，股东权益对或有负债的保障程度越高；或有负债比率越高，企业承担的相关风险越高。

（7）债务保障比率。债务保障比率是年度经营活动所产生的现金净流量与全部债务总额的比率，表明企业经营现金净流量对其全部债务偿还的满足程度。其计算公式为

$$债务保障比率 = \frac{经营活动净现金流量}{负债总额} \times 100\%$$

该比率越高，表明企业承担债务总额的能力越强，偿债能力越强。它同样也是债权人所关心的偿债能力指标。债务保障比率与现金流量比率的差别在于，后者可能为短期债权人所重视，而前者则更为长期债权人所重视。

2. 盈利能力对长期偿债能力的影响分析

盈利能力是清偿长期债务的经营收益保障，企业利润越多，可用于偿还债务的资金就越多，企业偿债能力就越强。从盈利能力角度分析评价企业长期偿债能力的主要指标有已获利息倍数、债务本息保障倍数、固定费用保障倍数、销售利息比率、现金流量利息保障倍数等。

（1）已获利息倍数。已获利息倍数是指企业息税前利润与利息费用的比率，用以衡量企业偿付借款利息的能力。它反映了获利能力对债务偿付的保障程度。其计算公式为

$$已获利息倍数 = 息税前利润 \div 利息费用$$

公式中的"息税前利润"是指利润表中未扣除利息费用和所得税之前的利润。它可以用"利润总额加利息费用"来测算。由于我国现行利润表"利息费用"没有单列，而是混在"财务费用"之中，外部报表使用者只能用"财务费用"来替代"利息费用"。

公式中的分母"利息费用"是指本期发生的全部应付利息，不仅包括财务费用中的利息费用，还包括计入存货、固定资产成本、投资性房地产的资本化利息。资本化利息虽然不在利润表中扣除，但仍然是要偿还的。已获利息倍数的重点是衡量企业支付利息的能力，没有足够大的息税前利润，利息的支付就会发生困难。

运用已获利息倍数分析评价企业长期偿债能力，从静态来看，该指标至少应大于1，否则说明企业偿债能力差，不能举债经营；从动态来看，已获利息倍数提高，说明企业偿债能力在增强。

已获利息倍数不仅反映了企业获利能力的大小，而且反映了获利能力对偿还到期债务的保证程度。它既是企业举债经营的依据，也是衡量企业长期偿债能力的重要标准。一般情况下，已获利息倍数越大，企业长期偿债能力越强。

如何合理确定企业的已获利息倍数？这需要将该企业的这一指标与其他企业特别是本行业平均水平进行比较。同时，从稳健性的角度出发，最好比较本企业连续几年的该项指标，并选择最低指标年度的数据作为标准。这是因为，企业在经营好的年份要偿债，而在经营不好的年份也要偿还大约同等数量的债务。某一个年度利润很高，已获利息倍数也会很高，但不能年年如此。采用指标最低年度的数据，可保证最低的偿债能力。但若遇有特殊情况，须结合实际来确定。

【例9-13】2016年四川长虹息税前利润为1 702.02百万元,利息开支260.14百万元。2015年四川长虹息税前利润-401.76百万元,利息开支1 038.70百万元。

要求:分别计算四川长虹2016年、2015年的已获利息倍数。

具体计算如下:

2016年已获利息倍数 =1 702.02÷260.14=6.54

2015年已获利息倍数 =-401.76÷1 038.70=-0.39

计算结果显示,2015年已获利息倍数为负数,说明公司获得的利润不足以用来支付利息。2016年已获利息倍数为6.54,说明公司的盈利能力迅速增强,长期偿债能力增强。

(2)债务本息保障倍数。对于债权人而言,按期收回本息是最终目的。除了常规性的定期收回利息之外,当年应当收回本金的安全状况如何,也是债权人非常关注的问题。债务本息保障倍数则是考虑每1元的本息究竟有多少息税前利润来保障。该指标越大,说明企业长期偿债能力越强,在可持续发展的前提下,企业有充分还本付息的能力。

$$债务本息保障倍数 = \frac{息税前利润}{利息费用 + \dfrac{年度还本额}{1-所得税税率}}$$

由于归还本金的数额是在税后进行,而支付利息则是在税前,为了统一口径,将年度还本额调整为税前需要的资金数量。

(3)固定费用保障倍数。企业的日常经营活动,除了按期还本付息之外,有些固定费用必须定期兑现,否则将会发生财务困难。固定费用是指类似利息费用的固定支出,是企业必需的固定开支。固定费用通常除了债务利息,还包括租金、优先股股利、偿债基金等因素,统一在税前考虑息税前利润能够偿还的程度。该指标是利息保障倍数的演化,是比利息保障倍数考虑更周密的一个指标,能够更全面地衡量企业长期偿债能力。

$$固定费用保障倍数 = \frac{息税前利润}{利息 + 租金 + \dfrac{优先股股利}{1-所得税税率} + \dfrac{偿债基金}{1-所得税税率}}$$

需要注意的是:

1)偿债基金是企业为了统筹规划长期债务偿还工作,平滑长期债务的还款压力,建立专用款项,以设立偿债基金的形式,在长期债务偿还期内,定期提取一定的资金,形成一项定期、固定的开支需求,而且是在税后提取资金,必须考虑所得税的影响。偿债基金的设立,将临时的还款任务转化为企业日常的还款规划,体现为长期债务对企业日常活动的偿还压力。

2)租金是企业按照租赁合同的要求必须偿还的,如果不能按期支付,企业要承担违约责任。应付未付的租金在实质上与利息支出没有区别。

3)优先股股利尤其是固定的优先股股利,相对于普通股股利而言,具有"债性"。无论企业盈利状况如何,都必须支付固定的开支。与债务利息不同,优先股股利是用税后利润支付的,成本其实更高,因此要调节所得税的影响,统一站在税前的角度来考虑对企业偿债造成的压力。

4)该指标一般应大于1,其越大越好。可以结合企业生产经营情况、所处行业的平均水平等因素确定具体标准。一般而言,该指标包含的固定费用多,是一个更加谨慎的指标。除了企业债权人之外,优先股股东、出租人都会关注此指标的高低。

(4)销售利息比率。销售利息比率是指一定时期的利息费用与营业收入的比率。其计算公式为

$$销售利息比率 = \frac{利息费用}{营业收入}$$

公式中的利息费用既包括生产经营性利息费用,也包括资本化利息。该指标衡量每1元营业收入负担的利息费用,反映企业销售状况对偿付债务利息的保证程度。在企业负债规模基本稳定的情况下,销售状况越好,偿还债务可能给企业造成的冲击越小。该指标可以分解为资产负债率、负债资金成本率以及总资产周转率三个指标进行深入分析,即

$$销售利息比率 = \frac{负债总额}{总资产} \times \frac{利息费用}{负债总额} \div \frac{营业收入}{总资产}$$

$$= 资产负债率 \times 负债资金成本率 \div 总资产周转率$$

(5)现金流量利息保障倍数。现金流量利息保障倍数是指经营现金净流量与利息费用之间的比率。它反映每1元的利息费用有多少经营现金净流量作为偿债保障。由于实际用以支付利息的是现金,而不是收益,所以,它比已获利息倍数更加可靠。其计算公式为

$$现金流量利息保障倍数 = \frac{经营现金净流量}{利息费用}$$

9.3.3 影响企业长期偿债能力的表外因素

除了上述通过利润表、资产负债表中有关项目之间的内在联系计算出各种比率,用以评价和分析企业的长期偿债能力以外,还有一些没有在财务报表中充分披露的因素,也会影响企业的长期偿债能力,必须引起足够的重视。

1. 长期租赁

当企业急需某种设备或资产而又缺乏足够的资金时,可以通过租赁方式解决。财产租赁分为融资租赁和经营租赁。融资租赁是由租赁公司垫付资金购买设备租给承租人使用,承租人按合同规定支付租金(包括设备买价、利息、手续费等)。一般情况下,在承租方付清最后一笔租金后,其所有权归承租方所有,实际上属于变相的分期付款购买固定资产。因此,在融资租赁形式下,租入的固定资产作为企业自有的固定资产入账,作为企业自有资产进行管理,相应的租赁费用作为长期负债处理。这种资本化的租赁,在分析长期偿债能力时,已经包括在债务比率指标的计算之中。

经营租赁则没有反映在资产负债表中。当企业的经营租赁量比较大、期限比较长或具有经

常性时，就形成了一种长期性筹资，这种长期性筹资虽然不包括在长期负债之内，但到期必须支付租金，从而会对企业的偿债能力产生影响。因此，如果企业经常发生经营租赁业务，应考虑租赁费用对企业长期偿债能力的负面影响。

2. 债务担保

债务担保项目的时间长短不一，有的涉及企业的长期负债，有的涉及企业的流动负债。在分析企业长期偿债能力时，财务分析者应根据有关资料判断担保责任带来的潜在长期负债问题。

3. 或有项目

根据《企业会计准则第13号——或有事项》规定，企业不确认或有负债。但是，或有项目的存在须通过未来不确定事项的发生或者不发生予以证实，一旦未来不确定的事项发生了，必然会影响企业的财务状况。因此，企业不得不对它们予以足够的重视，在评价企业长期偿债能力时也要考虑它们的潜在影响。

▶ 思考题

1. 如何评价企业的短期偿债能力？
2. 影响短期偿债能力的主要因素有哪些？
3. 计算速动比率时，为何要将存货从流动资产中扣除？
4. 影响企业变现能力的表外因素有哪些？
5. 可以从哪些方面分析速动比率变动异常的原因？
6. 如何评价企业的长期偿债能力？
7. 企业资产负债率的高低对债权人、股东、经营者有何影响？
8. 如何关注表外因素对企业长期偿债能力的影响？
9. 企业陷入财务困境是负债比率过高还是收益率过低？
10. 现金流量利息保障倍数与已获利息倍数在衡量偿债能力方面有何区别？
11. 债务保障比率与现金流量比率在衡量偿债能力方面有何不同？

▶ 练习题

1. 某企业 2021 年年末产权比率为 80%，流动资产占总资产的 40%。有关资料如下：

（1）该企业资产负债表中的负债项目如表 9-12 所示。

（2）该企业报表附注中的或有负债信息如下：已贴现承兑汇票 1 500 万元，对外担保 6 000 万元，未决诉讼 600 万元，其他或有负债 900 万元。

要求：

（1）计算该企业所有者权益总额。
（2）计算该企业流动资产和流动比率。
（3）计算该企业资产负债率。
（4）计算该企业或有负债金额。

表 9-12 企业负债项目资料

负债项目	金额/百万元
流动负债：	
短期借款	6 000
应付账款	9 000
预收账款	7 500
其他应付款	13 500
一年内到期的长期负债	12 000
流动负债合计	48 000
非流动负债：	
长期借款	36 000
应付债券	60 000
非流动负债合计	96 000
负债总计	144 000

2. 某公司 2021 年 12 月 31 日资产负债表如表 9-13 所示。

表 9-13 某公司资产负债表 （单位：百万元）

资产	年初数	年末数	负债和所有者权益	年初数	年末数
货币资金	500	475	流动负债合计	1 100	1 090
应收账款	675	750	长期负债合计	1 450	1 860
存货	800	850	负债合计	2 550	2 950
其他流动资产	150	175			
流动资产合计	2 125	2 250	所有者权益合计	3 575	3 600
固定资产净值	4 000	4 300			
资产总计	6 125	6 550	负债和所有者权益总计	6 125	6 550

要求：计算该公司 2021 年年末的流动比率、速动比率、现金比率、资产负债率、权益乘数和产权比率。

3. 某公司流动资产由速动资产和存货构成，年初存货为 145 万元，年初应收账款为 125 万元，年末流动比率为 3，年末速动比率为 1.5，存货周转率为 4 次，年末流动资产余额为 270 万元。一年按 360 天计算。

要求：

（1）计算该公司年末流动负债余额。

（2）计算该公司年末存货余额和年平均存货余额。

（3）计算该公司本年营业成本。

（4）假定本年赊销净额为 960 万元，应收账款以外的其他速动资产忽略不计，计算该公司应收账款周转期。

4. 某企业 2021 年年初流动资产为 120 万元，年初存货为 60 万元，年初应收账款为 38 万元。2021 年年末的有关资料为：流动负债 70 万元，货币资金 42 万元，流动比率 2.2，速动比率 1.2，现金类资产 42 万元，全年应收账款周转率 12 次，全年营业成本 156 万元。假定该企业流动资产仅包括货币资金、应收账款与存货。

要求：

（1）计算该企业 2021 年年末流动资产、年末存货和年末应收账款。

（2）计算该企业 2021 年流动资产周转率和存货周转率。

5. 某公司 2021 年年末有关财务资料如表 9-14 所示。

表 9-14 某公司 2021 年年末有关财务资料 （单位：百万元）

项目	金额	项目	金额
货币资金	300	短期借款	300
交易性金融资产	200	应付账款	200
应收票据	102（年初 168）	长期负债	975
应收账款	98（年初 82）	所有者权益	1 025（年初 775）
存货	500（年初 400）	营业收入	3 000
固定资产净值	1 286（年初 214）	主营业务成本	2 400
无形资产	14	财务费用	10
		税前利润	90
		税后利润	54

要求：

（1）根据以上资料，计算该公司 2021 年的流动比率、速动比率、存货周转率、应收账款周转天数、资产负债率、已获利息倍数、营业净利率及净资产收益率。

（2）假设该公司同行业各项比率的平均水平如表 9-15 所示，试根据（1）的计算结果，对本公司财务状况进行简要评价。

表 9-15　该公司同行业各项比率平均水平

比率名称	同行业平均水平	比率名称	同行业平均水平
流动比率	2	资产负债率	40%
速动比率	1	已获利息倍数	8
存货周转率 / 次	6	营业净利率	9%
应收账款周转天数	30	净资产收益率	10%

▶ **案例分析**

1. 参照第 7 章案例分析 1 的基本资料，我们根据上市公司的年报资料，汇总了美的集团、格力电器和青岛海尔这三家公司 2007 ～ 2016 年反映偿债能力的资料。具体数据资料如表 9-16 ～表 9-18 所示。

表 9-16　2007 ～ 2016 年流动比率

年度	美的集团	格力电器	青岛海尔	家电行业均值
2007	—	1.07	1.93	1.31
2008	—	1.01	1.77	1.28
2009	—	1.04	1.48	1.32
2010	1.15	1.10	1.24	1.33
2011	1.14	1.12	1.21	1.31
2012	1.09	1.08	1.27	1.31
2013	1.15	1.08	1.29	1.37
2014	1.18	1.11	1.43	1.38
2015	1.30	1.07	1.38	1.38
2016	1.35	1.13	0.95	1.36

表 9-17　2007 ～ 2016 年速动比率

年度	美的集团	格力电器	青岛海尔	家电行业均值
2007	—	0.70	1.20	0.85
2008	—	0.81	1.35	0.94
2009	—	0.90	1.30	1.02
2010	0.71	0.87	1.04	1.01
2011	0.84	0.85	0.98	1.03
2012	0.83	0.86	1.04	1.02
2013	0.88	0.94	1.11	1.10
2014	0.98	1.03	1.24	1.15
2015	1.15	0.99	1.16	1.17
2016	1.18	1.06	0.74	1.14

表 9-18　2007 ～ 2016 年资产负债率　　　　　　　　　　　　　　（%）

年度	美的集团	格力电器	青岛海尔	家电行业均值
2007	—	77.06	36.94	59.92
2008	—	75.16	37.03	57.31

(续)

年度	美的集团	格力电器	青岛海尔	家电行业均值
2009	—	79.33	57.21	63.79
2010	69.98	78.64	67.38	65.06
2011	67.42	78.43	70.94	66.24
2012	67.21	62.20	74.36	63.67
2013	59.69	73.55	67.21	63.01
2014	61.98	71.11	61.23	62.00
2015	56.51	69.96	57.29	59.98
2016	59.57	69.88	71.34	62.26

要求：

（1）通过分析这三家公司2007～2016年的流动比率、速动比率和资产负债率的整体情况，对这三家公司的短期偿债能力和长期偿债能力做出评价。

（2）请进一步查阅青岛海尔的相关资料，具体分析青岛海尔的短期偿债能力与长期偿债能力在2007～2016年间发生了哪些变化？发生这些变化的原因是什么？公司面临着哪些风险？

（3）请结合以上分析，说明我国家电行业的整体偿债能力如何。如何提高我国家电行业的偿债能力？

2.吉比特、三七互娱、完美世界这三家网络游戏类上市公司财务状况各有特点，经济效益均非常突出。2016年年度报告中它们的流动比率、速动比率等相关财务指标如表9-19所示。

表9-19 相关财务指标

指标名称	吉比特	三七互娱	完美世界
流动比率	3.76	1.51	2.65
速动比率	3.76	1.46	2.54
资产负债率/%	22.32	22.95	48.13
营业净利率/%	53.89	23.18	18.40

另外，2016年报数据显示，三家公司的主营业务利润率都表现非常不错。

要求：

请结合以上相关资料，回答以下问题。

（1）这三家公司的偿债能力如何？它们的财务状况是否健康？

（2）完美世界的资产负债率明显高于另外两家同行业公司，它的财务风险是否高于另外两家公司？

（3）吉比特的各项财务指标均优于另外两家公司，请具体分析其中的原因。

第 10 章

企业发展能力分析

10.1 企业发展能力分析的目的与内容

10.1.1 企业发展能力分析的目的

企业发展能力通常是指企业未来生产经营活动的发展趋势和发展潜能,也可以称为成长性。对企业发展能力分析是从动态角度对企业成长性的一种判断,是根据企业过去的资料来预测企业的未来。企业的发展能力对股东、潜在投资者、经营者及其他相关利益团体至关重要,企业增长空间如何、增长质量如何、增长是否可持续是评价企业投资价值的重要因素。

一方面,企业发展能力是从动态的角度评价企业的成长性,在日益激烈的市场竞争中,企业价值在很大程度上取决于未来的获利能力,取决于企业营业收入、利润和股利的未来增长,而不是企业过去或目前所获得的收益情况。另一方面,发展能力是企业盈利能力、营运能力、偿债能力的综合体现。无论是增强企业的盈利能力、偿债能力还是提高企业的资产运营效率,都是为了适应企业未来的生存和发展需要,都是为了提高企业的增长能力。

企业的发展能力对投资者、债权人和其他利益相关者非常重要。投资者的回报来源于企业未来的盈利能力,债权人的债务清偿资金来自企业未来的现金流,这些利益主体都非常关注企业未来的成长性。因此有必要对企业的发展能力进行深入分析。发展能力分析的目的主要体现在以下两个方面。

1. 利用发展能力有关指标衡量和评价企业的增长潜力

企业经营活动的根本目标就是不断增强企业自身持续生存和发展的能力。反映企业增长能力的主要指标包括营业收入增长率、利润增长率、股东权益增长率、资产增长率。通过实际的增长能力指标与计划、同行业的其他企业同类指标进行比较,可以评价企业增长能力的强弱;将企业不同时期的增长能力指标进行比较,可以评价企业在营业收入、利润、股东权益、资产等方面的增减速度和增长趋势。

2. 通过发展能力分析发现影响企业增长的关键因素，调整企业战略

企业战略研究表明，在企业市场份额既定的情况下，如果企业采取合适的经营战略和财务战略，就能够使企业的价值最大化。也就是说，企业经营战略和财务战略的不同组合能够影响企业的未来增长能力。因此，在评价企业目前盈利能力、营运能力、偿债能力和股利政策的基础上，企业管理者通过深入分析影响企业持续增长的相关因素，并根据企业的实际经营情况和发展战略，确定企业未来的增长速度，相应调整其经营战略和财务战略，以实现企业的持续增长。

10.1.2 企业发展能力分析的内容

发展能力分析的基本内容包括以下两个方面。

1. 企业发展能力指标分析

发展能力指标分析就是运用财务指标对企业的未来增长能力和企业未来的发展趋势加以评估。企业价值要获得增长，就必须依赖于营业收入、利润、股东权益和资产等方面的不断增长。企业发展能力指标分析就是通过计算和分析营业收入增长率、利润增长率、股东权益增长率、资产增长率等指标，衡量企业在营业收入、利润、股东权益、资产等方面的发展能力，并对其发展趋势进行评估。

2. 持续增长策略分析

企业为了达到可持续增长的目标，通常需要运用销售政策、资产营运政策、融资政策和股利政策。前两者构成了企业的经营战略，后两者构成了企业的财务战略。在财务分析过程中，可借助"可持续增长率"（sustainable growth rate）这个综合指标全面衡量企业综合利用这些经济政策所能够获得的预期增长速度。因此，持续增长策略分析主要包括：通过企业的可持续增长率分析影响企业持续增长的因素；分析企业为达到发展战略目标应该选择的增长战略，包括经营战略分析和财务战略分析。

10.2 企业发展能力指标分析

10.2.1 营业收入增长率的计算与分析

企业营业收入的增长往往表现为市场份额的扩大，企业要增强发展能力，必须以营业收入的增长为后盾，因此，营业收入增长率是衡量企业发展能力的重要指标。营业收入增长率就是本年营业收入增加额与上一年营业收入额之比。其计算公式为

$$营业收入增长率 = \frac{本年营业收入增加额}{上一年营业收入额} \times 100\%$$

$$本年营业收入增加额 = 本年营业收入额 - 上一年营业收入额$$

营业收入增长率反映企业营业收入在一年之内增长的幅度。营业收入增长率为正数，说明企业本期销售规模扩大。营业收入增长率越高，说明企业营业收入增长得越快，销售情况越好；营业收入增长率为负数，则说明企业销售规模减小，销售出现负增长，销售情况较差。

营业收入增长率指标数值的大小会受到销售增长基数的影响，另外，营业收入短期的异常波动也会影响增长率指标的大小。

三年营业收入平均增长率是为消除销售收入短期异常波动的影响而采用的分析指标。三年营业收入平均增长率反映企业较长时期销售收入的增长情况，体现企业的持续发展态势和市场扩张能力。其计算公式为

$$三年营业收入平均增长率 = \left(\sqrt[3]{\frac{本年营业收入总额}{三年前年度营业收入总额}} - 1\right) \times 100\%$$

【例10-1】根据四川长虹2016年、2015年营业收入的资料，计算的营业收入增长率如表10-1所示。

表10-1　四川长虹营业收入增长率　　　　　　　（金额单位：百万元）

项目	2016年	2015年
本年营业收入额	67 175.34	64 847.81
上一年营业收入额	64 847.81	59 503.90
营业收入增长率	3.59%	8.98%

从表10-1可以看出，四川长虹2016年、2015年营业收入增长率分别为3.59%和8.98%，说明四川长虹的营业收入在不断扩大，但是增长幅度却在缩小。如何继续增加营业收入、保持盈利水平是四川长虹需要面对的问题。

财务分析者在分析企业的营业收入增长率时，应该注意以下几个方面。

（1）分析销售增长的效益。正常情况下，一个企业的营业收入增长率应高于其资产增长率，只有在这种情况下，才能说明企业在销售方面具有良好的成长性。如果营业收入的增加主要依赖于资产的过度扩张，也就是营业收入增长率低于资产增长率，说明这种销售增长不具有效益性，企业在销售方面可持续发展能力不强。

（2）分析销售增长的趋势。营业收入增长率仅仅就某个时期的情况而言，某个时期的营业收入增长率可能会受到一些偶然的和非正常的因素影响，这些比率分析并不是很全面。因此，要全面、充分地分析和判断一个企业营业收入的增长趋势和增长水平，需要对企业若干年的营业收入增长率按时间序列做趋势分析，这样更能准确地反映出企业实际的销售增长能力。

（3）分析销售增长的结构。财务分析者可以利用某种产品营业收入增长率指标，来观察企业产品的结构情况，进而分析企业的成长性。

根据产品生命周期理论，每种产品的生命周期一般可以划分为四个阶段，产品在不同阶段反映出的销售情况也不同：在投入期，由于产品刚刚投入正常生产，产品销售规模较小，增长

比较缓慢，即某种产品营业收入增长率较低；在成长期，由于产品市场不断拓展，生产规模不断扩大，销售量迅速增加，产品销售增长较快，产品营业收入增长率较高；在成熟期，由于市场已经基本饱和，销售量趋于稳定，产品销售将不再有大幅度的增长，即产品营业收入增长率与上一期相比变动不大；在衰退期，由于市场开始萎缩，产品销售增长速度放慢甚至出现负增长。企业的产品结构是由处在不同生命周期的产品系列组成的，对一个具有良好发展前景的企业来说，较为理想的产品结构应该是"成熟一代，生产一代，储备一代，开发一代"，如果一个企业的产品系列都处于成熟期或者衰退期，那么它的发展前景就不容乐观。

10.2.2　净利润增长率的计算与分析

净利润反映企业经营业绩，净利润的增长是企业成长性的基本表现。净利润增长率是企业某一年度内税后净利润增加额与上一年税后净利润之比，其计算公式为

$$净利润增长率 = \frac{本年税后净利润 - 上一年税后净利润}{上一年税后净利润} \times 100\%$$

$$净利润增长率 = \frac{本年税后净利润增加额}{上一年税后净利润额} \times 100\%$$

净利润增长率是反映企业税后净利润在一年之内增长幅度的比率。净利润增长率为正数，说明企业本期净利润增加。净利润增长率越高，说明企业未来的发展前景越好。净利润增长率为负数，则说明企业本期净利润减少，利润降低，企业的发展前景受挫。

【例10-2】根据四川长虹2016年、2015年税后利润的资料，计算的净利润增长率如表10-2所示。

表10-2　四川长虹净利润增长率　　　　　　　（金额单位：百万元）

项　目	2016年	2015年
本年税后净利润	1 159.43	-1 724.53
上一年税后净利润	-1 724.53	267.50
净利润增长率	167.23%	-744.68%

从表10-2可以看出，四川长虹2015年净利润下降了744.68%，2016年利润大幅增加，净利润增长率为167.23%，迅速扭亏为盈。这说明四川长虹通过增加营业收入、严格成本控制实现利润增加的措施非常有效。

财务分析者在分析企业的净利润增长率时，应结合以下分析：

（1）净利润增长来源分析。从利润表可以看出，企业净利润除了来自营业收入的经常性损益外，还包括公允价值变动损益、资产减值损失、营业外收入这些非经常性损益。因此，要全面认识企业的发展能力，需要结合企业的净利润增长来源进行分析。将经常性损益增长率与净利润增长率进行比较，如果企业的经常性损益增长率高于净利润增长率，则说明净利润的增长主要来源于营业收入这一经常性项目，表明企业产品获利能力较强，具有良好的发展能力；相

反,如果企业的经常性损益增长率低于净利润增长率,说明企业的净利润不是主要来源于正常业务,而是来自营业外收入或者其他项目,这样的增长不具有持续性,说明企业的持续发展能力并不强。

(2)净利润增长趋势分析。为了更正确地反映企业净利润的增长趋势,应将企业连续多期的净利润增加额、净利润增长率、经常性损益增长率进行对比分析,这样可以排除个别时期偶然性或特殊性因素的影响,从而更加全面、真实地揭示企业净利润的增长情况,反映企业发展能力的稳定性。

10.2.3 股东权益增长率的计算与分析

股东权益增长率是某一年度内企业股东权益增加额与年初股东权益的比率,也叫作资本积累率,其计算公式为

$$股东权益增长率 = \frac{年末股东权益 - 年初股东权益}{年初股东权益} \times 100\%$$

$$股东权益增长率 = \frac{本年股东权益增加额}{年初股东权益} \times 100\%$$

股东权益增长率反映的是企业经过一年的生产经营之后股东权益的增长幅度。股东权益增长率越高,表明企业本年股东权益增加得越多,企业自有资本的积累能力增强,对企业未来的发展越有利;反之,股东权益增长率越低,表明企业本年度股东权益增加得越少,企业自有资本积累较慢,企业未来的发展机会较少。

【例 10-3】根据四川长虹 2016 年、2015 年股东权益的资料,计算的股东权益增长率如表 10-3 所示。

表 10-3 四川长虹股东权益增长率　　　　　　(金额单位:百万元)

项　目	2016 年	2015 年
本年年末股东权益	20 028.75	17 801.69
本年年初股东权益	17 801.69	19 452.42
股东权益增长率	12.51%	−8.49%

从表 10-3 可以看出,四川长虹 2015 年股东权益下降了 8.49%,2016 年股东权益大幅增加,其增长率为 12.51%。2016 年股东权益的增加主要来自公司实现的盈利。这说明四川长虹的所有者权益在不断增加,企业的资本积累能力在不断增强,有利于企业长远发展。

财务报表分析者在进行股东权益增长率分析时,应注意结合以下方面分析。

(1)股东权益增长因素分析。股东权益的增长主要来源于经营活动产生的净利润和融资活动产生的股东权益。净利润反映了企业运用资本创造收益的能力,而股东权益反映了企业利用股东新投资的程度。这两方面的因素决定了股东权益的增长来源。

(2)股东权益增长趋势分析。仅仅计算和分析一段时期的股东权益增长率是不全面的,为

正确判断和预测企业股东权益的发展趋势和发展水平，应利用趋势分析法将企业不同时期的股东权益增长率加以比较。因为一个持续增长型企业，其股东权益应该是不断增长的，如果时增时减，则反映出企业发展不稳定，同时也说明企业并不具备良好的发展能力。

10.2.4 总资产增长率的计算与分析

总资产增长率是指某一年度内资产增加额与年初资产总额之比，其计算公式为

$$总资产增长率 = \frac{年末资产总额 - 年初资产总额}{年初资产总额} \times 100\%$$

$$总资产增长率 = \frac{本年资产增加额}{年初资产总额} \times 100\%$$

总资产增长率是用来反映企业资产总规模增长幅度的比率。资产增长率为正数，说明企业本年资产规模增加，资产增长率越大，说明资产规模扩张得越快。资产增长率为负数，则说明企业本年资产规模缩减，资产出现负增长。

【例10-4】根据四川长虹2016年、2015年总资产的资料，计算的资产增长率如表10-4所示。

表10-4　四川长虹资产增长率　　　　　　　　（金额单位：百万元）

项　目	2016年	2015年
年末总资产	59 862.97	55 615.34
年初总资产	55 615.34	60 224.61
资产增长率	7.64%	−7.65%

从表10-4可以看出，四川长虹2015年资产总额下降了7.65%，2016年资产总额大幅增加，总资产增长率为7.64%。2016年资产总额的增加主要来自负债和所有者权益，其中，负债增加5.34%，股东权益增加12.51%。股东权益的增长超过了负债的增长，说明公司资产增长主要来自股东权益的增长，资产增长的质量好。

财务分析者在对总资产增长率进行具体分析时，应该注意以下几点。

（1）资产增长的规模是否适当。企业总资产增长率高并不意味着企业的资产规模增长就一定适当。评价一个企业的资产规模增长是否适当，必须与销售增长、利润增长等情况结合起来分析。只有在一个企业的销售增长、利润增长超过资产规模增长的情况下，这种资产规模增长才属于效益型增长，才是适当的、正常的。

（2）资产增长的来源是否合理。企业的资产来源于负债和股东权益，在其他条件不变的情况下，无论是增加负债规模还是增加股东权益规模，都会提高资产增长率。从企业发展的角度来看，企业资产的增长应该主要来自企业盈利的增加，即资产增长主要来源于股东权益增长。反之，如果一个企业的资产增长完全依赖于负债的增长，而股东权益项目在年度里没有发生变动或者变动不大，说明企业并不具备良好的发展潜力。

（3）资产增长的趋势是否稳定。对于一个健康的处于成长期的企业，其资产规模应该是不断增长的，如果时增时减，则反映出企业的经营业务并不稳定，同时也说明企业并不具备良好的发展能力。因此，为全面认识企业资产规模的增长趋势和增长水平，应将企业不同时期的总资产增长率加以比较。

10.3 持续增长策略分析

10.3.1 可持续增长率的内涵

企业发展的资金来源渠道有三种：一是内部资金，即在不增加外部负债的情况下，依靠内部积累的资金，实现增长。这种方式由于企业内部资源的有限性，往往会限制企业的发展。二是外部资金，即主要依靠增加企业债务和股东投资，实现企业的增长。这种方式的缺陷是，大量增加负债会增加企业的财务风险，大量增加股东投资会分散控股权，稀释每股收益。三是均衡增长，即在保持目前资本结构不变的情况下，根据股东权益的增长比例，增加借款数额，从而获得企业发展所需的资金。这种增长是一种可持续的增长。实现可持续增长的假设条件是：①企业维持目前的资本结构和股利政策不变；②企业不打算发售新股，增加债务是其唯一的外部筹资来源；③企业的营业净利率将维持当前水平，并且可以涵盖负债的利息；④企业的资产周转率将维持当前的水平，即可持续增长率是指在不增发新股并保持目前经营效率和财务政策不变的情况下，企业能够实现的增长速度。企业保持这种增长，一般不会消耗企业的财务资源，因而是一种可持续的增长速度。

10.3.2 可持续增长率的影响因素

限制销售增长的是资产，限制资产增长的是资金来源，包括负债和股东权益。因为可持续增长假设不发行新股，不改变资本结构，应根据留存收益引起的股东权益的增长比例增加负债，所以，限制资产增长的是股东权益的增长率，即资产周转率不变时，资产增长率 = 销售增长率；由于资产负债率不变，则资产增长率 = 净资产增长率。另外，销售净利率和股利支付率也维持不变。因此，可持续增长率的计算公式可推导如下：

$$
\begin{aligned}
\text{可持续增长率} &= \text{资产增长率} = \text{净资产增长率} \\
&= \text{留存收益增加额} \div \text{期初净资产} \\
&= \frac{\text{本期净利润} \times (1 - \text{股利支付率})}{\text{期初净资产}} \\
&= \frac{\text{本期净利润}}{\text{本期营业收入}} \times \frac{\text{本期营业收入}}{\text{期末总资产}} \times \frac{\text{期末总资产}}{\text{期初净资产}} \times (1 - \text{股利支付率}) \\
&= \text{营业净利率} \times \text{资产周转率} \times \text{权益乘数}^{\ominus} \times (1 - \text{股利支付率})
\end{aligned}
$$

⊖ 此处的权益乘数是用期末总资产和期初股东权益来计算的。

从上述公式可以看出，影响企业可持续增长率的因素包括：营业净利率、资产周转率、权益乘数和股利支付率。营业净利率反映了企业生产经营的盈利能力，资产周转率则反映了企业的资产运营能力，说明企业资产的运营效率。在财务杠杆水平和股利支付率保持不变的条件下，营业净利率与资产周转率越高，可持续增长率就越高；营业净利率和资产周转率两个指标是企业经营绩效的综合体现，反映企业经营战略的成效，是企业综合实力的体现；而权益乘数和股利支付率则分别体现了企业的融资政策和股利政策，反映企业财务战略的成效，取决于企业经理人的"风险与收益"权衡观念。所以说，企业的综合实力与承担风险的能力或意愿，决定了企业的增长速度。因此，如果企业要改变增长速度，就必须改变企业的经营战略或财务战略，或两者的组合。例如，企业可以通过提高产品的获利能力，即通过提高销售净利率来达到提高可持续增长率的目的；也可以通过提高自身的资产运营能力，即提高资产周转率来达到提高可持续增长率的目的；还可以通过运用财务战略，提高权益乘数或降低股利支付率来达到提高可持续增长率的目的。同时，企业还可以利用各种战略的组合来提高可持续增长率。

可持续增长率是企业当前经营效率和财务政策决定的内在增长能力，而实际增长率是本年营业收入变动额与上年营业收入额之间的比率。实际增长率往往会偏离可持续增长率。

10.3.3　持续增长策略

企业的可持续增长率与实际增长率是两个概念。可持续增长率是企业当前经营效率和财务政策决定的内在增长能力，而实际增长率是本年营业收入额相对上一年营业收入额的增长百分比。在实践中，经常出现企业的可持续增长率与实际增长率不一致的情形。当实际增长率高于可持续增长率时，企业由于发展过快将面临资金短缺问题，有些企业因为增长过快陷入资金危机，甚至破产；当实际增长率低于可持续增长率时，企业将面临资金多余问题，增长速度太慢，会遇到发展困难甚至被其他企业收购。前者多发生在处于初创期和成长期的企业，后者多发生在处于成熟期和衰退期的企业。因此，管理人员必须事先预料到企业超过或低于可持续增长率时所导致的财务问题，并及时地采取各种方法、策略，以保证企业的可持续发展。

1. 企业实际增长率超过可持续增长率时的策略

当企业实际增长率超过可持续增长率时，企业的管理者不能盲目乐观，要及时预测各种可能发生的财务问题。此时，企业处于快速增长期，增长很快，尽管营业收入的增长会带来利润的增长，但同时快速增长会导致大量的现金需求。为了保持企业的可持续发展，企业需要填补资金缺口，企业可采取如下策略。

（1）注入新的权益资本。当企业愿意并且能够在资本市场增发股票时，它的可持续增长问题得以消除。不过，对于很多企业来讲，增加权益资本具有一定的局限性：首先，在金融市场不发达的地方，该战略很难实施；其次，即使存在较发达的金融市场，对于规模较小和效益不佳的企业而言，由于难以满足股票发行或上市的条件，或者不能被广大投资者所接受而无法大量发行股票，此时该战略的实施效果也不尽如人意；最后，即使有些企业能够采取该战略，但由于权益资本成本较高，并且权益筹资会导致流通在外的股票数量增加，从而稀释每股收益和企业控制权，因此，也往往使得原股东不愿意采取这种战略。

（2）提高财务杠杆。提高财务杠杆即扩大负债比例，增加负债额。但运用债务融资存在上限，因为企业的债务融资比例越高，则偿债能力越低，此时再负债融资也就越困难，债务融资的资本成本会随之提升，此时会因为成本太高而变得不经济；另外，增加负债会增加财务风险。因为债务资本不仅要支付固定的利息，还要按约定条件偿还本金，是企业一项固定的财务负担，无财务弹性可言，如果企业未来的现金流量不稳定和债务调度不合理，一旦出现经营风险而无法偿还到期债务，企业将面临较大的财务危机，甚至破产倒闭。

（3）降低股利支付率。这种战略实质就是利用企业内部产生的资金，能够降低企业筹资的资本成本。但选择这种财务战略必须考虑投资者对股利和投资前景的看法。如果投资者认为企业具有良好的投资机会，他们就愿意接受企业降低股利支付率的政策；但是，如果投资者认为企业的投资前景不佳，那么，股利支付率的下降可能激起他们的不满，从而导致股票价格下跌或出现董事会改组等现象。另外，股利支付率也有一个下限（即为零），因为内部积累资金的速度较慢，仅仅依靠降低股利支付率可能不能满足企业的大规模资金需求。

（4）提高经营效率。如提高总资产周转率，企业可以通过缩短应收账款的回收天数，多进货少自制以减少积压库存，缩短生产周期，以及出售或出租闲置固定资产等措施来提高总资产周转率，从而提高可持续增长率。企业还可以通过及时剥离非核心业务，使企业利用有限的资源集中发展核心业务，通过剥离所释放的资金可以支持企业的增长，提高企业的资产周转率。此外，企业还可以通过加强内部成本管理，提高营业利润率，从而提高可持续增长率。

2. 企业实际增长率低于可持续增长率时的策略

当企业实际增长率低于可持续增长率时，说明企业现金充足、闲置。企业管理者要综合分析企业内部和外部的原因，找出影响销售增长的症结所在，确认企业的增长速度是否可以合理提高，并充分利用闲置资金。可采取的策略具体如下。

（1）寻找投资机会。一般来说，企业实际增长率低于可持续增长率的原因可能是企业没找到合适的投资机会。企业应寻求新的利润增长点，加大投资力度、选择新的投资项目或收购相关企业，从而避免资源闲置。

（2）提高股利支付率。企业实际增长率低于可持续增长率时，管理层的注意力应该集中在如何有效支配多余的现金流量上。此时现金过剩，企业可适当加大分红比例。这样既有利于企业树立良好的社会形象，也有利于稳定企业股票的价格，从而增强投资者对企业持股的信心。

（3）股票回购。产业进入衰退期，又找不到新的利润增长点或进行有效转型，剩余资金也无适当用途（如将其作为银行存款或购买短期证券会影响企业的净资产收益率），这时企业可通过股份回购减少企业股本。这样不仅可充分利用企业现金顺差改善企业资本结构，还可以提高每股收益，缩小可持续增长率与实际增长率的差距，从而推动企业的可持续增长。

总之，可持续增长率对企业发展的指导作用是明显的。企业的发展速度会受到社会政治、经济及企业自身等因素的影响，实际增长率有时会高于或低于可持续增长率，但从长期来看，企业的实际增长率会受到可持续增长率的制约。企业也只有重视实际增长率与可持续增长率的差距,根据可持续增长率适当控制实际增长率,才能够实现稳定发展。

▶ 思考题

1. 企业发展能力的分析指标有哪些?
2. 如何分析判断企业的成长性?
3. 企业可以采取哪些措施提高股东权益增长率?
4. 如何正确分析企业资产增长的来源?
5. 什么是可持续增长率?影响可持续增长率的因素有哪些?
6. 当实际增长率与可持续增长率不一致时,会带来哪些问题?企业可采取哪些应对措施?
7. 当实际增长率低于可持续增长率时,企业可采取哪些策略?

▶ 计算题

1. A 公司 2019 年、2020 年、2021 年的资产负债表和利润表主要数据如表 10-5、表 10-6 所示。

表 10-5 A 公司资产负债表主要数据 （单位：百万元）

项　目	2019 年年末	2020 年年末	2021 年年末
资产总额	112 309	95 454	47 395
货币资金	19 978	17 047	10 744
应收账款	923	865	365
其他应收款	3 496	2 764	671
负债总额	80 418	66 175	32 466
流动负债	64 553	48 774	22 016
股东权益	31 892	29 279	14 928
股本	10 995	6 872	4 369
资本公积	7 853	12 831	5 432
盈余公积	6 582	5 396	4 402
未分配利润	6 462	4 181	725

表 10-6 A 公司利润表主要数据 （单位：百万元）

项　目	2019 年年末	2020 年年末	2021 年年末
营业收入	40 991	35 526	17 918
减：营业成本	25 004	20 608	11 440
税金及附加	2 398	2 237	971
销售费用	1 860	1 194	625
管理费用	1 530	1 763	859
财务费用	657	359	140
加：公允价值变动收益	257	184	120
投资收益	209	208	170
营业利润	10 008	9 757	4 173
营业外收支净额	42	11	7
利润总额	10 050	9 768	4 180
所得税	3 014	2 929	1 253
净利润	7 036	6 839	2 927

要求：
（1）计算 A 公司 2020 年、2021 年度营业收入增长率并分析销售增长的效益和趋势。
（2）计算 A 公司 2020 年、2021 年度净利润增长率并分析净利润增长的来源与趋势。
（3）计算 A 公司 2020 年、2021 年度所有者权益增长率并分析所有者权益增长的主要来源。
（4）计算 A 公司 2020 年、2021 年度资产增长率并分析资产增长的来源与趋势。

2. B 公司 2021 年度基本每股收益为 0.53 元，确定的利润分配预案为每 10 股派发股利 5 元，公司 2021 年度营业净利率为 15.66%，资产周转率为 1.05 次，权益乘数为 2.05。

要求：
（1）计算 B 公司 2021 年度的可持续增长率。
（2）如果 B 公司 2022 年的实际增长率为 32.34%，试分析公司可能面临的困难和可以采取的财务策略。

▶ 案例分析

万孚生物公司以"服务万众、万众信孚"为宗旨，专注于快速诊断试剂、快速检测仪器等 POCT 相关产品的研发、生产与销售，构建了较为完善的免疫定性快速诊断技术平台、免疫定量快速诊断技术平台、微型光学检测仪器技术平台、电化学技术平台、化学发光技术平台、分子诊断技术平台等，并依托上述技术平台形成了覆盖妊娠检测、传染病检测、毒品（药物滥用）检测、慢性病检测等领域的丰富产品线，产品广泛应用于床旁检测、临床检测、现场检测及个人健康管理等领域。

2016 年度，公司管理层围绕年度经营计划和目标，积极推进并落实各项重要工作。随着公司品牌影响力和销售能力的稳步增长，公司一方面加大研发投入，不断拓宽和丰富产品线，同时也加强新市场的拓展，稳固和扩大公司的市场优势；另一方面，对管理成本也进行了有效控制，使得公司三营业务保持良好的发展态势，经营业绩较上一年同期稳步增长。

2016 年度，公司实现营业收入 54 735.33 万元，比上年同期增长 27.65%；营业总成本 39 890.84 万元，比上年同期增长 27.97%；归属于上市公司股东的净利润 14 498.67 万元，比上年同期增长 15.66%；归属于上市公司股东的扣除非经常性损益后的净利润 12 301.40 万元，比上年同期增长 20.17%。万孚生物公司近年来的各项财务指标如表 10-7 所示。

表 10-7 万孚生物公司各项财务指标

财务指标	2016	2015	2014
净利润 / 万元	14 498.67	12 535.15	9 836.40
营业总收入 / 万元	54 735.33	42 877.98	36 539.59
加权净资产收益率 / %	18.790 0	24.400 0	33.840 0
资产负债率 / %	15.013 3	12.262 8	22.995 4
净利润现金含量 / %	77.253 4	105.155 7	106.207 8
摊薄每股收益 / 元	0.823 8	1.424 5	1.490 4
营业利润率 / %	28.998 2	28.404 1	25.038 9
营业净利率 / %	26.583 7	29.234 5	26.919 9
毛利率 / %	68.492 7	66.770 9	64.873 4
成本费用利润率 / %	43.554 5	46.655 9	41.488 8
总资产报酬率 / %	17.323 4	18.050 8	28.145 9
加权净资产收益率 / %	18.790 0	24.400 0	33.840 0
营业收入增长率 / %	27.653 7	17.346 6	47.549 4
总资产增长率 / %	25.943 7	96.194 2	21.013 2

(续)

财务指标	2016	2015	2014
营业利润增长率 / %	30.323 8	33.118 0	107.821 3
净利润增长率 / %	15.664 1	27.436 3	66.708 7
净资产增长率 / %	20.268 1	123.538 9	29.800 3

要求：

（1）分析说明万孚生物公司在竞争中所采取的竞争战略。

（2）具体分析万孚生物公司的偿债能力、盈利能力与发展能力。

（3）你认为万孚生物公司的成长性如何？理由是什么？

（4）你认为万孚生物公司所面临的主要风险是什么？它应该如何应对这些风险？

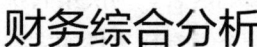

第 11 章

财务综合分析

11.1 财务综合分析的特点与方法

前面已经从偿债能力、营运能力、盈利能力和发展能力角度对企业进行了分析,但这些分析是单独从某一特定角度、就企业某一方面的经营活动所做的分析,就跟盲人摸象一样,分析结果难免具有片面性。财务分析者必须采取适当的方法,对企业财务进行全面综合分析与评价。所谓财务综合分析就是将企业营运能力、偿债能力和盈利能力等方面的分析纳入一个有机的分析系统之中,对企业财务状况、经营状况进行全面的解剖和分析,从而对企业经济效益做出较为准确的评价与判断。财务综合分析的目的就是将各项财务指标作为一个整体,系统、全面、综合地对企业财务状况和经营情况进行剖析、解释和评价,说明企业整体财务状况和效益的好坏。综合分析与前述的单项分析相比,具有以下特点。

1. 分析问题的方法不同

单项分析是把企业财务活动的总体分解为每个具体部分,逐一加以分析考察;而综合分析是通过归纳综合,在分析的基础上从总体上把握企业的财务状况。

2. 评价指标的要求不同

单项分析具有实务性和实证性,评价指标要求能够真切地认识每一具体的财务现象;综合分析具有高度的抽象性和概括性,着重从整体上概括财务状况的本质特征,评价范围要全面,设置的评价指标要求尽可能涵盖偿债能力、营运能力和盈利能力等各方面的考核要求。

3. 分析的重点不同

单项分析的重点和比较基准是财务计划、财务理论标准;综合分析的重点和比较基准是企业的整体发展趋势,两者考察的角度是有区别的。

4. 指标之间的关系不同

单项分析把每个分析的指标视为同等重要的角色来处理,它不太考虑各种指标之间的相互关系；综合分析的各种指标有主辅之分，要抓住主要指标，在对主要指标分析的基础上，再对其他辅助指标进行分析，才能分析透彻，把握准确、详尽。

通过以上的比较不难看出，综合分析更有利于财务分析者把握企业财务的全面状况。财务综合分析的方法有很多，其中主要有杜邦分析法、综合评分法、经济增加值法等。杜邦分析法是通过自上而下地分析、指标的层层分解来揭示出企业各项指标间的结构关系，查明各主要指标的影响因素，为决策者优化经营管理状况、提高企业经营效率提供思路；综合评分法则是选择若干个具有代表性的主要指标和辅助指标，确定企业这些指标实际应得分数，再根据得分高低评价企业的综合财务状况和经营成果；经济增加值法则是在评价经营业绩时扣除股权资本的成本，避免了传统业绩评价方法的缺陷，有利于评价企业创造的价值。这些方法都能全面、系统评价企业的财务状况和经营成果。

11.2 杜邦分析法

11.2.1 杜邦分析法的基本原理

杜邦财务分析体系，简称杜邦体系，是利用各主要财务比率指标之间的内在联系，对企业财务状况、经营成果进行综合系统分析评价的方法。该体系以净资产收益率为核心，重点揭示企业获利能力及其前因后果。

杜邦分析法是采用"杜邦体系分析图"，将有关分析指标按内在联系排列，它主要体现了以下一些关系：

$$\begin{aligned}
\text{净资产收益率} &= \frac{\text{净利润}}{\text{净资产}} \\
&= \frac{\text{净利润}}{\text{资产总额}} \times \frac{\text{资产总额}}{\text{净资产}} \\
&= \text{总资产净利率} \times \text{权益乘数} \\
&= \text{营业净利率} \times \text{总资产周转率} \times \text{权益乘数}
\end{aligned}$$

其中

$$\begin{aligned}
\text{总资产净利率} &= \frac{\text{净利润}}{\text{营业收入}} \times \frac{\text{营业收入}}{\text{资产总额}} \\
&= \text{营业净利率} \times \text{总资产周转率}
\end{aligned}$$

由上式可以看出，决定净资产收益率的因素是营业净利率、总资产周转率和权益乘数。这样分解后，可以更加清楚地揭示影响净资产收益率变化的主要原因。

四川长虹 2016 年净资产收益率及其变动因素如图 11-1 所示，该图能更准确地反映和理解杜邦财务分析体系的本质。

图 11-1 说明，杜邦财务分析体系是将若干反映企业盈利状况、财务状况和营运状况的比率按其内在联系有机地结合起来，形成一个完整的指标体系，并最终通过净资产收益率（或资

本收益率）这一核心指标来综合反映。杜邦体系分析图清晰地揭示了以下信息：

（1）净资产收益率是综合性最强的财务指标，是企业财务综合分析的核心。这一指标反映了投资者投入资本获利能力的高低，体现了企业经营的目标。从企业经营活动与财务活动的相互关系来看，净资产收益率可以分解为总资产净利率与权益乘数两大指标，这说明净资产收益率的变动取决于企业的资产经营和资本经营，是企业经营活动效率和财务活动效率的综合体现。

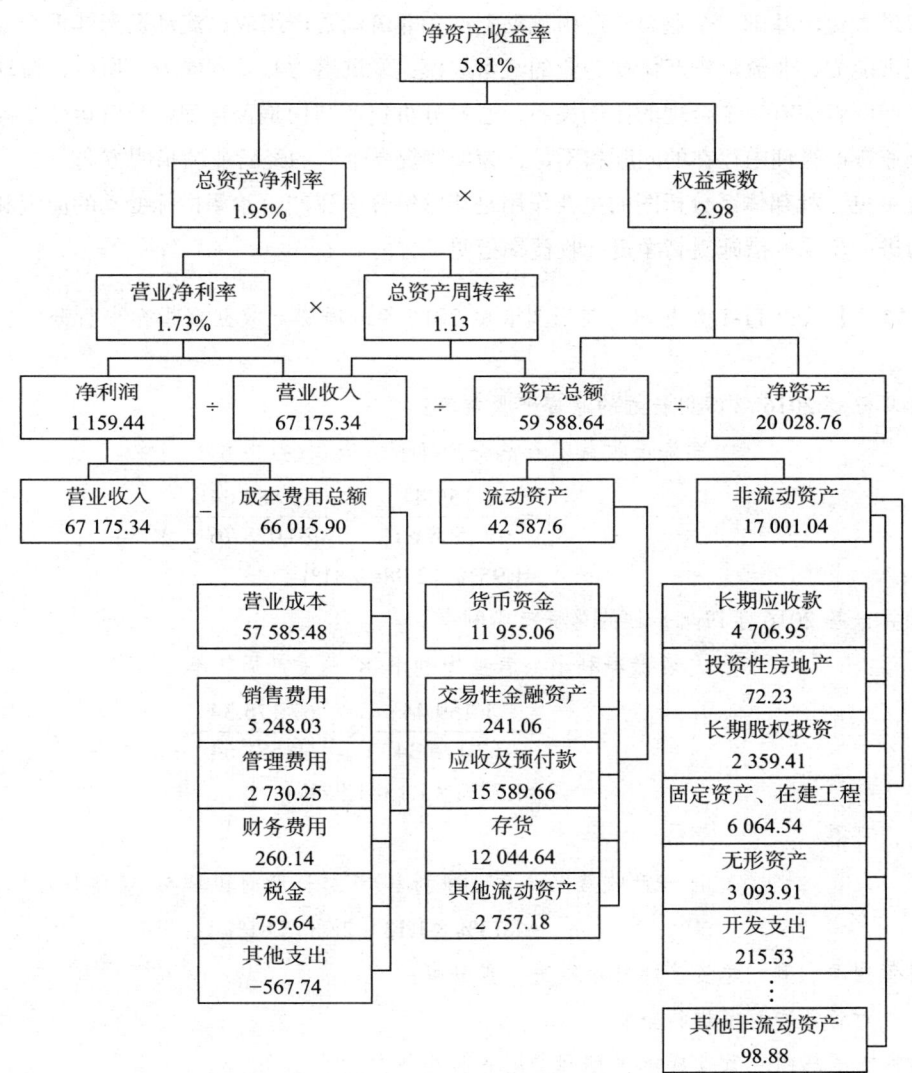

图 11-1　四川长虹杜邦体系分析图（部分）

（2）权益乘数反映了企业的融资状况，它主要受资产负债率的影响。资产负债率越高，权益乘数就越高，说明企业运用外部资金为所有者赚取额外利润的能力越强，同时财务风险也越高。所以，权益乘数对提高净资产收益率起到杠杆作用。企业适度开展负债经营，合理安排企业资本结构，可以提高净资产收益率。

（3）总资产净利率由营业净利率与总资产周转率的乘积决定。营业净利率是反映企业盈利能力的指标。企业提高营业净利率的途径：一是扩大营业收入；二是降低成本费用。扩大营业收入只有通过提高企业商品的竞争力实现，而降低成本则取决于企业内部的管理控制。成本费用总额是由一系列具体项目构成的。企业管理者通过分析成本费用项目的构成情况，可以了解企业税后净利润增减变动的原因，加强企业的内部成本控制。

（4）总资产周转率是反映企业营运能力的重要指标，是企业资产经营的结果，是实现净资产收益率最大化的基础。企业总资产由流动资产和非流动资产组成，流动资产体现企业的偿债能力和变现能力，非流动资产体现企业的经营规模、发展潜力和盈利能力。所以，流动资产与非流动资产两者应有一个合理的比例关系，通过分析资产结构是否合理以及营运效率高低，可以发现企业资产管理中存在的问题和不足，为最终提高企业的经营业绩指明方向。

由此可见，杜邦体系分析图的主要作用是能够解释净资产收益率指标变动的原因和变动的趋势，为进一步采取措施提高净资产收益率指明了方向。

【例11-1】以图11-1为基础，对四川长虹2016年的净资产收益率指标进行分解。分析过程如下。

1. 计算分解2016年四川长虹的净资产收益率：

$$净资产收益率 = 总资产净利率 \times 权益乘数$$
$$= \frac{1\ 159.44}{59\ 588.64} \times \frac{59\ 588.64}{20\ 028.76}$$
$$= 1.95\% \times 2.98 = 5.81\%$$

2. 计算分解2016年四川长虹的总资产净利率：

$$总资产净利率 = 营业净利率 \times 总资产周转率$$
$$= \frac{1\ 159.44}{67\ 175.34} \times \frac{67\ 175.34}{59\ 588.64}$$
$$= 1.73\% \times 1.13 = 1.95\%$$

由此，可得

$$净资产收益率 = 营业净利率 \times 总资产周转率 \times 权益乘数^{\ominus}$$
$$= 1.73\% \times 1.13 \times 2.98 = 5.81\%$$

3. 对营业净利率和总资产周转率做进一步分解：

（1）先对营业净利率进行分解。

$$\begin{aligned}成本费用总额 &= 营业成本 + 期间费用 + 税金 + 其他支出\\ &= 57\ 585.48 + (5\ 248.03 + 2\ 730.35 + 260.14) + (477.20 + 282.44) +\\ &\quad (273.07 - 223.04 - 346.35 - 357.57 + 86.15)\\ &= 57\ 585.48 + 8\ 238.52 + 759.64 - 567.74 = 66\ 015.90（百万元）\end{aligned}$$

⊖ 本部分计算总资产周转率和权益乘数时，资产总额和股东权益均采用2016年年末数。第8章计算总资产周转率和权益乘数时，资产总额和股东权益均采用年平均数。故此，结果略显不同。

净利润＝营业（总）收入－成本费用总额

＝67 175.34－66 015.90＝1 159.44（百万元）

（2）再对总资产周转率进行分解。

资产总额＝流动资产＋非流动资产＝42 587.6＋17 001.04＝59 588.64（百万元）

其中：

流动资产＝货币资金＋交易性金融资产＋应收及预付款＋存货＋其他流动资产

＝11 955.06＋241.06＋15 589.66＋12 044.64＋2 757.18

＝42 587.6（百万元）

非流动资产＝长期应收款＋长期股权投资＋投资性房地产＋固定资产及在建工程＋

无形资产＋开发支出＋商誉净额＋长期待摊费用＋递延所得税资产＋

其他非流动资产

＝4 706.95＋0＋2 359.41＋72.23＋6 064.54＋3 093.91＋215.53＋157.93＋

26.11＋205.55＋98.88

＝17 001.04（百万元）

经过分解计算以后，我们可以将其录入杜邦体系分析图，如图11-1所示。

杜邦分析法虽然有很多优点，能够发现影响净资产收益率的主要驱动因素，但它仍然存在一些不足。

（1）杜邦分析法不能清晰地显示资本结构对公司获利能力的影响。如在上述实例中，四川长虹权益乘数与行业中优秀企业相比较高，说明公司利用债务融资能力较强，充分发挥了财务杠杆效应，但同时由于四川长虹的负债率较高，利息支出也相对较高，财务费用高又对公司的获利能力起了一定的抑制作用。那么，四川长虹的资产负债率较高对提高该公司的获利能力到底是有利还是有弊？杜邦分析法对此不能给出答案。因为在杜邦分析法的平衡式中，第一个比率营业净利率，其分子净利润是由营业收入减去变动成本、固定成本与利息费用得到，包含经营活动与融资活动的共同影响，没有对这两种活动进行彻底的分离，从而导致了前面案例中所出现的不足，即不能衡量负债对公司获利能力到底带来了正面的作用还是负面的作用。

（2）杜邦分析法不能满足企业加强内部管理的需要。杜邦分析法基本局限于事后财务分析，事前预测、事中控制的作用较弱，不利于计划、控制和决策。这主要是因为杜邦分析法的资料主要来源于财务报表，没有充分利用管理会计的数据资料，如管理会计的成本分析资料和风险分析资料等，没有按照成本性态反映并分析成本信息，所以不利于事前成本预测和事中成本控制。

11.2.2 改进的杜邦分析法

为避免杜邦分析法的不足，一些学者提出了改进的杜邦分析法。比较有代表性的有以下两种思路。

1. 改进的杜邦分析法，明晰资本结构对净资产收益率的影响

改进的杜邦分析法，即从净资产收益率的基本原理出发，引入息税前利润和税前利润，将公司的经营活动与融资活动进行彻底的分离，得到新的杜邦平衡式为

$$净资产收益率 = \frac{税后净利润}{平均所有者权益}$$

$$= \frac{息税前利润}{销售收入} \times \frac{销售收入}{平均总资产} \times \frac{税前利润}{息税前利润} \times \frac{平均总资产}{平均所有者权益} \times \frac{税后净利润}{税前利润}$$

在上式改进的杜邦平衡式中，前两个比率是销售息税前利润率和总资产周转率，综合反映了公司投资决策和经营管理水平对公司总体获利能力的影响；第三、四个比率是财务费用比率和权益乘数，这两个比率相乘反映了公司融资决策对获利能力的影响。其中财务费用比率总是≤ 1，即对公司获利总是起负面的作用，而权益乘数总是≥ 1，反映了财务结构对公司获利起正面的作用，财务费用和财务结构都取决于融资决策，那么到底融资决策对公司获利是起了正面作用还是负面作用，就要看这两个比率的乘积，若两者乘积大于1，说明正面的作用大于负面的作用，借款决策对公司有利；若两者乘积小于1，说明借来的资金赚取的经营利润小于所要支付的利息，即借款的负面作用大于其正面作用，削弱了公司的获利能力。所以通过第三与第四个比率的乘积就能很好地评价出融资决策带来的负债对整个公司获利能力的影响。第五个比率是税收效应比率，反映了交纳所得税对公司获利能力所起的负面作用。所以，上述改进的杜邦分析法将公司的经营活动和融资活动进行了彻底分离，从财务费用比率与财务结构比率的乘积就能够评价融资决策带来的负债对公司获利能力是起到了正面的作用还是适得其反，从而弥补了传统杜邦分析法的不足。

2. 改进的杜邦分析法，从管理角度分析对净资产收益率的影响因素

这种方法的思路是将杜邦分析体系中的收益衡量指标与管理会计提供的指标嫁接，即将净资产收益率进一步分解成如下形式：

净资产收益率 = 总资产净利率 × 权益乘数
　　　　　　 = 营业净利率 × 资产周转率 × 权益乘数
　　　　　　 = 安全边际率 × 边际贡献率 ×（1－所得税税率）× 资产周转率 × 权益乘数

上式中，安全边际率可以反映企业的销售状况；边际贡献率可以反映企业的变动成本和盈利状况，变动成本越低，边际贡献率越高，净资产收益率越高；资产周转率反映企业营运状况，权益乘数可以反映企业资本结构和偿债能力。所以，为了提高净资产收益率，企业应努力降低消耗，改善产品结构，不断扩大销售，加快资金周转。这种改进后的杜邦财务系统具有如下优点。

（1）将营业净利率进一步分解为安全边际率、边际贡献率和所得税三个因素，不仅能分析

税收对企业财务状况的影响,而且在对营业利润进行分析时,可以直接利用管理会计资料,转向以成本形态为基础的分析,有助于短期决策、计划和控制,促进企业管理会计工作的进一步展开和管理会计资料的充分利用,弥补企业财务会计重核算轻分析的缺陷。

(2)突出了成本费用按形态分类的方法,在进行分析时,由于采用变动成本法,将成本中的可控成本与不可控成本、相关成本与无关成本明确分开,从而便于事前预测和事中控制。

11.3 综合评分法

综合评分法是选择若干个财务指标确定其标准值和权重,然后将企业的实际值与标准值相比较,确定其实际应得分数,再根据总得分高低评价企业的综合财务状况和经营成果,反映企业总体经营业绩水平的高低。下面根据2006年国务院国有资产监督管理委员会发布的《中央企业综合绩效评价实施细则》来说明综合评分法的程序、方法及其应用。

11.3.1 选择业绩评价指标

反映企业财务状况和经营成果的财务指标很多,全部计算工作量大,且指标之间容易重复和重叠。因此,一般选择具有代表性的指标。在选择指标时应注意以下原则:一是具有代表性,要能反映财务状况的基本特征,兼顾各类指标,如偿债能力指标、盈利能力指标、营运能力指标、发展能力指标等,而不能只集中在某类指标上;二是具有大众性,方便理解和接受;三是具有便捷性,数量适中,方便检测、采集及评价;四是全面性,为了全面评价企业的综合状况,还应该选择一些非财务方面的指标。根据2006年国务院国有资产监督管理委员会颁布的实施细则,我们选择的企业综合绩效评价指标包括22个财务绩效定量评价指标和8个管理绩效定性评价指标,具体如表11-1所示。

表 11-1 企业综合绩效评价指标体系

评价指标类别	财务绩效定量评价指标		管理绩效定性评价指标
	基本指标	修正指标	
盈利能力状况	净资产收益率 总资产报酬率	销售(营业)利润率 盈余现金保障倍数 成本费用利润率 资本收益率	战略管理 发展创新 经营决策 风险控制 基础管理 人力资源 行业影响 社会贡献
资产质量状况	总资产周转率 应收账款周转率	不良资产比率 流动资产周转率 资产现金回收率	
债务风险状况	资产负债率 已获利息倍数	速动比率 现金流动负债比率 带息负债比率 或有负债比率	
经营增长状况	销售(营业)增长率 资本保值增值率	销售(营业)利润增长率 总资产增长率 技术投入比率	

特殊财务指标及其计算：

$$盈余现金保障倍数 = \frac{经营现金净流量}{净利润} \times 100\%$$

$$不良资产比率 = \frac{资产减值准备余额 + 潜亏挂账 + 未处理资产损失}{资产总额 + 资产减值准备余额} \times 100\%$$

$$资产现金回收率 = \frac{经营现金净流量}{平均资产总额} \times 100\%$$

$$现金流动负债比率 = \frac{经营现金净流量}{流动负债} \times 100\%$$

$$或有负债比率 = \frac{或有负债余额}{所有者权益} \times 100\%$$

其中

或有负债余额 = 已贴现承兑汇票 + 担保余额 + 贴现与担保外的被诉事项金额 + 其他或有负债

$$技术投入比率 = \frac{本年科技支出合计}{营业收入} \times 100\%$$

11.3.2 确定各项指标的标准值及标准系数

为了准确评价企业经营业绩，对各项经济指标标准值的确定，应根据不同行业、不同规模及指标分类情况规定不同的标准。例如，由财政部定期颁布，2006 年金属加工机械制造业大型企业财务绩效基本指标标准值如表 11-2 所示，其财务绩效修正指标标准值如表 11-3 所示。

表 11-2　金属加工机械制造业大型企业财务绩效基本指标标准值

指　标	档次（标准系数）				
	优秀（1）	良好（0.8）	平均（0.6）	较低（0.4）	较差（0.2）
净资产收益率	13.8	10.3	6.4	2.7	−0.9
总资产报酬率	9.1	7.3	4.0	2.2	0.0
总资产周转率	1.1	0.9	0.7	0.6	0.5
应收账款周转率	8.6	6.8	4.2	2.9	1.7
资产负债率	40.2	53.4	62.1	74.8	84.7
已获利息倍数	5.7	3.4	2.3	1.7	0.9
营业收入增长率	35.7	27.5	18.3	14.2	3.5
资本保值增值率	111.7	109.2	106.1	102.4	98.3

表 11-3　金属加工机械制造业大型企业财务绩效修正指标标准值

指　标	档次（标准系数）				
	优秀（1）	良好（0.8）	平均（0.6）	较低（0.4）	较差（0.2）
1. 盈利能力状况					
销售利润率	20.9	18.4	15.0	11.4	7.0
盈余现金保障倍数	6.4	3.5	1.0	−0.5	−2.3

(续)

指标	档次（标准系数）				
	优秀（1）	良好（0.8）	平均（0.6）	较低（0.4）	较差（0.2）
成本费用利润率	10.9	7.8	4.7	0.4	-3.3
净资产收益率	16.3	10.4	5.9	0.7	-1.2
2. 资产质量状况					
不良资产比率	0.6	2.4	5.0	7.2	11.5
流动资产周转率	1.8	1.4	1.0	0.8	0.6
资产现金回收率	10.6	9.2	4.4	1.5	0.3
3. 债务风险状况					
速动比率	105.3	87.1	59.3	42.7	26.7
现金流动负债比率	18.3	14.3	7.5	4.1	1.8
带息负债比率	21.7	30.5	42.1	55.2	70.4
或有负债比率	0.4	1.3	6.1	14.7	23.8
4. 经营增长状况					
销售利润增长率	37.6	29.1	21.1	4.5	-5.7
总资产增长率	22.3	16.7	10.5	3.5	-1.9
技术投入比率	4.3	2.4	1.5	0.8	0.0

资料来源：国务院国资委统计评价局，《企业绩效评价标准值（2006）》，经济科学出版社。

11.3.3 确定各项指标的权重

指标的权重根据评价目的和指标的重要程度确定，越重要的指标权重越多，越次要的指标权重越少。表 11-4 是企业综合绩效评价指标体系中各项指标的权重。⊖

表 11-4　企业综合绩效评价指标及权重表

指标类别（100）	财务绩效定量评价指标（70%）		管理绩效定性评价指标（30%）
	基本指标（100）	修正指标（100）	评议指标（100）
盈利能力状况（34）	净资产收益率（20） 总资产报酬率（14）	销售（营业）利润率（10） 盈余现金保障倍数（9） 成本费用利润率（8） 资本收益率（7）	战略管理（18） 发展创新（15） 经营决策（16） 风险控制（13） 基础管理（14） 人力资源（8） 行业影响（8） 社会贡献（8）
资产质量状况（22）	总资产周转率（10） 应收账款周转率（12）	不良资产比率（9） 流动资产周转率（7） 资产现金回收率（6）	
债务风险状况（22）	资产负债率（12） 已获利息倍数（10）	速动比率（6） 现金流动负债比率（6） 带息负债比率（5） 或有负债比率（5）	
经营增长状况（22）	销售（营业）增长率（12） 资本保值增值率（10）	销售（营业）利润增长率（10） 总资产增长率（7） 技术投入比率（5）	

⊖ 资料来源：《中央企业综合绩效评价实施细则》，国务院国有资产监督管理委员会国资发评价〔2006〕157号。

11.3.4 计算各类指标得分

1. 财务绩效基本指标得分计算

基本指标反映企业的基本情况,是对企业绩效的初步评价。基本指标的计分是按照功效系数法计分原理,将评价指标实际值对照行业评价标准值,按照规定的计分公式计算各项基本指标得分。

(1) 财务绩效单项指标得分的计算。

$$单项指标基本得分 = 本档基础分 + 调整分$$

$$本档基础分 = 指标权数 \times 本档标准系数$$

$$调整分 = 功效系数 \times (上档基础分 - 本档基础分)$$

$$上档基础分 = 指标权数 \times 上档标准系数$$

$$功效系数 = \frac{实际值 - 本档标准值}{上档标准值 - 本档标准值}$$

本档标准值是指上下两档标准值中居于较低等级的一档。

【例 11-2】 某金属加工机械制造业大型企业 2006 年净资产收益率为 7.5%,处于"良好档"(10.3%)和"平均档"(6.4%)之间,因此可得"平均档"基础分,同时再调整。

$$本档基础分 = 指标权数 \times 本档标准系数 = 20 \times 0.6 = 12（分）$$

$$调整分 = \frac{实际值 - 本档标准值}{上档标准值 - 本档标准值} \times (上档基础分 - 本档基础分)$$

$$= \frac{7.5\% - 6.4\%}{10.3\% - 6.4\%} \times (20 \times 0.8 - 20 \times 0.6)$$

$$= 1.13（分）$$

$$净资产收益率指标得分 = 12 + 1.13 = 13.13（分）$$

(2) 财务绩效基本指标总分的计算。

$$分类指标得分 = \sum 同类各项基本指标得分$$

$$基本指标总分 = \sum 各类基本指标得分$$

2. 财务绩效修正指标修正系数计算

对基本指标得分的修正,是按指标类别得分进行的,需要计算"分类的综合修正系数"。分类的综合修正系数,由"单项指标修正系数"加权平均求得;而单项指标修正系数的大小主要取决于基本指标评价分数和修正指标实际值两项因素。

(1) 单项指标修正系数的计算。

单项指标修正系数 =1.0 + (本档标准系数 + 功效系数 ×0.2 - 该类基本指标分析系数)

单项指标修正系数控制修正幅度为 0.7～1.3。

通常实际值介于两档标准值之中,标准系数的确定取其中较低等级的一档。

功效系数的计算与基本指标计算方法一样，分类基本指标分析系数的计算如下：

$$某类基本指标分析系数 = \frac{该类基本指标得分}{该类指标权数}$$

在计算修正指标单项修正系数过程中，对于一些特殊情况做如下规定：

1）如果修正指标实际值达到优秀值以上，其单项修正系数的计算公式为

$$单项修正系数 = 1.2 + 本档标准系数 - 该部分基本指标分析系数$$

2）如果修正指标实际值处于较差值以下，其单项修正系数的计算公式为

$$单项修正系数 = 1.0 - 该部分基本指标分析系数$$

3）如果资产负债率 $\geqslant 100\%$，指标得 0 分；其他情况按照规定的公式计分。

4）如果盈余现金保障倍数的分子为正数，分母为负数，单项修正系数确定为 1.1；如果分子为负数，分母为正数，单项修正系数确定为 0.9；如果分子分母同为负数，单项修正系数确定为 0.8。

5）如果不良资产比率 $\geqslant 100\%$ 或分母为负数，单项修正系数确定为 0.8。

6）对于销售利润增长率指标，如果上一年主营业务利润为负数，本年为正数，单项修正系数为 1.1；如果上一年主营业务利润为零，本年为正数，或者上一年为负数，本年为零，单项修正系数确定为 1.0。

【例 11-3】某金属加工机械制造业大型企业 2006 年销售利润增长率为 25%，其 2005 年主营业务利润与 2006 年相比非前述"六类"规定的特殊情况，则根据表 11-3，该指标介于良好与平均之间，其标准系数应为 0.6，则

$$销售利润增长率的功效系数 = \frac{25\% - 21.1\%}{29.1\% - 21.1\%} = 0.488$$

如果该企业经营增长状况类基本指标得分为 20，其权数为 22，则

$$经营增长状况类基本指标分析系数 = 20 \div 22 = 0.909$$

根据以上结果，可以计算出销售增长率指标的修正系数为

$$销售增长率指标的修正系数 = 1.0 + (0.6 + 0.488 \times 0.2 - 0.909) = 0.789$$

（2）分类综合修正系数的计算。

$$分类综合修正系数 = \sum 类内单项指标加权修正系数$$

其中，单项指标加权修正系数的计算公式为

$$单项指标加权修正系数 = 单项指标修正系数 \times 该项指标在本类指标中的权数$$

3. 修正后得分的计算

$$修正后总分 = \sum (分类综合修正系数 \times 分类基本指标得分)$$

4. 管理绩效定性指标的计分方法

（1）管理绩效定性指标的内容。管理绩效定性评价指标的计分一般通过专家评议打分形式完成，聘请的专家应不少于 7 名；评议专家应当在充分了解企业管理绩效状况的基础上，对照

评价参考标准,采取综合分析判断法,对企业管理绩效指标做出分析评议,评判各项指标所处的水平档次,并直接给出评价分数。

(2)单项评议指标得分。

单项评议指标分数 =∑(单项评议指标权数 × 各评议专家给定等级参数)/ 评议专家人数

(3)评议指标总分的计算。

$$评议指标总分 =\sum 单项评议指标分数$$

11.3.5 计算综合评价得分

在得出财务绩效定量评价分数和管理绩效定性评价分数后,应当按照规定的权重,加权形成综合绩效评价分数。其计算公式为

企业综合绩效评价分数 = 财务绩效定量评价分数 ×70%+ 管理绩效定性评价分数 ×30%

11.3.6 确定综合评价结果等级

企业综合绩效评价结果以 85 分、70 分、50 分、40 分作为类型判定的分数线。具体的企业综合绩效评价类型与评价级别见表 11-5。

表 11-5 企业综合绩效评价类型与评价级别一览表

评价类型	评价级别	评价得分
优(A)	A++	A++ ≥ 95 分
	A+	95 分> A+ ≥ 90 分
	A	90 分> A ≥ 85 分
良(B)	B+	85 分> B+ ≥ 80 分
	B	80 分> B ≥ 75 分
	B−	75 分> B− ≥ 70 分
中(C)	C	70 分> C ≥ 60 分
	C−	60 分> C− ≥ 50 分
低(D)	D	50 分> D ≥ 40 分
差(E)	E	E < 40 分

11.4 经济增加值法

11.4.1 经济增加值的含义

传统的以利润为基础的业绩评价指标存在诸多缺陷,利润指标容易被管理层操纵和粉饰,利润指标的计算遵循稳健原则导致无法反映企业真实经济状况,利润指标由于没有扣减权益资本的成本,使其无法反映股东财富,由此产生了经济增加值。

经济增加值(economic value added,EVA)是由美国斯特恩·斯图尔特咨询公司于 1991 年首创的度量企业业绩的指标。EVA 是指企业净营业利润减去所有资本(权益资本和债权资本)机会成本后的差额。其核心思想是,企业获得的收入只有在完全补偿了经营的全部成本费用,

以及补偿了投资者投入的全部资本成本后才能为企业创造价值，为股东创造财富。EVA 反映了信息时代财务业绩衡量的新要求，是一种可以综合评价企业业绩的指标。EVA 计算公式为

$$EVA = 税后净营业利润 - 资本成本 = 净营业利润 - 投入资本 \times 资本成本率$$

$$EVA = NOPAT - WACC \times TC \quad (1)$$
$$= (ROTC - WACC) \times TC \quad (2)$$
$$NOPAT = AP + KD \times DC \times (1-T)$$
$$WACC = KD \times (1-T) \times DC/TC + KE \times EC/TC$$
$$TC = EC + DC$$

式中：NOPAT 表示税后净营业利润；WACC 是加权平均资本成本；TC 表示投入资本总额；ROTC 是投入资本收益率；AP 为经过会计调整后的税后净利润；KD 是债务资本成本；KE 是股权资本成本；DC 是债务资本；EC 是股权资本；T 为税率。

如果 EVA > 0，表示公司获得的收益高于为获得此项收益而投入的全部成本，即公司为股东创造了新价值；若 EVA < 0，则表示股东的财富在减少；若 EVA=0，说明企业创造的收益仅能满足投资者预期获得的收益，即资本成本本身。因此，EVA 不仅对债务资本计算成本，而且对权益资本也计算成本，它不同于当前使用的会计利润指标，实际反映的是企业一定时期的经济利润，是企业财富真正增长之所在。

11.4.2 经济增加值的计算

由上述公式可知，经济增加值的计算结果取决于三个基本变量：税后净营业利润、资本总额和加权平均资本成本。

1. 税后净营业利润的确定

税后净营业利润由税后净利润加上利息支出，以及其他的调整项目得到。具体的调整将在后面分析。

2. 资本总额的确定

资本总额是指所有投资者投入公司的全部资本的账面价值，包括债务资本和股权资本。其中债务资本是指债权人提供的短期和长期贷款，不包括应付账款、应付票据、其他应付款等商业信用。股权资本不仅包括普通股，还包括少数股东权益。在实务中通常采用年初与年末资本总额的平均值。

特别需要提及的是，利息支出是计算经济增加值的一个重要参数，但是我国上市公司的利润表中仅披露财务费用项目，根据我国的会计制度，财务费用中除利息支出外还包含利息收入、汇兑损益等项目，因此不能将财务费用简单等同于利息支出，但是利息支出可以从上市公司的现金流量表中获得。

3. 加权平均资本成本的确定

加权平均资本成本（WACC）是指债务的单位成本和权益的单位成本按债务和权益在资本

结构中各自所占的权重计算而得的平均单位成本。其计算公式为

WACC =（债务总额/资本总市值）×债务资本成本×（1−所得税税率）+
（权益总额/资本总市值）×权益资本成本

【例 11-4】为了更好地说明经济增加值原理，以 ABC 股份有限公司为例，根据其 2021 年度财务数据调整后计算其经济增加值，如表 11-6 所示。

表 11-6　ABC 股份有限公司 2021 年度经济增加值计算

项目	金额/亿元
会计调整后的税后净利润（1）	1.2
税后财务费用（2）	1.5
调整后的税后净营业利润（3）=（1）+（2）	2.7
调整后的投入资本平均数（4）	42
综合资本成本率（5）	8%
资本成本（6）=（4）×（5）	3.36
经济增加值（7）=（3）−（6）	−0.66

根据经济增加值理论，尽管 ABC 股份有限公司 2021 年度账面上显示出巨额利润，然而，该公司并没有为股东创造财富，而是在消耗股东财富。

如果根据 EVA 的计算公式，我们更容易理解企业创造经济增加值的途径。只有企业的投入资本收益率超过综合资本成本率，即资本效率为正，企业才能真正为投资者创造价值。

【例 11-5】仍以 ABC 股份有限公司 2021 年数据为例，计算其经济增加值如表 11-7 所示。

表 11-7　ABC 股份有限公司 2021 年度经济增加值计算

项目	金额/亿元
会计调整后的税后净利润（1）	1.2
税后财务费用（2）	1.5
调整后的税后净营业利润（3）=（1）+（2）	2.7
调整后的投入资本平均数（4）	42
投入资本收益率（5）=（3）÷（4）	6.43%
综合资本成本率（6）	8%
资本效率（7）=（5）−（6）	−1.57%
经济增加值（8）=（7）×（4）	−0.66

表 11-7 说明 ABC 股份有限公司 2021 年度经济增加值之所以为负值，是因为其投入资本收益率（6.43%）小于综合资本成本率（8%）。

11.4.3　报表项目的调整

由于传统的会计利润不能反映企业真实的经济状况，需要进行相应调整，将会计利润调整为经济利润。调整的目的是消除稳健主义影响，消除盈余管理的机会，防止管理人员的短期倾向。美国斯特恩·斯图尔特咨询公司列出的会计调整项目有 160 多项。但是，从国内外企业应

用 EVA 管理的实践来看，过多关注会计项目的调整不仅成本巨大，大规模的调整也无法保证把被扭曲的会计信息纠正过来，而且缺乏实际操作性，制约了 EVA 的应用。一般来说，进行 5～10 项的调整，EVA 就可达到相当的精度。主要调整项目如下。

1. 未予资本化的费用

未予资本化的费用包括研究开发费用、广告营销支出、员工培训支出等，这类对企业未来和长期发展有贡献的支出，发挥效益的期限很长，全部计入当期损益不合理。为了提高管理人员对这些费用投入的积极性，应将这类费用资本化，同时按一定受益期限计提摊销，以收回这些投入。

2. 各项减值准备

减值准备包括坏账准备、存货跌价损失准备、长期投资减值准备、委托贷款减值准备等。会计准备的计提是基于谨慎性原则，这些准备金并不是当期资产的实际减少，也不是当期费用的现金支出。提取准备金一方面低估了企业实际投入的资本总额，另一方面低估了利润。同时，管理人员还有可能利用这些准备金操纵利润。减值准备的调整是将企业当年提取的减值准备的税后值加回到税后净利润中，并且将已经从资产总额中扣减的各种减值准备的期末余额加回到资本中。

3. 营业外收支

营业外收支包括资产处置的损益、重组费用、政府补助、不可抗力带来的损失等。所有与营业无关的收支及非经常性发生的收支，均应剔除在 EVA 的核算之外，使得 EVA 的结果只体现正常经营业绩，剔除非营业活动对管理层业绩的影响。调整方法是将当期发生的营业外收支从净营业利润中剔除，同时对所得税进行调整，并从资本总额中减去税后营业外净收益。

4. 在建工程

在建工程、工程物资在转为固定资产之前不产生收益，因此对其计算资本成本，会导致此项资本成本无相关的收益相匹配。因此，计算 EVA 价值时将在建工程、工程物资从企业资本总额中减去。当在建工程、工程物资转为固定资产开始产生税后净营业利润时，再考虑投资项目的投入资本及资金成本。这种处理方法扩展了经营管理者的视野，鼓励其考虑那些长期的投资机会，以提高企业的可持续发展能力。

5. 财务费用

财务费用主要包括利息支出和汇兑损益。其中，利息支出属于资本成本的组成部分，应首先从税后净营业利润中扣除，计算 EVA 指标时再统一计入资本成本，从而使得净营业利润的计算中真实体现营业成本。汇兑损益属于企业不可控的宏观经济因素形成的正常经营以外的损失或收益，不将其剔除将会影响企业 EVA 业绩的公正性。

6. 公允价值变动损益

公允价值变动损益既不是企业当期损益的现金收支，也不受经营管理者所控制，并且不是企业当期资产的实际增减。因此，在计算 EVA 时也应该将所有公允价值变动损益从当期利润中予以剔除，并考虑当期公允价值变动收益及其累计金额对投入资本的影响。

7. 无息流动负债

企业的无息流动负债一般是指扣除短期借款和一年内到期长期负债以外的其他流动负债，包括预收及应付账款、应付职工薪酬、应交税费、其他应付款等。流动资产减去无息流动负债，即净营运资产，是维持公司正常经营所需的流动资金。由于无息流动负债没有资金成本，在计算 EVA 时应从资本总额中减除。无息流动负债从资本总额中扣除，可以鼓励管理人员合理管理净营运资产，尽量多使用无息流动负债，降低资金成本，提高资金使用效率。

8. 递延税项

递延所得税项目的存在，使企业会计报表上的所得税费用与实际所得税负担不一致，在计算 EVA 价值时应予调整，调整的具体方法是将递延税项的贷方余额加入资本总额中，如果是借方余额则从资本总额中扣除，同时，将当期递延税项的变化加回到税后净营业利润中。

简化调整项目后，EVA 公式为

EVA = NOPAT − 投入资本 × 调整后加权资本成本率

NOPAT = 税后净利润 + 财务费用 + 未予资本化研发费用 + 营业外支出 − 营业外收入 + 计提的各项减值准备之和 ± 公允价值变动损益 + 递延所得税负债增加额 − 递延所得税资产增加额

投入资本 = 平均资产总额 − 平均在建工程 + 各项减值准备余额之和 + 递延所得税负债余额 − 递延所得税资产余额 + 未予资本化研发费用累计额 ± 公允价值变动损益累计影响额 − 无息流动负债

【例 11-6】甲公司是一家国有控股上市公司，采用经济增加值作为业绩评价指标，目前控股股东正对甲公司 2021 年度的经营业绩进行评价。相关资料如表 11-8 和表 11-9 所示。

表 11-8 甲公司资产负债资料 （单位：百万元）

项目	2021 年年末	2020 年年末	项目	2021 年年末	2020 年年末
货币资金	405	420	应付账款	1 350	1 165
应收票据	100	95	应付职工薪酬	35	30
应收账款	2 060	2 040	应交税费	100	140
其他应收款	320	325	其他应付款	140	95
存货	2 300	2 550	长期借款	2 500	2 500
固定资产	4 600	4 250	优先股	1 200	1 200
在建工程	2 240	1 350	普通股	5 000	5 000
			留存收益	1 700	900
合计	12 025	11 030	合计	12 025	11 030

表 11-9 甲公司收入利润相关资料 （单位：百万元）

项目	2021 年度	项目	2021 年度
管理费用	1 950	其中：利息支出	200
其中：研究与开发费	360	营业外收入	400
财务费用	220	净利润	1 155

甲公司长期借款还有 3 年到期，年利率 8%；优先股 12 万股，每股面额 100 元，票面股息率 10%。甲公司 β 系数为 1.2。目前市场无风险报酬率 4%，市场组合的必要报酬率 14%，适用所得税税率 25%。

要求：以账面价值平均值为权数计算甲公司的加权平均资本成本；计算 2021 年甲公司调整后税后净营业利润、调整后投入资本和经济增加值。

具体计算分析如下：

（1）债务资本成本 = 8% × （1-25%）= 6%

普通股资本成本 = 4% + 1.2 × （14% - 4%）= 16%

优先股资本成本 = 10%

长期借款所占比重 = [（2 500 + 2 500）/2] / [（2 500 + 2 500）/2 + （1 200 + 1 200）/2 + （5 000 + 5 000）/2 + （1 700 + 900）/2] = 25%

优先股所占比重 = [（1 200 + 1 200）/2] / [（2 500 + 2 500）/2 + （1 200 + 1 200）/2 + （5 000 + 5 000）/2 + （1 700 + 900）/2] = 12%

普通股及留存收益所占比重 = [（5 000 + 5 000）/2 + （1 700 + 900）/2] / [（2 500 + 2 500）/2 + （1 200 + 1 200）/2 + （5 000 + 5 000）/2 + （1 700 + 900）/2] = 63%

加权平均资本成本 = 6% × 25% + 10% × 12% + 16% × 63% = 12.78%

（2）调整后税后净营业利润 = 1 155 + （200 + 360）×（1 - 25%）- 400 × （1 - 25%）= 1 275（百万元）

平均所有者权益 = （1 200 + 1 200）/2 + （5 000 + 5 000）/2 + （1 700 + 900）/2 = 7 500（百万元）

平均负债 = （1 350 + 1 165）/2 + （35 + 30）/2 + （100 + 140）/2 + （140 + 95）/2 + （2 500 + 2 500）/2 = 4 027.5（百万元）

平均无息流动负债 = （1 350 + 1 165）/2 + （35 + 30）/2 + （100 + 140）/2 + （140 + 95）/2 = 1 527.5（百万元）

平均在建工程 = （2 240 + 1 350）/2 = 1 795（百万元）

调整后资本 = 7 500 + 4 027.5 - 1 527.5 - 1 795 = 8 205（百万元）

经济增加值 = 1 275 - 8 205 × 12.78% = 226.401（百万元）

11.4.4 经济增加值的优势

经济增加值观念的流行标志着财务分析的立足点已经逐步从利润观念转向价值观念，经济增加值强调企业资本成本，纠正了会计学将权益资本视为"免费午餐"的观念，把会计账面价值转化为经济价值，在一定程度上弥补了财务报表的内在缺陷。与传统的财务业绩评价标准相比，经济增加值具有以下优势。

1. 考虑了"全要素成本"

企业的资本来源包括债务资本和权益资本，现行财务会计对债务资本成本与权益资本成本区别对待，前者尽管可能资本化处理但最终都作为费用处理，后者却作为股利支付或利润分配处理。这种会计处理方式使得企业可以通过调整资本结构人为地"创造"利润。实际上，权益资本成本是一种机会成本，即便企业账面上出现巨额利润，也有可能"亏本"经营。由于经济增加值在数量上就是企业经营所得收益扣除全部要素成本之后的剩余价值，它考虑了所有要素成本，将机会成本与实际成本和谐地统一起来。因此，经济增加值观念是一种"全要素成本"观念。

2. 有利于树立价值管理理念

以税后利润核算为中心的效益指标由于没有完整核算企业的资本成本，容易导致管理行为异化，追求短期利润。如不计成本扩大股权融资规模，盲目筹资、投资，以扩大股本投资方式去追求目标利润，但企业实际上资金使用效益低下，最后以较少的经营利润形式，掩盖实质上的经营亏损。以 EVA 为考核指标时，国有企业的经营者就不会一味地追求资产的规模和无限制的投入；上市公司的经营者也不会一味地追求扩大股本，增发股票圈钱。因为企业管理人员明白增加价值只有三条基本途径：一是通过更有效地经营现有的业务和资本，同时考虑库存、应收账款和所使用资产的成本；二是投资那些回报超过资本成本的项目；三是通过出售对别人更有价值的资产或通过提高资本运用效率，比如加快流动资金的运转，加速资本回流，从而释放资本沉淀。因此，应用经济增加值指标能够鼓励经营者考虑能给企业带来长期利益的投资，如新产品的研制与开发、人力资源的开发等，有利于管理者树立价值管理理念。

3. 经济增加值有利于协调经营者与所有者利益

EVA 是一种衡量经营者经营业绩的好方法。采用 EVA 指标评价，由于经营者的奖励是他为所有者创造的增量价值的一部分，这样经营者的利益便与所有者的利益相挂钩，可以鼓励经营者采取符合企业价值最大化的行动，并在很大程度上缓解因"委托－代理"关系而产生的道德风险和逆向选择，最终降低管理成本。对于经营者而言，所有者采用以 EVA 为基础的红利激励计划，经营者必须在提高 EVA 的压力下想尽办法提高资本运营管理的能力。同时，EVA 使经营者认识到企业的所有资源都是有代价的，经营者必须更有效地使用权益资本，提高融资效率。所以说，以 EVA 为绩效指标的激励制度，其目的就是使经营者像所有者一样思考，使所有者和经营者的利益取向趋于一致。

▶ 思考题

1. 阐述财务综合分析方法的特点。
2. 阐述杜邦财务分析体系中主要财务指标之间的相互关系。
3. 怎样运用综合评分法评价企业绩效？
4. 从会计利润到 EVA 为什么要进行一系列的调整？

5. EVA 业绩评价指标与传统的利润指标相比有哪些优势？

▶ 计算题

1. 某公司 2016 年的净资产收益率为 14%，净利润为 120 万元，产权比率为 80%，营业收入为 3 600 万元，所有者权益期初数与期末数相同。预计 2017 年营业收入为 4 158 万元，2017 年资产总额比上年增长 10%，营业净利率、权益乘数保持不变，所得税率为 25%。

要求：

（1）计算 2016 年平均资产总额、总资产周转率、营业净利率、权益乘数。

（2）计算 2017 年净资产收益率，并与 2016 年比较，采用杜邦分析法分析其变动的原因。

2. 甲公司 2016 年营业收入为 62 500 万元，比 2015 年提高 28%。有关的财务指标如表 11-10 所示。

表 11-10　相关财务指标

财务指标	2015 年同业平均	2015 年本公司	2016 年本公司
应收账款回收期／天	35	36	36
存货周转率	2.5	2.29	2.11
毛利率	38%	40%	40%
销售息税前利润率	10%	9.6%	10.63%
销售利息率	3.73%	2.4%	3.82%
营业净利率	6.27%	7.2%	6.81%
总资产周转率	1.14	1.11	1.07
固定资产周转率	1.4	2.02	1.82
资产负债率	58%	50%	61.3%
已获利息倍数	2.68	4	2.78

注：该公司正处于免税期。

要求：

（1）运用杜邦财务分析原理，比较 2015 年公司与同业平均的净资产收益率，分析形成差异的原因，并运用改进的杜邦分析法分析资本结构对净资产收益率的影响。

（2）运用杜邦财务分析原理，比较本公司 2016 年与 2015 年的净资产收益率，分析变化的原因。

3. 某公司 2017 年实现税后净利润 1 210 万元，债务利息支出 620 万元，债务资本投入为 11 500 万元，股权资本投入为 35 000 万元，市场无风险报酬率为 4%，市场平均风险报酬率为 10%，该公司的 β 系数为 1.2，所得税税率为 25%，如不考虑其他调整事项。

要求：

（1）计算该公司加权平均资本成本。

（2）计算该公司的经济增加值。

第 12 章

财务预警分析

12.1 财务危机与财务预警分析

12.1.1 企业财务危机与财务预警

财务危机是指企业由于理财不善、资金链断裂等导致的企业生存危机。财务危机的发生通常有以下原因：①连续亏损，导致资不抵债；②不能偿付到期债务，造成诉讼的连锁反应；③投资项目决策失误，没有达到预期收益或造成损失；④大量到期的货款不能按时收回；⑤由于信誉不佳，金融部门和合作伙伴拒绝提供贷款或大幅度降低授信额度；⑥企业盲目追求规模的扩张，使资金需求膨胀。

任何财务危机都有一个逐步显现、不断恶化的过程，因此，如果企业管理者对企业的经营管理过程进行跟踪、监控、及早地发现危机信号，一旦发现某种异常征兆就着手实施预控，可以有效避免企业陷入财务危机。财务预警就是这样一种预控手段。所谓财务预警就是依据企业财务报告和其他经营资料，计算分析财务指标的变化，揭示企业面临的经营困难和财务危机，警示企业尽快采取有效措施改善财务状况，提高财务成果，使企业走出破产边缘。

我国 2006 年 12 月 4 日年颁发的新的《企业财务通则》第六十三条规定："企业应当建立财务预警机制，自行确定财务危机警戒标准，重点监测经营性净现金流量与到期债务、企业资产与负债的适配性，及时沟通企业有关财务危机预警的信息，提出解决财务危机的措施和方案。"

12.1.2 财务预警分析的意义

建立企业财务危机预警模型，根据企业过去和现在的经营管理情况对企业的未来状况进行预测，对企业及利益相关者具有重要意义。

1. 对企业管理层：起到警示作用

企业管理者通过预警模型预测企业将来是否会陷入财务危机，可以及时发现潜伏的危机，及时寻找导致财务状况恶化的原因，从而能够有针对性地改善经营管理，制定相应对策以避免财务危机的发生。即使不可逆转地陷入了财务危机，企业徘徊在破产边缘，预警模型也可以为企业赢得时间，努力寻找与其他有实力的企业进行重组合并，尽量避免破产清算的发生。

2. 对投资者：帮助做出有利的投资决策

当企业资不抵债而破产清算时，由于股东的资产请求权在债权人之后，股东的投资往往会化为乌有。如果企业是上市公司，企业陷入财务危机将使企业的股票价格下跌，从而使投资者遭受损失。而有效的财务危机预警模型能够帮助投资者和股东通过对企业财务信息的分析，预测企业未来的财务状况，洞察其真实价值和经营发展前景，提高投资决策的科学性、警惕性，使投资者能够将有限的资本投资于未来价值高的企业，并能够在企业初露财务危机端倪时就及时处理现有投资，防止或减少投资损失。

3. 对企业的债权人：有利控制信贷风险，减少无法收回本息的损失

如果债权人能准确预测企业的财务危机，则可在企业陷入财务危机前改变偿债条款，提前收回本息。对银行等金融机构来说，可根据预警结果对企业进行信用等级评分，协助制定贷款决策，并对应收账款进行有效管理。

4. 对并购企业：可为其正确评估被并购企业价值提供参考

在并购中，被并购企业经常是财务危机企业或即将发生财务危机的企业。已发生或即将发生财务危机的企业在谈判桌上总显得底气不足，若并购企业已知被并购企业发生财务危机或预知即将发生财务危机，将加大并购企业在谈判桌上的力度，以有利条件赢得谈判。

5. 对供应链上的上下游企业：帮助做出有利的经营管理决策

根据预警结果，供应商可以判断企业的经营发展状况，从而制定相应的信用政策和收账政策，保证应收账款及时收回，降低坏账损失；销售商则可以判断供货量能否及时提供等，从而做出正确的经营管理决策。

6. 对政府：资源优化配置

企业财务危机预警模型的建立，能够帮助政府有效评价企业的经营业绩，全面预测企业的发展前景，从而做出使资源优化配置的决策。另外，在企业陷入财务危机前，政府可以提前协调各方面关系，减少企业的失败概率，从而减少破产成本的支出和因工人失业造成的社会动荡。

12.2 定性的财务预警分析法

在丰富的财务预警分析实践中，实务工作者们和学者们根据经验与大量的实证研究，总结出了许多成熟的财务预警分析方法。财务预警分析方法一般分为定性和定量两大类分析方法。

现介绍其中被广泛使用的且被实践证明较为成熟的几种传统财务预警分析方法。

12.2.1 专家调查法

专家调查法又称德尔菲法，它由美国兰德公司于1964年正式提出，是企业组织各领域专家运用专业知识和经验，根据企业的内外部环境，通过直观的归纳，对企业过去和现在的状况、变化发展过程进行综合分析研究，找出企业运动、变化、发展的规律，从而对企业未来的发展趋势做出判断。由于这一方法的成本较高，大部分企业只采用其中的标准化调查法，即通过专业人员、咨询公司和协会等，就企业可能遇到的问题加以详细调查与分析，形成报告文件供企业经营者参考。标准化调查法的优点在于，所提出的问题对所有企业或组织都是有意义的、普遍适用的。但对特定的企业来说，该方法无法发现个别企业或个别类型企业存在的一些特殊问题。另外，该方法没有对要求回答的每个问题进行解释，也没有引导使用者对所问问题之外的相关信息做出判断。

12.2.2 四阶段症状分析法

四阶段症状分析法将企业财务危机划分为以下四个阶段：

（1）财务危机潜伏期（盲目扩张，无效市场营销，疏于风险管理，缺乏有效的管理制度，企业资源分配不当，无视环境的重大变化）。

（2）财务危机发作期（自有资本不足；过分依赖外部资金，利息负担过重；缺乏会计的预警作用；债务拖延支付）。

（3）财务危机恶化期（经营者无心经营业务，专心于财务周转；资金周转困难；债务到期违约不能支付）。

（4）财务危机实现期（资不抵债，丧失偿付能力；宣布破产）。

企业如有上述相应情况出现，就要查清原因，采取相应措施，尽快使企业摆脱财务危机。

12.2.3 管理评分法

管理评分法又称"A计分法"，该方法试图把定性分析判断定量化。美国学者仁翰·阿吉蒂调查了企业的管理特性及可能导致破产的企业缺陷，按照这些缺点、错误和征兆进行对比打分。经营缺点包括管理活动不深入等10项，经营错误包括高杠杆负债经营等3项，破产征兆包括危机财务信号等4项，并以它们对财务危机发生过程产生影响的大小程度，进行加权处理，总分为100分，如表12-1所示。

表12-1　风险因素及其赋值

序号	风险因素	计分值	总值	临界值
1.	经营缺点		43	10
（1）	管理活动不深入	1		
（2）	管理技能不全面	2		

(续)

序号	风险因素	计分值	总值	临界值
(3)	被动的管理班子	2		
(4)	财务经理不够强	2		
(5)	无过程预算控制	3		
(6)	无现金开支计划	3		
(7)	无成本监管系统	3		
(8)	董事长兼任总经理	4		
(9)	总经理独断专行	8		
(10)	应变能力太低	15		
2.	经营错误		45	15
(1)	高杠杆负债经营	15		
(2)	过度分散经营	15		
(3)	过大风险项目	15		
3.	破产征兆		12	0
(1)	危机财务信号	4		
(2)	被迫编造假账	4		
(3)	经营秩序混乱	3		
(4)	管理停顿	1		
4.	分值加总	100	100	25

对各项因素进行打分，然后将各项分值加总，再根据总分判断企业经营及财务状况。打分时注意：对某项因素要么打零分，要么打满分，不能打折扣分。例如，如果企业无成本监督系统，打3分；有成本监督系统，打零分，而不能认为由于成本监督系统不完善给这个项目打2分。

按总分合计，对企业经营及财务状况的评价方法是：如果企业得分在25分以上，则表明企业已经处于高风险状态，陷入困境的概率很大；如果得分在18～25分之间，企业处于不确定状态，即有失败的可能性；如果得分在18分以下，企业处于安全状态。

该方法要求使用者深入企业调查，全面了解企业管理的各个方面，才能对企业的管理正确地进行打分，从而对企业管理进行客观评价。该方法认为，企业失败源于企业高级管理层。该方法简单易行，但效果取决于使用者对企业的全面了解。

12.2.4 对传统定性财务预警分析法的评析

1. 传统定性财务预警分析法的优点

（1）与定量分析依赖个别指标进行判断相比，由于定性预警分析是对许多困境原因、征兆项目进行分析后做出的判断，因此，定性分析考虑的问题可能更加全面，进行判断的基础更加扎实。例如，专家调查法中的标准调查法分析的项目有数十个，甚至数百个，这么多的项目就可以将方方面面的问题包括进去。

（2）与定量预警分析将预警指标与标准值相比较来判断财务困境发生的可能性相比，定性分析主要依赖人的经验来做出预测，而人的判断可以将企业面临的复杂的内外环境因素考虑进去，特别是将个别企业面临的一些特殊因素考虑进去。这是定量分析难以达到的。

2. 传统定性财务预警分析法的缺点

（1）定性分析研究的项目多，考虑问题全面，但这也使得分析成本变得较高。

（2）定性分析依靠人的经验进行判断，使得判断结果的主观色彩较强，不同分析人员对同一项目进行分析可能会得出不同的结论，有时甚至会得出相反的判断结论。

12.3 定量的财务预警分析法

12.3.1 单变量财务预警分析法

单变量分析法是选择一个变量进行分析的传统方法，通常是采用企业的一个财务比率。单变量分析法与传统单一财务比率分析法非常相似，但在选择财务比率与确定财务比率值这两个方面有很大区别。传统单一财务比率分析法一般是通过对样本企业进行统计分析得出的，而单变量分析法主要依赖于经验总结与归纳。运用单变量分析法最为关键的一点就是寻找判别阈值。通常需要将样本分为两组：一组是构建预测模型的"预测样本"，也称估计样本；另一组是测试预测模型的"测试样本"，又称"有效样本"。首先，将预测样本（包括危机企业和正常企业）按照某一选定的财务比率进行排序，选择判别阈值点，使得两组的误判率达到最小；然后，将选定的阈值作为判别规则，对测试样本进行测试。

Fitzpatrick（1932）以 19 家企业作为样本，运用单个财务比率将样本划分为破产和非破产两组，他发现判别能力最高的是"净利润/股东权益"和"股东权益/负债"两个比率；Beaver（1966）以单变量分析法发展出财务危机预警模型，模型使用 5 个财务比率分别作为预警指标变量对 79 家经营未失败企业和 79 家经营失败企业进行一元判别预测，发现用"现金流量/总负债"进行预测的效果最好，用"净利润/总资产"的效果次之。

12.3.2 多变量财务预警分析（MDA）法

1. 多元线性判别模型

由于单变量分析法只重视一个指标的判断能力，不能充分反映企业的财务状况，人们开始考虑结合多个比率进行分析，出现了多元线性判别分析方法。MDA 是对研究对象所属类别进行判别的一种统计分析方法，要从若干表明观察对象特征的变量值——财务比率中筛选出能提供较多信息的变量并建立判别函数，使推导出的判别函数对观测样本分类时的错判率最小。

美国学者 Altman（1968）最早将 MDA 应用到财务危机预警研究中，他在 1968 年对美国破产和非破产生产企业进行观察，对 22 个财务比率经过数理统计筛选得到五个变量，建立了著名的 Z 分数模型，根据判别分值，以确定的临界值对研究对象进行信贷风险的定位。由于模型简便、成本低、效果佳，日本开发银行以及德国、法国、英国等许多发达国家的金融机构都纷纷研制了各自的判别模型。

Z 分数模型建立了下列判别函数：

$$Z=1.2\times X_1+1.4\times X_2+3.3\times X_3+0.6\times X_4+1.0\times X_5$$

式中：X_1 表示营运资金/总资产，即企业营运资金相对于资产总额比例，X_1 越大，说明企业资产的流动性越强，财务状况越理想；

X_2 表示留存收益/总资产，即企业在一定时期内留存收益进行再投资的比例，X_2 越大，说明企业筹资和再投资功能越强，企业创新和竞争力越强；

X_3 表示息税前利润/总资产，反映企业不考虑税收和财务杠杆因素时企业资产的盈利能力；

X_4 表示资本市值/债务账面价值，主要反映投资者对公司前景的判断，它是资本市值对债务的比值，指标越高，说明企业越有投资价值，在成熟的资本市场中，该指标尤其具有说服力；

X_5 表示销售额/总资产，用来衡量企业资产获得销售收入的能力。

根据对过去经营失败企业统计数据的分析，Altman 得出一个经验性临界数据值，即 Z=3.0。企业的 Z 计分值高于 3.0 的为较安全企业，低于 3.0 的为存在财务危机或破产风险的企业。此外，Altman 在对经营失败企业经验分析中还发现，如果一个企业的 Z 计分值低于 1.8，该企业实际上已经潜在破产，如果不采取特别有力的措施，将很难步出深渊。关于临界值的具体说明如表 12-2 所示。

表 12-2 关于临界值的具体说明

Z 计分值	短期出现破产的概率
1.8 分以下	存在严重财务危机，破产概率很大
1.8～2.8 分	存在一定的财务危机，破产概率较大
2.8～3.0 分	存在某些财务隐患，解决不好有破产可能
3.0 分以上	财务状况良好，无破产可能

鉴于我国会计准则还未与国际会计准则完全趋同以及其他因素，实证研究表明，对"Z 计分法"中的各项指标的设定应做如下调整：

X_1=（流动资产－流动负债）/总资产

X_2=（未分配利润＋盈余公积）/总资产

X_3=（税前利润＋财务费用）/总资产

X_4= 每股市价×股数/总负债

X_5= 主营业务收入/总资产

【例 12-1】继 2004 年的"郎顾之争"后，2005 年 5 月，科龙电器遭到了中国证监会的立案调查。科龙电器公布的 2004 年年报中，高达 6 000 多万元的亏损额引人注目，这与 2004 年前三季度还盈利 2 亿多元的情况相差甚远，科龙危机开始浮出水面。事实上，通过计算科龙的 Z 值，我们可以对科龙进行财务预警。科龙危机爆发前后财务数据如表 12-3 所示。

要求：计算科龙电器的 Z 值。

表 12-3　科龙危机爆发前后财务数据　　　　　　　　（单位：元）

财务数据	2002 年	2003 年	2004 年	2005 年
流动资产	4 862 868 408	6 033 869 860	7 513 785 536	2 868 356 029
总资产	7 656 539 329	9 432 791 214	11 160 351 150	5 369 712 592
流动负债	4 068 730 484	5 779 561 003	8 145 024 920	6 146 159 429
未分配利润	1 211 930 161	184 436 195	88 877 490	3 800 717 444
盈余公积	343 742 703	114 580 901	114 580 901	114 580 901
税前利润	103 919 721	220 003 504	232 535 800	3 782 339 728
主营业务收入	4 878 257 017	6 168 109 963	7 923 000 768	6 978 371 717
财务费用	75 536 164	100 397 258	127 457 832	166 678 614
负债总额	4 859 319 183	6 386 693 815	8 231 710 320	6 220 082 854
每股市价	6.74	6.68	4.47	2.13
股数	992 006 560	992 006 560	992 006 560	992 006 560

科龙电器的 Z 值计算结果如表 12-4 所示。

表 12-4　科龙 Z 值计算表

指标	2002 年	2003 年	2004 年	2005 年
X_1	0.10	0.03	−0.06	−0.61
X_2	−0.11	0.03	0.00	−0.69
X_3	0.02	0.03	−0.01	−0.67
X_4	1.38	1.04	0.54	0.34
X_5	0.64	0.65	0.71	1.30
$Z=1.2\times X_1+1.4\times X_2+3.3\times X_3+0.6\times X_4+1.0\times X_5$	1.51	1.47	0.94	−2.41

由此可见，其实早在 2002 年科龙的 Z 值就在 1.8 分以下，存在严重财务危机，破产概率很大。此后一直到 2005 年科龙危机爆发，Z 值连续下降。

我国学者周首华等（1996）在预警指标中加入现金流量信息，并扩大样本数，对 Z 分数模型加以改造，建立财务危机预警的新模型——F 分数模型（failure score model），F 分数模型选取了营运资本/总资产、留存盈余/总资产、（净利润+折旧）/总负债、股权的市场价值/债务的账面价值和（税后收益+利息+折旧）/总资产五项指标作为预警指标，其中第三个和第五个是现金流量指标。

F 分数模型的主要特点是：预警模型中加入现金流量指标，该类指标被许多专家证实是预测企业破产的有效变量，从而弥补了 Z 分数模型的不足；F 分数模型还考虑到了现代企业财务状况的发展及其有关标准的更新。比如，企业的财务比率标准也发生了许多变化，特别是现金管理技术的应用，已使企业所应维持的必要的流动比率大为降低。F 分数模型如下：

$$F = 0.177\,4 + 1.109\,1\times X_1 + 0.107\,4\times X_2 + 1.927\,1\times X_3 + 0.030\,2\times X_4 + 0.496\,1\times X_5$$

X_1=（期末流动资产−期末流动负债）/期末总资产

X_2 = 期末留存收益 / 期末总资产

X_3 = (税后收益 + 折旧) / 平均总负债

X_4 = 期末股东权益的市场价值 / 期末总负债

X_5 = (税后收益 + 利息 + 折旧) / 平均总资产

与"Z 计分法"相似，F 分数模式方程式以 0.027 4 为临界点：若某一特定的 F 分数低于 0.027 4，则将被预测为破产公司；反之，若 F 分数高于 0.027 4，则公司将被预测为可以继续生存的公司。

2. 采用对数分析法的 Logistic 模型

$$定义企业陷入财务困境的概率 P = \frac{1}{1+e^{-ST}}$$

$$ST = -0.166\ 1 - 0.073\ 0MR + 10.148\ 1OAR/TA + 10.114\ 8STL/TA - 4.566\ 9H$$

式中：MR 表示毛利率；MR = 主营业务利润 / 主营业务收入；OAR/TA 表示其他应收款占资产的比重；STL/TA 表示近一年借款占资产的比重；H 是股权集中系数，是前三大股东持股比例的平方和。

【例 12-2】某上市公司 DHGX 2008 年年报显示，毛利率为 0.25，其他应收款占总资产的比重是 0.06，近期借款占资产的比重为 0，前三大股东的持股比例分别为 0.15、0.05 和 0.01。试用 Logistic 模型预测 DHGX 陷入财务困境的概率。

其计算结果为：$H = 0.15^2 + 0.05^2 + 0.01^2 = 0.025\ 1$；$ST = -0.309\ 9$；$P = 0.576\ 86$。

这就是说，如果用 Logistic 模型预测，DHGX 陷入财务困境的概率为 0.576 86。

12.3.3 对传统定量财务预警分析法的评析

1. 定量财务预警分析法的优点

（1）由于定量预警分析法是根据数据进行决策，不同的人根据相同的信息一般能得出相同的判断结论，因此决策的客观性比较强。

（2）由于定量是根据数据进行决策，因此只需要收集被决策企业的有关数据，进行计算，然后与标准值相比较，就可以对企业的财务状况进行判断。显然，这种决策程序简单，决策成本低。

2. 定量财务预警分析法的缺点

（1）定量预警分析是根据一个或者数个指标来做出决策，由于一个或数个指标只能反映问题的某一方面，根据不同的指标进行判断可能会得出不同的结论，这样可能使定量预测分析法的结果缺乏科学性。例如，某企业的流动比率及速动比率很低，在不考虑其他指标的情况下，就很可能会得出该企业将陷入财务困境的结论，但如果该企业有很强的盈利能力及筹资能力，则未必一定会陷入财务困境。

（2）多元判断函数是根据特定样本建立起来的判别模型，是对样本企业所处特定内外环境的反映。环境对多元判别函数的影响具体体现在两个方面：第一，根据不同的地区、国家中的样本企业建立的判别函数具有不同的形式，例如，Z计分法、F计分法的多元判别函数选择的样本企业所处的地区不同，而不同地区具有不同的环境；第二，根据不同时期相同样本的数据建立的判别函数具有不同的形式，这是由于不同时期的环境不同。环境对多元函数的影响产生的后果是：根据一个地区样本企业建立的判别函数可能不能有效地对另一个地区的企业进行预测，根据一个时期样本企业建立的判别函数可能不能有效地对另一个时期的企业进行预测。不同国家的学者建立不同的判别函数佐证了前一个问题，而Z计分法长期预测效果很差佐证了后一个问题。多元判别函数造成了定量分析的另一个问题，那就是多元判别函数的有用性差。事实上，根据调查，与理论界红红火火的多元判别函数研究相比，多元判别函数的实际应用则是冷冷清清，分析人员对企业财务状况的判断主要还是依赖原因、征兆以及单项指标的综合判断。

▶ 思考题

1. 什么是财务预警？财务预警的作用是什么？
2. 什么是财务危机？财务危机产生的原因有哪些？
3. 管理评分法的主要内容有哪些？
4. 如何评价传统定性财务预警分析法？
5. 单变量财务预警分析法的基本原理是什么？
6. 阐述Z分数模型的原理与特点。
7. 如何评价传统定量财务预警分析法？

▶ 计算题

光华股份公司近年来业绩持续增长。5年来，总资产从2亿元发展到25亿元；销售收入从4亿元增长到18亿元；净利润从0.5亿元增长到4亿元；近3年净资产收益率始终维持在极高水平，为28%、29%、19%；每股收益分别为0.8元、1元和0.9元。

光华股份公司流动比率小于1，营运资金为负；应收账款水平远低于同行业平均水平，而应收账款回收期却大于同行业平均水平；流动资产占总资产比重远低于同行业平均水平，存货占流动资产比重远高于同行业平均水平，固定资产占总资产比重高于同行业平均水平。

另外，根据报表分析发现，光华股份公司人均每月收入仅400元。为了进一步了解事实，通过当地的供电部门了解到，光华股份公司总部的电费每月不足10 000元。

要求：对光华股份公司进行财务预警分析。

第13章

企业价值评估

13.1 企业价值评估的目的、对象与方法

13.1.1 企业价值评估的含义及目的

企业价值评估简称价值评估,是一种经济评估方法,目的是分析和衡量企业(或者企业内部的一个经营单位、分支机构)的公平市场价值并提供有关信息,以帮助投资人和管理当局改善决策。

1. 企业价值评估概述

(1)企业价值评估的含义。企业价值评估是一种经济"评估"方法。"评估"一词不同于"计算"。评估是一种定量分析,但它并不是完全客观的和科学的。一方面,它使用许多定量分析方法,具有一定的科学性和客观性。另一方面,它又使用许多主观估计的数据,带有一定的主观估计性质。评估的质量与评估人员的经验、责任心、投入的时间和精力等因素有关。评估不是随便找几个数据代入评估方法的计算工作。评估方法只是一种工具,并非方法越复杂,评估结果必然越好。

企业价值评估既然带有主观估计的成分,其结论必然会存在一定误差,不可能绝对正确。在进行评估时,由于认识能力和成本的限制,人们不可能获得完全的信息,总要对未来做出某些假设,从而导致结论的不确定。因此,即使评估进行得非常认真,合理的误差也是不可避免的。

企业价值评估是一种"分析"方法,要通过符合逻辑的分析来完成。好的分析来源于好的理解,好的理解建立在正确的概念框架基础之上。企业价值评估涉及大量的信息,有了合理的概念框架,可以指导评估人正确地选择方法和有效地利用信息。因此,必须正确理解企业价值

的有关概念。如果不能比较全面地理解价值评估原理，在一知半解的情况下随意套用模型很可能出错。

（2）价值评估提供的信息。企业价值评估提供的信息不仅仅是企业价值一个数字，还包括评估过程产生的大量信息。例如，企业价值是由哪些因素驱动的，营业净利率对企业价值的影响有多大，提高投资资本报酬率对企业价值的影响有多大等。即使企业价值的最终评估值不是很准确，这些中间信息也是很有意义的。因此，不要过分关注最终结果而忽视评估过程产生的其他信息。

价值评估提供的是有关"公平市场价值"的信息。价值评估不否认市场的有效性，但是不承认市场的完善性。在完善的市场中，企业只能取得投资者要求的风险调整后收益，市场价值与内在价值相等，价值评估没有什么实际意义。在这种情况下，企业无法为股东创造价值。股东价值的增加，只能利用市场的不完善才能实现。价值评估认为市场只在一定程度上有效，即并非完全有效。价值评估正是利用市场的缺陷寻找被低估的资产。当评估价值与市场价格相差悬殊时必须十分慎重，评估人必须令人信服地说明评估值比市场价格更好的原因。

企业价值受企业状况和市场状况的影响，随时都会变化。价值评估依赖的企业信息和市场信息也在不断流动，新信息的出现随时可能改变评估的结论。因此，企业价值评估提供的结论有很强的时效性。

2. 企业价值评估的目的

价值评估的目的是帮助投资人和管理层改善决策。它的主要用途表现在以下三个方面。

（1）价值评估可以用于投资分析。价值评估是基础分析的核心内容。投资人信奉不同的投资理念，有的人相信技术分析，有的人相信基础分析。相信基础分析的人认为企业价值与财务数据之间存在函数关系，这种关系在一定时间内是稳定的，证券价格与价值的偏离经过一段时间的调整会向价值回归。他们据此原理寻找并且购进被市场低估的证券或企业，以期获得高于市场平均报酬率的收益。

（2）价值评估可以用于战略分析。战略是指一整套的决策和行动方式，包括刻意安排的有计划的战略和非计划的突发应变战略。战略管理是指涉及企业目标和方向、带有长期性、关系企业全局的重大决策和管理。战略管理可以分为战略分析、战略选择和战略实施。战略分析是指使用定价方法清晰地说明经营设想和发现这些设想可能创造的价值，目的是评价企业目前和今后增加股东财富的关键因素是什么。价值评估在战略分析中起核心作用。例如，收购属于战略决策，收购企业要估计目标企业的合理价格，在决定收购价格时要对合并前后的价值变动进行评估，以判断收购能否增加股东财富，以及依靠什么来增加股东财富。

（3）价值评估可以用于以价值为基础的管理。如果把企业的目标设定为增加股东财富，而股东财富就是企业的价值，那么，企业决策正确性的根本标志是能否增加企业价值。不了解一项决策对企业价值的影响，就无法对决策进行评价。从这种意义上说，价值评估是改进企业一切重大决策的手段。为了搞清楚财务决策对企业价值的影响，需要清晰描述财务决策、企业战略和企业价值之间的关系。在此基础上实行以价值为基础的管理，依据价值最大化原则制订和执行经营计划，通过度量价值增加来监控经营业绩并确定相应报酬。

13.1.2　企业价值评估的对象

企业价值评估的首要问题是明确"要评估的是什么"，也就是价值评估的对象是什么。

价值评估的一般对象是企业整体的经济价值。企业整体的经济价值是指企业作为一个整体的公平市场价值。

企业整体价值可以分为实体价值与股权价值、持续经营价值与清算价值、少数股权价值与控股权价值等类别。

1. 企业的整体价值

企业的整体价值观念主要体现在以下四个方面。

（1）整体不是各部分的简单相加。企业作为整体虽然是由部分组成的，但是它不是各部分的简单相加，而是有机的结合。这种有机的结合，使得企业总体具有它各部分所没有的整体性功能，所以整体价值不同于各部分的价值。这就如同收音机是各种零件的有序结合，使得收音机具有整体功能，这种功能是任何一个零件都不具备的。所以收音机的价值不同于零件的价值。企业的整体性功能，表现为它可以通过特定的生产经营活动为股东增加财富，这是任何单项资产所不具有的。企业是有组织的资源，各种资源的结合方式不同就可以产生不同效率的企业。

企业单项资产价值的总和不等于企业整体价值。会计报表反映的资产价值，都是单项资产的价值。资产负债表的"资产总计"是单项资产价值的合计，而不是企业作为整体的价值。

企业整体能够具有价值，在于它可以为投资人带来现金流量。这些现金流量是所有资产联合起来运用的结果，而不是资产分别出售获得的现金流量。

（2）整体价值来源于要素的结合方式。企业的整体价值来源于各部分之间的联系。只有整体内各部分之间建立有机联系时，才能使企业成为一个有机整体。各部分之间的有机联系，是企业形成整体的关键。一堆建筑材料不能称为房子，厂房、机器和人简单加在一起也不能称之为企业，关键是按一定的要求将它们有机地结合起来。相同的建筑材料，可以组成差别巨大的建筑物。因此，企业资源的重组，即改变各要素之间的结合方式，可以改变企业的功能和效率。

（3）部分只有在整体中才能体现出其价值。企业是整体和部分的统一。部分依赖整体，整体支配部分。部分只有在整体中才能体现出它的价值，一旦离开整体，这个部分就失去了作为整体中一部分的意义，如同人的手臂一旦离开人体就失去了手臂的作用。企业的一个部门在企业整体中发挥它的特定作用，一旦将其从整体中剥离出来，它就具有了另外的意义。企业的有些部分是可以剥离出来单独存在的，如一台设备；有些部分是不能单独存在的，如商誉。可以单独存在的部分，其单独价值不同于作为整体一部分的价值。因此，一个部门被剥离出来，其功能会有别于它原来作为企业一部分时的功能和价值，剥离后的企业也会不同于原来的企业。

（4）整体价值只有在运行中才能体现出来。企业的整体功能，只有在运行中才能得以体现。企业是一个运行着的有机体，一旦成立就有了独立的"生命"和特征，并维持它的整体功能。如果企业停止运营，整体功能随之丧失，不再具有整体价值，它就只剩下一堆机器、存货和厂房，此时企业的价值是这些财产的变现价值，即清算价值。

2. 企业的经济价值

经济价值是经济学家所持的价值观念。它是指一项资产的公平市场价值，通常用该资产所产生的未来现金流量的现值来计量。

对于习惯于使用会计价值和历史成交价格的会计师，特别要注意区分会计价值与经济价值、现时市场价值与公平市场价值。

（1）区分会计价值与市场价值。会计价值是指资产、负债和所有者权益的账面价值。会计价值与市场价值是两回事。会计报表以交易价格为基础。

会计师选择历史成本而舍弃现行市场价值的理由有两点：①历史成本具有客观性，可以重复验证，而这正是现行市场价值所缺乏的。会计师以及审计师的职业地位，需要客观性的支持。②如果说历史成本与投资人的决策不相关，那么现行市场价值也同样与投资人决策不相关。投资人购买股票的目的是获取未来收益，而不是企业资产的价值。企业的资产不是被出售，而是被使用并在产生未来收益的过程中消耗殆尽。与投资人决策相关的信息，是资产在使用中可以带来的未来收益，而不是其现行市场价值。

历史成本计价也遭到很多批评：①制定经营或投资决策必须以现实的和未来的信息为依据，历史成本会计提供的信息是面向过去的，与管理人员、投资人和债权人的决策缺乏相关性。②历史成本不能反映企业真实的财务状况，资产的报告价值是未分配的历史成本（或剩余部分），并不是可以支配的资产或可以抵偿债务的资产。③现实中的历史成本计价会计缺乏方法上的一致性，其货币性资产不按历史成本反映，非货币性资产在使用历史成本计价时也有很多例外，所以历史成本会计是各种计价方法的混合，不能为经营和投资决策提供有用的信息。④历史成本计价缺乏时间上的一致性。资产负债表把不同会计期间的资产购置价格混合在一起，使之缺乏明确的经济意义。因此，价值评估通常不使用历史购进价格，只有在其他方法无法获得恰当的数据时才将其作为质量不高的替代品。

按照未来售价计价，也称未来现金流量计价。从交易属性上看，未来售价计价属于产出计价类型；从时间属性上看，未来售价属于未来价格。它也被经常称为资本化价值，即一项资产未来现金流量的现值。未来价格计价有以下特点：未来现金流量现值面向的是未来，而不是历史或现在，符合决策面向未来的时间属性。经济学家认为，未来现金流量的现值是资产的一项最基本的属性，是资产的经济价值。只有未来售价计价符合企业价值评估的目的。因此，除非特别指明，企业价值评估的"价值"是指未来现金流量现值。

（2）区分现时市场价值与公平市场价值。企业价值评估的目的是确定一个企业的公平市场价值。所谓公平市场价值，是指在公平的交易中，熟悉情况的双方，自愿进行资产交换或债务清偿的金额。资产被定义为未来的经济利益。所谓经济利益，其实就是现金流入。资产就是未来可以带来现金流入的东西。由于不同时间的现金不等价，需要通过折现处理，因此，资产的公平市场价值就是未来现金流入的现值。

现时市场价值是指按现行市场价格计量的资产价值，它可能是公平的，也可能是不公平的。

首先，作为交易对象的企业，通常没有完善的市场，也就没有现成的市场价格。非上市企业或者它的一个部门，由于没有在市场上出售，其价格也就不得而知。对于上市企业来说，每天参加交易的只是少数股权，多数股权不参加日常交易，因此市价只是少数股东认可的价格，未必代表公平价值。其次，以企业为对象的交易双方，存在比较严重的信息不对称。人们对于企业的预期会有很大差距，成交的价格不一定是公平的。再次，股票价格是经常变动的，人们不知道哪一个是公平的。最后，评估的目的之一是寻找被低估的企业，也就是价格低于价值的企业。如果用现时市价作为企业的估价，则企业价值与价格相等，我们什么有意义的信息也得不到。

3. 企业整体经济价值的类别

我们已经明确了价值评估的对象是企业的总体价值，但这还不够，还需要进一步明确是"哪一种"整体价值。

（1）实体价值与股权价值。当一家企业收购另一家企业的时候，可以收购卖方的资产，而不承担其债务；或者购买它的股份，同时承担其债务。例如，A企业以10亿元的价格买下了B企业的全部股份，并承担了B企业原有的5亿元的债务，收购的经济成本是15亿元。通常，人们说A企业以10亿元收购了B企业，其实并不准确。对于A企业的股东来说，他们不仅需要支付10亿元现金（或者印制价值10亿元的股票换取B企业的股票），而且要以书面契约形式承担5亿元的债务。实际上他们需要支付15亿元，10亿元现在支付，另外5亿元将来支付，他们用15亿元购买了B企业的全部资产。因此，企业的资产价值与股权价值是不同的。

企业全部资产的总体价值，称为"企业实体价值"。企业实体价值是股权价值与债务价值之和。

$$企业实体价值 = 股权价值 + 债务价值$$

股权价值在这里不是所有者权益的会计价值（账面价值），而是股权的公平市场价值。债务价值也不是它们的会计价值（账面价值），而是债务的公平市场价值。

大多数企业并购是以购买股份的形式进行的，因此评估的最终目标和双方谈判的焦点是卖方的股权价值。但是，买方的实际收购成本等于股权成本加上所承接的债务。

（2）持续经营价值与清算价值。企业能够给所有者提供价值的方式有两种：一种是由营业所产生的未来现金流量的现值，称为持续经营价值（简称续营价值）；另一种是停止经营，出售资产产生的现金流，称为清算价值。这两者的评估方法和评估结果有明显区别。我们必须明确拟评估的企业是一个持续经营的企业还是一个准备清算的企业，评估的价值是其持续经营价值还是其清算价值。在大多数的情况下，评估的是企业的持续经营价值。

（3）少数股权价值与控股权价值。首先，少数股权对于企业事务发表的意见无足轻重，只有获取控制权的人才能决定企业的重大事务。我国的多数上市企业"一股独大"，大股东决定了企业的生产经营，少数股权基本上没有决策权。其次，从世界范围来看，多数上市企业的股权高度分散化，没有哪一个股东可以控制企业，此时有效控制权被授予董事会和高层管理人员，所有股东只是"搭车的乘客"，不满意的乘客可以"下车"，但是无法控制"方向盘"。

在股票市场上交易的只是少数股权，大多数股票并没有参加交易。掌握控股权的股东，不参加日常的交易。我们看到的股价，通常只是少数已经交易的股票价格。它们衡量的只是少数股权的价值。少数股权与控股股权的价值差异，明显地出现在收购交易当中。一旦控股权参加交易，股价会迅速飙升，甚至达到少数股权价值的数倍。在评估企业价值时，必须明确拟评估的对象是少数股权价值，还是控股权价值。

买入企业的少数股权和买入企业的控股权，是完全不同的两回事。买入企业的少数股权，是承认企业现有的管理和经营战略，买入者只是一个旁观者。买入企业的控股权，投资者获得改变企业生产经营方式的充分自由，或许还能增加企业的价值。

13.1.3 企业价值评估的方法

企业价值评估使用的方法很多，有的方法简单，有的方法非常复杂，名目繁多。这些方法主要可以分为现金流量折现法、经济利润法、相对价值法等。

1. 现金流量折现法

现金流量折现法的基本思想是增量现金流量原则和时间价值原则，也就是任何资产（包括企业或股权）的价值是其产生的未来现金流量的现值。

企业也是资产，具有资产的一般特征。但是，它又与实物资产有区别，是一种特殊的资产。企业价值评估与项目价值评估既有类似之处，也有明显区别。

从某种意义上看企业也是一个大项目，是一个由若干个投资项目组成的复合项目，或者说是一个项目组合。因此，企业价值评估与前面讲的投资项目评价有许多类似之处：①无论是企业还是项目，都可以给投资主体带来现金流量，现金流越大，则经济价值越大；②它们的现金流都具有不确定性，其价值计量都要使用风险概念；③它们的现金流都是陆续产生的，其价值计量都要使用现值概念。因此，我们可以使用前面介绍过的折现现金流量折现法对企业价值进行评估。净现值不过是项目产生的企业价值增量，它们在理论上是完全一致的。

企业价值评估与项目价值评估也有许多明显区别：①投资项目的寿命是有限的，而企业的寿命是无限的，因此要处理无限期现金流折现问题；②典型的项目投资有稳定的或下降的现金流，而企业通常将收益再投资并产生增长的现金流，它们的现金流分布有不同特征；③项目产生的现金流属于投资人，而企业产生的现金流仅在管理层决定分配它们时才流向所有者，如果管理层决定向较差的项目投资而不愿意支付股利，则少数股东除了将股票出售外别无选择。这些差别，也正是企业价值评估比项目评价更困难的地方，或者说是现金流量折现法用于企业价值评估需要解决的问题。

在价值评估领域，现金流量折现法曾风行一时，目前仍主导着教材和实务。

2. 经济利润法

经济利润是指从超过投资者要求的报酬率中得来的价值,也称经济增加值。

经济利润 = 期初投资资本 × (期初投资资本报酬率 − 加权平均资本成本)
　　　　 = 期初投资资本 × 期初投资资本报酬率 − 期初投资资本 × 加权平均资本成本
　　　　 = 息前税后营业利润 − 资本费用

经济利润不同于会计利润,两者主要区别在于经济利润扣除了股权资本费用,而不仅仅是债务费用;会计利润仅扣除债务利息,而没有扣除股权资本成本。在经济利润法下:

$$企业价值 = 投资资本 + 预计经济利润的现值$$

该方法的基本思想是,如果每年的息前税后利润正好等于债权人和股东要求的收益,即经济利润等于零,则企业的价值没有增加,也没有减少,仍然等于投资资本。

经济利润法越来越受到重视,逐步成为最受推崇的方法,不仅受到理论家的赞同,而且许多有影响的咨询公司也在实务中使用这一方法。

3. 相对价值法

这种方法是运用一些基本的财务比率评估一家企业相对于另一家企业的价值。相对价值法以市盈率法为代表。在市盈率法下:

$$每股价值 = 市盈率 × 目标企业每股收益$$

13.2 现金流量折现法

现金流量折现法是企业价值评估使用最广泛、理论上最健全的方法。由于价值评估的对象是企业的整体价值,而整体价值又分为实体价值与股权价值等。因此,现金流量折现法也可分为企业自由现金流量折现法、股权自由现金流量折现法等。

13.2.1 企业自由现金流量折现法

1. 计算企业自由现金流量

为估算企业价值,我们要计算企业自由现金流量(Free Cash Flow,FCF)的现值。自由现金流量是企业可以向所有投资者(包括债权人和股东)支付的现金流量。折现现金流量折现法侧重于企业所有投资者的现金流量,不用估计企业的借款决策对收益的影响。自由现金流量折现法先确定对所有投资者而言的企业的总价值。估计出企业价值后,就很容易得出股票的价值。这一方法的优点是,在对企业估值时,不需要明确地预测股利、股票回购或债务的运用。企业自由现金流量的计算公式为

$$自由现金流量 = EBIT × (1-t) + 折旧 − 资本支出 − 净营运资本的增加$$

式中: t 为公司所得税税率。

可通过计算企业自由现金流量的现值来估计当前的企业价值 V_0：

$$V_0 = \frac{\text{FCF}_1}{1+r_{\text{WACC}}} + \frac{\text{FCF}_2}{(1+r_{\text{WACC}})^2} + \cdots + \frac{\text{FCF}_N}{(1+r_{\text{WACC}})^N} + \frac{V_N}{(1+r_{\text{WACC}})^N}$$

折现率为企业的加权平均资本成本，用 r_{WACC} 表示；它是反映企业总体业务的风险，即企业股权和债务的组合风险的资本成本。

V_N 是企业的预测期期末价值，或称持续价值；通常，持续价值的预测是通过对超过 N 年的自由现金流量，假定一个固定的长期增长率 g_{FCF} 实现的：

$$V_N = \frac{\text{FCF}_{N+1}}{r_{\text{WACC}} - g_{\text{FCF}}} = \left(\frac{1+g_{\text{FCF}}}{r_{\text{WACC}} - g_{\text{FCF}}}\right) \times \text{FCF}_N$$

长期增长率 g_{FCF} 通常是以企业收入的期望长期增长率为基础的。

【例 13-1】W 公司 2011 年的销售收入为 5.18 亿元。假设你预测公司在 2012 年的销售收入增长 9%，但是以后每年的销售收入增长率将逐年递减 1%，直到 2017 年及以后，达到所在行业 4% 的长期增长率。基于公司过去的盈利能力和投资需求，预计 EBIT 为销售收入的 9%，净营运资本需求的增加为销售收入增加额的 10%，资本支出等于折旧费用。公司所得税税率是 25%，加权平均资本成本是 12%，请估算 2012 年年初公司的价值。

基于上述估计，预测 W 公司的未来自由现金流量如表 13-1 所示。

表 13-1 预测 W 公司的未来自由现金流量　　　　　　　　（单位：万元）

项目	2011 年	2012 年	2013 年	2014 年	2015 年	2016 年	2017 年
1. 销售收入	51 800	56 462	60 979	65 248	69 163	72 621	75 526
2. 相对上年的增长率		9.0%	8.0%	7.0%	6.0%	5.0%	4.0%
3. EBIT（销售收入的 9%）		5 082	5 488	5 872	6 225	6 536	6 797
4. 减：所得税（25%）		(1 271)	(1 372)	(1 468)	(1 556)	(1 634)	(1 699)
5. 加：折旧		—	—	—	—	—	—
6. 减：资本支出		—	—	—	—	—	—
7. 减：净营运资本的增加（销售收入增加额的 10%）		(466)	(452)	(427)	(392)	(346)	(291)
8. 自由现金流量		3 345	3 664	3 977	4 277	4 556	4 807

注意，由于预计资本支出等于折旧，故它们都不需要明确地预测。我们预测公司的自由现金流量在 2017 年后，以不变的比率增长，计算预测期期末的企业价值为

$$V_0 = \frac{\text{FCF}_1}{1+r_{\text{WACC}}} + \frac{\text{FCF}_2}{(1+r_{\text{WACC}})^2} + \cdots + \frac{\text{FCF}_N}{(1+r_{\text{WACC}})^N} + \frac{V_N}{(1+r_{\text{WACC}})^N}$$

企业价值为其自由现金流量的现值，加上预测期期末价值的现值：

$$V_0 = \frac{3\ 345}{1.12} + \frac{3\ 664}{1.12^2} + \frac{3\ 977}{1.12^3} + \frac{4\ 277}{1.12^4} + \frac{4\ 556}{1.12^5} + \frac{4\ 807}{1.12^6} + \frac{62\ 491}{1.12^6} = 48\ 135（万元）$$

企业的自由现金流量等于企业当前和未来投资产生的自由现金流量之和，所以我们可以将

企业价值解释为，企业从继续其现有项目和启动新项目中将获得的总的净现值。对企业自由现金流量的估计要预测未来的营业收入、销售费用、税费、资本需求以及其他因素。一方面，用这种方法估计自由现金流量，使得我们在考虑许多关于公司未来前景的具体细节时，更具灵活性。另一方面，围绕每个假设，不可避免地会有一些不确定性，实施敏感性分析就显得尤为重要。

2. 使用加权平均资本成本评估企业价值

使用加权平均资本成本对未来现金流量折现，依赖于以下几点假设。

（1）项目承担平均风险。假设项目的系统风险相当于企业投资的平均系统风险。在此假设下，项目的资本成本可基于企业的风险来估计。

（2）企业的债务与股权比率保持不变。假设企业可以持续地调整其债务水平，以使按照市值计算的债务与股权比率保持不变。这一假设决定了企业接受新项目时将要承担的债务额，它同时也表明，企业股权和债务的风险，以及加权平均资本不会随着债务水平的变动而变动。

（3）公司所得税是唯一要考虑的市场摩擦。假设债务对企业价值的影响主要是通过利息税盾效应起作用，其他市场摩擦（如财务困境成本或代理成本）在所选择的债务水平上不显著。

以上假设是特别设定的，但对很多投资项目和企业来说仍然是合理的近似。第一个假设可能适合于，集中在单一行业投资的企业的典型投资项目。第二个假设在现实中很难保持，但也反映了企业成长扩张时倾向于提高其债务水平这一事实，一些企业或许甚至对于债务与股权比率设定明确的目标。最后，对于债务水平不是很高的企业，利息税盾可能是影响资本预算决策最重要的市场摩擦。

【例 13-2】 假设万科公司正在考虑收购其所在行业的另一家公司。预计此次收购将在第 1 年使得万科公司增加 300 万元的自由现金流量，从第 2 年起，自由现金流量将以 3% 的速度增长。万科的协议收购价格为 4 000 万元。交易完成后，万科将调整资本结构以维持公司当前的债务水平与股权比率为 0.5，公司所得税税率为 25%。如果此次收购的系统风险与万科其他投资的系统风险大致相当，那么被收购的目标企业的价值为多少？

收购产生的自由现金流量可视为稳定增长的永续年金。收购交易的风险与企业其他投资的风险相当，而且由于公司也将继续保持当前的债务与股权比率，故可用公司的加权平均资本成本来折现收购项目所产生的自由现金流量。

$$r_{WACC} = 12\% \times 0.5 + 8\% \times (1-0.25) \times 0.5 = 9\%$$

收购交易的价值为

$$V_0 = \frac{300}{9\% - 3\%} = 5\,000（万元）$$

给定收购的支出为 4 000 万元，收购交易的净现值为 1 000 万元。

13.2.2 股权自由现金流量折现法

1. 计算股权自由现金流

WACC法对项目或企业的估值是基于项目或企业的自由现金流量，没有考虑利息和债务的支付。如果估值的目标是要确定项目或企业给股东带来的收益，那么似乎应该关注股东收到的现金流量。

股权自由现金流折现法明确地计算了股东所得到的自由现金流量，并同时考虑了企业与债权人之间往来的各种支付。流向股东的现金流要用股权资本成本折现。股权自由现金流法在具体运用中与WACC法有所不同，但对于项目或企业的估值结果却是一致的。股权自由现金流量折现法简称FTE法。

FTE法的第一步是要确定项目为股东带来的自由现金流量（Free Cash Flow to Equity, FCFE）。FCFE是在调整利息支付、借债以及债务偿还之后剩余的属于股东可支配的自由现金流量。

给定项目的借债能力 D_t，t 期的净借款 $= D_t - D_{t-1}$；我们可根据项目或企业的自由现金流量直接计算FCFE。由于利息支出是在税前扣除的，故可通过利息的税后成本调整企业的FCF，再加上净借款来确定FCFE：

$$FCFE = FCF - (1-t) \times 利息支出 + 净负债$$

2. 基于股权现金流量的估计

应用股权现金流量折现法对有杠杆投资进行估值的主要步骤如下：

（1）确定投资的股权自由现金流量。
（2）确定股权资本成本 r_E。
（3）用股权资本成本对股权自由现金流量折现，计算股权价值 E。

正如WACC法一样，只有在企业保持不变的债务与股权比率时，股权资本成本保持不变这一假设才是合理的。如果债务与股权比率随时间而改变，股权的风险及其资本成本也会相应地改变。

【例13-3】根据例13-2所述的万科公司的收购交易。使用FTE法计算此次收购的价值。

由例13-2的计算可知，收购所需资金中的2 500万元通过债务筹资获得，其余1 500万元由股权筹资提供：

$$FCFE_0 = -4\,000 + 2\,500 = -1\,500（万元）$$

债务第1年的利息费用为200万元（8%×2 500）。万科公司保持债务与股权比率不变，与收购相关的债务预期也将以3%的速度增长，第1年年末的债务预计为2 575万元。万科第1年将增加债务（净借债）75万元，根据FCFE的计算公式得到，第1年年末的股权自由现金流量为

$$FCFE_t = 300 - (1-0.25) \times 200 + 75 = 225（万元）$$

第 1 年之后，FCFE 将以 3% 的速度增长，股权资本成本 r_E =12%。计算项目的净现值如下：

$$NPV(FCFF) = -1\ 500 + 225/(12\% - 3\%) = 1\ 000(万元)$$

13.3 经济利润法

企业既然以增加价值为目标，计量其价值的增加额就成为非常重要的问题。考察企业价值增加最直接的方法是计算其市场增加值。

$$市场增加值 = 企业市值 - 总资本$$

企业市值是投资人按当时的市价出售企业可获得的现金流入，包括股本市值和债务市值。总资本是指投资人投入企业的总现金，包括股权资本和债务资本。但是，在日常决策中很少使用市场增加值。一个原因是，只有上市企业才有市场价格，才能计算市场增加值，而上市企业只是少数；另一个原因是，短期股市总水平的变化大于企业决策对企业价值的影响，股市行情湮没了管理作为。

经过大量的实证研究发现，经济利润（或称经济增加值、附加经济价值、剩余收益等）可以解释市场增加值的变动。经济利润不是什么新的理论，它的大部分内容已存在很长时间。现实中日益严重的代理问题，使它成为越来越热门的理财思想。它的诱人之处在于把投资决策、业绩评价和奖金激励统一起来。它把企业的目标定位为增加经济利润，并用经济利润的增加作为投资决策的标准和衡量经济业绩的尺度，奖金的发放也可以根据创造多少经济利润来确定。这就使得基于价值的管理变得简单、直接，具有逻辑上的一致性。

13.3.1 经济利润的含义

经济利润是指经济学家所持的利润概念。虽然经济学家的利润也是收入减去成本后的差额，但是经济收入不同于会计收入，经济成本不同于会计成本，因此经济利润也不同于会计利润。

1. 经济收入

经济收入是指期末和期初同样富有的前提下，一定期间的最大花费。这里的收入是按财产法计量的，如果没有任何花费，则期末财产的市值超过期初财产市值的部分是本期收入：

$$本期收入 = 期末财产 - 期初财产$$

例如，你年初有资产 5 万元，在年末升值为 7 万元，本年工资收入 4 万元，经济学家认为你的全年总收入为 6 万元，其中包括 2 万元的净资产增值。

会计师则认为你的全年总收入是 4 万元，2 万元的资产升值不能算收入，理由是它还没有通过销售而实现，缺乏记录为收入的客观证据。除交易频繁的资产外，绝大多数资产难以计量价值的期间变化。

会计师的做法有一个很麻烦的问题，就是你如果把已经升值的资产出售，得到 7 万元，然后用 7 万元再将它们购回，则会计师承认资产的 2 万元增值收入实现了，你的年收入就是 6 万元了。这种虚假交易可以改变收入的做法，不仅和经济理论相矛盾，也很难被非专业人士理解和使用。许多企业正是利用会计的这一缺点操纵利润的。

2. 经济成本

经济成本不仅包括会计上实际支付的成本，而且还包括机会成本。

例如，股东投入企业的资本也是有成本的，是本期成本的一部分，在计算利润时应当扣除。这样做的理由是，股东投入的资本是生产经营不可缺少的条件之一，并且这笔钱也不是没有代价的。股东要求回报的正当性不亚于债权人的利息要求和雇员的工资要求。

会计师不确认对股东的应付义务，不将股权资本成本列入利润表的减项。其理由是没有证据表明应当支付给股东多少钱，会计师不愿意做没有根据的估计。

3. 经济利润

计算经济利润的一种最简单的办法，是用息前税后营业利润减去企业的全部资本费用。复杂的方法是逐项调整会计收入使之变为经济收入，同时逐项调整会计成本使之变为经济成本，然后计算经济利润。斯特恩·斯图尔特公司设计了非常具体的经济增加值计算程序以及向经理分配奖金的模型，被许多著名的公司采用。这里举例介绍经济利润最简单的计算方法。

【例13-4】万科公司的期初投资资本为1 000万元，期初投资资本回报率（税后经营利润/投资资本）为10%，加权平均资本成本为9%，则该企业的经济利润为10万元，即

$$经济利润 = 息前税后营业利润 - 全部资本费用$$
$$= 1\,000 \times 10\% - (1\,000 \times 9\%)$$
$$= 100 - 90$$
$$= 10（万元）$$

计算经济利润的另一种办法是用投资资本回报率与资本成本之差，乘以投资资本。

$$经济利润 = 期初投资资本 \times （期初投资资本回报率 - 加权平均资本成本）$$
$$= 1\,000 \times (10\% - 9\%)$$
$$= 10（万元）$$

这种方法得出的结果与前一种方法相同。其推导过程如下：

$$经济利润 = 税后净利润 - 股权费用$$
$$= 息前税后营业利润 - 税后利息 - 股权费用$$
$$= 息前税后营业利润 - 全部资本费用$$
$$= 期初投资资本 \times 期初投资资本回报率 - 期初投资资本 \times 加权平均资本成本$$
$$= 期初投资资本 \times （期初投资资本回报率 - 加权平均资本成本）$$

按照最简单的经济利润计算办法，经济利润与会计利润的区别是它扣除了全部资本的费用，而会计利润仅仅扣除了债务利息。

13.3.2 经济利润的计算

根据现金流量折现原理可知，如果某一年的投资资本回报率等于加权平均资本成本，则企业现金流量的净现值为零。此时，息前税后营业利润等于投资各方的期望报酬，经济利润也必然为零，企业的价值与期初相同，既没有增加也没有减少。如果某一年的投资资本回报率超过加权平均资本成本，则企业现金流量有正的净现值。此时，息前税后营业利润大于投资各方期望的报酬，也就是经济利润大于零，企业的价值将增加。如果某一年的投资资本回报率小于加权平均资本成本，则企业现金流量有负的净现值。此时，息前税后营业利润不能满足投资各方的期望报酬，也就是经济利润小于零，企业的价值将减少。因此，企业价值等于期初投资资本加上经济利润的现值。其计算公式为

$$企业实体价值 = 期初投资资本 + 经济利润现值$$

其中，期初投资资本是指企业在经营中投入的现金，全部投资资本是所有者权益与净债务之和。

【例13-5】 万科公司年初投资资本1 000万元。预计今后每年可取得税后营业利润100万元，每年净投资为零，资本成本为8%，则

$$每年经济利润 = 100 - 1\,000 \times 8\% = 20（万元）$$
$$经济利润现值 = 20 \div 8\% = 250（万元）$$
$$企业实体价值 = 1\,000 + 250 = 1\,250（万元）$$

如果用现金流量折现法，可以得出同样的结果：

$$实体现金流量现值 = 100 \div 8\% = 1\,250（万元）$$

经济利润法与现金流量折现法在本质上是一致的，但是经济利润法具有可以计量单一年份价值增加的优点，而现金流量折现法却做不到。因为，任何一年的现金流量都受到净投资的影响，加大投资会减少当年的现金流量，推迟投资可以增加当年的现金流量。投资不是业绩不良的表现，而找不到投资机会反而是不好的征兆。因此，某个年度的现金流量不能成为计量业绩的依据。管理层可以为了改善某一年的现金流量而推迟投资，从而使企业的长期价值创造受到损失。

经济利润法之所以受到重视，关键是它把投资决策必需的现金流量折现法与业绩考核必需的权责发生制统一起来了。它的出现，结束了投资决策用现金流量的净现值评价，而业绩考核用权责发生制的利润评价，决策与业绩考核的标准分离，甚至是冲突、混乱的局面。

13.4 相对价值法

现金流量折现法和经济利润法在概念上很健全，但是在应用时会碰到较多的技术问题。有一种相对容易的估价方法，就是相对价值法，也称价格乘数法或可比交易价值法等。

这种方法是利用类似企业的市场定价来估计目标企业价值的一种方法。它的假设前提是存在一个支配企业市场价值的主要变量（如净利等）。市场价值与该变量（如净利等）的比值，各企业是类似的、可以比较的。其基本做法是：①寻找一个影响企业价值的关键变量（如净利）；②确定一组可以比较的类似企业，计算可比企业的市价/关键变量的平均值（如平均市盈率）；③根据目标企业的关键变量（如净利）乘以得到的平均值（平均市盈率），计算目标企业的评估价值。

相对价值法，是将目标企业与可比企业对比，用可比企业的价值衡量目标企业的价值。如果可比企业的价值被高估了，则目标企业的价值也会被高估。实际上，所得结论是相对于可比企业来说的，以可比企业价值为基准，是一种相对价值，而非目标企业的内在价值。

例如，你准备购买商品住宅，出售者报价 50 万元，你如何评估这个报价呢？一个简单的办法就是寻找一个类似地段、类似质量的商品住宅，计算每平方米的价格（价格与面积的比率），假设是 0.5 万元/米^2，你拟购置的住宅是 80 米^2，利用相对价值法评估它的价值是 40 万元，于是你认为出售者的报价高了。你对报价高低的判断是相对于类似商品住宅说的，它比类似住宅的价格高了。实际上，也可能是类似住宅的价格偏低。

这种做法很简单，真正使用起来却并不简单。因为类似商品住宅与你拟购置的商品住宅总有"不类似"的地方，类似商品住宅的价格也不一定是公平市场价格。准确的评估还需要对计算结果进行另外的修正，而这种修正比一般人想象的要复杂，它涉及每平方米价格的决定因素问题。

现金流量折现法的假设是明确显示的，而相对价值法的假设是隐含在比率内部的。因此，它看起来简单，实际应用时并不简单。

相对价值法分为两大类：一类是以股权市价为基础的方法，包括股权市价/净利、股权市价/净资产、股权市价/销售额等；另一类是以企业实体价值为基础的方法，包括实体价值/息前税后营业利润、实体价值/实体现金流量、实体价值/投资资本、实体价值/销售额等。这里我们重点讨论市盈率估价法。

13.4.1 市盈率估价法原理

市盈率是指市价与净利润之间的比率。其计算公式为

$$市盈率 = 每股市价 / 每股净利润$$

运用市盈率估价法计算企业价值的公式为

$$目标企业每股价值 = 可比企业平均市盈率 \times 目标企业的每股净利润$$

该方法假设股票市价是每股净利的一定倍数。每股净利润越大，则股票价值越大。同类企业有类似的市盈率，所以目标企业的股权价值可以用每股净利润乘以可比企业的平均市盈率计算。

为什么平均市盈率可以作为计算股价的乘数呢？影响市盈率高低的基本因素有哪些？

根据股利折现模型，处于稳定状态企业的股权价值为

$$股权价值 = P_0 = \frac{股利_1}{股权成本 - 增长率}$$

两边同时除以每股净利润$_0$：

$$\frac{P_0}{每股净利润_0} = \frac{\dfrac{股利_1}{每股净利润_0}}{股权成本 - 增长率}$$

$$= \frac{\dfrac{每股净利润_0 \times (1 + 增长率) \times 股利支付率}{每股净利润_0}}{股权成本 - 增长率}$$

$$= \frac{股利支付率 \times (1 + 增长率)}{股权成本 - 增长率}$$

$$= 本期市盈率$$

上述根据当前市价和同期净利计算的市盈率，称为本期市盈率，简称市盈。

这个公式表明，市盈率的驱动因素是企业的增长潜力、股利支付率和风险（股权资本成本）。这三个因素类似的企业，才会具有类似的市盈率。可比企业实际上应当是这三个比率类似的企业，同业企业不一定都具有这种类似性。

如果把公式两边同除的当前"每股净利润$_0$"，换为预期下期"每股净利润$_1$"，其结果称为"内在市盈率"或"预期市盈率"：

$$\frac{P_0}{每股净利润_1} = \frac{\dfrac{股利_1}{每股净利润_1}}{股权成本 - 增长率}$$

$$内在市盈率 = \frac{股利支付率}{股权成本 - 增长率}$$

如果用内在市盈率为股票定价，其结果应与现金流量折现法一致。你可能会想，我如果知道了这三个比率就可以直接根据现金流量折现法估价了，何必再计算市盈率用价格乘数估价？我们这样分析问题，不是为了重复演示现金流量折现法，而是为了让你关注影响市盈率可比性的因素，以便合理选择可比企业，防止误用市盈率估价法。市盈率估价法被误用是很常见的事情。例如，有人认为市盈率低的股票更便宜，其实不一定。一个企业的市盈率比同行业高，可能是因为它有更高的增长率或者风险较低，而不是被市场高估了。再如，不管企业的这三个比率高低，用行业平均的市盈率为新股定价，也是很不科学的。这些误用都与不理解市盈率的原理有关。有些人只重视"如何做"，不重视"为什么"，其实，在不懂"为什么"的情况下去"做"，是很容易出错的。

在影响市盈率的三个因素中，关键是增长潜力。所谓"增长潜力"类似，不仅是指具有相同的增长率，还包括增长模式的类似性，例如同为永续增长，还是同为由高增长转为永续低增长。

上述内在市盈率估价法是根据永续增长模型推导的。如果企业符合两阶段模型的条件，也可以通过类似的方法推导出两阶段情况下的内在市盈率估价法。它比永续增长的内在市盈率估价法形式复杂，但是仍然由这三个因素驱动。

13.4.2 市盈率估价法的特点

1. 市盈率估价法的优点

（1）计算市盈率的数据容易取得，并且计算简单。

（2）市盈率把价格和收益联系起来，直观地反映投入和产出的关系。

（3）市盈率涵盖了风险补偿率、增长率、股利支付率的影响，具有很高的综合性。

2. 市盈率估价法的局限性

（1）如果收益是负值，市盈率就失去了意义。

（2）市盈率除了受企业本身基本面的影响以外，还受到整个经济景气程度的影响。在整个经济繁荣时市盈率上升，整个经济衰退时市盈率下降。如果目标企业的 β 系数为1，则评估价值正确反映了对未来的预期。如果企业的 β 系数显著大于1，经济繁荣时评估价值被夸大，经济衰退时评估价值被缩小。如果 β 系数明显小于1，经济繁荣时评估价值偏低，经济衰退时评估价值偏高。如果是一个周期性的企业，则企业价值可能被歪曲。

因此，市盈率估价法最适合连续盈利，并且 β 系数接近于1的企业。

【例 13-6】 甲企业今年的每股净利润是 0.5 元，分配股利 0.35 元/股，该企业净利润和股利的增长率都是 6%，β 系数为 0.75。政府长期债券利率为 7%，股票的风险附加率为 5.5%。问：该企业的本期净利市盈率和预期净利市盈率各是多少？

乙企业与甲企业是类似企业，今年实际每股净利润为 1 元，根据甲企业的本期净利市盈率对乙企业估价，其股票价值是多少？乙企业预期明年每股净利润是 1.06 元，根据甲企业的预期净利市盈率对乙企业估价，其股票价值是多少？

$$甲企业股利支付率 = 每股股利 \div 每股净利润$$
$$= 0.35 \div 0.5$$
$$= 70\%$$

$$甲企业股权资本成本 = 无风险利率 + \beta \times 风险附加率$$
$$= 7\% + 0.75 \times 5.5\%$$
$$= 11.125\%$$

$$甲企业本期市盈率 = [股利支付率 \times (1+增长率)] \div (资本成本 - 增长率)$$
$$= [70\% \times (1+6\%)] \div (11.125\% - 6\%)$$
$$= 14.48$$

$$甲企业预期市盈率 = 股利支付率 \div (资本成本 - 增长率)$$
$$= 70\% \div (11.125\% - 6\%)$$
$$= 13.66$$

$$乙企业股票价值 = 目标企业本期每股净利润 \times 可比企业本期市盈率$$
$$= 1 \times 14.48$$
$$= 14.48（元/股）$$
$$乙企业股票价值 = 目标企业预期每股净利润 \times 可比企业预期市盈率$$
$$= 1.06 \times 13.66$$
$$= 14.48（元/股）$$

通过例 13-6 可知，如果目标企业的预期每股净利变动与可比企业相同，则根据本期市盈率和预期市盈率进行估价的结果相同。

值得注意的是，在估价时目标企业本期净利必须要乘以可比本期净利市盈率，目标企业预期净利必须乘以可比企业预期市盈率，两者必须匹配。这一原则不仅适用于市盈率，也适用于市净率和收入乘数。

13.5 企业价值评估案例

13.5.1 案例背景资料

J 企业是中国领先的互联网零售服务商，成立于 1990 年，经过 30 多年的发展，J 企业已经成为我国比较有代表性的电子商务企业。2016 年，J 企业进入稳定发展阶段，零售业务规模效应显现，运营效益提升，企业盈利稳步增长。

多年来，J 企业一直坚持推进互联网零售模式转型升级，形成线上线下融合的渠道更加契合消费者多样化的购物需求。品类方面从家电、3C 延伸至母婴、超市、百货、家居等，从实物商品延伸至文化体育、智能家居、科技金融等服务商品。J 企业不仅能够满足用户对品质消费、时尚消费等相关商品的需求，也实现了对服务性消费需求的提供。J 企业基于行业的前瞻性研究，充分运用 IT 技术，打造出行业领先的互联网零售模式，有效地契合了消费市场发展趋势，具备较强的竞争优势，已经成为中国最先进的 O2O 零售模式的标杆。

J 企业聚焦用户体验优化，完善搜索推荐功能，对互联网核心营销产品进行持续的功能优化，提高转化率。大力发展移动端，依托大数据应用支撑系统，重点强化智能推荐、精准营销能力，App 日新增下载用户数、活跃用户数提升显著，2016 年 12 月移动端订单数量占线上整体比例提升至 83%。

13.5.2 J 企业价值评估

J 企业价值评估采用自由现金流量折现的两阶段模型。两阶段模型假设企业发展会经历两个阶段，第一阶段企业的收益是不稳定的，一般为 5～7 年，这个阶段称为预测期。在这一阶

⊖ 本案例资料参考包错. 电子商务企业价值评估研究 [D]. 沈阳：沈阳大学，2018.

段之后，企业进入一个稳定阶段，企业收益以一个稳定的增长率增长，这个阶段称为永续期。预测期应逐年预测企业的自由现金流量，并按照各年所对应的折现率逐年折现加总。永续期按照年金现值进行折现。两个阶段的现值总额就是企业评估基准时点下的价值。我们以 J 企业 2012～2016 年的数据为基础，预测其 2017～2021 年的自由现金流量，以 2017～2021 年为预测期，2021 年后为永续期，并以 2017 年 1 月 1 日为评估基准日评估其企业价值。

1. J 企业 2012～2016 年基本财务指标

J 企业 2012～2016 年各项财务指标如表 13-2 所示。

表 13-2　J 企业 2012～2016 年各项财务指标情况

财务指标	2012 年	2013 年	2014 年	2015 年	2016 年
营业收入 / 千元	98 357 161	105 292 229	108 925 296	135 547 633	148 585 331
营业收入增长率	4.76%	7.05%	3.45%	24.44%	9.62%
营业成本占营业收入比重	82.24%	84.79%	84.72%	85.56%	85.64%
税金及附加占营业收入比重	0.32%	0.31%	0.33%	0.43%	0.39%
销售费用占营业收入比重	12.01%	12.10%	12.95%	12.28%	11.75%
管理费用占营业收入比重	2.39%	2.67%	3.08%	3.17%	2.66%
折旧摊销占营业收入比重	1.54%	1.53%	1.64%	1.97%	1.24%
长期经营资产占营业收入比重	19.53%	22.32%	22.66%	18.57%	15.75%
长期负债占营业收入比重	0.23%	0.23%	0.20%	0.17%	0.18%
流动资产占营业收入比重	54.32%	51.58%	46.50%	41.87%	55.45%
流动负债占营业收入比重	41.93%	42.00%	38.67%	33.74%	41.36%

2. 预测未来的自由现金流量

J 企业的营业收入一直处于增长的趋势，预计未来的营业收入仍将增长。在计算平均增长率时，剔除 2015 年的高增长率，得到平均增长率为 6.22%。出于保守估计，假定 2017 年的增长率为 6.22%，预计 2018～2021 年增长率在 2017 年的基础上每年增长 0.1 个百分点。2012～2016 年营业成本占营业收入的比重在 82%～85% 之间波动，J 企业处于成熟稳定阶段，假定 2017～2021 年营业成本占营业收入的比重为 83%。2012～2016 年税金及附加占营业收入的比重平均为 0.36%，以 0.36% 作为预测 2017～2021 年税金及附加占营业收入的比重。2012～2016 年销售费用占营业收入的比重在 12% 上下波动，我们以 12% 作为预测 2017～2021 年销售费用占营业收入的比重。2012～2016 年管理费用占营业收入的比重平均为 2.80%，随着企业管理水平的提高，企业规模的扩大会带来规模经济效应，管理费用将趋于下降，以 2.5% 作为预测 2017～2021 年管理费用占营业收入的比重。

资产减值损失、公允价值变动损失、投资收益、营业外收入、营业外支出与营业收入没有直接联系，计算这些指标 2012～2016 年的平均值，以其平均值作为 2017～2021 年的预测值。2012～2016 年，资产减值损失平均值为 224 605.6 千元，公允价值变动损益平均值为 5 845.2 千元，投资收益平均值为 623 352.8 千元，营业外收入为 1 178 612.8 千元，营业外支出为 175 045.4 千元。

2012～2016 年，J 企业折旧与摊销总额占营业收入的比重在 1.24%～1.97%，其 5

年的平均值为 1.58%，以 1.58% 作为预测 2017～2021 年折旧与摊销占营业收入的比重。2012～2016 年，J 企业长期经营资产占营业收入的比重处于下降趋势，预计未来将保持相对稳定，采用 16% 预测 2017～2021 年长期经营资产。计算 2012～2016 年长期经营负债占营业收入比重的平均值为 0.20%，以此作为预测 2017～2021 年经营长期负债占营业收入的比重。

为简化计算，企业所得税税率采用 25%。本企业财务费用占比很小，对所得税的计算影响不大，为了计算简便，采用息税前利润计算所得税。

根据以上预测，J 企业 2017～2021 年资本支出预测表、营运资金预测表、自由现金流量预测表如表 13-3～表 13-5 所示。

表 13-3 J 企业 2017～2021 年资本支出预测表　　　　　　（单位：千元）

项　目	2017 年	2018 年	2019 年	2020 年	2021 年
长期经营资产	25 252 374	26 848 324	28 571 987	30 434 880	32 449 669
减：无息长期负债	315 654.7	335 604.1	357 149.8	380 436	405 620.9
等于：净经营长期资产	24 936 719	26 512 720	28 214 837	30 054 444	32 044 048
净经营长期资产的增加	1 810 656	1 576 001	1 702 117	1 839 607	1 989 604
加：折旧与摊销	2 493 672	2 651 272	2 821 484	3 005 444	3 204 405
资本支出	4 304 328	4 227 273	4 523 601	4 845 051	5 194 009

表 13-4 J 企业 2017～2021 年营运资金预测表　　　　　　（单位：千元）

项　目	2017 年	2018 年	2019 年	2020 年	2021 年
流动资产	83 648 490	87 257 054	91 073 208	95 109 001	99 377 113
减：流动负债	62 404 930	66 348 921	70 608 522	75 212 198	80 191 246
营运资金	21 243 560	20 908 133	20 464 686	19 896 803	19 185 867
营运资金的增加	314 951	−335 427	−443 447	−567 883	−710 936

表 13-5 J 企业 2017～2021 年自由现金流量预测表　　　　　　（单位：千元）

项　目	2017 年	2018 年	2019 年	2020 年	2021 年
营业收入	157 827 339	167 802 027	178 574 917	190 218 002	202 810 434
减：营业成本	130 996 691	139 275 682	148 217 181	157 880 942	168 332 660
减：税金及附加	568 178.42	604 087.3	642 869.7	684 784.81	730 117.56
减：销售费用	18 939 281	20 136 243	21 428 990	2 282 6160	24 337 252
减：管理费用	3 945 683.5	4 195 050.7	4 464 372.9	4 755 450.1	5 070 260.9
减：资产减值损失	224 605.6	224 605.6	224 605.6	224 605.6	224 605.6
加：公允价值变动损益	5 845.2	5 845.2	5 845.2	5 845.2	5 845.2
加：投资收益	623 352.8	623 352.8	623 352.8	623 352.8	623 352.8
加：营业外收入	1 178 612.8	1 178 612.8	1 178 612.8	1 178 612.8	1 178 612.8
减：营业外支出	175 045.4	175 045.4	175 045.4	175 045.4	175 045.4
息税前利润	4 785 665	4 999 124	5 229 663	5 478 825	5 748 303
减：所得税	1 196 416	1 249 781	1 307 416	1 369 706	1 437 076
加：折旧与摊销	2 493 672	2 651 272	2 821 484	3 005 444	3 204 405
减：资本支出	4 304 328	4 227 273	4 523 601	4 845 051	5 194 009
减：营运资金的增加	314 951	−335 427	−443 447	−567 883	−710 936
自由现金流量	1 463 642	2 508 769	2 663 577	2 837 395	3 032 559

3. 资本成本的计算

（1）股权资本成本。选用2016年发行的5年期国债，利率4.17%作为无风险利率。市场预期收益率采用沪深300指数2014～2016年平均收益计算，得到平均年收益率为16.2%，J企业β系数为0.7，则股权资本成本为K=4.17%+0.7×（16.2%-4.17%）=12.59%。

（2）债务资本成本。本案例以J企业2014～2016年平均债务成本3.7%作为债务资本成本。

（3）加权平均资本成本。2016年12月31日，J企业资产总额为137 167 241千元，负债总额为67 245 263千元，股东权益总额为69 921 978千元。负债占总资产的比例为49%，股东权益占总资产额比例为51%。故公司的加权平均资本成本=12.59%×51%+3.7%×49%=8.23%。

4. J企业价值评估

根据上述自由现金流量二阶段模型，估算企业价值。

（1）第一阶段估值。预测期现值V_1计算如下：

V_1 = 1 463 642/（1+8.23%）+2 508 769/（1+8.23%）^{2}+2 663 577/（1+8.23%）^{3}+2 837 395/（1+8.23%）^{4}+3 032 559/（1+8.23%）^{5}

= 1 352 344.08+2 144 247.01+2 097 304.72+2 071 091.24+2 035 274.5

= 9 700 262（千元）

（2）第二阶段估值。对永续期增长率按照GDP增长率预计，2016年我国GDP增长率为6.7%，考虑到未来我国GDP增长将会放缓，我们选用6%作为永续增长率。

$$永续期价值 = 3\ 032\ 559×（1+6\%）/（8.23\%-6\%）$$
$$= 144\ 148\ 544（千元）$$

永续期现值V_2计算如下：
$$V_2 = 144\ 148\ 544/（1+8.23\%）^5$$
$$= 96\ 743\ 989（千元）$$
$$企业价值 = V_1+V_2=9\ 700\ 262+96\ 743\ 989$$
$$= 106\ 444\ 251（千元）$$

经过计算，得到J企业价值为106 444 251千元，约为1 064亿元。

▶ 思考题

1. 企业价值评估与绩效评价有何联系与区别？
2. 企业价值评估的目的是什么？
3. 企业整体经济价值的类别有哪些？
4. 什么是企业的经济价值？经济价值有何作用？
5. 相对价值法的基本原理是否就是现金流量折现法？
6. 现金流量折现法有何主要特点？

7. 经济利润法在绩效评价中如何应用？
8. 在现实经济生活中，企业价值评估的应用范围有哪些？

▶ 计算题

1. 某公司 2015 年年底发行在外的股票为 1 亿股（每股账面价值 1 元），股东要求的必要报酬率为 12%；长期负债账面价值为 6 000 万元，年平均利率 8.89%，所得税税率 25%；目前每股市价 30 元。公司当前销售收入 8 亿元，变动成本率为 70%，年固定成本为 1 600 万元，其中折旧 800 万元，资本支出 2 000 万元，年底经营营运资本为 2 000 万元。预计 2016～2020 年的销售增长率为 7%，预计税后营业利润、资本支出、折旧和经营营运资本都与销售收入同步增长。预计 2017 年销售收入增长率降为 2%，从 2018 年进入永续增长阶段，企业自由现金流量与销售收入同步增长。

要求：
（1）以账面价值为权数确定加权平均资本成本。
（2）通过加权平均法计算分析，确定该公司企业价值。
（3）若预计所有债务违约风险很小，对该公司股票做出买卖的参考意见。

2. A 公司刚刚收购了另一个公司，2016 年年底发行在外的股票有 1 000 万股，股票市价 20 元，账面总资产 1 亿元。2016 年销售额 1.23 亿元，税前营业利润 2 597 万元，资本支出 507.9 万元，折旧 250 万元，年初经营营运资本为 200 万元，年底经营营运资本 220 万元。公司净债务价值为 3 000 万元，平均净负债利息率为 10%，年末分配股利为 803.95 万元，公司加权平均资本成本为 12%，预期未来保持当前的资本结构不变；公司平均所得税税率为 25%。

要求：
（1）计算 2016 年企业自由现金流量。
（2）预计 2017～2019 年销售收入增长率为 10%，税后营业利润、资本支出、经营营运资本、折旧与销售同步增长。预计 2018 年进入永续增长，销售增长率为 2%，利用加权平均资本成本法计算分析，说明该股票被市场高估还是低估了？

3. A 公司正在对收购同行业内 T 公司的决策进行评估。这两家公司的市场风险大致相当。A 公司的股权资本成本是 10%，债务资本成本是 6%，债务股权比率（D/E）为 1。预计收购将会在第 1 年带来 500 万元的增量自由现金流，以后现金流将以每年 3% 的速度永远增长。收购成本为 9 000 万元，其中 4 000 万元最初以新债务融资解决。假设 A 公司为此次收购保持不变的利息保障倍数，即每年支付的利息与自由现金流之比固定不变。公司所得税税率为 25%。

要求：评价此项收购交易的价值。

第14章

综合案例分析

14.1 四川长虹财务分析

四川长虹在中国证券市场上曾经创造过"长虹不败"的神话,在业务扩张和利润方面都曾经有过辉煌的业绩,也曾在2004年创下中国股市创市以来的企业亏损之最,同时也创造了在巨亏的基础上迅速扭亏为盈,实现107.74%的净利润增长率的奇迹。因此,对四川长虹进行财务分析具有典型意义。本案例试图从财务分析的角度分析四川长虹成败的原因,因此,对四川长虹的竞争战略、资产质量、盈利能力、财务风险、巨亏之后的长虹迅速扭亏为盈的原因、未来发展前景等做出说明。

14.1.1 战略分析

1. 公司简介

四川长虹创立于1958年,作为新中国成立初期重点建设项目之一,四川长虹刚开始是我国研制生产军用、民用雷达的重要基地。从20世纪70年代起,四川长虹开始走军民结合的道路,研制电视机。1986年,四川长虹从松下引入当时的先进技术,建成了第一条彩色电视机自动流水生产线,1992年全国销量首次突破100万台。1994年,四川长虹股票在上海证券交易所挂牌上市。自上市以来的10年间,四川长虹销售收入累计突破1 200亿元,净利润累计达到90.19亿元。四川长虹彩电先后创造了一个又一个的行业奇迹,获得"中国最大彩电基地"以及"中国彩电大王"等行业最高荣誉,并获得"中国免检产品"称号。国家统计局行业企业信息发布中心2004年度彩电产业市场调查报告显示,截至2004年,四川长虹连续16年保持中国彩电行业销量第一。图14-1列示了四川长虹上市以来主营业务收入和净利润的变化趋势,由此可以看出四川长虹的发展阶段。

2. 具体战略分析

四川长虹目前的经营业务包括视频视听产品、空调产品、电池、网络产品等，表14-1列示了2005年四川长虹主营业务分产品的情况。

由表14-1可见，无论从收入还是从利润角度来看，彩电均是四川长虹最主要的业务。因此，以下我们主要分析影响彩电行业盈利能力的各种因素。

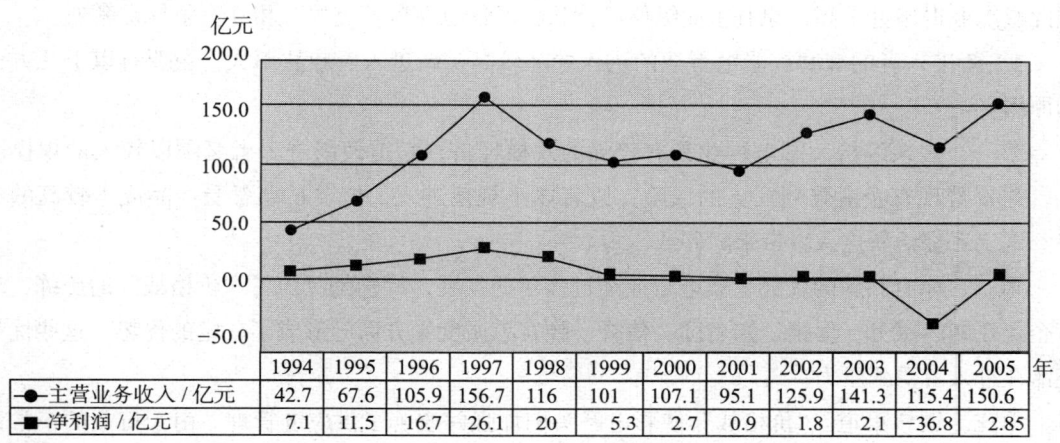

图14-1　四川长虹主营业务收入及净利润变化趋势

表14-1　2005年四川长虹主营业务分产品情况

产品	主营业务收入/亿元	所占比例	主营业务利润/亿元	所占比例
彩电	99.3	66%	18.3	79%
空调	19.0	13%	3.5	15%
IT产品	20.2	13%	0.1	0.4%
其他	12.0	8%	1.3	5.6%

（1）基于五力模型的战略环境分析。

1）现有公司间的竞争。

第一，行业增长率。我国彩电业经过几十年的发展，已经进入成熟期，行业增长率缓慢，整体供过于求，生产能力严重过剩。因此，现有厂商获取发展的重要途径是通过"价格战"从其他参与者手中夺取市场份额。恶性的价格战使得彩电行业步入微利时代。

第二，竞争者的集中和均势。激烈的价格战还使得市场集中度不断提高。国内的彩电市场基本上掌握在几大彩电巨头手中，但并没有一个控制性的公司，即使市场份额最大的四川长虹2004年的市场占有率也只有17%，康佳、TCL、创维、海信、海尔、厦华[⊖]等公司均有较强的实力，相互之间竞争激烈。

第三，产品的独特性和转换成本。国内传统彩电技术含量较低，产品同质化程度较高，无论是哪一种品牌，绝大部分是用国外元件组装的，采用的是通用的标准件，各品牌间的性能差别不大，转换成本较低。

⊖　2022年6月23日厦华退市。

第四，规模经济。彩电行业具有较为明显的规模经济，这刺激了各彩电生产企业不断通过扩大产能来降低成本，并利用价格优势争夺市场份额。但当彩电市场逐渐趋于饱和时，各厂商高速的产能膨胀之后反而堆积起一个巨大的库存包袱，导致整个行业因为高库存产生的供求不平衡而逐渐丧失了价格的话语权。

第五，退出壁垒。彩电生产设备专用性较强，一旦退出，生产线、销售渠道等将打水漂。因此彩电业退出壁垒高，原有企业纵使经营状况不佳也在苦苦支撑，相互竞争异常激烈。

2）新进入者的威胁。彩电行业的进入壁垒较高，新进入者威胁不大，主要有以下几方面的原因。

第一，规模经济。彩电行业具有较强的规模经济，它迫使新进入者必须以较大的规模进入，并冒着现有企业强烈反击的风险；或者以小规模进入，但要长期忍受产品成本较高的劣势。这二者都给新进入者带来障碍或压力。

第二，原有品牌的优势。彩电行业经过多年的发展，特别是经历了"价格战"的历练，现有企业在顾客服务、促销、知名度、信誉、顾客忠诚度等方面已形成了一定的优势，这些优势使潜在进入者受到压力。

第三，销售渠道。"价格战"使彩电巨头们加强并改善了供应链管理。由于行业的正常销售渠道已经被现有企业占有，潜在进入者只有通过让价、提供广告补贴等方法，才能使中间商接受其产品，这就必然降低自己的利润，从而形成进入壁垒。

第四，资金需求。随着彩电业的竞争向高端市场发展，产品科技含量不断增加，投入研发的资金需求增多，因此新进入者需要投入大量的研发资本，这就给它们带来极大的障碍。

3）替代产品的威胁。彩电现已成为家庭生活必需品，因此被其他产品替代的可能性不大。但不可忽视的是彩电目前正处于更新换代的时期，新产品的不断推出将加快原有产品的淘汰速度。

4）买方议价能力。由于传统彩电的同质化程度很高，因此消费者对价格较为敏感。他们愿意花时间寻找性价比较高的产品，从而增加了其议价能力。

更为重要的是，国美、苏宁等大型连锁家电超市的崛起，形成了所谓的"渠道霸权"，大大提高了买方议价能力。彩电生产企业为了吸引这些大型连锁家电超市，还不得不提供优惠的购货条件，例如延长信用期限等。这一方面增加了厂商的收款风险，一方面又降低了厂商的资金使用效率。

5）卖方议价能力。对于传统彩电的核心部件——彩管和高频头而言，国内市场基本处于供过于求的状态，而且由于彩管的针对性很强，因此，卖方的议价能力较弱。此外，彩电行业属于典型的"无芯工业"，对于高端产业的核心芯片大部分依赖进口，卖方议价能力较强。

（2）竞争战略分析。

"成本领先，价格制胜"一直是四川长虹坚持的竞争战略。采取成本领先战略，要求企业具备较高的市场份额、良好的原材料供应，通过规模经济，来达到降低产品总成本的目的，获取竞争优势。

生产方面，四川长虹作为中国彩电行业的领军人物，提出了"航空母舰战略"：在彩电的技术、设备、生产能力上加大投入，逐步形成自我配套体系，千方百计增强自配能力，全力以赴降低产品成本，走规模经济之路。在此战略的指引下，四川长虹在绵阳建立了全国最大的彩电生产制造基地，对其上游供应链（除显像管外）都进行了整合，拥有行业内最大、最完整的配套产业链。

投资方面，四川长虹利用其"彩电大王"的独特品牌优势，充分发挥股权融资潜力，依靠"配股筹资→扩大产能、降低成本→降价→再配股筹资→再扩大产能、降低成本→再降价"的模式抢占市场。

营销方面，四川长虹为了集中精力扩大生产规模，不愿投资于费用高昂的分销渠道。因此，四川长虹的渠道策略采取的是选择式分销模式，主要依靠批发大户来批销长虹产品，四川长虹称之为"傍大款策略"。例如，与郑百文结合、绝大部分外销都由美国 APEX 公司代理等。

成本方面的优势使得四川长虹特别钟情于价格战，可以说正是凭借着在中国彩电业策动的多番价格战才成就了四川长虹"彩电大王"的地位。1989 年，四川长虹打响了价格战的第一枪，产品平均降幅为 600 元，通过这次价格战，四川长虹的市场占有率迅速扩大。1996 年，为了挑战在关税由 35% 下降到 23% 以后蜂拥而入的洋货，四川长虹再次大幅降价 18%，使四川长虹的市场占有率一度达到 35%，成了名副其实的中国彩电第一品牌。依靠接连不断的价格战，四川长虹从只有三四千万元资产的规模，发展到 2002 年的全球彩电销量亚军。

四川长虹为了实现其竞争战略，采取了强有力的措施。影响最大、效果最好的当属"独子"战略和国际化战略。从 20 世纪 80 年代中期开始，四川长虹集中有限的资源，围绕彩电的规模，将几乎所有的资金和技术力量都投向彩电的技术、设备和生产能力上，持续加大投入，采取填平补齐、梯度推进的技改方式，从前端到终端，又从终端到前端，轮番推进，滚动发展。正是这一"独子"战略，成就了四川长虹"中国彩电大王"的行业地位。

随着彩电行业由投入期、成长期发展到成熟期，行业增长速度开始迅速下降，四川长虹的业绩也随之急剧下滑。为了扭转颓势，四川长虹开始尝试多元化战略，先后收购了长虹集团的空调和数字视听产品业务，并开始投资于电池业务。但四川长虹并未从彩电情结中走出来，没花大力气培育这些新的经济增长点产品，营销重心也并未转移到这些毛利率高得多的新产品上。因此，四川长虹新产品未能及时接替彩电成为四川长虹的新支柱产品，造成支柱产品青黄不接，企业缺乏新经济增长点，陷入困境就在所难免。由此可见，四川长虹的"独子"战略并未得到实质性改变，2005 年彩电销售业务仍然贡献了 66% 的主营业务收入和 79% 的主营业务利润。

相较于其他彩电企业，四川长虹在国际化的道路上起步较晚。面对日益饱和的国内市场，四川长虹于 2002 年 5 月提出了新的国际化发展战略，充分利用全球技术资源，将四川长虹打造成为世界级企业。在该战略的支持下，四川长虹的全球品牌效应正迅速在海外新兴市场得到体现。四川长虹在东南亚、澳大利亚、拉丁美洲、中东、非洲等市场仍取得长足发展，并在印度尼西亚等多个海外市场占据销售量第一的位置。四川长虹系列数字高清电视、数字背投、数字平板已销往全球 100 多个国家和地区，全球用户突破 9 000 万。

但是国际化战略也为四川长虹带来了隐患。由于开拓海外市场的时间较晚，市场销售网络较为贫乏，因此只能采取大经销商的营销模式。另一方面，由于国际市场经验不足，加之存在急躁冒进的思想，四川长虹在竞争日趋激烈竞争中并没有采取传统的现汇结算方式，而是加大信用赊销力度，在贸易结算方面采取了设定账期、分期付款的方式，这使得它的应收账款急剧增加。这些应收账款问题正是"长虹神话"破灭的重要因素。

14.1.2 会计分析

1. 识别分析关键会计政策和会计估计

作为一个典型的制造企业，对存货和应收账款的有效管理无疑是其重要的成功因素。翻开四川长虹的财务报表，我们可以发现应收账款、存货构成了其资产的大部分，如表 14-2 表示。

表 14-2 应收账款及存货比率 （%）

项目	1999 年	2000 年	2001 年	2002 年	2003 年	2004 年	2005 年
应收账款比率	16.03	10.97	16.34	22.62	23.79	30.58	35.60
存货比率	41.40	40.40	35.23	40.01	34.27	46.91	31.97
合计	57.43	51.37	51.57	62.63	58.06	77.49	67.57

由表 14-2 可见，四川长虹的应收账款与存货所占比率极高，与应收账款及存货相关的会计政策与会计估计是否合理，将直接关系到四川长虹的财务报表是否能如实反映其实际的财务状况和经营情况。在这些会计政策和会计估计中，坏账准备和存货跌价准备的计提具有较高的会计灵活性。因此，管理层是否利用上述会计灵活性隐瞒或歪曲公司的真实情况成为我们的分析重点。

四川长虹从 2000 年开始涉足短期投资，而且金额巨大，一直保持在 10 亿元左右。短期投资虽然能够提高企业闲置资金利用率，但也给企业带来了额外的风险。这必须引起我们的注意。

此外，四川长虹的主营业务收入和净利润显然是报表使用者关注的焦点。四川长虹自 1994 年上市以来净利润一直为正，但 2004 年却成为中国股市的"亏损之王"。为什么经营业绩会发生如此惊人的"大变脸"？四川长虹一直以来的盈利质量如何？这也是我们关心的问题。

2. 资产负债表主要项目分析

（1）应收账款质量分析。

1）应收账款的异常增长。正常情况下，应收账款的增长比率应当与主营业务收入的增长比率相匹配。四川长虹的主营业务收入在 2002 年和 2003 年增长较快（如表 14-3 所示），而应收账款的增长却明显更快。应收账款的异常增长是不是利用放宽信用条件以刺激销售增长的结果？

表 14-3　四川长虹应收账款的异常增长　　　　　　　　　　　　　　　　（%）

项目	2001年	2002年	2003年	2004年	2005年
主营业务收入增长比率	-11.14	32.27	12.30	-18.36	30.53
应收账款增长比率	58.27	46.51	20.36	-5.87	17.72
应收账款占总资产比率	16.34	22.62	23.79	30.58	35.60

为此，我们首先了解四川长虹 2001～2005 年主营业务收入的增长情况。四川长虹 2001～2005 年的收入构成情况如表 14-4 所示。

表 14-4　四川长虹主营业务收入构成　　　　　　　　　　　　　　（单位：亿元）

项目	2001年	2002年	2003年	2004年	2005年
主营业务收入	95.1	125.9	141.3	115.4	150.6
外销	7.8	55.4	50.4	28.7	22.5
内销	87.3	70.5	90.9	86.7	128.1
外销比率	8.2%	44.0%	35.7%	24.9%	14.9%

由表 14-4 我们可以发现，四川长虹 2002 年和 2003 年主营业务收入中的内销金额并无太大变化，而外销比率显著高于其他年份，可见这两年主营业务收入的强力反弹很大程度上归功于外销金额的急速增长。

我们进一步对四川长虹的应收账款构成进行分析，如表 14-5 所示。

表 14-5　四川长虹应收账款构成　　　　　　　　　　　　　　　　（单位：千元）

年份	单位	欠款	比率	年份	单位	欠款	比率
2001	APEX	34 632	12.01%	2003	APEX	444 661	87.47%
	陈氏辉煌	3 593	1.25%		陈氏辉煌	4 001	0.79%
	北京国美	2 863	0.99%		Thomson Multimedia	3 301	0.65%
	北京大中	2 883	1.00%		PETTERS CONSUMER	18 906	3.72%
	福州华虹	1 925	0.67%		ETRON ELECTRONICS	1 870	0.37%
	合计	45 896	15.92%		合计	472 739	93%
2002	APEX	383 005	90.68%	2004	APEX	383 876	80.22%
	陈氏辉煌	3 189	0.76%		陈氏辉煌	6 161	1.29%
	Thomson Multimedia	1 586	0.38%		TOYOICHIYSUSHOCO	1 973	0.41%
	Alh AUDIO SYSTEM	534	0.13%		PETTERS CONSUMER	4 191	0.88%
	南京港泰	428	0.10%		四川省教育厅	1 831	0.38%
	合计	388 742	92.05%		合计	398 032	83.18%

由表 14-5 我们可以发现，从 2002 年开始四川长虹的应收账款客户开始高度集中，2002 年和 2003 年该比率均在 90% 以上，而且这两年的前五大应收客户中除了南京港泰外均为国外进口代理商。由此我们认为外销收入增长很大程度是由于外销信用条件的放宽。更值得我们关注的是从 2002 年起 APEX 成为四川长虹的"欠账巨头"。表 14-6 列示了双方的交易及货款回收的主要情况。

表 14-6　四川长虹与 APEX 的交易情况　　　　　（金额单位：美元）

年度	销售金额	占外销比率	回收金额	应收账款余额
2002	610 949 126	91%	190 074 801	462 716 807
2003	424 424 014	70%	349 896 993	537 243 828

由表 14-6 可知，四川长虹外销收入的巨额增长主要依赖与 APEX 公司的巨额交易，甚至可以说 APEX 公司是帮助四川长虹走出 2001 年业绩低谷，迎来 2002 年和 2003 年"第二春"的最大功臣。

四川长虹与 APEX 的正式大规模合作始于 2002 年，但在此前 APEX 早已因为"空手套白狼"的劣迹声名狼藉。为何四川长虹没有吸取"前车之鉴"的教训，与在信用上有污点的企业进行大规模的合作，而且是风险极高的先发货后收款的营销合作呢？这显然与四川长虹的国际化战略是分不开的。由于缺乏国际分销渠道，四川长虹只能回到过去"傍大款"的营销策略。这次 APEX 所拖欠的巨额应收账款给四川长虹带来了毁灭性的打击。

由上述分析可知，四川长虹应收账款的异常增长主要是由于放宽信用政策以刺激销售增长导致的。

2）坏账准备分析。四川长虹的巨额应收账款问题重重，质量堪忧。那么，四川长虹是否充分意识到这一点，并相应计提充分的坏账准备呢？

四川长虹在 1998 年之前按照应收账款余额的 0.3% 计提坏账准备，1999 年起开始按照账龄分析法计提坏账准备，各年坏账准备的计提情况如表 14-7 所示。四川长虹与其竞争对手的计提政策比较如表 14-8 所示。

由表 14-7 我们可以发现，2004 年以前四川长虹的实际坏账计提比率几乎接近零，这主要是由于四川长虹反常规的计提政策：一年以内的应收账款不计提坏账准备。由表 14-7 我们可以看出一年以内的应收账款构成了四川长虹应收账款总额的绝大多数，连续多年都在 99% 以上，因此，四川长虹实际上几乎不计提坏账准备。四川长虹对其特殊计提政策给出的解释是：账龄在一年以内的应收账款，一般可以在次年年初收回，故不计提。但是，如果真如其言，那么 2005 年一年以上的高达 37.2 亿元的巨额应收账款从何而来？由表 14-8 则可以看出，2004 年以前四川长虹的平均坏账计提比率远低于其竞争对手，而 2004 年四川长虹的计提比率则比同行业其他公司激进得多。

我们进一步分析四川长虹的应收账款周转情况来判断其回收情况，如表 14-9 所示。

由表 14-9 可知，四川长虹的应收账款回收期较长，2001～2004 年平均在 100 天左右，而 2003 年其他竞争对手的应收账款平均回收期在 25 天左右。由此可见，四川长虹的应收账款并没有声称的那么安全。这也印证了四川长虹通过放宽信用政策以刺激销售增长的推断。

（2）存货质量分析。四川长虹采取的是大规模、低成本的经营模式。但是市场的逐渐饱和使得四川长虹的规模优势反而成为沉重的负担，库存居高不下。截至 2002 年，四川长虹的存货已经接近 75 亿元的水平。表 14-10 列示了四川长虹历年存货及跌价准备计提情况与竞争对手的比较。四川长虹的存货问题不仅是存货金额巨大，而且更严重的是，库存商品占存货总额比例一直保持在 64% 以上。截至 2005 年年末，库存商品占存货比例为 75%。

表 14-7　四川长虹的坏账准备计提情况

(金额单位：万元)

项　目	计提比率	1999年	2000年	2001年	2002年	2003年	2004年	2005年
应收账款原值		269 123	182 145	288 278	422 356	508 351	478 535	563 335
其中								
一年以内	0	268 823	181 564	287 715	421 340	414 115	122 313	190 486
1～2年	10%	193.2	504.9	0.0	527.9	93 378	352 030	29 830
2～3年	30%	105.9	0.6	485.7	0.0	398.5	3 414.2	340 949
3～4年	50%	0.0	76.1	0.6	411.0	0.0	317.4	1 293
4～5年	80%	0.0	0.0	76.1	0.6	398.5	0.0	317
5年以上	100%	0.0	0.0	0.0	75.8	61.7	460.2	460
一年以内应收账款比率		99.895%	99.68%	99.80%	99.76%	81.46%	25.56%	33.81%
坏账准备余额		51.00	88.70	206.9	334.64	9 838	260 506	254 839
平均坏账计提比率		0.019%	0.048 7%	0.072%	0.079%	1.94%	54.44%	45.24%

表 14-8　各公司坏账准备计提政策对比

项目	康佳	海信	厦华	长虹
一年以内应收账款坏账计提比率	2.00%	5.00%	3.00%	0.00%
2001 年平均坏账计提比率	6.70%	6.20%	5.20%	0.072%
2002 年平均坏账计提比率	8.60%	5.50%	5.80%	0.079%
2003 年平均坏账计提比率	23.00%	5.83%	5.81%	1.94%
2004 年平均坏账计提比率	17.30%	5.70%	4.89%	54.44%

表 14-9　四川长虹的应收账款周转情况

项目	2000 年	2001 年	2002 年	2003 年	2004 年	2005 年
应收账款周转率/次	4.75	4.05	3.54	3.07	3.22	5.72
应收账款周转天数	77	90	103	119	113	64

由表 14-10 可以发现，四川长虹存货的绝对值水平一直远远高于竞争对手，存货比率也处在较高水平，这与四川长虹的大规模生产方式是相对应的。2004 年以前四川长虹的跌价准备计提比率与其竞争对手相比较为适中，这似乎意味着四川长虹的存货"水分"较少。但事实如此吗？

表 14-10　各公司存货及跌价准备计提情况

	长虹	康佳	海信	厦华
2001 年				
存货比率①	35%	41%	33%	23%
存货余额/亿元	62.15	29.25	13.07	7.28
跌价准备	2.73	0.99	0.52	0.77
计提比率	4.39%	3.38%	3.98%	10.58%
2002 年				
存货比率	40.01%	38.5%	33.10%	22.10%
存货余额/亿元	74.7	27	13.14	6.9
跌价准备	2.77	1.17	0.31	0.45
计提比率	3.71%	4.33%	2.36%	6.52%
2003 年				
存货比率	34.27%	34.36%	33.10%	22.10%
存货余额/亿元	73.21	33.11	13.02	7.87
跌价准备	3.16	1.41	0.24	0.27
计提比率	4.31%	4.26%	1.84%	3.43%
2004 年				
存货比率	46.91%	39.14%	41%	22.43%
存货余额/亿元	73.42	37.57	17.96	7.51
跌价准备	13.29	1.76	0.26	0.18
计提比率	18.10%	4.68%	1.45%	2.40%

①存货余额/总资产。

四川长虹的存货跌价准备是按照成本与可变现净值孰低法计价，并且是按单个存货项目计提的。在四川长虹的巨额存货中，原材料和库存商品占了绝大多数，因此我们对这两个项目的跌价准备情况进行进一步分析，如表14-11所示。

表14-11 四川长虹的存货构成及相应跌价准备 （金额单位：万元）

项　目	1999年	2000年	2001年	2002年	2003年	2004年	2005年
存货库存	694 900	670 801	621 410	747 031	732 144	734 153	505 938
其中							
原材料	95 034	146 930	112 148	214 875	225 685	228 117	95 618
库存商品	54 7727	496 523	485 818	499 463	462 104	469 155	378 578
跌价准备	18 728	25 098	27 280	27 743	31 585	132 864	29 263
其中							
原材料跌价准备（计提比率）	1.8（0.002%）	0（0%）	0（0%）	0（0%）	56（0%）	29 071（12.74%）	284（0.3%）
库存商品跌价准备（计提比率）	18 726（3.42%）	25 098（5.05%）	27 280（5.62%）	27 743（5.56%）	31 240（6.76%）	99 636（21.24%）	28 899（7.6%）

由表14-11我们发现，四川长虹的原材料水平从1999年的9.5亿元迅速增长到2004年的22.8亿元。但是，对于逐年增长的原材料，四川长虹在2004年之前居然几乎不计提跌价准备，而四川长虹的竞争对手除海信外均对原材料计提了跌价准备（如表14-12所示）。考虑到四川长虹彩管的囤积以及20多亿元的原材料余额，特别是彩电行业的技术不断革新，产品更新换代很快，不对原材料计提跌价准备显然是极不稳健的做法。此外，由于四川长虹一直钟情于低端产品市场，在高端彩电逐渐成为市场主流的情况下，四川长虹库存商品的跌价幅度显然高于其跌价准备计提比率，2004年四川长虹库存商品跌价准备的计提比率高达21.24%，这也证明了四川长虹一直以来存在着库存商品跌价准备计提不足的情况。

表14-12 各公司原材料跌价准备计提比率

项　目	康佳	厦华	长虹
2002年原材料跌价准备计提比率	2%	13%	0%
2003年原材料跌价准备计提比率	1.8%	9.4%	0.02%

存货的周转情况是衡量存货是否积压的重要标志。通过表14-13我们可以发现，长虹的存货周转率远远落后于竞争对手，这意味着四川长虹的存货积压极为严重。2001年后彩电行业开始大规模的存货清理，四川长虹对积压存货的清理力度却远远落后于其竞争对手，存货周转率并无明显改善。

表14-13 各公司存货周转率

年份	各公司存货周转率／次			
	康佳	海信	厦华	长虹
2001年	1.57	2.40	2.35	1.20
2002年	2.51	3.81	3.92	1.63
2003年	3.80	3.79	3.64	1.70
2004年	3.37	4.22	5.07	1.52

（3）短期投资质量分析。四川长虹是从2000年开始涉足短期投资业务的，其后投入短期投资中的资金一直保持在10亿元左右的水平。短期投资及其收益情况如表14-14所示。

表14-14　四川长虹短期投资及其收益情况　　　　　　　（金额单位：万元）

项　　目	2000年	2001年	2002年	2003年	2004年	2005年
短期投资	113 519	109 598	113 635	99 573	63 107	52 658
短期投资跌价准备计提比率	0	2%	0	0	41%	60%
短期投资收益	1 600	6 611	7 764	7 667	-1 7049	-5 690
平均收益比率	1.41%	5.93%	6.96%	7.19%	-24.91%	-9.83%
占净利润比率	6%	75%	44%	37%	4.60%	-21%

运用闲置资金进行短期投资虽然可以提高资金的使用效率，但也给企业带来了额外的投资风险。为了提高短期收益率，四川长虹将投资重点从风险较小的国债投资转向了风险较大的股票投资和委托理财。投资重心的转移虽然使四川长虹的平均投资收益比率由2000年的1.41%迅速提高到2003年的7.19%，但也大大提高了四川长虹的投资风险。在这种情况下，四川长虹却始终坚持"按投资总体计提短期投资跌价准备"的会计政策，在2004年之前几乎不计提短期投资跌价准备，这显然是较为激进的。然而，四川长虹的短期投资真的是稳坐钓鱼台，只有收益没有风险吗？2004年的南方证券事件给了四川长虹当头棒喝。2004年1月2日，南方证券由于违规经营被行政接管，并被冻结了委托理财资金，这意味着四川长虹委托理财资金的回收存在极大风险，但四川长虹的2004年3月26日报出的2003年年报中仍然没有计提相应的减值准备，因此被注册会计师出具了带说明段的审计意见。直到编制2004年年报时，四川长虹才利用"洗大澡"之机全额计提了1.82亿元的减值准备，而前十年的短期投资收益总额也才2.36亿元，一笔失败的短期投资就亏掉了77%。

3. 利润表结构分析

由前述分析可知，四川长虹2004年以前的资产负债表中水分较多，这无疑直接影响了其收益质量。四川长虹对一年以内的应收账款和原材料不计提减值准备是造成资产负债表水分较多的主要因素，如果我们按照5%的计提比例进行调整，如表14-15所示，我们将会发现四川长虹实际上从2001年开始就处于巨额亏损状态，早已戴上了ST的帽子，甚至可能面临退市的危险。

表14-15　长虹资产减值准备模拟表　　　　　　　（单位：万元）

项　　目	1999年	2000年	2001年	2002年	2003年
一年以内的应收账款	268 823.4	181 563.7	287 715.2	421 340	414 114.9
原材料	9 5034	146 930	112 148	214 875	225 685
合计	363 857.4	328 493.7	399 863.2	636 215	639 799.9
按5%计提准备	18 192.87	16 424.69	19 993.16	31 810.75	31 990
当年净利润	51 103.92	27 423.65	8 853.59	17 620.27	20 573.8
调整后净利润	32 911.05	10 998.97	-11 139.57	-14 190.48	-11 416.2

此外，从利润表结构来看，四川长虹的非经常性损益金额极高，占净利润比重极大，如表 14-16 所示。这也从另一方面证明了四川长虹的盈利质量之低下。

表 14-16　四川长虹的非经常性损益　　　　　　　　（金额单位：万元）

项　目	2000 年	2001 年	2002 年	2003 年
非经常性损益税后净影响	7 978.97	14 660	7 834	12 152
税后非经常性损益净影响／净利润	29.10%	165.58%	41.91%	59.07%

四川长虹经营活动产生的现金净流量从 1999 年起一直处于下滑趋势，见后文的分析。这也证明了四川长虹会计收益的含金量不足。

4. 现金流量表总体分析

表 14-17 列示了四川长虹以 2000 年为基年的各年现金流量对比情况。

表 14-17　四川长虹各年现金流量对比情况　　　　　　（单位：万元）

项　目	2005 年	2004 年	2003 年	2002 年	2001 年	2000 年	基期金额
经营活动产生的现金流量净额	62.48	33.43	−32.70	−131.34	60.37	100	227 497
投资活动产生的现金流量净额	33.89	−7.00	9.29	−32.91	37.68	100	−271 546
筹资活动产生的现金流量净额	−15 988.54	−369.19	13 302.80	17 409.76	−2 670.37	100	829
现金及现金等价物净增加额	190.85	−215	−26.57	149	−27.76	100	−43 836

（1）如前所述，四川长虹的主营业务收入在 2002 年和 2003 年呈现出反弹的迹象，但与此形成鲜明对比的是，经营活动产生的现金流量净额却在急剧恶化，在 2002 年和 2003 年均为负数。销售收入的增长与经营活动现金净流量的背离显示出四川长虹这一阶段销售收入"含金量"的低下，存在明显的虚增销售收入的痕迹。

（2）四川长虹用于投资活动的现金在逐年缩减，且 2001 年、2003 年和 2005 年投资活动产生的现金流量净额为正值。进一步分析投资活动资金去向，我们发现 2002 年和 2003 年绝大部分的投资资金被用于权益性投资、债权性投资和其他投资活动相关的项目，而用于购建固定资产、无形资产和其他长期资产的资金极少。这也印证了传统彩电行业已经进入了衰退期，投资机会已经不多，而且四川长虹仍未发现新的业绩增长点。

（3）2002 年和 2003 年筹资活动产生的现金净流量激增，这不符合衰退期的资金状况。出现这种情况的主要原因是四川长虹在 2002 年和 2003 年花费了近 10 亿元的现金大量进行权益性投资和债权性投资，而经营活动并没有带来正的现金流量，因此四川长虹必须大量依靠筹资活动筹集现金，以弥补资金缺口和满足投资活动。由于经营业绩欠佳，2000 年后四川长虹并不具备股权再融资的资格，因此绝大部分再筹资活动现金流入必须依靠短期借款。表 14-18 列示了四川长虹 2000～2005 年短期借款流转情况。

表 14-18　四川长虹 2000～2005 年短期借款流转情况　　（单位：万元）

项　　目	2000 年	2001 年	2002 年	2003 年	2004 年	2005 年
借款所收到现金	25 500	38 500	188 727	502 018	529 159	304 138
偿还债务所支付现金	23 398	60 100	41 626	392 295	532 253	441 198

由于四川长虹过度依赖短期借款，其短期借款余额已经从 2000 年年底的 2.85 亿元累积到 2004 年年底的近 27 亿元，还款压力巨大。

而 2004 年经营活动产生的净现金流量情况有所好转，加上大幅度削减投资活动，使得公司有充足的资金来偿还债务，这使得四川长虹的负债在连续几年的高速增长之后开始下降，从 2003 年的 81.8 亿元下降到 2005 年的 57.8 亿元，降幅近 30%。

总体而言，从现金流量的角度分析，四川长虹处于较为典型的行业衰退期，经营性现金净流量日益萎缩，与主业相关的投资机会减少，而且由于四川长虹一直以来的"独子"战略，对其他产业的培植力度一直不够，新的业务增长点仍未形成，许多资金被投向了与主业无关的投资项目。2004 年，四川长虹的应计制会计报表虽然"惨不忍睹"，但从现金流量表来看，2004 年的现金流动情况反而有所好转。2004 年的经营活动产生了正的现金流量，同时大幅削减了与主营业务有关的投资活动，这使得四川长虹不再过度依赖短期借款来获取资金，反而能在缩短短期借款规模的基础上实现现金流入的大幅增长。

14.1.3　财务分析

1. 财务纵向分析

（1）财务状况纵向分析。表 14-19 列示了以 2000 年为基期，四川长虹部分资产负债表项目的变动情况。

表 14-19　四川长虹部分资产负债表项目的变动情况

报表项目	2005 年	2004 年	2003 年	2002 年	2001 年	2000 年	绝对值 / 万元
货币资金	81.95%	135.54%	73.61%	65.96%	107.99%	100%	152 379
短期投资	18.54%	32.86%	87.72%	100.10%	96.55%	100%	113 519
应收票据	144.07%	70.57%	263.82%	123.57%	115.50%	100%	95 607
应收款款净额	119.28%	95.2%	202.48%	177.75%	168.25%	100%	258 641
存货净额	73.82%	93.12%	108.5%	111.4%	92.1%	100%	645 702
流动资产合计	96.96%	93.68%	137.92%	120%	112.04%	100%	1 271 541
固定资产合计	89.12%	98.39%	105.34%	88.47%	87.26%	100%	316 772
资产总计	95.3%	94.24%	128.66%	112.44%	106.22%	100%	1 660 500
短期借款	457.87%	937%	949.48%	568.97%	29.82%	100%	28 500
应付账款	109.17%	90.98%	119.63%	114.81%	114.22%	100%	180 688
应付票据	244.22%	197.98%	380.48%	314.04%	324.74%	100%	75 017
预收账款	127.68%	118.43%	127.41%	81.30%	98.82%	100%	57 654
流动负债合计	164.21%	170.48%	230.84%	163.42%	139.14%	100%	341 859
长期负债合计	311.67%	1 166%	1 166%	0.00%	0.00%	100%	1 229
负债合计	168.56%	176.94%	238.54%	167.30%	142.54%	100%	343 088
股东权益合计	74.32%	71.77%	99.68%	98.11%	96.71%	100%	1 317 462

1）流动资产分析。

第一，短期投资在2004年以前一直保持10亿元左右的水平，可能是吸取了"南方证券"事件的教训，2004年以后四川长虹开始出售国债投资并收回委托理财资金，短期投资逐年大幅下降。

第二，应收票据在2004年以前逐年递增，2003年是基期（2000年）的2.6倍。这主要是由于四川长虹为了扩大市场销售，在销售回款结构中提高了收取银行承兑汇票的比率。而2004年应收票据从峰值直接跌至谷值，主要是由于四川长虹对部分应收票据予以贴现（当年贴现银行承兑汇票约11亿元），并增加了销售回款中现金的比率。值得注意的是，四川长虹并未对应收票据计提坏账准备，这说明四川长虹认为其应收票据的回收是没有风险的，但在现金充足的情况下（2004年年底货币资金余额约为20.6亿元），却愿意花费财务成本进行巨额票据贴现，此举颇令人费解。2005年应收票据再次出现反弹，主要是由于在空调销售中实行"保兑仓"业务。

第三，应收账款净额在2004年以前也是逐年递增的，2003年达到峰值，是基期的2倍多。应收账款的异常增长主要是由于在海外销售采取较为宽松的赊销政策所致。2004年后应收账款净额的大幅下降则主要是由于四川长虹在2004年计提了约26亿元的巨额坏账准备。

第四，由于吸取了前些年盲目放宽销售信用政策带来的巨额坏账的教训，四川长虹于2004年加大了销售现金收款力度，再加上短期投资的变现收回，使得货币资金在经历了2002年和2003年的低水平后，在2004年有了较大的提高，约为20.6亿元。2005年货币资金有所降低，主要是由于四川长虹加大了银行借款的偿还力度。

第五，存货水平在2001年由于清理工作的开展有所降低，但是由于2002年和2003年重新走"规模扩张，以量取胜"的路线，存货水平又有了进一步的增长。随着2004年计提近10亿元的跌价准备，存货水平再次回落。2005年，四川长虹的存货水平降到了最低点，这一方面是当年开始实施供货商管理库存模式，使原材料库存从约23亿元下降到不到10亿元；另一方面是加大了产成品的销售力度，使库存商品由47亿元下降到38亿元。

由于上述因素的共同作用，2004年四川长虹的流动资产数额虽然略有下降，但由于货币资金的大幅增加，而且原有资产中水分充分蒸发，其资产质量和流动性反而有所增加。

2）流动负债分析。

第一，短期负债在2001年大幅减少，主要是由于当年四川长虹处于经营调整期，2001年之后激增，2003年最多时约为基期的10倍，主要是为了满足生产经营规模扩大所需要的流动资金。2005年四川长虹的经营现金流量情况有所好转，因此加大了短期借款的偿还力度，使得短期借款余额有较大的下降。

第二，应付票据在2000年后有较快增长，主要是由于改变采购政策，大量使用银行承兑汇票所致。这一政策在2004年得到改变，由于当年加大了现金支付和贴现支付的比率，应付票据大幅降低。

3）长期资产和长期负债分析。四川长虹的长期资产在总资产中比重不大，主要是固定资产，在各年间变化也不大。四川长虹资本结构中对长期负债依赖极低，1997年的5年期600万元长期借款已于2001年提前还清。2003年为了配合为期3年的信息化技术改造借入了3年期7 000万元长期借款，年利率为5.49%。

总体而言，四川长虹的流动负债增加较快，而流动资产的相对降低，使得四川长虹的短期偿还能力有所降低。但考虑到当地政府对四川长虹的扶持力度，以及四川长虹充足的现金和较强的融资能力，其财务状况还是较为优良的，财务风险低。

（2）盈利能力纵向分析。表14-20列示了以2000年为基期，四川长虹部分利润表项目的变动情况。

表14-20 四川长虹利润表部分项目变动情况

项　目	2005年	2004年	2003年	2002年	2001年	2000年	基期绝对值/万元
主营业务收入	140.67%	107.77%	132%	117.54%	88.86%	100%	1 070 721
主营业务成本	138.55%	108.55%	132.6%	117.6%	91.36%	100%	910 792
主营业务利润	155.64%	105.54%	132.02%	119.41%	73.36%	100%	154 798
营业费用	147.79%	98.55%	122.94%	125.64%	91.69%	100%	112 723
管理费用	133.71%	1583.01%	181.26%	140.15%	96.65%	100%	25 460
财务费用	-216.23%	-41.38%	-134.79%	-31.4%	149.38%	100%	-5 241
营业利润	100.34%	-1 138.42%	59.2%	41.37%	7.04%	100%	30 803
投资收益	-322.09%	-1 032.88%	201.42%	472.4%	731.67%	100%	1 643
补贴收入	501.92%	779.61%	1 859.93%	141.54%	678.99%	100%	52
净利润	103.94%	-1 342.32%	75.02%	64.25%	32.28%	100%	27 423

由表14-20分析可知：

1）由于海外扩展政策的实施，四川长虹的主营业务收入从2002年起有了一定的增长，但相对于应收款的巨额增长而言，主营收入的增长并不明显。主营业务成本的增长和主营业务收入的增长基本上相匹配，因此带来了主营业务利润的相应增长。

2）四川长虹的营业费用和管理费用的平均增长幅度要高于销售收入的增长，这显示出其低成本竞争优势正在弱化。2004年的管理费用更是接近基年的16倍，主要是由于大额计提减值准备所致。2005年的主营业务利润为2000年的1.56倍，但由于营业费用、管理费用的大量蚕食，营业利润基本与2000年持平。

3）2000年和2001年的财务费用为负数，这主要是由于收取母公司长虹集团资金占用费所致。2002年开始的财务费用增长主要是由于短期借款的大幅增长导致利息支出的增长，而且由于母公司资金占用的减少导致利息收入的减少。2005年财务费用达到最高点，主要是由于当年度人民币升值所产生的汇兑损失。

4）在主营业务利润略有增加的情况下，四川长虹的营业利润在2004年之前急剧下降，而2005年的主营业务利润的较大增幅也没能带来营业利润的相应增长。

5）四川长虹的投资收益、补贴收入和营业外收支净额均有较大幅度上升。投资收益的增长主要是由于向母公司的股权转让收益和委托理财收益。补贴收入的增长主要来自四川省财政厅支付的出口贴息和绵阳市财政局支付的贷款补息。

6）在上述"线下项目"增长较快的帮助下，四川长虹的净利润的下滑幅度虽大，但明显低于营业利润的下滑幅度。

总体而言，四川长虹的主营业务收入虽然略有增长，但属于典型的"粗放式"增长，由于各项费用控制不力，主营业务收入增长带来的收益被逐步蚕食，结果净利润反而下降严重，这也显示出四川长虹的低成本竞争优势正在逐步丧失。

2. 与竞争对手相比的横向分析

（1）财务状况的横向分析。

1）绝对值比较分析。表 14-21 列示了 2003 年以四川长虹为基准，其竞争对手的资产、负债和股东权益的相对比率。

表 14-21　各公司资产、负债和股东权益的相对比率　　（%）

项目	四川长虹	康佳	海信	厦华
资产合计	100	45.11	18.31	14.68
负债合计	100	77.66	18.23	28.69
股东权益合计	100	23.25	17.89	5.93

由表 14-21 可见，四川长虹拥有极为庞大的资产规模，这是与其大规模、低成本的经营模式相适应的。

2）利用共同比报表法进行横向分析。表 14-22 列示了四川长虹与其竞争对手的资产分布情况和资金来源情况。

表 14-22　各公司资产分布情况和资金来源情况　　（%）

项目	四川长虹 2004 年	四川长虹 2003 年	康佳 2003 年	海信 2003 年	厦华 2003 年
货币资金	13.20	5.24	13.82	18.19	23.17
短期投资	2.38	4.65	0.01	0	0
应收票据	4.31	11.79	32.86	11.81	8.08
应收账款净额	15.74	24.47	4.28	6.55	16.05
预付款项净额	1.70	1.44	0.28	1.95	2.49
其他应收款净额	1.84	1.20	0.87	0.61	3.52
其他流动资产	0.37	1.79	0.34	0.02	0.24
存货净额	38.42	32.74	32.89	32.68	24.23
流动资产合计	76.12	82.12	84.47	71.21	74.26
非流动资产合计	23.88	17.88	15.53	28.79	25.74
资产总计	100	100	100	100	100
短期借款	17.06	12.64	0.24	0.77	38.14
应付票据	9.49	13.34	39.26	3.20	14.29
应付款项	10.51	10.10	12.94	29.20	12.71
预收账款	4.36	3.43	6.33	5.83	2.45
应付职工薪酬	0.50	0.21	1.02	-0.30	0.03
应交税费	-5.16	-3.36	0.43	-2.83	-0.44
应付股利	0.02	0.01	0.07	0	0

(续)

项　　目	四川长虹	四川长虹	康佳	海信	厦华
	2004 年	2003 年			
其他应付款	0.79	0.96	3.66	2.02	1.20
一年内到期的流动负债	0.00	0	0.05	0	1.69
其他流动负债	0.61	0.47	1.82	0	1.37
流动负债合计	38.18	37.81	65.81	37.89	71.44
非流动负债合计	0.57	0.37	0.07	0.19	3.05
负债合计	38.75	38.18	65.88	38.08	74.49
股东权益合计	61.25	61.82	34.12	61.92	25.22
负债和股东权益总计	100	100	100	100	100

由表 14-22 分析可知：

第一，四川长虹 2003 年的货币资金比率远低于竞争对手，而短期投资比率远高于竞争对手。这反映出四川长虹将较多的资金分配到短期投资，此举虽然有助于充分利用闲置资金，但也存在一定的风险。

第二，四川长虹的应收账款比率远高于竞争对手，而对应收票据的利用则不够。产生这一现象的原因在前面的分析中已有论述。2004 年的"洗大澡"行为虽然使四川长虹的应收账款比率大大降低，但相对于竞争对手而言，仍处于较高的水平。

第三，存货比率较高是彩电行业的通病，这也证明了彩电市场已经趋近饱和。

第四，四川长虹的应付账款比率较低，预收账款的比率也较低，这表明四川长虹未能充分利用商业信用来获取成本较低的融资。

第五，彩电行业整体长期负债比率极低，这可能是由于彩电行业已步入成熟期，并没有值得投资的大项目工程，因此无须长期负债的资金支持。

（2）经营效率横向分析。

1）绝对值比较。表 14-23 列示了 2003 年以四川长虹为基准，其竞争对手主营业务收入、营业利润和净利润的相对比率。

表 14-23　各公司经营业绩相对比例　　　　　　　　　　　　（%）

项　　目	四川长虹	康佳	海信	厦华
主营业务收入	100	90.61	40.57	20.81
营业利润	100	71.64	32.20	6.81
净利润	100	49.13	20.12	19.91

由表 14-23 可见，四川长虹的绝对值指标远远领先于竞争对手。但考虑到四川长虹资产规模庞大，其经营业绩的领先似乎不足。比如四川长虹的总资产分别是康佳、海信和厦华的 2.22 倍、5.46 倍和 6.81 倍，但运用这些资产所获得的主营业务收入分别只是 1.10 倍、2.46 倍和 4.81 倍，这说明长虹的资产使用效率较为低下。不过四川长虹在营业利润和净利润指标上的领先距离有所拉大，其净利润分别是康佳、海信和厦华的 2.04 倍、4.97 倍、5.02 倍，这是由于四川长虹采取的低成本策略所获得的竞争优势吗？我们将进一步采取共同比报表进行横向分析。

2）利用共同比报表法进行横向分析。表14-24列示了四川长虹及其竞争对手利润表的构成情况比较。

表14-24　各公司利润表的构成情况比较　　　　　　　　　　　　（%）

项　目	四川长虹 2004年	四川长虹	康佳	海信	厦华
		2003年			
一、主营业务收入	100	100	100	100	100
减：主营业务成本	85.68	85.49	85.29	84.74	87.23
主营业务税金及附加	0.16	0.05	0.01	0.30	0.03
二、主营业务利润	14.16	14.46	14.70	14.96	12.74
加：其他业务利润	0.12	0.39	0.11	0.24	0.31
营业费用	9.63	9.81	11.27	11.68	9.11
管理费用	34.85	3.26	2.33	2.62	2.01
财务费用	0.19	0.50	0.19	-0.11	1.51
三、营业利润	-30.39	1.28	1.02	1.01	0.42
加：投资收益	-1.47	0.23	-0.05	0.00	0.45
补贴收入	0.03	0.07	0.01	0.01	0.58
营业外收入	0.07	0.30	0.07	0.09	0.09
减：营业外支出	0.07	0.01	0.06	0.10	0.10
四、利润总额	-31.83	1.87	0.99	1.01	1.44
减：所得税	0.12	0.42	0.12	0.23	0.00
减：少数股东损益	-0.05	0.01	0.11	0.06	0.04
五、净利润	-31.90	1.44	0.76	0.72	1.40

如果只看最后一行，四川长虹2003年的销售净利润与其竞争对手相比还是比较理想的，这似乎证明了四川长虹的低成本竞争战略取得了成功。但我们进一步分析发现，四川长虹的主营业务成本率并不低（高于康佳和海信），管理费用和财务费用也没有得到很好的控制，特别是管理费用比率远远高于竞争对手，这使得四川长虹2003年的主营业务利润率和营业利润率与其竞争对手相比相差无几。如果进一步考虑会计分析中对长虹资产减值政策的探讨，那么四川长虹实际管理费用所占比率要远高于3.26%，这更说明其低成本的竞争战略优势已不复存在。但是，四川长虹的"线下项目"——投资收益、补贴收入和营业外支净额却远远高于对手，正是这些线下项目的支持，四川长虹的销售利润率和销售净利率有了较大的提升，约为康佳和海信的2倍。因此，四川长虹较高的销售净利率主要是因为"线下项目"的支持，并不能证明其低成本竞争战略的成功。

3. 财务综合分析

表14-25列示了四川长虹1999～2005年净资产收益率及其驱动因素的变化趋势。

表14-25　四川长虹的净资产收益率及其驱动因素变化趋势

年　份	净资产收益率/%	销售净利率/%	资产周转率/次	权益乘数/%
1999	3.84	5	0.59	130
2000	2.42	3	0.64	126
2001	0.69	0.93	0.54	138
2002	1.36	1.40	0.67	144
2003	1.56	1.46	0.66	162

(续)

年 份	净资产收益率 /%	销售净利率 /%	资产周转率 / 次	权益乘数 /%
2004	−38.42	−31.90	0.73	165
2005	2.91	1.89	0.95	162

由表 14-25 可以看出，四川长虹的净资产收益率总体呈递减趋势，2002 年和 2003 年虽然有所反弹，但好景不长，2004 年跌到了 −38.42% 的谷底。2005 年四川长虹的销售净利率和资产周转率均有较大提高，因此净资产收益率也有较为明显的反弹。进一步观察净资产收益率的驱动因素，我们可以发现导致净资产收益率变动的主动因素是销售净利润的波动，而资产周转率和权益乘数反而稳中有升。销售净利润的下降也表明了四川长虹的低成本竞争策略缺乏可持续性，当传统彩电行业步入"微利时代"后，四川长虹已经很难在价格上面做文章。

表 14-26 列示了四川长虹及其竞争对手的净资产收益率对比情况。

表 14-26　各公司净资产收益率对比情况

公　司	净资产收益率 /%	销售净利率 /%	资产周转率 / 次	权益乘数 /%
		2002 年		
四川长虹	1.36	1.40	0.67	144
康佳	1.20	0.44	1.15	237
海信	1.47	0.60	1.42	172
厦华	1.44	0.36	0.92	435
		2003 年		
四川长虹	1.56	1.46	0.66	162
康佳	3.31	0.79	1.33	316
海信	1.76	0.72	1.47	166
厦华	5.26	1.39	0.94	403

由表 14-26 可知，即使在情况较好的 2002 年和 2003 年，四川长虹的净资产收益率也低于其竞争对手，并且差距逐渐拉大。进一步分析净资产收益率的三大驱动因素，我们发现四川长虹的销售净利率一直处于最高的水平，但是资产周转率和权益乘数却远远低于其竞争对手，这表明资产管理效率低下和财务管理效率低下是造成四川长虹净资产收益率较低的主要原因。

四川长虹较高的销售净利润率是否意味着较高的管理效率？我们进一步对其经营管理效率指标进行分析，如表 14-27 所示。

表 14-27　各公司 2003 年经营管理效率指标

指　标	四川长虹	康佳	海信	厦华
流动比率	2.17	1.28	1.88	1.03
速动比率	1.22	0.77	0.97	0.66
现金比率	0.26	0.21	0.48	0.32
经营现金流动比率	−0.09	0.055	−0.06	0.06

由表 14-27 可见，四川长虹的流动比率和速动比率远高于竞争对手，但是现金比率却处于较低的水平，这是由于四川长虹的应收账款项数额巨大，而在计算现金比率时剔除了应收款项，从而导致了现金比率的降低。考虑到会计分析部分中提到的四川长虹应收账款项质量较

低，因此剔除了应收账款后的现金比率似乎更能反映四川长虹的实际流动性，由此看来，四川长虹的流动性并不理想。再加上四川长虹的经营现金流动比率为负，这说明四川长虹完全无法利用经营活动产生的现金流量来偿还短期负债。因此虽然四川长虹的财务杠杆很低，但仍存在一定的流动性风险。

反映四川长虹与竞争对手长期偿债能力的指标如表 14-28 所示。

表 14-28　各公司 2003 年长期偿债能力指标

指　　标	四川长虹	康佳	海信	厦华
资产负债比率	0.38	0.66	0.38	0.75
有形净值债务率	0.64	2.12	0.66	3.22
利息保障倍数	4.78	6.31	−7.82	1.95

由表 14-28 可以看出，四川长虹和海信的资产负债比率较低，而康佳和厦华更加偏好利用财务杠杆，与此相对应，四川长虹和海信的有形净值债务率远低于康佳和厦华，由此可见，四川长虹和海信的长期偿债能力较强。但从利息保障倍数来看，四川长虹低于康佳和海信，这说明虽然康佳和海信的负债比率较高，但其负债中很大部分为不计息的债务，因此融资成本很低，付息风险不大，是比较合理的资本结构，而四川长虹既没有享受到财务杠杆的好处，其利息偿付能力也低于康佳，从这一方面来说，四川长虹的财务杠杆管理效率是较低的。

14.1.4　前景展望

1. 生存还是发展

2004 年的巨亏虽然给了四川长虹沉重的打击，但糟糕的财务表现并不意味着四川长虹已经病入膏肓。第一，四川长虹仍然具有较强的财务实力。四川长虹经历巨亏之后的净资产仍然超过 90 亿元，2005 年一季度末持有现金及等价物约为 23 亿元，资金运转仍然良好，各大银行的授信额度也很大。第二，四川长虹还拥有十分成熟的产业链，是全球最强的电视研发和制造商、亚洲最大的电子部品器件研发和制造基地、中国最大的数字电视机顶盒产品和技术供应商等，这些有形资产的价值不可低估。此外，作为一个国内家喻户晓的品牌，四川长虹的无形资产依然很有价值。在 2005 年"世界品牌实验室"发布的《中国 500 最具价值品牌》榜中，四川长虹仍然以 398.61 亿元的品牌价值居最高价值家电品牌第二位，创下家电品牌价值增长的最高纪录。第三，四川长虹在 2004 年进行了高管更迭，而且经过几十年发展，它也积累了一大批企业管理、技术等方面的人才，人才队伍配套结构合理。第四，四川长虹 2004 年的巨亏中包含着"洗大澡"的因素，通过这样的"洗大澡"行为，四川长虹彻底地甩开了多年累积的历史包袱，充分蒸发掉财务报表中的水分，有利于轻装上阵，开始新一轮的"健康跑"。

综上所述，2004 年的巨亏给四川长虹一个"浴火重生"的契机。因此，四川长虹未来面临的并非生存问题，而是发展问题。

2. 竞争战略转型：成本领先战略的调整

四川长虹 2004 年换帅之后，开始反思过去"唯规模是举，以低价取胜"的竞争战略，逐步走上"技术革新、质量取胜"的道路。为了取得技术优势,四川长虹高层拿出500万元的资金奖励科技创新项目,并表示将在未来3年内追加投入10亿元用于科研投入和团队建设,进军平板电视领域,并打通上下游企业的"通路",整合完成平板产业链。通过实施技术创新策略,四川长虹已经造就三大核心技术能力:以虹微公司为主体的IC芯片开发能力;以四川长虹国家级技术中心为主体的集成电路开发能力;以四川长虹工业设计中心为主体的工业设计能力。这三大核心技术能力是行业发展共同面临的问题,是构筑企业核心竞争力的源头,四川长虹的强势将为其提供巨大的差异化竞争优势。

在技术型路线的指引下,四川长虹积极调整彩电产业结构,在传统彩电和背投继续拉动的基础上,加大了四川长虹平板电视的研发、生产和销售力度。2005年6月,四川长虹建成了完全自主知识产权的国内最大的平板电视生产线,首创55英寸[⊖]液晶电视和65英寸等离子电视,并实现批量生产。受益于平板电视的高速发展,四川长虹本已微利的彩电业务销售毛利率不但没有下降,反而有所提高,盈利能力增强。

为了使四川长虹走出"彩电情结",寻找到新的业绩增长点,四川长虹开始改变以往的"独子"战略,力图实现从"一只拳头"到"把每一根指头都当作一个拳头用"的公司战略转变,希望在传统的彩电之外,以新的事业部负责制,将空调、影音产品、信息家电等分别培养成利润中心和成长点。

在空调业务方面,四川长虹以房地产行业的高速增长为契机,实施营销改革,注重渠道的有效整合,将空调销售网点数量拓展到5 000个以上,全面完成了专业营销体系的转型。在信息家电方面,为了响应家电、IT和通信的3C融合的紧迫呼声,四川长虹宣布将从传统家电制造商向"中国3C融合的终端解决方案提供商和内容服务商"转型,在确保现有核心产业的前提下,以3C融合为契机,重点以信息家电为主要发展方向,从而实现从传统家电业向信息家电业的转型。

四川长虹竞争战略的转型必然在销售、利润、资产负债率、现金流量、库存等财务指标上有所体现。2006年4月18日,四川长虹正式发布2005年年报,经营业绩主要指标如表14-29所示。

由表14-29可见,在经历了2004年巨亏之后,四川长虹2005年的业绩"果然"强力反弹,仅上半年就实现净利润2.16亿元,创下了四川长虹有史以来的最佳纪录。进一步分析四川长虹的收入结构,我们发现有三大亮点:一是彩电进账约为100亿元,同比增长15.62%,主营业务利润率也比上年增长了约4个百分点。除了受传统彩电、背投的拉动外,四川长虹平板电视的高速扩张是一个极大的促动因素,四川长虹"大平板战略"已经步入实效期;二是空调业务收入达到19亿元,同比增

表14-29 四川长虹2005年经营业绩主要指标

项　　目	金额/亿元	同比增长
主营业务收入	150.61	30.53%
主营业务成本	126.19	27.65%
主营业务利润	24.09	47.52%
营业费用	16.66	50%
管理费用	3.4	−91.54%
利润总额	2.98	108.12%
净利润	2.85	107.74%

⊖ 1英寸 =2.54厘米。

长 26.63%，成为继彩电后的又一支柱性产业；三是 IT 产品分销继续保持旺盛增长势头，全年 20 亿元的 IT 产品业务收入，为四川长虹总销售收入贡献了 13.45%。

除了营业收入涨势喜人之外，四川长虹在成本费用控制方面也有所改善。主营业务成本在连续多年涨幅超过主营业务收入涨幅之后，在 2005 年首次实现涨幅低于主营业务收入，这也使得主营业务利润同比猛增 47.52%。管理费用在销售大幅增长的情况下反而下降了 91.54%，但营业费用的快速增长很大程度上影响了四川长虹业绩的进一步提高。

当然，四川长虹 2005 年顺利"扭亏为盈"在一定程度上是意料之中的，因为 2004 年的"洗大澡"行为已经为 2005 年的账面扭亏打下了坚实的基础。但 2005 年的良好业绩并不意味着四川长虹能够持续"长红"，四川长虹仍处于战略转型期，虽然当时基于全球竞争及消费趋势的 3C 产业生态雏形已经显现，但电子信息业务对长虹销售的贡献不是很大，彩电和空调仍然是四川长虹的主要盈利来源。由于传统家电的发展空间已经非常有限，因此四川长虹能否整合全球资源，深化技术创新战略，成功实现产业转型，将是决定未来四川长虹能否重现昨日辉煌的关键所在。

14.2 贵州茅台酒股份有限公司财务分析

14.2.1 公司简介

贵州茅台酒股份有限公司是国内白酒行业的标志性企业，主要生产销售世界三大名酒之一的茅台酒，同时进行饮料、食品、包装材料的生产和销售。茅台酒历史悠久，源远流长，是酱香型白酒的典型代表，享有"国酒"的美称。公司 43°、38°、33° 茅台酒拓展了茅台酒家族低度酒的发展空间，茅台王子酒、茅台迎宾酒满足了中低档消费者的需求，15 年、30 年、50 年、80 年陈年茅台酒填补了我国极品酒、年份酒、陈年老窖的空白，在国内独创年代梯级式的产品开发模式。公司产品形成了低度、高中低档、极品三大系列 70 多个规格品种，全方位跻身市场，从而占据了白酒市场制高点，称雄于中国极品酒市场。公司拥有著名的品牌、卓越的品质、悠久的文化、独有的环境、特殊的工艺等核心竞争力。

14.2.2 战略分析

1. 行业盈利能力分析

（1）现有企业之间的竞争。我国白酒行业经过多年的发展，规模不断扩大，品牌越来越多，国家反腐败以及人们对健康的高度重视，使白酒的黄金增长期已经过去，整个行业表现出过剩迹象。白酒行业的高端市场主要由茅台、五粮液、国窖 1573 等少数几个公司占有大部分的市场份额，高端白酒生产企业主要依靠提高企业文化品位和建立白酒价值观来抗衡。2017 年，仅茅台与五粮液就占据了高端酒市场 85% 的市场份额（如图 14-2 所示），五粮液集团成为茅台在高端酒市场最大、最有力的竞争对手。由于五粮液集团与茅台势均力敌，拥有同等规模和资源基础，相互之间的竞争还是异常激烈的。

（2）新进入者的威胁。白酒行业由于规模经济程度低而毛利率高吸引着很多企业，新进入者主要考虑资金需求、技术壁垒、产品差异化、自然资源以及政府政策等因素。在高端白酒市场，由于提升品牌影响力、建立分销渠道需要投入大量的资金。在技术方面，高端白酒的酿造工艺比中低端白酒更复杂，如茅台的"二次投料，

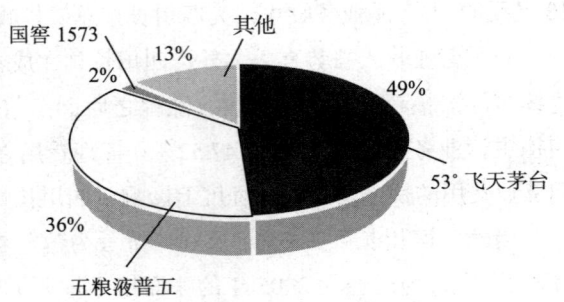

图14-2 高端酒市场份额

七次取酒，八次发酵，九次蒸馏，五年储存"的酿造工艺。产品差异化是白酒最主要的壁垒，在高端白酒市场，需要做出独特的品牌、厚重的文化品位、特别的口感及良好的口碑等，这对新进入者来说具有挑战性。贵州茅台从品牌影响力、分销体系、原料与生产工艺等方面都具有其自身的核心竞争优势。茅台酒已经做到了国酒的地位，成为不可复制的"垄断"产品。这就给潜在进入者构造了较高的进入壁垒。

（3）替代品威胁。高端白酒的替代产品不多，主要为高档洋酒，如苏格兰威士忌和法国白兰地。高端白酒如茅台酒等享有历史美誉和代表中国传统文化，在政府接待消费与家庭消费上具有不可替代的优势，进口洋酒很难与之抗衡。所以，贵州茅台面临的替代品威胁较小。

（4）买方议价能力。白酒行业的上游主要是原材料粮食（高粱、小麦、谷物等）供应商与包装材料（纸箱、酒瓶、瓶盖）供应商等，近年来粮食价格的不断上涨，提高了白酒行业原材料成本，削减了行业利润。粮食供应商对中低价白酒企业的议价能力上升。但是，对于高端白酒来说，由于盈利空间巨大，原材料成本上涨对其利润影响很小，而且高端白酒的窖藏时间会很长，粮食价格的上涨对其未来的生产销售影响较小；况且，如此大型的高端白酒企业，一般会有自己的粮食生产基地。因此，粮食供应商对高端白酒企业的议价能力较弱。包装材料在产品成本中占的比重较大，但由于包装生产企业众多，进入门槛低，其对于高端白酒生产企业的议价能力较弱。

（5）卖方议价能力。

1）经销商与代理商。白酒行业类大多企业都是采取经销商与代理商的形式进行销售，白酒生产企业拥有挑选经销商与代理商的权利，拥有采用何种方式进行销售的权利。特别是高端白酒企业，其销售主要是依赖自身的品牌优势，并不依赖经销商与代理商的能力。所以，高端白酒企业拥有较强的议价能力。

2）终端消费者。高端白酒，特别是对茅台、五粮液等有着知名品牌的酒来说，终端消费者的消费实力雄厚，消费这些高端酒是一种身份的象征，对高端酒价格的敏感度低，高端酒的挑选余地小，因此高端白酒企业的议价能力强。

2. 竞争战略分析

贵州茅台坚持实施差异化竞争战略，坚持打造高端品牌，竭力提升品牌影响力。公司以

"酿造高品位的生活"为使命,以"健康永远,国酒永恒"为愿景,以"做强茅台酒,做大系列酒"为目标,巩固和提升茅台酒世界蒸馏酒第一品牌地位,打造受人尊敬的世界级企业。贵州茅台为实现战略目标采取了以下措施。

(1)独特的酿造工艺。茅台酒的生产工艺分制曲、制酒、储存、勾兑、检验、包装六个环节。整个生产周期为一年,端午踩曲,重阳投料,酿造期间七次取酒,八次发酵,九次蒸馏,经过分型贮放、勾兑贮放,五年后包装出厂。茅台酒的酿制有两次投料、固态发酵、高温制曲、高温堆积、高温摘酒等特点,由此形成独特的酿造工艺。这也是茅台酒工艺的巧妙之处。

(2)全方位的品牌营销。贵州茅台推出并有效践行独具茅台特色的工程营销、文化营销、感情营销、诚信营销、网络营销、服务营销、个性营销、事件营销等营销策略,着力实施"133"品牌战略,不断创新营销模式,巩固高端白酒优势地位,全面掌控渠道、供应、定价、采购、成本、品牌、技术(工艺)等护城河核心要素,使茅台获得了跨越式发展。

(3)优秀人才的吸引和师带徒的传承。贵州茅台围绕把公司打造成世界级企业,深入实施"人才强企"战略,大力推进人才建设,加快推进人才创新,更好地促进传统工艺传承。一方面,公司聚集了行业领先的技术、营销、管理团队和精通制酒、制曲、勾兑、品评的工匠队伍,这是公司永葆核心竞争优势的坚强保障;另一方面,公司将"师带徒"工作提上重要议事日程,持续做好茅台酒制酒、制曲、检评、勾兑等技艺的"传、帮、带",力争培养出一批业务精湛、有较强行业引领力的技术精英,打造一支技术过硬、有较强行业影响力的技术梯队,为国酒事业的可持续发展打下坚实的人才基础,提供强劲的发展动力。

(4)深厚的美酒文化底蕴。茅台酒是我国大曲酱香型酒的鼻祖,深受世人的喜爱,被誉为国酒、礼品酒、外交酒。它具有酱香突出、幽雅细腻、酒体醇厚丰满、回味悠长、空杯留香持久的特点。一杯茅台承载着中华民族深厚的美食美酒文化,形成历史禀赋文化壁垒,其优秀品质和独特风格是其他白酒无法比拟的。

14.2.3 会计分析

1. 财务报表的纵向分析

(1)资产负债表的纵向分析。2015~2016年贵州茅台资产负债表的纵向分析如表14-30所示。

表14-30 2015~2016年贵州茅台资产负债表的纵向分析(金额单位:百万元)

项目	2015年	2016年	2015年占比	2016年占比	差异
货币资金	36 800.749 9	66 854.962 12	56.61%	74.13%	17.52%
拆出资金净额	0	390	0.00%	0.43%	0.43%
应收票据净额	8 578.935 407	817.627 172	13.20%	0.91%	-12.29%
应收账款净额	0.230 768 89	0	0.00%	0.00%	0.00%
预付款项净额	1 477.734 86	1 046.100 697	2.27%	1.16%	-1.11%
应收利息净额	85.347 051 47	140.904 856 9	0.13%	0.16%	0.03%

(续)

项目	2015 年	2016 年	2015 年占比	2016 年占比	差异
其他应收款净额	48.219 018 75	77.227 565 37	0.07%	0.09%	0.02%
存货净额	18 013.297 02	20 622.251 83	27.71%	22.87%	−4.84%
一年内到期的非流动资产	0	0	0.00%	0.00%	0.00%
其他流动资产	0	231.474 570 6	0.00%	0.26%	0.26%
流动资产合计	65 004.514 03	90 180.548 81	100.00%	100.00%	0.00%
发放贷款及垫款净额	19.5	60.833 517 03	0.09%	0.27%	0.18%
可供出售金融资产净额	29	29	0.14%	0.13%	−0.01%
固定资产净额	11 415.953 19	14 453.177 44	53.60%	63.52%	9.92%
在建工程净额	4 895.150 717	2 745.579 996	22.99%	12.07%	−10.92%
工程物资	0.260 855 92	0	0.00%	0.00%	0.00%
固定资产清理	0.682 594 04	0	0.00%	0.00%	0.00%
无形资产净额	3 582.462 431	3 531.740 626	16.82%	15.52%	−1.30%
长期待摊费用	198.603 537 8	188.118 776 5	0.93%	0.83%	−0.10%
递延所得税资产	1 155.336 074	1 745.539 121	5.42%	7.67%	2.25%
其他非流动资产	0	0			
非流动资产合计	21 296.949 4	22 753.989 48	100.00%	100.00%	0.00%
	0	0			
流动资产合计	65 004.514 03	90 180.548 81	75.32%	79.85%	4.53%
非流动资产合计	21 296.949 4	22 753.989 48	24.68%	20.15%	−4.53%
资产总计	8 6301.463 43	112 934.538 3	100.00%	100.00%	0.00%
短期借款	0	0	0.00%	0.00%	0.00%
吸收存款及同业存放	5 967.622 299	10 778.818 33	29.76%	29.12%	−0.64%
应付账款	880.976 072 1	1 040.608 203	4.39%	2.81%	−1.58%
预收款项	8 261.582 073	17 541.082 24	41.20%	47.38%	6.18%
应付职工薪酬	975.477 747 1	1 628.507 252	4.86%	4.40%	−0.46%
应交税费	2 515.516 157	4 272.289 195	12.55%	11.54%	−1.01%
应付利息	27.409 447 4	34.481 635 33	0.14%	0.09%	−0.05%
其他应付款	1 423.139 206	1 724.638 571	7.10%	4.66%	−2.44%
流动负债合计	20 051.723	37 020.425 43	100.00%	100.00%	0.00%
长期借款	0	0	0.00%	0.00%	0.00%
专项应付款	15.57	15.57	100.00%	100.00%	0.00%
非流动负债合计	15.57	15.57	100.00%	100.00%	0.00%
流动负债合计	20 051.723	37 020.425 43	99.92%	99.96%	0.04%
非流动负债合计	15.57	15.57	0.08%	0.04%	−0.04%
负债合计	20 067.293	37 035.995 43	100.00%	100.00%	0.00%
实收资本（或股本）	1 256.197 8	1 256.197 8	1.90%	1.66%	−0.24%
资本公积	1 374.964 416	1 374.964 416	2.08%	1.81%	−0.27%
盈余公积	6 210.524 498	7 135.649 963	9.38%	9.40%	0.02%
一般风险准备	218.361 303 4	420.758 409 4	0.33%	0.55%	0.22%
未分配利润	54 878.964 5	627 17.808 04	82.86%	82.63%	−0.23%
其他综合收益	−13.034 075 47	−11.240 841 56	−0.02%	−0.01%	0.01%

(续)

项 目	2015年	2016年	2015年占比	2016年占比	差异
归属于母公司所有者权益合计	63 925.978 44	72 894.137 79	96.52%	96.04%	-0.48%
少数股东权益	2 308.191 982	3 004.405 071	3.48%	3.96%	0.48%
所有者权益合计	66 234.170 42	75 898.542 86	100.00%	100.00%	0.00%
负债合计	20 067.293	37 035.995 43	23.25%	32.79%	9.54%
所有者权益合计	66 234.170 42	75 898.542 85	76.75%	67.21%	-9.54%
负债与所有者权益总计	86 301.463 42	112 934.538 3	100.00%	100.00%	0.00%

表14-30反映了贵州茅台2015年、2016年资产、负债和所有者权益的构成与变动情况。从资产结构来看，贵州茅台的资产结构保持稳定，流动资产占比超过75%，非流动资产占比在24%以下。2016年相对2015年，流动资产占比提高了4.53个百分点，相应地，非流动资产占比降低了4.53个百分点。同行业中，五粮液集团2016年流动资产占比超过87%。这也说明酒类企业具有较高的流动资产占比。

从资本结构来看，贵州茅台的负债占比在23%以上，所有者权益占比在67%以上。2016年与2015年相比，负债占比提高了9.54个百分点，所有者权益占比下降了9.54个百分点，2016年资产负债率达到32.79%。这说明贵州茅台的资产负债率在上升，财务风险随之有所增加。

（2）利润表的纵向分析。贵州茅台利润表的纵向分析如表14-31所示。

表14-31 贵州茅台利润表的纵向分析 （金额单位：百万元）

项 目	2015年	2016年	2015年占比	2016年占比	差异
营业收入	32 659.583 73	38 862.189 99	100.00%	100.00%	0.00%
利息净收入	712.385 701	1 169.761 86	2.18%	3.01%	0.83%
利息收入	786.545 3203	1 292.722 91	2.41%	3.33%	0.92%
利息支出	74.159 619 28	122.961 049 5	0.23%	0.32%	0.09%
手续费及佣金净收入	0.667 827 17	0.097 915 71	0.00%	0.00%	0.00%
手续费及佣金收入	0.73	0.171 509 43	0.00%	0.00%	0.00%
手续费及佣金支出	0.062 172 83	0.073 593 72	0.00%	0.00%	0.00%
营业成本	2 538.337 449	3 410.104 086	7.77%	8.77%	1.00%
营业税金及附加	3 449.170 637	6 508.926 343	10.56%	16.75%	6.19%
销售费用	1 484.961 519	1 681.052 023	4.55%	4.33%	-0.22%
管理费用	3 812.852 076	4 187.189 84	11.67%	10.77%	-0.90%
财务费用	-67.266 800 97	-33.175 188 52	-0.21%	-0.09%	0.12%
资产减值损失	-0.540 313 39	12.327 496 22	0.00%	0.03%	0.03%
投资收益	3.869 276 9	0	0.01%	0.00%	-0.01%
营业利润	22 158.991 96	24 265.625 17	67.85%	62.44%	-5.41%
营业外收入	4.823 183 32	8.553 926 06	0.01%	0.02%	0.01%
其中：非流动资产处置利得	0.205 859 28	0.091 101 94	0.00%	0.00%	0.00%
营业外支出	162.100 1849	316.298 138 4	0.50%	0.81%	0.31%
其中：非流动资产处置净损益	-0.017 419 86	1.869 869 13	0.00%	0.00%	0.00%

(续)

项 目	2015 年	2016 年	2015 年占比	2016 年占比	差异
非流动资产处置损失	0.188 439 42	1.960 971 07	0.00%	0.01%	0.01%
利润总额	22 001.714 96	23 957.880 96	67.37%	61.65%	-5.72%
所得税费用	5 546.718 336	6 027.237 847	16.98%	15.51%	-1.47%
净利润	16 454.996 63	17 930.643 11	50.38%	46.14%	-4.24%

表 14-31 显示，贵州茅台 2015 年、2016 年成本、费用、利润占营业收入的比重基本稳定。

营业成本占营业收入的比重在 7.77%～8.77% 之间，该比重 2016 年比 2015 年提高了 1 个百分点。营业税金及附加占营业收入的比重在 10.56%～16.75% 之间，2016 年与 2015 年相比，该比重提高了 6.19 个百分点。销售费用占营业收入的比重在 4.33%～4.55% 之间，2016 年与 2015 年的比重变化不大。管理费用占营业收入的比重在 10.77%～11.67% 之间，2016 年与 2015 年相比，该比重下降了 0.90 个百分点。其他项目占比较小，变化不大。

营业利润占营业收入的比重在 62.44%～67.85% 之间，2016 年与 2015 年相比，该比重下降了 5.41 个百分点。利润总额占营业收入的比重在 61.65%～67.37% 之间，2016 年与 2015 年相比，该比重下降了 5.72 个百分点。净利润占营业收入的比重在 46.14%～50.38% 之间，2016 年与 2015 年相比，该比重下降了 4.24 个百分点。

以上利润表各个项目的构成以及变动说明，成本、费用、税金占营业收入的比重较小，且 2016 年相对于 2015 年变动不太大，变动较大的是营业税金及附加，2016 年与 2015 年相比，该比重提高了 6.19 个百分点，说明贵州茅台公司的成本控制措施得力，成本控制效果较好。

营业利润、利润总额、净利润占营业收入的比重较大，三个项目的占比均超过 50%，2016 年与 2015 年相比，该比重均出现了一定程度的下降，下降幅度都超过了 4 个百分点，说明贵州茅台的盈利能力在下降。但由于贵州茅台成本控制措施得当，抵消了部分利润下降的不利影响，它仍然保持了非常强劲的盈利能力。

2. 财务报表的横向分析

（1）资产负债表的横向分析。2015～2016 年贵州茅台（证券代码：600519）资产负债表横向分析如表 14-32 所示。

表 14-32　2015～2016 年贵州茅台资产负债表横向分析（金额单位：百万元）

项 目	会计期间		差值变动额	差值变动率
	2015 年	2016 年		
货币资金	36 800.7 499	66 854.962 12	30 054.21	81.67%
拆出资金净额	0	390	390.00	
应收票据净额	8 578.935 407	817.627 172	-7 761.31	-90.47%
应收账款净额	0.230 768 89	0	-0.23	-100.00%
预付款项净额	1 477.734 86	1 046.100 697	-431.63	-29.21%
应收利息净额	85.347 051 47	140.904 856 9	55.56	65.10%
其他应收款净额	48.219 018 75	77.227 565 37	29.01	60.16%

(续)

项　目	会计期间 2015 年	会计期间 2016 年	差值 变动额	差值 变动率
存货净额	18 013.297 02	20 622.251 83	2 608.95	14.48%
一年内到期的非流动资产	0	0	0.00	
其他流动资产	0	231.474 570 6	231.47	
流动资产合计	65 004.514 03	90 180.548 81	25 176.03	38.73%
发放贷款及垫款净额	19.5	60.833 517 03	41.33	211.97%
可供出售金融资产净额	29	29	0.00	
固定资产净额	11 415.953 19	14 453.177 44	3 037.22	26.61%
在建工程净额	4 895.150 717	2 745.579 996	−2 149.57	−43.91%
工程物资	0.260 855 92	0	−0.26	−100.00%
固定资产清理	0.682 594 04	0	−0.68	−100.00%
无形资产净额	3 582.462 431	35 31.740 626	−50.72	−1.42%
长期待摊费用	198.603 537 8	188.118 776 5	−10.48	−5.28%
递延所得税资产	1 155.336 074	1 745.539 121	590.20	51.08%
其他非流动资产	0	0	0.00	
非流动资产合计	21 296.949 4	22 753.989 48	1 457.04	6.84%
资产总计	86 301.463 43	112 934.538 3	26 633.07	30.86%
短期借款	0	0	0.00	
吸收存款及同业存放	5 967.622 299	10 778.818 33	4 811.20	80.62%
应付账款	880.976 072 1	1 040.608 203	159.63	18.12%
预收款项	8 261.582 073	1 7541.082 24	9 279.50	112.32%
应付职工薪酬	975.477 747 1	1 628.507 252	653.03	66.94%
应交税费	2 515.516 157	4 272.289 195	1 756.77	69.84%
应付利息	27.409 447 4	34.481 635 33	7.07	25.80%
其他应付款	1 423.139 206	1 724.638 571	301.50	21.19%
流动负债合计	20 051.723	37 020.425 43	16 968.70	84.62%
长期借款	0	0	0.00	
专项应付款	15.57	15.57	0.00	
非流动负债合计	15.57	15.57	0.00	
负债合计	20 067.293	37 035.995 43	16 968.70	84.56%
实收资本（或股本）	1 256.197 8	1 256.197 8	0.00	
资本公积	1 374.964 416	1 374.964 416	0.00	
盈余公积	6 210.524 498	7 135.649 963	925.13	14.90%
一般风险准备	218.361 303 4	420.758 409 4	202.40	92.69%
未分配利润	54 878.964 5	62 717.808 04	7 838.84	14.28%
其他综合收益	−13.034 075 47	−11.240 841 6	1.79	−13.76%
归属于母公司所有者权益合计	63 925.978 44	72 894.137 79	8 968.16	14.03%
少数股东权益	2 308.191 982	3 004.405 071	696.21	30.16%
所有者权益合计	66 234.170 42	75 898.542 86	9 664.37	14.59%
负债与所有者权益总计	86 301.463 42	11 2934.538 3	26 633.07	30.86%

从表 14-32 中可以看出，贵州茅台的资产、负债、所有者权益呈现大幅增长态势。2016 年与 2015 年相比，贵州茅台的资产总额增长了 30.86%，负债总额增长了 84.56%，所有者权益总额增长了 14.59%。

2016 年与 2015 年相比，贵州茅台流动资产总额增长了 38.73%。从流动资产的主要项目来看，货币资金增长了 81.67%，应收票据净额下降了 90.47%，应收账款净额下降了 100.00%，预付款项净额下降了 29.21%，其他应收款净额上升了 60.16%，存货净额上升了 14.48%。这说明贵州茅台货币资金增长迅猛，大量的现销获得了大量的现金。应收票据、应收账款出现了大幅下降，降幅超过 90%，说明公司改变了销售政策，由赊销改为大量的现销。

2016 年与 2015 年相比，贵州茅台非流动资产总额增长了 6.84%，其中，固定资产净额增加了 26.61%，在建工程净额下降了 43.91%，工程物资下降了 100%，固定资产清理下降了 100%，递延所得税资产增长了 51.08%。

2016 年与 2015 年相比，贵州茅台负债总额增长了 84.56%，其增长主要来自流动负债的增加，流动负债增加了 84.62%，非流动负债基本没有变动。从流动负债的构成项目来看，2016 年与 2015 年相比，吸收存款及同业存放增加了 80.62%，应付账款增加了 18.12%，预收款项增加了 112.32%，应付职工薪酬增加了 66.94%，应交税费增加了 69.84%，其他应付款增加了 21.19%。这表明贵州茅台没有短期借款和长期借款，没有强制性需要偿还的债务。贵州茅台的流动负债主要来自吸收存款及同业存放、应付账款、预收款项、应付职工薪酬、应交税费、其他应付款等非强制性负债。虽然这些非强制性负债在 2016 年出现了大幅度的增加，这不仅没有增加贵州茅台的财务风险，反而说明贵州茅台有效地使用了别人的资金，这些低成本甚至无成本资金的使用，大大提高了贵州茅台的盈利能力。

2016 年与 2015 年相比，贵州茅台所有者权益增加了 14.59%，其中，盈余公积增加了 14.9%，一般风险准备增加了 92.69%，未分配利润增加了 14.28%，其他综合收益下降了 13.76%，归属于母公司所有者权益增长了 14.03%，少数股东权益增加了 30.16%。

（2）利润表的横向分析。2015～2016 年贵州茅台利润表横向分析如表 14-33 所示。

表 14-33　2015～2016 年贵州茅台利润表横向分析（金额单位：百万元）

项　目	2015 年	2016 年	差值变动额	差值变动率
营业总收入	33 372.637 25	40 032.05	6 659.41	19.95%
营业收入	32 659.583 73	38 862.19	6 202.61	18.99%
利息净收入	712.385 701	1 169.762	457.38	64.20%
利息收入	786.545 320 3	1 292.723	506.18	64.35%
利息支出	74.159 619 28	122.961	48.80	65.81%
手续费及佣金净收入	0.667 827 17	0.097 916	−0.57	−85.34%
手续费及佣金收入	0.73	0.171 509	−0.56	−76.51%
手续费及佣金支出	0.062 172 83	0.073 594	0.01	18.37%
营业总成本	11 217.514 57	15 766.42	4 548.91	40.55%
营业成本	2 538.337 449	3 410.104	871.77	34.34%
营业税金及附加	3 449.170 637	6 508.926	3 059.76	88.71%
销售费用	1 484.961 519	1 681.052	196.09	13.21%

(续)

项　目	2015年	2016年	差值变动额	差值变动率
管理费用	3 812.852 076	4 187.19	374.34	9.82%
财务费用	−67.266 800 97	−33.1752	34.09	−50.68%
资产减值损失	−0.540 313 39	12.3275	12.87	−2 381.55%
投资收益	3.869 276 9	0	−3.87	−100.00%
营业利润	22 158.991 96	24 265.63	2106.63	9.51%
营业外收入	4.823 183 32	8.553 926	3.73	77.35%
其中：非流动资产处置利得	0.205 859 28	0.091 102	−0.11	−55.75%
营业外支出	162.100 184 9	316.298 1	154.20	95.13%
其中：非流动资产处置净损益	−0.017 419 86	1.869 869	1.89	−10 834.12%
非流动资产处置损失	0.188 439 42	1.960 971	1.77	940.64%
利润总额	22 001.714 96	23 957.88	1 956.17	8.89%
所得税费用	5 546.718 336	6 027.238	480.52	8.66%
净利润	16 454.996 63	17 930.64	1 475.65	8.97%

从表14-33中可以看出，贵州茅台的收入、利润均呈现一定幅度的增长。2016年与2015年相比，贵州茅台的营业总收入增加了19.95%，营业总成本增加了40.55%，营业利润增加了9.51%，利润总额增加了8.89%，净利润增加了8.97%。

2016年与2015年相比，营业总收入增长了19.95%，其中，营业收入增长了18.99%，利息净收入增长了64.20%，手续费及佣金净收入下降了85.34%。

2016年与2015年相比，营业总成本增加了40.55%，其中，营业成本增加了34.34%，营业税金及附加增加了88.71%，销售费用增加了13.21%，管理费用增加了9.82%，财务费用下降了50.68%。另外，资产减值损失下降了2 381.55%，投资收益下降100%。

14.2.4　财务分析

1. 偿债能力分析

（1）短期偿债能力分析。2013～2016年贵州茅台各项短期偿债能力指标如表14-34所示。

表14-34　贵州茅台各项短期偿债能力指标

指　标	2013年	2014年	2015年	2016年
流动资产/百万元	41 931	47 571	65 004	90 180
流动负债/百万元	11 307	10 544	20 052	37 020
营运资金/百万元	30 624	37 027	44 952	53 160
流动比率	3.708 4	4.511 7	3.241 8	2.436 0
速动比率	2.661 5	3.090 8	2.343 5	1.878 9
现金比率	2.22	2.63	1.84	1.81
现金流量比率	1.12	1.20	0.87	1.01

1）营运资金分析。2013～2016年贵州茅台营运资金绘制的柱状图如图14-3所示。

如图14-3所示，在2013～2016年中，贵州茅台的营运资金不断增加，呈逐渐增加态势，年增长率超过20%，说明贵州茅台的流动资金非常充裕，短期偿债能力非常好。

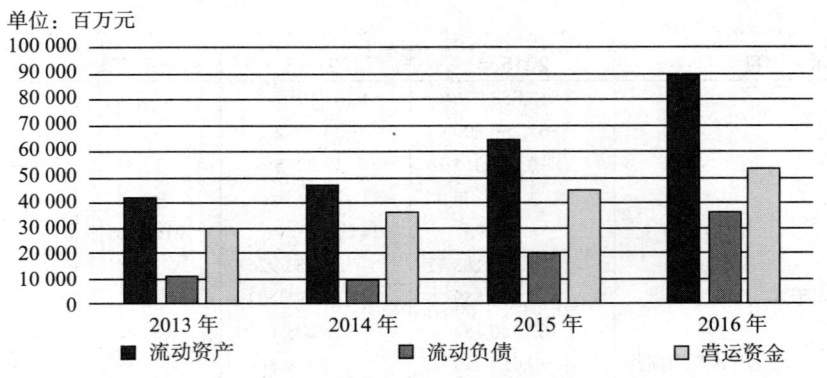

图 14-3　2013～2016 年贵州茅台营运资金柱状图

2）流动比率分析。2013～2016 年贵州茅台流动比率趋势如图 14-4 所示。

从图 14-4 中可以看出：

第一，在 2013～2016 年中，贵州茅台流动比率的平均值在 3 左右，高于行业平均值 2.5。这是因为白酒行业生产周期较长，从原材料、半成品、产成品到销售出去，花费时间较长，特别是茅台的高端白酒还需要窖藏 5 年的时间，因此，存货的周转速度较慢，流动资产需要量增加，流动比率会相应较高。

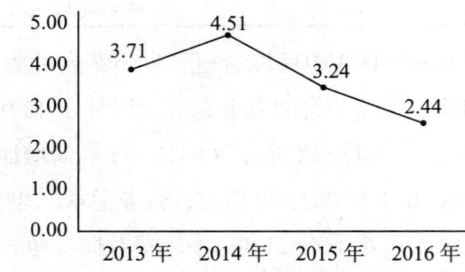

图 14-4　2013～2016 年贵州茅台流动比率趋势

第二，在 2013～2016 年中，贵州茅台流动比率出现了先上升后下降的趋势，在 2014 年达到最大，其后流动比率急转直下。这可能与 2014 年白酒市场受到国家限制高端酒类消费及经济形势的影响有关。虽然流动比率经历了小幅度的波动，但贵州茅台的短期偿债能力仍然处于较高水平，对偿债能力控制较好，资金得到了有效的使用。

第三，2013 年贵州茅台公司的应收票据为 2.96 亿元，2014 年应收票据为 18.47 亿元，2015 年贵州茅台公司的应收票据达到 85.78 亿元，2016 年贵州茅台公司的应收票据达到 81.76 亿元。2014 年相对于 2013 年，应收票据的增长幅度是 523.99%；2015 年相对于 2014 年，应收票据的增长幅度是 364.43%，2016 年相对于 2015 年，应收票据的下降幅度是 90.47%。应收票据的大幅波动与茅台公司采取的销售政策紧密相关。这直接影响到了流动比率。

3）速动比率分析。2013～2016 年贵州茅台速动比率趋势如图 14-5 所示。

在 2013～2016 年中，贵州茅台的速动比率缓慢上升到 2014 年的高点后，再快速下降，其走势与流动比率如出一辙。在 2014 年以后，贵州茅台公司的速动比率有了大幅下降。贵州茅台的货币资金保持了强劲的增长势头，但是，这期间的应收票据出现了大幅度的波动。2014 年相对于 2013 年，应收票据的增长幅度是 523.99%；2015 年相对于 2014 年，应收票据的增长幅度是 364.43%；2016 年相对于 2015 年，应收票据的下降幅度是 90.47%。这直接影响到速动资产的变动，从而影响到速动比率。虽然速动比率大幅降低，但由于贵州茅台具有充裕的现金流,其短期偿债能力仍然较好。

4)现金比率分析。2013~2016年贵州茅台现金比率趋势如图14-6所示。

图14-6表明,2013~2016年期间贵州茅台公司的流动负债和货币资金都在增加,但流动负债的增长速度高于货币资金的增长速度。仔细分析流动负债增长的原因,发现贵州茅台的短期借款几乎没有,增加的流动负债主要来自吸收存款及同业存放、预收款项、应付职工薪酬、应交税费等,这些虽然是公司的短期负债,但是,公司使用这些资金,一方面没有资金使用成本,没有强制偿还的风险,另一方面这些资金的使用给公司带来了利润,提高了公司的盈利能力,也是公司在市场中处于强势地位的表现。所以,贵州茅台的短期偿债能力高。

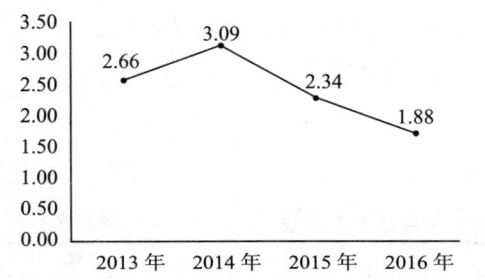

图14-5 2013~2016年贵州茅台速动比率趋势

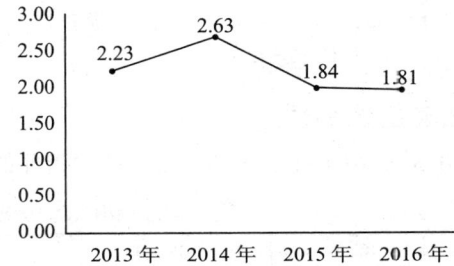

图14-6 2013~2016年贵州茅台现金比率趋势

(2)长期偿债能力分析。2013~2016年贵州茅台各项长期偿债能力指标如表14-35所示。

表14-35 2013~2016年贵州茅台各项长期偿债能力指标

指标	2013年	2014年	2015年	2016年
资产负债率	20.42%	16.03%	23.25%	32.79%
产权比率	25.66%	19.09%	30.30%	48.80%

1)资产负债率分析。2013~2016年贵州茅台资产负债率趋势如图14-7所示。

贵州茅台公司的资产负债率从2013年到2014年呈现出小幅下降趋势,从2014年到2016年出现了缓慢上升趋势,资产负债率从16.03%上升到了32.79%。这表明贵州茅台公司从2014年开始增加了负债,提高了公司的债务水平。资产负债率的逐步提高是否说明贵州茅台的财务风险增大了呢?认真分析负债增加的原因发现,贵州茅台没有短期借款和长期借款,几乎没有强制性需要支付的款项,增加的流动负债主要来自吸收存款及同业存放、预收款项、应付职工薪酬、应交税费等非强制性款项。这是无成本的短期资金来源,这些资金的使用,一方面满足了公司的融资需求,另一方面这些资金没有资金使用成本,没有强制偿还的风险,更为重要的是这些资金的使用给公司带来了利润,提高了公司的盈利能力,是公司在市场中处于强势地位的表现。因此,贵州茅台的长期偿债能力很好,财务风险很低。

2)产权比率分析。2013~2016年贵州茅台产权比率趋势如图14-8所示。

由图14-8可知,2013~2016年贵州茅台产权比率出现了先降后升的趋势,2014年以后升幅较大。这与资产负债率的走势基本相似,说明贵州茅台的负债在上升。由于增加的是非强制性的应付款项,这不仅没有增加财务风险,还反映了贵州茅台具有较强的资本运作能力,这些无成本的资金将大大提高其盈利能力。

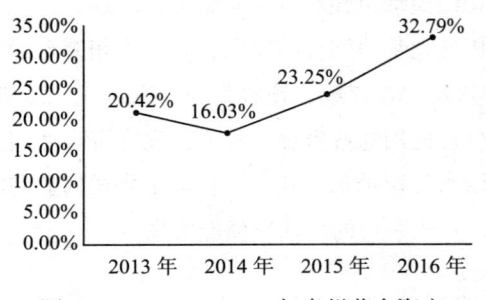

图 14-7　2013～2016 年贵州茅台资产负债率趋势

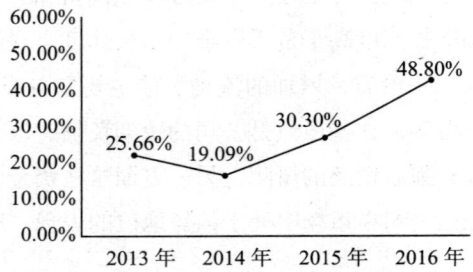

图 14-8　2013～2016 年贵州茅台产权比率趋势

2. 营运能力分析

2013～2016 年贵州茅台营运能力指标如表 14-36 所示。

表 14-36　2013～2016 年贵州茅台营运能力指标　　　　　　　　　　（单位:次)

指　　标	2013 年	2014 年	2015 年	2016 年
存货周转率	0.20	0.17	0.15	0.18
应收账款周转率	3 299.14	12 066.35	14 397.220	336 806.14
流动资产周转率	0.76	0.72	0.59	0.52
固定资产周转率	4.05	3.41	3.07	3.1
总资产周转率	0.62	0.53	0.44	0.4

（1）存货周转率分析。贵州茅台从 2013～2015 年间存货周转率总体呈下降趋势,2016 年存货周转率有所回升,总体变动幅度不大。同期五粮液的存货周转率在 0.77～0.97 之间,是贵州茅台的 3 倍有余,这期间白酒行业存货周转率与五粮液差不多,这说明茅台的存货变现能力不太理想。

从茅台酒本身的生产周期来看,由于茅台酒属于酱香型白酒,酿造时间要比其他类型的白酒更长,一般需要五年才能酿成,且茅台独特的酒窖环境使得茅台酒封存时间越长,酒具有的香气更独特和醇厚,酒的品质更高,价格更贵。这是导致茅台较低存货周转率的重要因素。另外,贵州茅台长期实行饥饿营销策略,它在提高生产产量的同时限制出厂数量,以达到"物以稀为贵"的目的,这也是导致存货周转率低的一个原因。

（2）应收账款周转率分析。2013～2016 年,贵州茅台应收账款周转率出现了跳跃式的上升,2016 年应收账款周转率特别高。这与贵州茅台采用的销售政策紧密相关。2014 年以来,贵州茅台的应收账款政策发生了很大的变化,大量减少了赊销,2015 年赊销很少,2016 年已经没有赊销,全部是靠现金销售和预收货款。所以,贵州茅台现在全部是现金销售,持有大量的现金,不存在坏账风险。

（3）流动资产周转率分析。2013～2016 年,贵州茅台流动资产周转率呈现出下降趋势。分析其下降的原因,这期间虽然应收账款周转率出现巨幅上升,但存货周转率的下降以及应收票据的快速增加（应收票据从 2013 年的 2.96 亿元达到 2016 年的 81.76 亿元），导致流动资产周转率的下降。

2013 年贵州茅台公司的应收票据为 2.96 亿元，2014 年的应收票据为 18.47 亿元，2015 年贵州茅台公司的应收票据达到 85.78 亿元，2016 年贵州茅台公司的应收票据达到 81.76 亿元。2014 年相对于 2013 年，应收票据的增长幅度是 523.99%；2015 年相对于 2014 年，应收票据的增长幅度是 364.43%；2016 年相对于 2015 年，应收票据的下降幅度是 90.47%。应收票据的大幅波动与茅台公司采取的销售政策紧密相关。这直接影响到了流动比率。

（4）固定资产周转率。2013～2016 年，贵州茅台固定资产周转率呈现下降趋势。其主要原因是营业收入的增幅小于固定资产总额的变化幅度。贵州茅台需要进一步增加营业收入，提高固定资产利用效率。

（5）总资产周转率。2013～2016 年，贵州茅台的总资产周转率总体呈逐年下降的趋势。主要原因是固定资产周转率、流动资产周转率均呈下降趋势。

3. 盈利能力分析

2013～2016 年贵州茅台盈利能力指标如表 14-37 所示。

表 14-37　2013～2016 年贵州茅台盈利能力指标

指标	2013 年	2014 年	2015 年	2016 年
毛利率	92.90%	92.59%	92.23%	91.23%
营业净利率	51.63%	51.53%	50.38%	46.14%
营业成本利润率	993.27%	945.16%	872.97%	711.58%
净资产收益率	39.43%	31.96%	26.23%	24.44%
每股收益／元	14.58	13.44	12.34	13.31

（1）毛利率与营业净利率分析。贵州茅台与同业企业毛利率和营业净利率对比如表 14-38 和表 14-39 所示。

表 14-38　主要酒业企业毛利率对比

酒业企业	2013 年	2014 年	2015 年	2016 年
贵州茅台	92.90%	92.59%	92.23%	91.23%
五粮液	73.26%	72.53%	69.20%	70.20%
泸州老窖	56.98%	47.61%	49.40%	62.43%

表 14-39　主要酒业企业营业净利率对比

酒业企业	2013 年	2014 年	2015 年	2016 年
贵州茅台	51.63%	51.53%	50.38%	46.14%
五粮液	33.67%	28.83%	29.60%	28.75%
泸州老窖	33.91%	18.23%	22.47%	23.48%

从表 14-38 和表 14-39 中可以看出，2013～2016 年，贵州茅台的毛利率均保持在 90% 以上，营业净利率基本保持在 50% 以上，说明贵州茅台具有超强的盈利能力，而且它的盈利能力非常稳定。贵州茅台的毛利率和营业净利率远远领先于同行业的五粮液、泸州老窖，说明贵州茅台在行业中的领先地位不可撼动。

（2）成本费用利润率分析。2013～2016年贵州茅台成本费用指标如表14-40所示。

表14-40　2013～2016年贵州茅台成本费用指标　　　（单位：亿元）

年份	总成本	=	营业成本	+	营业费用	+	管理费用	+	财务费用	所得税费用
2013年	64.58		21.94		18.58		28.35		-4.29	54.67
2014年	72.69		23.39		16.75		33.78		-1.23	56.13
2015年	77.69		25.38		14.85		38.13		-0.67	55.47
2016年	92.45		34.10		16.81		41.87		-0.33	60.27

从表14-40中可以看出，2013～2016年，贵州茅台的总成本逐年上升，其中，营业成本、营业费用、管理费用、财务费用、所得税费用等均出现了不同程度的增加。结合贵州茅台2015年、2016年毛利率、营业净利率均出现了下降的现象，说明总成本的上升是利润下降的重要原因。

2013～2016年贵州茅台成本费用利润率如表14-41所示。

表14-41　贵州茅台成本费用利润率

指标	2013年	2014年	2015年	2016年
成本费用利润率	993.27%	945.16%	872.97%	711.58%

表14-41显示，贵州茅台的成本费用利润率很高，2013～2016年营业利润和营业成本均在上升，但营业利润的上升速度慢于营业成本，因此营业成本利润率呈下降趋势。

因此，对于贵州茅台来说，应该加强对成本费用的控制，尤其对管理费用的监控，完善成本费用控制制度，提高成本费用管理水平，继续提高公司的盈利水平。

（3）净资产收益率分析。2013～2016年贵州茅台净资产收益率相关指标如表14-42所示。

表14-42　2013～2016年贵州茅台净资产收益率相关指标

指标	2013年	2014年	2015年	2016年
净资产收益率	39.43%	31.96%	26.23%	24.44%
总资产净利率	31.79%	26.82%	21.63%	18.00%
权益乘数	1.26	1.19	1.3	1.49

从表14-42中可以看出，2013～2016年，贵州茅台净资产收益率、总资产净利率呈现出下降趋势，权益乘数呈现出上升趋势，说明贵州茅台债务水平在上升，盈利能力稍有下降。净资产收益率下降的主要原因是总资产净利率的逐年下降。

对企业总资产净利率进一步分解，将其拆分为总资产周转率和销售（营业）净利率，相关数据如表14-43所示。

表14-43　总资产净利率相关指标

指标	2013年	2014年	2015年	2016年
总资产净利率	31.79%	26.82%	21.63%	18.00%
销售（营业）净利率	51.63%	51.53%	50.38%	46.14%
总资产周转率/次	0.62	0.53	0.44	0.40

从 14-43 表中可以看到，总资产周转率从 2013 年的 0.62 次下降到 2016 年的 0.40 次，销售（营业）净利率从 2013 年的 51.63% 下降到 46.14%。因此，总资产周转率的下降和销售（营业）净利率的下降直接导致了净资产收益率的下降。对于贵州茅台来说，应该加速资产周转，提高销售（营业）利润率来提高总资产净利率。

（4）每股收益分析。2013～2016 年贵州茅台与同业公司每股收益如表 14-44 所示。

表 14-44　2013～2016 年贵州茅台与同业公司每股收益　（单位：元）

酒业企业	2013 年	2014 年	2015 年	2016 年
贵州茅台	14.58	13.44	12.34	13.31
五粮液	2.10	1.54	1.63	1.79
泸州老窖	2.46	0.63	1.05	1.38

表 14-44 显示，2013～2016 年，贵州茅台每股收益均保持在 12 元以上，远远超过五粮液、泸州老窖。贵州茅台的每股收益处于行业的绝对领先地位，反映了其优秀的盈利能力和长期强有力的竞争优势。

4. 发展能力分析

2013～2016 年贵州茅台发展能力指标如表 14-45 所示。

表 14-45　2013～2016 年贵州茅台发展能力指标　（%）

指标		2013 年	2014 年	2015 年	2016 年
销售增长指标	营业收入增长率	16.88	2.11	3.44	18.99
	三年营业收入平均增长率	38.52	19.72	7.28	7.92
资产规模增长指标	资产增长率	23.24	18.79	31.01	30.86
	三年资产平均增长率	29.41	23.58	24.24	26.75
收益增长指标	净利润增长率	13.74	1.41	1.00	7.84
	营业利润增长率	15.72	1.43	0.25	9.51
股东权益增长指标	股东权益增长率	24.81	25.36	19.64	14.03
	三年资本平均增长率	32.32	28.83	23.24	19.59
股利增长指标	股利增长率	60.60	-31.86	10.00	55.19

表 14-45 显示，2013～2016 年，贵州茅台总资产增长率、营业收入增长率、净利润增长率出现了大体相似的变动，从 2013 年到 2014 年出现了一定的下降，从 2014 年开始，均出现了不同程度的上升。上升的幅度各有不同，总资产和营业收入出现了较大幅度的上升，净利润的上升幅度稍微小一些。这些说明贵州茅台公司的这种增长趋势还将持续。

贵州茅台作为白酒行业的龙头老大，无论是在市场占有率还是经营业绩方面都具有绝对优势，其发展潜力巨大。贵州茅台的各项发展能力指标走势基本一致，收入增长率和利润增长率虽在 2014 年有所下降，之前与之后保持一个相对比较平稳的水平，销售净利润率也保持在 50% 以上，说明公司的利润空间很大，有足够的资金为公司后续的发展提供保障，公司的发展能力依然强劲。

14.2.5 前景展望

根据前面对贵州茅台的财务分析可以发现，贵州茅台的偿债能力非常好，资产利用效率非常高，盈利能力非常强，在白酒行业处于领先地位，具有很强的竞争能力和竞争优势。

由于近几年国家加大反腐力度，对酒类行业产生了不利影响，以及酒业出现产能过剩，加剧了该行业的竞争，这些对贵州茅台的盈利能力产生了直接影响，表现为贵州茅台的净资产收益率从 2013 年的 35.51% 逐年下降至 2016 年的 22.94%，出现了较大幅度的下降，对其盈利能力产生了不利影响。

从报表数据来看，茅台企业 90% 以上的营业收入来自茅台酒，剩下的部分则来自其他系列酒收入。而从 2014 年开始，茅台酒的营业收入占比逐年下滑，从 2014 年的 97.03% 下降至 2016 年的 94.47%，但营业收入仍然在逐年上涨，说明贵州茅台企业在不断丰富产品种类，增加业务类型。贵州茅台现在有逐步扩大"腰部产品"的收入份额的趋势，在将来可能会不断占领中低端白酒市场份额。考虑到茅台的高档白酒系列产品——茅台酒所具有的异质性和辨识性，占领中低端市场不会引起茅台高端酒收入的大幅度下跌，同时可以获得多元化发展，带来可观的利润收入。

对贵州茅台未来发展来说，需要继续强化差异化战略，增强高端茅台酒产品的异质性和辨识性，强化茅台国酒地位；积极拓展中等价位酒以及其他酒类的发展，如保健酒、药酒、功能酒等酒类的发展，扩展客户群体，扩大收入来源。同时，需要加强精细化管理，完善成本费用控制措施，提升管理水平。

除此以外，贵州茅台作为白酒行业的龙头企业，还应加强市场消费引导，培育成熟的层级消费群，精准发力，带动白酒行业量价整体回升；积极探索借"网"转型，顺应"互联网＋"发展大势，促进白酒销售线上线下融合。贵州茅台依靠其超强的盈利能力、强大的品牌影响力、准确的战略定位和与时俱进的创新精神，一定能实现成为世界级知名企业的战略目标。

14.3 小米集团财务分析

14.3.1 公司简介

小米集团于 2010 年 4 月 6 日在北京正式成立，是一家以手机、智能硬件与生活消费品、物联网平台、电商及新零售、互联网服务、产业投资为主营业务的多元化高科技公司。小米公司首创了用互联网模式开发手机操作系统、发烧友参与开发研发的模式。其企业文化为崇尚创新、快速的互联网文化，相信用户就是驱动力，坚持"为发烧而生"的产品理念。仅用 7 年时间，小米集团年收入便突破了千亿元人民币。至今，小米集团的业务范围已拓展至全球 80 余个国家及地区。2018 年 7 月 9 日，小米集团在香港主板市场成功上市，成为港交所首个同股不同权的上市公司，创造了香港历史上最大规模科技股 IPO，以及当时历史上全球第三大科技股 IPO。

如今，小米集团已是全球第四大智能手机制造商，是继苹果、三星和华为之后第四家拥有手机芯片自主研发能力的科技公司，在 30 余个国家及地区的手机市场排名前五，特别是在印度，连续 5 个季度的手机出货量位列第一。同时，小米集团建成的全球最大的消费类 IoT 物联网平台能够连接超过 1.3 亿台智能设备。小米的产品和业务丰富。除智能手机外，还有核心产品 IoT、小米金融、新零售等，通过小米金融实现支付闭环，通过新零售实现渠道闭环。这些业务让小米的流量、用户在小米系内沉淀，更好地实现生态闭环。

小米集团拥有诸多生态链企业，小米与这些生态链企业互利共生，形成著名的"竹林效应"。小米的生态链可分为五环，依次为小米手机、用户、应用软件、硬件和线下体验店。小米除了利用自身技术、品牌、管理、渠道资源对生态链企业进行赋能外，生态链企业也会对小米进行技术反哺。小米可以通过并购获得核心技术。小米的新战略就是打造一个能够连接一切终端的大型硬件生态系统，通过路由器涉足家电的方方面面，包括小米平板、小米空气净化器、扫地机器人等。通过生态链的多元化，小米集团的产品和业务得以丰富，其应用软件有了更多的应用场景，进而扩大了小米的用户和流量，也极大地提升了小米的价值。

14.3.2　战略分析

1. 行业分析

（1）现有企业之间的竞争分析。

智能手机企业的竞争十分激烈。一方面，中国智能手机行业已达到饱和状态，呈现出寡头垄断的竞争格局。与之前的超高增长率相比，近年来智能手机的出货量增速变缓，甚至出现负增长。目前国内智能手机企业主要分为两个梯队，中高端市场中的苹果、三星等销量十分可观，中低端市场中的小米、OPPO、VIVO 等企业长期占领较大的市场份额。2021 年国内智能手机的市场份额占比显示，排名前五的企业出货份额合计占总量的将近 85%。另一方面，智能手机开始出现"同质化"现象，导致消费者更倾向于选择独特或性价比高的产品。智能手机市场发展成熟，产业链相对完整，但上游零部件供应商的数量较下游手机制造企业的数量更少，这使得其向下游手机制造企业供应几乎相同的零部件。虽然每家制造企业都有自己的优势，但在手机配置等方面大都走向同质化，且各种创新设计还纷纷出现被模仿甚至被赶超的现象，这些都会造成用户的审美疲劳。所以特色化与性价比这两方面成为许多用户的首要考虑因素。

（2）新进入者的威胁分析。

由于智能手机研发所需的技术较高，且初期原型手机的设计成本高昂，行业的进入门槛较高。同时，新进入手机厂商的产量只有在达到一定规模时，才能实现长期可持续发展。目前已有的智能手机厂商在行业中具有稳定的市场地位、稳定的供应链、完善成熟的分销渠道等先天优势，新进入厂商难以对目前的市场格局产生冲击。除此之外，智能手机生产商既是设备制造商，也是掌握大量用户社交数据以及行为习惯的数据公司，这些先行优势都构成了智能手机行业的进入壁垒。

（3）替代产品的威胁分析。

随着互联网、物联网技术的发展，智能手机面临的替代品较多，可穿戴设备以及各种智能硬件都可能成为智能手机的替代品。但在现阶段，作为一个高频、大众化产品，智能手机在移动互联网行业仍具有战略性地位。对小米手机而言，智能手机替代品的威胁来自其他智能手机在性能、配置方面的突破。小米公司要想获得持续性发展，必须要重视在智能手机领域的开拓与研发。

（4）购买者的议价能力分析。

智能手机的消费者主要由普通买家和运营商组成。许多智能手机企业渴望通过运营商定制手机来销售，以快速增加销量。目前移动、联通与电信三大运营商处于行业垄断地位，可以利用自身的独特优势选择性地与智能手机企业进行合作。因此，运营商拥有较强的议价能力。普通买家可以通过线上和线下这两条途径购买，智能手机企业可以通过提升品牌知名度、各种形式的营销等吸引普通买家购买，智能手机企业具有较强的定价能力。

（5）供应商的议价能力分析。

大多数智能手机企业都是依靠元器件供应商的支持。同时，上游零配件供应商的数量与下游手机制造企业的数量并不匹配，这会造成"粥少僧多"的局面，再加上近年来原料价格不断上涨，原配件的价格也随之上调。综合来看，行业供应商的议价能力较强。

小米智能手机的核心供应商大概有15家。因为曾发生过供应链断裂问题，导致企业一度陷入困境，小米集团为杜绝此类事情的再度发生，专门建立了供应链团队，通过经常举行供应商会议、采用现金结算等方式，与原料供应商积极互动。而且小米上市后，产品销售持续增长，资金迅速回笼，亦增加了同供应商议价的筹码，由此提高了小米的议价能力。

2. 竞争战略分析

公司的盈利能力不仅受到行业结构的影响，而且受到自身所选择的竞争战略的影响。小米手机的成功离不开其所采取的独特竞争战略，差异化竞争战略和成本领先战略是小米打败对手的关键。下面具体分析小米的差异化竞争战略与成本领先战略。

（1）差异化竞争战略。

1）准确的产品定位。小米被誉为"性价比之王"。"为发烧而生""高配置、低价格"的定位使小米手机区别于其他手机。在异常激烈的手机行业中，正是这一独特的定位使小米手机脱颖而出。

2）独特的研发模式。小米有其独特的研发模式，实现了快、准、狠的产品设计与产品更新。第一，选择性研究开发。智能手机的大部分变革是由零部件供应商和安卓系统引导的。选择性研究开发使小米能够精准研发，有效提高研发效率，降低研发成本。以2020年度为例，小米的研发支出占销售收入的比重控制在3.76%左右，而苹果研发费用约占6.75%。第二，用户参与研发。与其他智能手机高度保密的研发程序不同，小米独创了用户参与研发模式，研发是敞开、交互式的。每天都有大量手机用户对手机提出优化建议，小米实时接收用户意见，大大缩短了开发和测试时间，降低了无效的研发浪费。第三，体验式创新为主。智能手机产品研发设计环节包括功能创新和体验创新。小米手机的创新不是功能创新，而是用户体验创新，这既能降低创新的试错成本，又能赢得更多消费者。

3）优质的客户服务。在吸引用户方面，小米通过米聊和MIUI账户，吸引了大量用户；在用户定位方面，小米定位于年轻人群体，采用软件+硬件+手机+应用服务等，很好地绑定用户，提高用户黏性；在用户服务方面，小米遵守"为用户省一点心"的服务理念，实时了解用户需求，不断满足用户需求。

4）超前的品牌营销。小米在品牌营销方面进行了很多创新，引领营销潮流。第一，口碑营销。小米手机以高配低价吸引了众多消费者，形成了良好口碑，通过众多"米粉"口口相传，为公司节省了大额广告费。第二，饥饿营销。小米通过预约限量抢购的饥饿营销策略，营造供不应求现象，制造火热的市场需求，成功吸引了大量"米粉"及"发烧友"，无形中提高了自身品牌的知名度。第三，发布会营销。小米在每次新品推向市场前召开新品发布会等，大大提升了产品的知名度。

5）良好的形象塑造。小米从形象宣言和代言人两个方面来塑造公司形象。小米的形象宣言是"为发烧而生"，以满足发烧友的需求为目的。小米针对不同机型邀请了不同的形象代言人以吸引不同的客户群体。这些举措树立了良好的品牌形象。

（2）成本领先战略。

1）采用扁平化的销售模式。小米线上销售和实体店卖场销售相结合，缩短了产品到达消费者手中的时间，避开了众多的中间商和销售商，提高了销售效率，节约了物流成本与营销成本。

2）严格控制物料成本。为了控制物料成本，小米尤其注重选择质量高且价格优的供应商选择，主要选择的是我国台湾地区的"高性价比"供应商。同时，小米在手机重要功能的配置方面使用顶级元件，而在一些不影响手机功能的部位则使用一般元件。这样既降低了产品成本，又不影响手机的品质和性能。

3）大力降低生产成本。小米的智能手机产品和IoT产品采用的是代工生产模式，通过代加工厂完成硬件的加工或生产。采用代工生产模式，小米可以将有限的资源投向技术研发、人力资源、品牌构建、渠道建设等方面。这样既能保证手机质量，又能大大节约建厂成本、管理成本、资产无形损耗成本等。

4）努力节约广告费用。在市场营销方面，相对于一般手机厂家采用的诸如电视宣传、户外广告等常见营销方式，小米手机主要针对手机发烧友，综合采用了口碑营销、事件营销、微博营销等多种现代营销手段，大大节省了广告费用。

14.3.3 会计分析

1. 资产负债表分析

表14-46列示了以2015年为基期，小米集团资产负债表项目的变动情况。

表 14-46 2015～2020 年小米集团资产负债表项目变动情况（金额单位：万元）

项　　目	2020 年	2019 年	2018 年	2017 年	2016 年	2015 年	2015 年绝对值
现金及现金等价物	792.19%	519.47%	345.95%	129.07%	105.88%	100%	913 300.00
受限制存款及现金	5 405.61%	2 293.47%	2 206.98%	4 042.65%	945.42%	100%	6 706.00
以公允价值计量且其变动计入当期损益的金融资产（流动）	2 933.42%	2 083.92%	841.65%	568.10%	435.19%	100%	79 000.00
应收账款及票据	704.83%	472.72%	380.82%	372.11%	142.18%	100%	147 000.00
预付款项、按金及其他应收款项（流动）	518.82%	636.01%	670.57%	365.31%	152.23%	100%	311 900.00
存货	482.14%	377.01%	341.10%	189.09%	96.93%	100%	864 300.00
流动资产其他项目	515.55%	735.49%	595.03%	516.99%	96.99%	100%	173 000.00
流动资产合计	706.46%	551.19%	424.85%	245.01%	122.77%	100%	2 495 300.00
物业、厂房及设备	2 174.48%	2 411.03%	1 747.59%	596.90%	292.41%	100%	29 000.00
预付款项、按金及其他应收款项（非流动）	0.00%	0.00%	0.00%	0.00%	0.00%	100%	260 100.00
土地使用权	0.00%	0.00%	—	—	—	100%	0.00
商誉及无形资产	770.04%	301.81%	372.02%	410.47%	202.17%	100%	55 400.00
无形资产	770.04%	301.81%	372.02%	410.47%	202.17%	100%	55 400.00
以公允价值计量且其变动计入当期损益的金融资产（非流动）	419.68%	246.44%	222.10%	224.73%	147.17%	100%	839 100.00
递延税项资产	510.41%	325.63%	332.99%	150.25%	113.20%	100%	39 400.00
非流动资产其他项目	1 514.02%	790.95%	446.80%	95.19%	95.70%	100%	195 500.00
非流动资产合计	545.66%	324.94%	276.47%	202.56%	141.91%	100%	1 418 400.00
资产总额	648.18%	469.20%	371.08%	229.63%	129.71%	100%	3 913 700.00
短期借款	—	—	—	—	0.00%	100%	0.00
应付账款及票据	507.51%	418.45%	325.37%	239.02%	123.56%	100%	1 422 600.00
其他应付款项及应计费用	1 068.24%	713.80%	495.14%	331.29%	147.14%	100%	127 500.00
应付税项	667.33%	474.26%	655.45%	416.83%	255.45%	100%	10 100.00
递延收入（流动）	2 259.70%	1 551.22%	843.69%	638.61%	345.76%	100%	53 100.00
流动负债其他项目	744.88%	601.81%	338.55%	464.76%	225.00%	100%	33 200.00
流动负债合计	655.53%	559.89%	376.21%	286.28%	158.30%	100%	1 646 400.00
流动资产净值	805.33%	534.38%	519.23%	165.01%	53.88%	100%	848 800.00
总资产减流动负债	642.88%	403.36%	367.36%	188.50%	108.95%	100%	2 267 200.00
长期借款	327.53%	147.43%	241.95%	223.31%	12.01%	100%	324 700.00
递延税项负债	289.42%	557.69%	748.08%	979.81%	440.38%	100%	10 400.00
非流动负债其他项目	10.20%	4.18%	3.21%	152.58%	109.39%	100%	10 596 000.00
非流动负债合计	19.89%	8.96%	11.01%	155.47%	106.81%	100%	10 931 100.00
负债总额	103.09%	81.07%	58.82%	172.59%	113.55%	100%	12 577 500.00
股本	272.67%	258.67%	251.33%	100.00%	100.00%	100%	15.00
储备	−142.64%	−93.79%	−82.25%	146.77%	106.32%	100%	−8 671 500.00
其他储备	−142.64%	−93.79%	−82.25%	146.77%	106.32%	100%	−8 671 500.00

(续)

项　　目	2020年	2019年	2018年	2017年	2016年	2015年	
						绝对值	
归属于母公司股东权益	−142.64%	−93.79%	−82.25%	146.77%	106.32%	100%	−8 671 400.00
非控股权益	422.74%	429.30%	−95.65%	80.96%	175.92%	100%	7 617.00
股东权益合计	−143.14%	−94.25%	−82.24%	146.83%	106.26%	100%	−8 663 800.00
负债及股东权益合计	648.18%	469.20%	371.08%	229.63%	129.71%	100%	3 913 700.00

资料来源：东方财富网站、上市公司披露的年报。

小米集团2018年总资产为1 452亿元，2020年总资产为2 536.8亿元；2018年非流动资产为392亿元，占比约27%，属于轻资产模式运营，2020年占比并未发生变化。

（1）以公允价值计量且其变动计入当期损益的金融资产。这一类主要为短期理财产品，2018年约为66亿元，其收益率在2.2%～5.15%之间。利润表中其他收入中的短期投资收入为3.35亿元，收益率可达5%左右。2019～2020年短期投资额较2018年有大幅上升。

（2）应收账款及票据。2018年为55.98亿元，而2020年上升至103.6亿元。财报显示小米会给客户不超过180天的信用期，小米商城上的手机类产品会给出12期免息等优惠，鼓励消费者分期消费。

（3）存货。2018年存货有294.8亿元，同比上升80%，其中制成品为191亿元，同比上升127%，占存货比重约61%，制成品除了手机以外还有IoT等产品。小米之家快速扩张导致制成品大幅增加较为正常。存货整体呈现下降趋势，说明小米去库存战略效果明显。

（4）固定资产与折旧。小米的固定资产大部分为在建工程，主要是工厂和办公大楼，电子设备、租赁装修的账面净值较小，且折旧年限较长，累计折旧超过50%。整体来看，小米轻资产运营，折旧率充足，体现了谨慎性的财务原则。

（5）长期股权投资。整体呈上升趋势。小米的战略投资非常成功，截至2021年1季度，小米共投资超过320家公司，总账面价值人民币287亿元，同比增长20.8%，其中有3家被投资企业已经在我国科创板上市。投资这些成长中的企业，大大推动了IoT的发展。

（6）应付款项。每年较上年均在不断增加，说明对上游供应商的议价能力很强。

（7）借款。长短期借款额总体数额较小，上市后的资产负债率下降至50%，其中大部分为应付款项，说明小米的财务状况非常稳健。

2. 利润表分析

表14-47列示了以2015年为基期，小米集团利润表项目的变动情况。

表14-47　2015～2020年小米集团利润表项目变动情况（金额单位：万元）

项　　目	2020年	2019年	2018年	2017年	2016年	2015年	
						绝对值	
营业收入（计算）	368.00%	308.09%	261.81%	171.57%	102.43%	100%	6 681 100.00
销售成本	326.17%	276.53%	238.22%	155.15%	95.44%	100%	−6 411 100.00

(续)

项　　目	2020年	2019年	2018年	2017年	2016年	2015年	
						绝对值	
毛利（计算）	1 361.19%	1 057.56%	821.93%	561.26%	268.48%	100%	270 000.00
其他收入	1 415.38%	727.27%	739.86%	364.34%	8.56%	100%	14 300.00
销售及分销成本	760.01%	542.50%	417.83%	273.50%	157.97%	100%	−191 300.00
行政开支	489.03%	405.22%	1 579.50%	158.75%	121.02%	100%	−76 600.00
研发费用	612.17%	495.57%	382.08%	208.40%	139.15%	100%	−151 200.00
其他支出	400.94%	724.29%	662.85%	248.97%	161.67%	100%	−9 278.10
重估盈余	468.29%	135.55%	157.48%	226.48%	96.94%	100%	281 300.00
经营溢利（计算）	1 750.55%	856.52%	87.11%	889.66%	275.67%	100%	137 300.00
财务成本	2 796.18%	−468.17%	−251.55%	−31.19%	100.44%	100%	−8 586.70
影响税前利润的其他项目	0.00%	0.00%	−142.87%	617.33%	28.80%	100%	−875 900.00
税前利润	−289.48%	−162.76%	−186.36%	559.74%	−15.74%	100%	−747 300.00
所得税	852.26%	1329.03%	289.68%	1 329.03%	441.29%	100%	−15 500.00
影响净利润的其他项目	854.69%	1333.01%	290.94%	1 333.33%	442.72%	100%	−30 900.00
净利润	−266.33%	−132.46%	−176.71%	575.44%	−6.45%	100%	−762 700.00
本公司拥有人应占净利润	−268.51%	−132.49%	−178.79%	578.10%	−7.29%	100%	−758 100.00
非控股权益应占净利润	93.57%	−128.54%	166.48%	137.97%	134.79%	100%	−4 573.50

资料来源：东方财富网站、上市公司披露的年报。

（1）营业收入。小米集团近年来的营业收入不断稳步上升，说明小米集团的产品销售情况良好。

（2）管理费用。小米2016～2020年管理费用呈上升趋势。管理费用增加，一方面是由于小米招聘了更多的员工，增加了对员工薪酬、福利和技能培训的支持力度。另一方面，企业的毛利与管理费用大致匹配，资金压力相对较小。需要注意的是，管理费用在2018年骤增，高达178.76亿元。经分析，在2018年的管理费用中，行政开支为120.99亿元，占比高达67.7%。究其原因，是小米在2018年上市时给核心人才股权激励，设立员工基金，投资生态链上的企业所致。

（3）财务费用。财务费用呈现下降趋势，其中2018年、2019年财务费用降至0以下。财务费用为负数，说明利息收入大于利息支出，资金充裕，财务风险较小。

（4）销售费用。2016～2020年小米的销售费用逐年上升，主要应用于广告宣传以及渠道费用。小米的营销渠道有两个：一个是雷军本人的直播与社交媒体，另一个是饥饿营销以及饥饿营销延伸的F码等众多方式搭建起来的电子营销体系。

（5）研发费用。研发费用持续增长，2018年的研发费用同比增长率反超营销费用同比增长率，在2019年与营销费用同比增长率基本持平。尽管小米不断增加对研发的投入，但其研发费用占营业收入的比例与其他具有创新性的公司仍有一定差距。以2020年度为例，小米的研发支出占营业收入的比重在3.76%左右，而苹果约为6.75%。

14.3.4 财务分析

1. 偿债能力分析

2016～2020年小米集团各项偿债能力指标如表14-48所示。

表14-48 2016～2020年小米集团各项偿债能力指标

指　　标	2016年	2017年	2018年	2019年	2020年
流动比率	1.18	1.30	1.71	1.49	1.63
速动比率	0.85	0.95	1.24	1.14	1.25
现金比率	0.37	0.25	0.51	0.51	0.67
资产负债率/%	281.34	241.55	50.94	55.53	51.11

（1）短期偿债能力分析。2016～2020年小米集团各项短期偿债能力指标如图14-9所示。

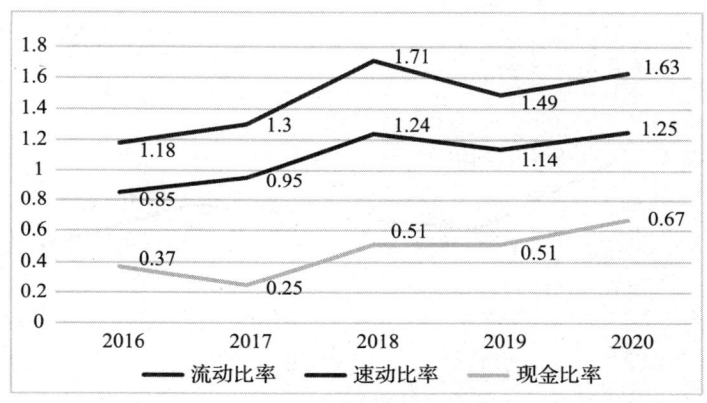

图14-9 2016～2020年小米集团短期偿债能力指标

企业的短期偿债能力可以用流动比率、速动比率和现金比率等进行综合评价。在2016～2020年，小米集团的流动比率、速动比率、现金比率均呈稳定上升趋势，说明小米集团的短期偿债能力较强，短期偿债风险较低。

（2）长期偿债能力分析。2016～2020年小米集团长期偿债能力指标如图14-10所示。

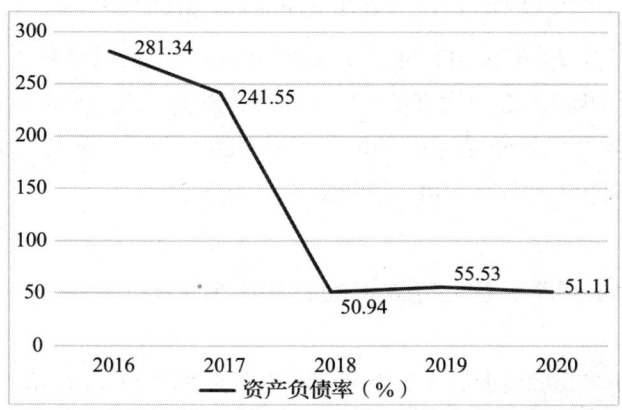

图14-10 2016～2020年小米集团长期偿债能力指标

2016～2017年,小米集团的资产负债率在241.55%～281.34%之间,表明其长期偿债能力很弱。从2018年以来,资产负债率一直保持在50%左右,原因是小米在2018年进行了上市融资,使资产负债率回落至正常水平,保持了稳定的长期偿债能力。

2. 营运能力分析

2016～2020年小米集团营运能力指标如表14-49和图14-11所示。

表14-49　2016～2020年小米集团营运能力指标　　　　　　　　（单位：次）

指标	2016年	2017年	2018年	2019年	2020年
存货周转率	7.19	8.05	6.67	5.71	5.63
流动资产周转率	2.46	2.50	2.09	1.69	1.57
总资产周转率	1.52	1.63	1.49	1.25	1.12
应收账款周转率	38.45	30.32	31.61	32.81	28.41

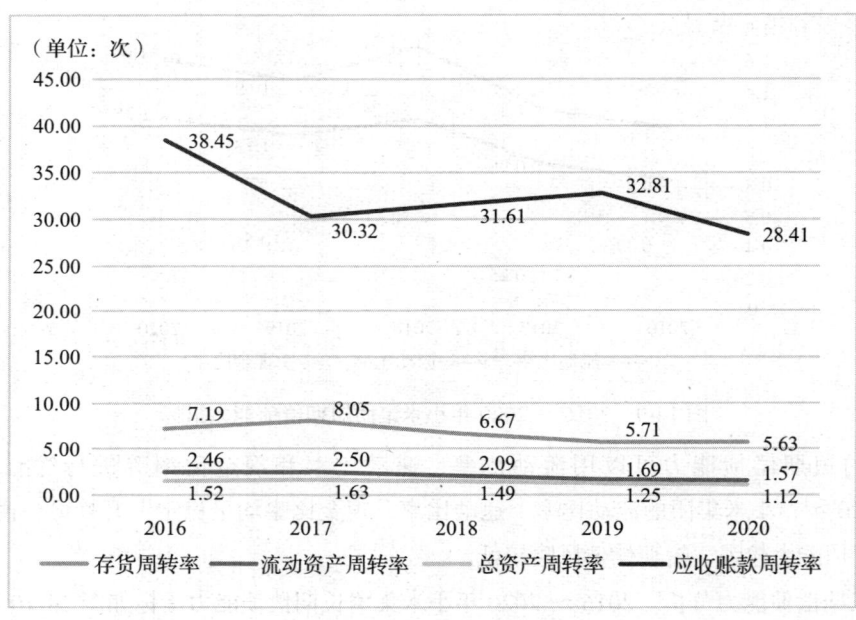

图14-11　2016～2020年小米集团营运能力指标

由图14-11可知,从2016～2020年,小米集团的应收账款周转率呈下降趋势,这主要是因为小米集团的智能手机业务在印度市场中发展较快,销量大幅上升。总体说明小米应收账款的管理效率较高,应收账款的变现速度较快。2016～2020年,小米集团的存货周转率、流动资产周转率、总资产周转率均有所下降,营运效率有所降低。

3. 盈利能力分析

（1）整体利润和毛利率分析。2016～2020年小米集团、苹果营业收入和毛利比较如表14-50所示。

2016～2020年小米集团营业收入、毛利润和毛利率如图14-12所示。

表 14-50　2016～2020 年小米集团、苹果营业收入和毛利比较

比较项目		2016 年	2017 年	2018 年	2019 年	2020 年
小米	营业收入 / 亿元	684.34	1 146.25	1 749.15	2 058.39	2 458.66
	毛利润 / 亿元	72.49	151.54	221.92	285.54	367.52
	毛利率 /%	10.59	13.22	12.69	13.87	14.95
苹果	营业收入 / 亿美元	2 156.39	2 292.34	2 655.95	2 601.74	2 745.15
	毛利润 / 亿美元	842.63	881.86	1 018.39	983.92	1 049.56
	毛利率 /%	39.08	38.47	38.34	37.82	38.23

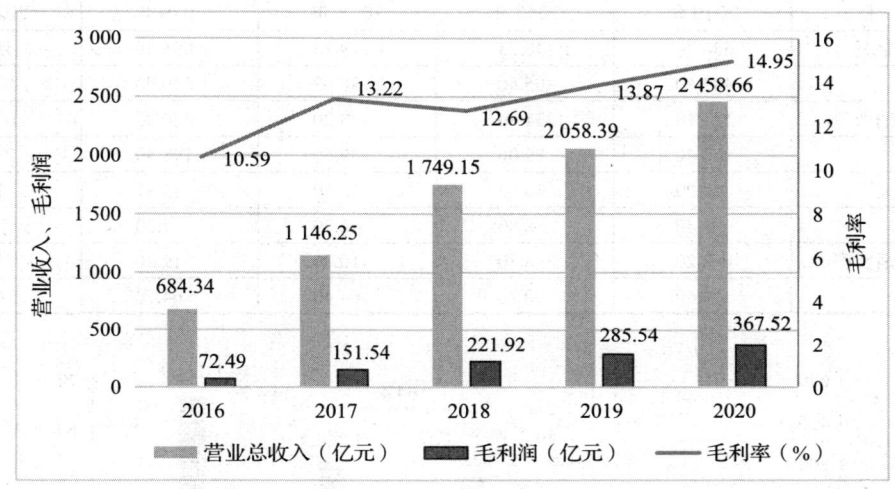

图 14-12　2016～2020 年小米集团营业收入、毛利润和毛利率

由上可知，2016～2020 年，小米集团的营业收入及毛利润均保持了持续大幅增长，毛利率保持了稳定增长。

2016～2020 年小米集团、苹果毛利率对比如图 14-13 所示。

图 14-13　2016～2020 年小米集团、苹果毛利率对比

由图 14-13 可见，小米集团 2016～2020 年的毛利率整体处于稳定增长水平。这是由于小

米手机进军高端市场,营业收入占比扩大,毛利率稳中有升。

相比同样提供硬件和互联网服务的苹果公司,小米集团的毛利率偏低,仅为苹果公司的1/3。这也反映出小米集团确实践行了其"成本定价"原则以及坚持硬件综合净利率不高于5%的策略,总体毛利率在行业内处于较低水平。

(2)各分部业务营业收入和毛利率分析。2016~2020年小米集团各分部业务营业收入和毛利率如表14-51和图14-14所示。

表 14-51 2016~2020 年小米集团各分部业务营业收入和毛利率

项 目	2016 年	2017 年	2018 年	2019 年	2020 年
营业收入/亿元	684.34	1 146.25	1 749.15	2 058.39	2 458.66
智能手机	487.60	805.60	1 138.00	1 220.90	1 521.90
IoT 与生活消费产品	124.10	234.50	438.20	620.90	674.10
互联网服务	65.40	99.00	159.60	198.40	237.60
毛利率/%	10.59	13.22	12.69	13.87	14.95
智能手机	3.40	8.80	6.20	7.20	8.70
IoT 与生活消费产品	8.20	8.30	10.30	11.20	12.80
互联网服务	64.40	60.20	64.40	64.70	61.60

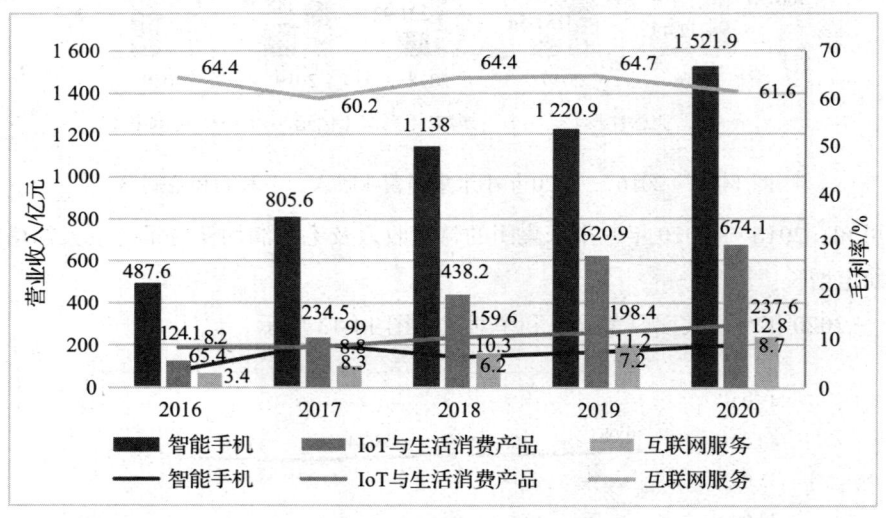

图 14-14 2016~2020 年小米集团各分部业务营业收入和毛利率

在小米的各项业务中,占营业收入比重最大的依然是智能手机业务,但总营收对智能手机业务的依赖程度在逐渐下降。2020 年,小米智能手机收入为 1 521.9 亿元,占营业收入的比例为 61.9%,较 2016 年的 71.3% 减少了 9.4 个百分点。IoT 与生活消费产品业务的收入占比不断上升,2020 年相关收入为 674.1 亿元,占比从 2016 年的 18.1% 增加到了 2020 的 27.42%。互联网服务的收入相对稳定,占营业收入的比例稳定在 9% 左右。

从小米各项业务的毛利率水平来看,互联网服务业务的毛利率自 2016 年以来一直保持在 60% 以上。收入占比最大的智能手机业务在 2020 年的毛利率仅为 8.7%,相较于 2016 年的 3.4% 上涨了 5.3 个百分点。IoT 与生活消费产品的毛利率持续上涨,这主要是由于智能电视和笔记本电脑的毛利率提高所致。

2017～2020 年苹果各分部业务营业收入和毛利率如表 14-52 和图 14-15 所示。

表 14-52　2017～2020 年苹果各分部业务营业收入和毛利率

项　目	2017 年	2018 年	2019 年	2020 年
营业收入/亿美元	2 292.34	2 655.95	2 601.74	2 745.15
硬件	1 965.34	2 258.47	2 138.83	2 207.47
服务	327.00	397.48	462.91	537.68
毛利率/%	38.47	38.34	37.82	38.23
硬件	35.72	34.40	32.21	31.47
服务	55.01	60.77	63.74	66.02

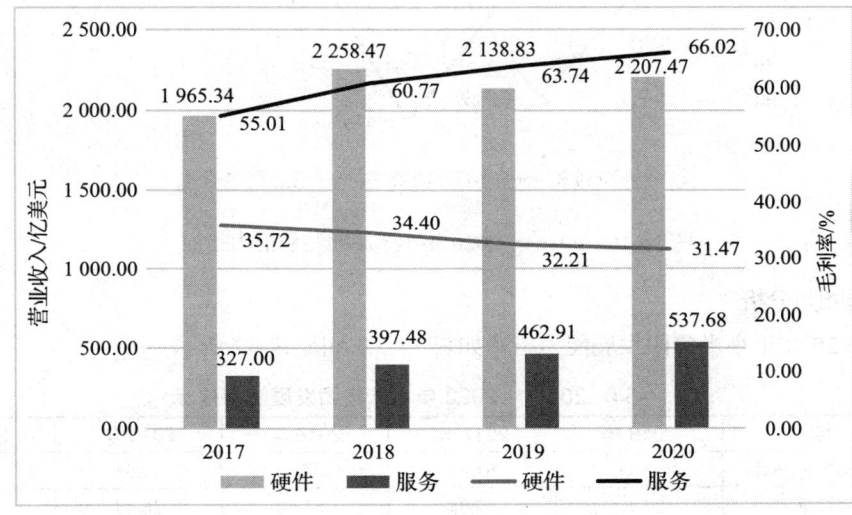

图 14-15　2017～2020 年苹果各分部业务营业收入和毛利率

苹果的业务包括硬件（手机、电脑、PAD、可穿戴设备）和服务，虽然硬件是苹果的主要业务，但服务的营业收入占比在逐渐增加，从 2017 年的 14.3% 增长到 2020 年的 19.59%。2020 年硬件毛利率和服务毛利率分别为 31.47% 和 66.02%。

小米与苹果的相似之处：智能手机占营业收入的比重在逐步下降，IoT 与生活消费产品以及互联网服务占比逐渐增大。智能手机业务的毛利率远低于互联网服务的毛利率。

小米与苹果的不同之处在于：苹果的盈利依靠硬件和服务双轨并进。虽然服务的比例和毛利率都在增长，但是硬件依然贡献了苹果的大部分利润。小米的业务更具有互联网思维。小米的模式与开市客相似，开市客并不依靠商品的利润来赚钱，会员费才是利润的主要来源。而小米的智能手机毛利率只有 8.7%，后续日益扩大的 IoT 及互联网服务市场才是小米获取利润的领地。

（3）净利率、净资产收益率、营业利润率分析。2016～2020 年小米集团盈利能力指标如表 14-53 和图 14-16 所示。

2018 年以来，小米的营业利润率、净利率比较稳定。小米的净资产收益率（ROE）快速上升，在 2020 年达到 20.3%，说明小米股东权益报酬率高，盈利能力强。

表 14-53　2016～2020 年小米集团盈利能力指标

指　　标	2016 年	2017 年	2018 年	2019 年	2020 年
净利率 /%	0.72	−38.29	7.71	4.91	8.26
净资产收益率 /%	−0.60	0.00	−44.10	13.00	20.30
营业利润率 /%	2.20	5.00	−1.80	4.10	4.00

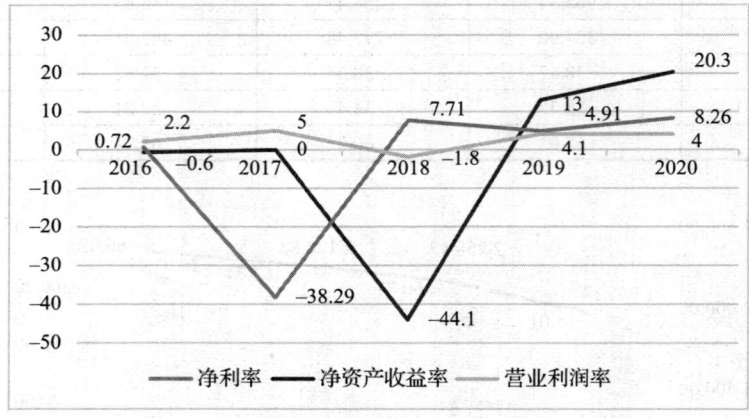

图 14-16　2016～2020 年小米集团盈利能力指标

4. 发展能力分析

2016～2020 年小米集团发展能力指标如表 14-54 和图 14-17 所示。

表 14-54　2016～2020 年小米集团发展能力指标

指　　标	2016 年	2017 年	2018 年	2019 年	2020 年
营业收入同比增长率 /%	2.43	67.50	52.60	17.68	19.45
总资产同比增长率 /%	29.71	77.03	61.60	26.44	38.15
资本积累率 /%	6.26	38.19	−156.01	14.61	51.87

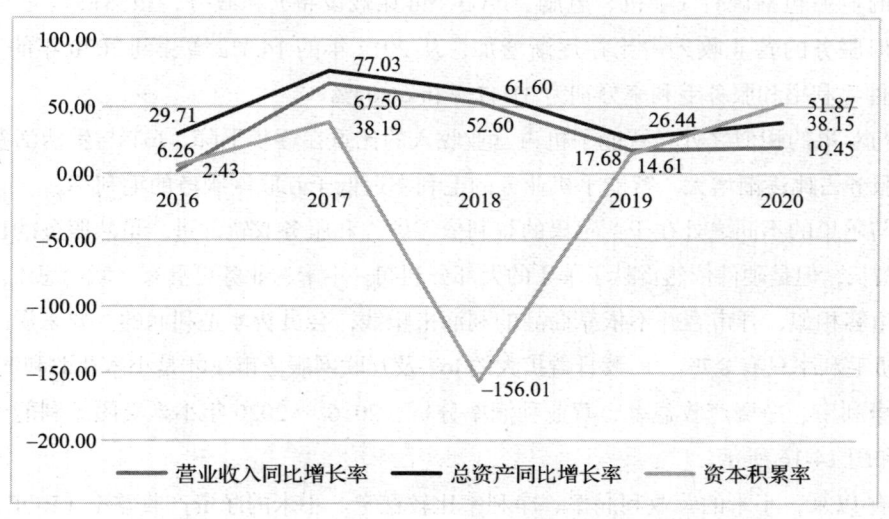

图 14-17　2016～2020 年小米集团发展能力指标

发展能力是企业扩大生产经营规模、占领市场份额、增加自身实力的潜在能力。

小米集团 2019～2020 年的营业收入增长率、总资产增长率都较为稳定，略有增长。资本积累率显著上升，说明其资本积累能力较强，持续发展能力较好。

14.3.5　前景展望

在互联网时代，我国涌现出一批优秀企业。在物联网时代，小米已经脱颖而出，成为这个时代的领先者和领跑者。手机业务是公司的基本盘，对 IoT 业务起到赋能作用，更是互联网服务业务的寄生主体。因此，小米集团将在未来通过赋能大幅提升创新产品的孵化效率和传统产品的流转效率，将 IoT 业务、物联网业务定位为公司的核心战略。

一方面，小米集团需要加大高新技术研发投入，攻关核心技术，促进产品创新，提高智能手机的科技创新程度。另一方面，区块链的应用已扩展到物联网、智能制造、供应链管理、数字资产交易和企业融资等诸多领域，小米集团需要布局和加强对区块链领域的投入和技术开发，将区块链与产业供应链结合，通过技术创新和产业变革，提升自身的核心竞争力。

参考文献

[1] 黄世忠.财务报表分析：理论·框架·方法与案例[M].北京：中国财政经济出版社，2007.
[2] 黄世忠，黄京菁.财务报表舞弊行为特征及预警信号综述[J].财会通讯，2004（12）：4-9.
[3] 胡玉明.财务报表分析[M].大连：东北财经大学出版社，2008.
[4] 姜国华.财务报表分析与证券投资[M].北京：北京大学出版社，2008.
[5] 佩普，希利，伯纳德.运用财务报表进行企业分析与估价[M].孔宁宁，丁志杰，译.北京：中信出版社，2004.
[6] 斯蒂克尼，布朗.财务报告与报表分析：战略的观点[M].张志强，等译.北京：中信出版社，2004.
[7] 佩因曼.财务报表分析与证券估值[M].朱丹，屈腾龙，译.北京：机械工业出版社，2016.
[8] 张先治.财务分析[M].大连：东北财经大学出版社，2008.
[9] 周首华，陆正飞，汤谷良.现代财务理论前沿专题[M].大连：东北财经大学出版社，2000.
[10] 中国注册会计师协会.财务成本管理[M].北京：中国财政经济出版社，2017.
[11] 张新民，王秀丽.企业财务报表分析案例精选[M].大连：东北财经大学出版社，2006.
[12] 张俊民.财务分析[M].上海：复旦大学出版社，2006.
[13] 邹昭晞.企业战略分析[M].北京：经济管理出版社，2004.
[14] CASABONA P A, GREGO M J. SAS 99—Consideration of fraud in a financial statement audit: a revision of statement on auditing standards 82 [J]. Review of Business, 2003(24).
[15] ALBRECHT W S, ALBRECHT C O. Fraud examination and prevention[M]. Cincinnati: South-Western Educational Publishing, 2003.
[16] 汪刚.财务大数据分析与可视化：基于Power BI案例应用（微课版）[M].北京：人民邮电出版社，2021.
[17] 王国平.Microsoft Power BI数据建模与可视化快速上手[M].北京：清华大学出版社，2021.
[18] 牛艳芳.智能财务分析可视化[M].北京：高等教育出版社，2021.
[19] 赵兴峰.企业经营数据分析：思路、方法、应用与工具[M].北京：电子工业出版社，2016.
[20] 余肖生，陈鹏，姜艳静.大数据处理：从采集到可视化[M].武汉：武汉大学出版社，2020.